COORDENADOR
FABIANO MENKE

2022

ANITA SPIES DA CUNHA
CAMILA ROSA DA MATA
CAROLINA DA ROSA RONCATTO
CAROLINE SCHLATTER
CLARISSA FERNANDES DE LIMA
DANIELA DE ANDRADE FABRO
FABIANO MENKE
GABRIELA BARCELLOS SCALCO
GUSTAVO DA SILVA MELO
JOÃO RICARDO BET VIEGAS
LUCAS CARDOSO MARTINI
LUÍSA DRESCH DA SILVEIRA JACQUES
MARCIO FURTADO
MARIA LUIZA BAILLO TARGA
OTÁVIO BERTACO
ROBERTA PHILIPPSEN JANZ
ROSANA DE SOUZA KIM JOBIM
SILVIA LEVENFUS
TAÍS BIGARELLA LEMOS
TATIANA MEINHART HAHN
VITÓRIA DO PRADO BERNARDINIS

LEI GERAL DE PROTEÇÃO DE DADOS

SUBSÍDIOS TEÓRICOS À APLICAÇÃO PRÁTICA

Dados Internacionais de Catalogação na Publicação (CIP) de acordo com ISBD

L525

Lei geral de proteção de dados: subsídios teóricos à aplicação prática / Anita Spies da Cunha... [et al.] ; coordenado por Fabiano Menke. - Indaiatuba : Editora Foco, 2022.

240 p. ; 17cm x 24cm.

Inclui bibliografia e índice.

ISBN: 978-65-5515-500-6

1. Direito. 2. Direito digital. 3. Lei Geral de Proteção de Dados. I. Cunha, Anita Spies da. II. Mata, Camila Rosa da. III. Roncatto, Carolina da Rosa. IV. Schlatter, Caroline. V. Lima, Clarissa Fernandes de. VI. Fabro, Daniela de Andrade. VII. Menke, Fabiano. VIII. Scalco, Gabriela Barcellos. IX. Melo, Gustavo da Silva. Viegas, João Ricardo Bet. XI. Martini, Lucas Cardoso. XII. Jacques, Luísa Dresch da Silveira. XIII. Furtado, Marcio. XIV. Targa, Maria Luiza Baillo. XV. Bertaco, Otávio. XVI. Janz, Roberta Philippsen. XVII. Jobim, Rosana de Souza Kim. XVIII. Levenfus, Silvia. XIX. Lemos, Taís Bigarella. XX. Hahn, Tatiana Meinhart. XXI. Bernardinis, Vitória do Prado. XXII. Título.

2022-1022

CDD 340.0285   CDU 34:004

Elaborado por Odilio Hilario Moreira Junior - CRB-8/9949

Índices para Catálogo Sistemático:

1. Direito digital 340.0285   2. Direito digital 34:004

COORDENADOR
FABIANO MENKE

ANITA SPIES DA CUNHA
CAMILA ROSA DA MATA
CAROLINA DA ROSA RONCATTO
CAROLINE SCHLATTER
CLARISSA FERNANDES DE LIMA
DANIELA DE ANDRADE FABRO
FABIANO MENKE
GABRIELA BARCELLOS SCALCO
GUSTAVO DA SILVA MELO
JOÃO RICARDO BET VIEGAS
LUCAS CARDOSO MARTINI
LUÍSA DRESCH DA SILVEIRA JACQUES

MARCIO FURTADO
MARIA LUIZA BAILLO TARGA
OTÁVIO BERTACO
ROBERTA PHILIPPSEN JANZ
ROSANA DE SOUZA KIM JOBIM
SILVIA LEVENFUS
TAÍS BIGARELLA LEMOS
TATIANA MEINHART HAHN
VITÓRIA DO PRADO BERNARDINIS

LEI GERAL DE PROTEÇÃO DE DADOS

SUBSÍDIOS TEÓRICOS À APLICAÇÃO PRÁTICA

2022 © Editora Foco

Coordenador: Fabiano Menke

Autores: Anita Spies da Cunha, Camila Rosa da Mata, Carolina da Rosa Roncatto, Caroline Schlatter, Clarissa Fernandes de Lima, Daniela de Andrade Fabro, Fabiano Menke, Gabriela Barcellos Scalco, Gustavo da Silva Melo, João Ricardo Bet Viegas, Lucas Cardoso Martini, Luísa Dresch da Silveira Jacques, Marcio Furtado, Maria Luiza Baillo Targa, Otávio Bertaco, Roberta Philippsen Janz, Rosana de Souza Kim Jobim, Silvia Levenfus, Taís Bigarella Lemos, Tatiana Meinhart Hahn e Vitória do Prado Bernardinis

Diretor Acadêmico: Leonardo Pereira

Editor: Roberta Densa

Assistente Editorial: Paula Morishita

Revisora Sênior: Georgia Renata Dias

Revisora: Simone Dias

Capa Criação: Leonardo Hermano

Diagramação: Ladislau Lima e Aparecida Lima

Impressão miolo e capa: FORMA CERTA

DIREITOS AUTORAIS: É proibida a reprodução parcial ou total desta publicação, por qualquer forma ou meio, sem a prévia autorização da Editora FOCO, com exceção do teor das questões de concursos públicos que, por serem atos oficiais, não são protegidas como Direitos Autorais, na forma do Artigo 8º, IV, da Lei 9.610/1998. Referida vedação se estende às características gráficas da obra e sua editoração. A punição para a violação dos Direitos Autorais é crime previsto no Artigo 184 do Código Penal e as sanções civis às violações dos Direitos Autorais estão previstas nos Artigos 101 a 110 da Lei 9.610/1998. Os comentários das questões são de responsabilidade dos autores.

NOTAS DA EDITORA:

Atualizações e erratas: A presente obra é vendida como está, atualizada até a data do seu fechamento, informação que consta na página II do livro. Havendo a publicação de legislação de suma relevância, a editora, de forma discricionária, se empenhará em disponibilizar atualização futura.

Erratas: A Editora se compromete a disponibilizar no site www.editorafoco.com.br, na seção Atualizações, eventuais erratas por razões de erros técnicos ou de conteúdo. Solicitamos, outrossim, que o leitor faça a gentileza de colaborar com a perfeição da obra, comunicando eventual erro encontrado por meio de mensagem para contato@editorafoco.com.br. O acesso será disponibilizado durante a vigência da edição da obra.

Impresso no Brasil (05.2022) – Data de Fechamento (05.2022)

2022

Todos os direitos reservados à
Editora Foco Jurídico Ltda.
Avenida Itororó, 348 – Sala 05 – Cidade Nova
CEP 13334-050 – Indaiatuba – SP

E-mail: contato@editorafoco.com.br
www.editorafoco.com.br

APRESENTAÇÃO

Como é sabido, a disciplina da proteção de dados ganhou relevante atenção no contexto brasileiro com a tramitação e a entrada em vigor da Lei Geral de Proteção de Dados (LGPD), sendo que este marco se deu no mês de setembro de 2020.

O ano de 2021 foi marcado pela continuidade das discussões acerca do novo diploma legal e pelo efetivo desabrochar da Autoridade Nacional de Proteção de Dados, que vem desempenhando um fundamental papel para consolidar a cultura de proteção de dados no país.

O Brasil parece trilhar o caminho de desbravamento de uma área em intensidade sem precedentes. É evidente que um grupo de acadêmicos e profissionais, mesmo antes da edição da LGPD, havia estudado, produzido e trabalhado pela área de proteção de dados. Seu esforço e competência foi fundamental para que o Brasil viesse a editar o marco legal.

Mas o que se testemunha na atualidade em nosso país é um amplo e intenso envolvimento de diversos setores da sociedade para compreender a aplicar a LGPD. Chama a atenção o número de publicações, eventos (facilitados pela pandemia e pelas possibilidades de encontros virtuais), cursos e até mesmo de processos judiciais que dizem respeito à proteção de dados.

O presente livro é uma tentativa de colaborar no contexto do amplo debate sobre a Lei Geral de Proteção de Dados. Ele resulta de estudos realizados no primeiro semestre de 2020, portanto, no início do período pandêmico, na disciplina *Direito da Informática*: a nova Lei Geral de Proteção de Dados, no âmbito do Programa de Pós-Graduação em Direito da Universidade Federal do Rio Grande do Sul – UFRGS.

O primeiro texto, do coordenador da obra, Fabiano Menke, tece considerações sobre *Os tribunais alemães e a regra de responsabilidade civil do Regulamento Geral de Proteção de Dados*, na tentativa de lançar luzes para o debate no Brasil acerca da questão da relevância do dano na responsabilidade civil.

Gabriela Barcellos Scalco, João Ricardo Bet Viegas e Taís Bigarella Lemos desenvolveram interessante trabalho sobre *Os Personagens da LGPD:* considerações sobre o operador, o controlador e o encarregado.

Após, adentra-se na relevante e complexa temática do consentimento. Camila Rosa da Mata, Luísa Dresch da Silveira Jacques e Vitória do Prado Bernardinis discorrem sobre *A mudança da finalidade do consentimento: do consentimento aos limites ao tratamento posterior de dados no contexto do intenso fluxo informacional.*

Na sequência da obra, dois trabalhos dedicam-se a um tema que cada vez mais deve ocupar a atenção dos estudiosos: o do término do tratamento dos dados pessoais. No primeiro deles, Daniela de Andrade Fabro produziu o texto denominado *O término do tratamento de dados pessoais na LGPD*: um estudo sobre as hipóteses de término e as de conservação mesmo após o encerramento do tratamento. Por seu turno, Márcio Furtado aborda *O conceito do término do tratamento de dados pessoais e do direito ao esquecimento*.

Após, passa-se ao complexo assunto da transferência internacional de dados pessoais. Lucas Cardoso Martini escreveu sobre *A transferência internacional de dados pessoais e a avaliação do nível de proteção de dados de países estrangeiros ou organismos internacionais*. Na sequência, Caroline Schlatter e Maria Luiza Baillo Targa desenvolveram não menos interessante estudo sobre *As cláusulas-padrão contratuais na transferência internacional de dados*.

O cada vez mais desafiador assunto da *Proteção de dados e decisões automatizadas* mereceu a atenção de Anita Spies da Cunha, Carolina da Rosa Roncatto e Gustavo da Silva Melo.

Clarissa Fernanda de Lima, Otávio Bertaco e Silvia Levenfus apresentam estudo sob o título *O relatório de impacto à proteção de dados pessoais da Lei Geral de Proteção de Dados brasileira e os desafios na sua implementação*. Este é mais um tema que tem gerado muitas discussões no âmbito da proteção de dados e que conta com inegável interesse prático.

Seguem-se dois textos que fazem ponto de conexão entre a proteção de dados e o Direito do Trabalho. Rosana de Souza Kim Jobim apresenta contribuição sob o título *Lei Geral de Proteção de Dados no Direito do Trabalho*: uma análise sob o prisma do diálogo das fontes e Roberta Philippsen Janz traz interessante texto denominado *O tratamento de dados biométricos sensíveis e o controle da jornada de trabalho*.

Por fim, é dedicado espaço para abordar a Autoridade Nacional de Proteção de Dados. Tatiana Meinhart Hahn propõe *Reflexões sobre o acesso informacional à função regulatória da Autoridade Nacional de Proteção de Dados (ANPD)*.

Espera-se que as contribuições deste livro possam agregar no desafiador debate acerca da compreensão e da aplicação da Lei Geral de Proteção de Dados. Com os votos de uma proveitosa leitura!

Porto Alegre, janeiro de 2022.

Fabiano Menke

SUMÁRIO

APRESENTAÇÃO

Fabiano Menke V

OS TRIBUNAIS ALEMÃES E A REGRA DA RESPONSABILIDADE CIVIL DO REGU-LAMENTO GERAL DE PROTEÇÃO DE DADOS

Fabiano Menke 1

OS "PERSONAGENS" DA LGPD: CONSIDERAÇÕES SOBRE O OPERADOR, O CONTROLADOR E O ENCARREGADO

Gabriela Barcellos Scalco, João Ricardo Bet Viegas e Taís Bigarella Lemos 11

A MUDANÇA DA FINALIDADE DO CONSENTIMENTO: DO CONSENTIMENTO AOS LIMITES AO TRATAMENTO POSTERIOR DE DADOS NO CONTEXTO DE IN-TENSO FLUXO INFORMACIONAL

Camila Rosa da Mata, Luísa Dresch da Silveira Jacques e Vitória do Prado Bernardinis.. 41

O TÉRMINO DO TRATAMENTO DE DADOS PESSOAIS NA LGPD: UM ESTUDO SOBRE AS HIPÓTESES DE TÉRMINO E AS DE CONSERVAÇÃO MESMO APÓS O ENCERRAMENTO DO TRATAMENTO

Daniela de Andrade Fabro 65

O CONCEITO DO TÉRMINO DO TRATAMENTO DE DADOS PESSOAIS E DO DIREITO AO ESQUECIMENTO

Marcio Furtado 79

A TRANSFERÊNCIA INTERNACIONAL DE DADOS E A AVALIAÇÃO DO NÍVEL DE PROTEÇÃO DE DADOS DE PAÍSES ESTRANGEIROS OU ORGANISMOS INTER-NACIONAIS

Lucas Cardoso Martini 97

AS CLÁUSULAS-PADRÃO CONTRATUAIS NA TRANSFERÊNCIA INTERNACIO-NAL DE DADOS

Caroline Schlatter e Maria Luiza Baillo Targa 113

PROTEÇÃO DE DADOS E DECISÕES AUTOMATIZADAS

Anita Spies da Cunha, Carolina da Rosa Roncatto e Gustavo da Silva Melo 141

O RELATÓRIO DE IMPACTO À PROTEÇÃO DE DADOS PESSOAIS DA LEI GERAL DE PROTEÇÃO DE DADOS BRASILEIRA E OS DESAFIOS NA SUA IMPLEMENTAÇÃO

Clarissa Fernandes de Lima, Otávio Bertaco e Silvia Levenfus.................................. 169

LEI GERAL DE PROTEÇÃO DE DADOS NO DIREITO DO TRABALHO: UMA ANÁLISE SOB O PRISMA DO DIÁLOGO DAS FONTES

Rosana de Souza Kim Jobim 181

O TRATAMENTO DE DADOS BIOMÉTRICOS SENSÍVEIS E O CONTROLE DA JORNADA DE TRABALHO

Roberta Philippsen Janz.. 195

REFLEXÕES SOBRE O ACESSO INFORMACIONAL À FUNÇÃO REGULATÓRIA DA AUTORIDADE NACIONAL DE PROTEÇÃO DE DADOS (ANPD)

Tatiana Meinhart Hahn.. 211

OS TRIBUNAIS ALEMÃES E A REGRA DA RESPONSABILIDADE CIVIL DO REGULAMENTO GERAL DE PROTEÇÃO DE DADOS

Fabiano Menke

Professor Associado de Direito Civil da Faculdade de Direito e do Programa de Pós-Graduação em Direito da Universidade Federal do Rio Grande do Sul – UFRGS. Doutor em Direito pela Universidade de Kassel, com bolsa de estudos de doutorado integral CAPES/DAAD. Mestre em Direito pela UFRGS. Coordenador do Projeto de Pesquisa "Os fundamentos da proteção de dados na contemporaneidade", na UFRGS. Membro Titular do Conselho Nacional de Proteção de Dados e da Privacidade. Membro Fundador do Instituto Avançado de Proteção de Dados – IAPD). Advogado e Árbitro. Instagram: menkefabiano

Sumário: 1. Introdução – 2. O caso de Goslar – 3. A reversão perante o Tribunal Constitucional Federal – 4. Reflexões sobre o caso – 5. Bibliografia.

1. INTRODUÇÃO

Há um desafio inerente à disciplina de proteção de dados que é o do acionamento das regras de responsabilidade civil quando se está diante de violações da legislação que podem parecer menos relevantes. Exemplifica-se a situação na hipótese de agente de tratamento de dados que envia mensagem de publicidade a determinada pessoa sem que essa operação tenha sido respaldada em base legal adequada ou sem a tomada de qualquer medida prévia demonstrando preocupação com a legislação de proteção de dados.

Tem-se, nesses casos, a expressão da conhecida figura utilizada por Daniel Solove, que afirma que uma boa parte dos problemas de proteção de dados "carece de cadáveres".[1] Isso significa dizer que diversas violações de proteção de dados são a um só tempo difíceis de constatar, não chegam a causar um dano material evidente, e problemáticas para que o titular dos dados pessoais reclame ou exerça pretensão de indenização, ainda que a título de danos extrapatrimoniais.

O exemplo acima se inspira em casos idênticos que têm sido levados ao exame dos tribunais alemães[2] desde que o Regulamento Geral de Proteção de Dados (RGPD)

---

1. SOLOVE, Daniel. "I've got nothing to hide" and other misunderstandings. *San Diego Law Review*, v. 44, 2007. p. 768.

2. O presente texto concentra-se na jurisdição alemã, mas não se olvide que os tribunais de outros países integrantes da União Europeia estão enfrentando desafios similares. Para exemplos na Holanda e Áustria, ver PAAL, Boris; ALIPRANDI, Claudio. Immaterieller Schadenersatz bei Datenschutzverstößen: Bestandaufnahme und Einordnung der bisherigen Rechtsprechung zu Art. 82 DSGVO. *Zeitschrift für Datenschutz (ZD)*, 2021. p. 241-247.

do Parlamento e do Conselho Europeu entrou em vigor.[3] A regra que vem sendo desafiada é a de responsabilidade civil do art. 82 do RGPD, que tem como principal dispositivo o seguinte:[4] "1. Qualquer pessoa que tenha sofrido danos materiais ou imateriais devido a uma violação do presente regulamento tem direito a receber uma indenização do responsável pelo tratamento ou do subcontratante pelos danos sofridos."

O presente texto aborda a problemática acima introduzida, a partir do exame de caso julgado na Alemanha pela primeira instância da jurisdição de Goslar (I) e de seus desdobramentos perante o Tribunal Constitucional Federal (II) e finaliza com reflexões sobre o caso (III).

2. O CASO DE GOSLAR

Em processo iniciado perante a jurisdição de Goslar[5], um advogado postulou reparação por danos imateriais por ter recebido de maneira indevida na sua caixa de e-mail profissional uma mensagem de publicidade. O argumento do autor foi o de que o dado relacionado a sua pessoa foi tratado de maneira ilícita, por não contar com o seu consentimento.

A petição inicial contemplou três pedidos: o primeiro relacionado à tutela inibitória, para que o réu se abstivesse de enviar novas mensagens não solicitadas com cunho de publicidade. O segundo pedido dizia respeito ao fornecimento de informações ao autor pelo réu, sobre os dados pessoais relacionados ao autor que o réu detinha em seus registros. E o terceiro pedido consistia em indenização a ser paga pelo réu em virtude do envio de mensagem de publicidade sem o consentimento do autor.

Os pedidos de cessação da conduta de envio de mensagens e de fornecimento das informações acerca do titular dos dados foram julgados procedentes pelo Juízo de Goslar.

No que toca à ausência de consentimento, interessante notar que a decisão indicou que se mensagens de notícias ou de publicidade são enviadas, há a necessidade de garantir que o consentimento do destinatário seja efetivamente obtido. Nesse sentido, há que existir uma clara separação entre o formulário de consentimento para envio de publicidade do restante das cláusulas contratuais gerais.

---

3. O Regulamento Geral de Proteção de Dados foi publicado em 27 de abril de 2016 e entrou em vigor na União Europeia em 25 de maio de 2018.

4. A regra de responsabilidade civil do art. 82 RGPD é complementada por outros incisos que tratam da responsabilidade de operador (2), de isenção de responsabilidade (3), da responsabilidade solidária em caso de cocontroladoria (4), do direito de regresso (5) e da competência para ajuizamento de demandas (6).

5. AG Goslar (28. Câmara Cível, Sentença de 27.09.2019 - 28 C 7/19). KORCH, Stefan. Schadenersatz für Datenschutzverstöße: Verfassungsrechtliche Notbremsung einer Fehlentwicklung. *Neue Juristische Wochenschrift* (NJW), 2021. p. 978-981. A narrativa do caso feita abaixo foi baseada na consulta do original da decisão do Tribunal de Goslar.

No caso, essa separação não se deu, e por isso a decisão considerou que o titular dos dados não poderia esperar que as condições gerais do negócio também contivessem autorização para envio de publicidade. Assim, a disposição escondida padeceria do vício de "cláusula surpresa", nos termos do § 305c do BGB.[6]

Mas o ponto que atinge o cerne da problemática tratada no presente texto é o do terceiro pedido: o de indenização. E esta pretensão foi rejeitada pelo Juízo de Goslar, muito embora tenha sido reconhecido, conforme a análise dos dois primeiros pedidos, o tratamento indevido dos dados pessoais.

A decisão fundamentou a improcedência do pedido de indenização em variados argumentos. De início, sustentou que de acordo com o ordenamento jurídico alemão, a violação a direito da personalidade nem sempre gerará dever de indenizar.

Ao revés, a jurisprudência do *Bundesgerichtshof* (BGH) indica que a pretensão de indenização será concedida sempre que se cuidar de grave intervenção nos direitos da personalidade e não houver outra forma razoável de compensar o dano sofrido.

O critério a ser empregado no exame de se está diante de lesão grave é objetivo e não depende da sensibilidade concreta do titular do direito: há que se aquilatar o significado e a extensão da violação, e menos o contexto, a motivação do causador do dano e o grau de sua culpa.

Mesmo passando pelo exame dos dispositivos da regra de responsabilidade civil do art. 82 do RGPD, bem como dos respectivos considerandos do diploma legal a eles atinentes, o Tribunal de Goslar entendeu que não se vislumbrou um dano de acordo com a narrativa do autor da ação.

Isso porque cuidou-se do envio de apenas uma mensagem de correio eletrônico, em momento não considerado inoportuno. Além disso, considerada a aparência da mensagem no momento da visualização para o destinatário, permitia claramente perceber que se tratava de mensagem publicitária, o que fez com que não tivesse de se ocupar longamente com o e-mail.

3. A REVERSÃO PERANTE O TRIBUNAL CONSTITUCIONAL FEDERAL

Na continuidade do caso, o autor da demanda interpôs reclamação constitucional perante o Tribunal Constitucional Federal. Em decisão publicada em 14.01.2021[7], 2ª Câmara, Primeiro Senado do Tribunal Constitucional Federal, decidiu que a primeira instância de Goslar violara o Art. 101, I, parte final, da Lei Fundamental.

---

6. Em síntese, o § 305c do Código Civil Alemão (BGB) considera como não integrantes do contrato determinações em condições gerais dos negócios que, de acordo com as circunstâncias, e especialmente consoante a aparência externa do contrato, sejam tão incomuns, que o parceiro contratual do predisponente não esperaria contar com a sua presença. Esse mesmo raciocínio pode ser aplicado às operações de tratamento de dados pessoais que causem espanto ou surpresa.

7. BVerfG (2ª Câmara, Primeiro Senado), Decisão de 14.1.2021 – 1 BvR 2853/19. As considerações que seguem sobre a decisão do Tribunal Federal Constitucional são todas baseadas no original da sentença.

Esse dispositivo determina que ninguém poderá ser privado do juiz legalmente competente para o caso concreto. Para que se compreenda, na comparação com a figura existente no Brasil, do princípio do juiz natural, estatuído na Constituição Federal de 1988 no art. 5º, XXXVII, que proíbe "juízo ou tribunal de exceção".

O juízo cuja competência teria sido usurpada seria o Tribunal de Justiça da União Europeia (*Europäischer Gerichtshof* - EuGH), que, em virtude do previsto no art. 267, do Tratado de Funcionamento da União Europeia, teria de se pronunciar sobre o caso.

Essa regra, em síntese, determina que o Tribunal de Justiça da União Europeia é competente para decidir, a título prejudicial, "sobre a validade e a interpretação dos atos adotados pelas instituições, órgãos ou organismos da União", além de estipular que "sempre que uma questão desta natureza seja suscitada em processo pendente perante um órgão jurisdicional nacional, cujas decisões não sejam suscetíveis de recurso judicial previsto no direito interno, esse órgão é obrigado a submeter a questão ao Tribunal".

Questão processual interessante é a de que a decisão não comportava recurso, uma vez que o valor dado à causa foi inferior a 600 Euros e, neste caso, a Lei Processual Alemã veda o aviamento de irresignação recursal (§ 511, II, 1 da ZPO[8]). De modo que ao autor da demanda restava apenas a via da reclamação constitucional.

Analisando a demanda, o Tribunal Constitucional Federal assentou que a instância inferior extrapolou a sua atribuição ao não submeter a questão ao EuGH e ao se pronunciar acerca de questão jurídica ainda não examinada pelo Tribunal de Justiça da União Europeia.

Seria permitida a não submissão se o assunto em questão já tivesse sido apreciado pelo EuGH ou se a correta aplicação da regra de índole europeia fosse tão clara que não restasse margem de dúvida (*acte clair*[9]).

Como esse não é o caso da regra de responsabilidade civil do art. 82 do Regulamento Geral de Proteção de Dados, que por se tratar de dispositivo relativamente recente e ainda sem apreciação pelo Tribunal de Justiça Europeu, o Tribunal Constitucional Federal entendeu indevida a usurpação de competência e a não submissão da questão ao Tribunal Europeu.

Esclareceu que o caso englobava a pergunta acerca de sob quais pressupostos incidiria o art. 82 do RGPD no que diz respeito à indenização por danos imateriais, especialmente à luz do que determina o Considerando 146.

---

8. A ZPO (*Zivilprozessordnung*) é equivalente ao Código de Processo Civil brasileiro.
9. A doutrina do "acte clair", criada no contexto do Direito da União Europeia, determina que se um julgamento ou regra é clara o suficiente, não se faz necessária a submissão da questão ao Tribunal de Justiça da União Europeia. Ao lado da doutrina do "acte clair" foi desenvolvida pela jurisprudência da corte a doutrina do "acte éclairé", que dispensa os tribunais dos Estados Membros de submeter determinada demanda se a questão suscitada já foi objeto de apreciação, em caso similar, pelo Tribunal de Justiça da União Europeia. Ver, quanto ao assunto: https://www.europarl.europa.eu/RegData/etudes/BRIE/2017/608628/EPRS_BRI(2017)608628_EN.pdf.

Refira-se, uma vez que pertinente, que o Considerando[10] mais importante do RGPD para interpretar a regra de responsabilidade civil é justamente o de número 146[11], que deixa claro que a interpretação do artigo 82 deve partir do pressuposto de um conceito de dano amplo, em linha com a jurisprudência do Tribunal de Justiça da União Europeia, e que busque realizar as finalidades do Regulamento Geral de Proteção de Dados na extensão mais ampla possível.

Argumento de fundamental importância para o destino da reclamação constitucional foi não só a ausência de decisões do Tribunal de Justiça da União Europeia sobre a questão da indenização em casos similares, mas também a falta de determinação direta no próprio texto do RGPD de seus requisitos, bem como a lacuna, na doutrina, de discussão envolvendo a relevante questão envolvida.

Depreende-se da decisão do Tribunal Constitucional Federal que o silêncio da doutrina acerca dos detalhes e da extensão da indenização em dinheiro em casos de gravidade aparentemente menor, como o posto perante a jurisdição de Goslar, também foi elemento de convencimento para desautorizar que a instância originária não levasse o caso ao Tribunal de Justiça da União Europeia.

Por um lado, o Tribunal Constitucional Federal reconheceu que a decisão de primeira instância não ignorou a problemática envolvida na interpretação do art. 82 do RGPD, mas considerou que o erro com repercussão no regramento constitucional alemão (Art. 101, I, parte final, da Lei Fundamental) consistiu em realizar a sua própria interpretação do direito da União Europeia, especialmente por ter fundamentado a improcedência do pedido de indenização no questionável critério da falta de relevância do dano, como se estivesse criando uma "reserva de bagatela".

Em complementação, o Tribunal Constitucional Federal aduziu que o critério utilizado na decisão não foi debatido na doutrina, não está previsto no Regulamento Europeu de Proteção de Dados e não foi utilizado pelo Tribunal de Justiça da União Europeia.

Essa "reserva de bagatela", para alegados danos de monta reduzida, poderia ser utilizada no âmbito da antiga Lei Federal Alemã de Proteção de Dados (*Bundesdatenschutzgesetz*) na versão anterior à vigência do RGPD[12], na qual se reconhecia o critério da relevância, daí a advertência do Tribunal Constitucional Federal.

---

10. É sempre pertinente referir que, consoante a técnica legislativa dos textos legais editados no âmbito da União Europeia, o RGPD contempla uma lista de cento e setenta e três considerandos sobre o conteúdo de suas regras, com a função de auxiliar o intérprete. Os considerandos não têm função vinculativa, como a pesquisa de Carlos Affonso Souza, Christian Perrone e Eduardo Magrani aponta, devendo ser dado destaque à decisão referida pelos autores do Tribunal de Justiça da União Europeia, Caso 215/88 Casa Fleischhandels, 1989. ECR 2789, parágrafo 31. SOUZA, Carlos Affonso; PERRONE, Christian; MAGRANI, Eduardo. O Direito à explicação entre a experiência europeia e a sua positivação na LGPD. In: BIONI, Bruno Ricardo; DONEDA, Danilo; SARLET, Ingo Wolfgang; MENDES, Laura Schertel; RODRIGUES JR, Otavio Luiz. (Org.) *Tratado de Proteção de Dados Pessoais*. São Paulo: Editora Forense, 2021. p. 243-270.

11. Dignos de menção também são os considerandos 75 e 85, que contemplam rica base de exemplos de violações à legislação de proteção de dados.

12. Ver, sobre o ponto, BLASEK, Karin. Vorlagepflicht zum EuGh bei Schadenersatz gem. Art. 82 DS-GVO. *Zeitschrift für Datenschutz (ZD)*, 2021. p. 266-269.

Segundo Stefan Korch[13], a jurisdição de Goslar de certa maneira sofreu o "tapa" desferido pelo Tribunal Constitucional Federal e "representou" outros tribunais que exararam decisões no mesmo sentido.

Com efeito, em pesquisa jurisprudencial realizada por Kevin Leibold[14], verifica-se que grande parte dos tribunais alemães de jurisdição civil rejeitou pedidos de indenização fundamentados no art. 82 do Regulamento Geral de Proteção de Dados.

O autor expõe que dos 34 casos julgados entre 2019 e os primeiros meses de 2021, 29 foram improcedentes e 5 procedentes, esses com indenizações por danos imateriais variando entre os montantes de 920 a 4000 Euros. Enquanto isso, no mesmo período, foram julgados seis casos na jurisdição trabalhista, sendo 5 casos julgados procedentes e um improcedente. As indenizações variaram entre 500 e 5000 Euros.

A consequência jurídica da decisão prolatada pelo Tribunal Constitucional Federal é o retorno do processo à primeira instância, abrindo-se a oportunidade de o Juízo de Goslar ou enviar o caso ao Tribunal de Justiça da União Europeia ou decidir novamente, dessa vez sem incorrer na violação flagrada.

4. REFLEXÕES SOBRE O CASO

É possível fazer algumas observações e extrair interessantes pontos de reflexão da rica discussão havida nas cortes alemãs e que deve prosseguir no Tribunal de Justiça da União Europeia.

Primeiramente, o Tribunal Constitucional Federal acena aos magistrados alemães com uma mensagem de alerta, para que não avancem em certas temáticas reguladas pelo direito europeu de proteção de dados e que ainda não foram devidamente amadurecidas pelo Tribunal de Justiça da União Europeia e pela doutrina.

E mais, sobre um aspecto que é crucial para a disciplina da proteção de dados em qualquer parte do mundo, qual seja o das violações que muitas vezes não levam a qualquer reclamação ou insurgência por parte do titular dos dados pessoais, mas que não deixam de consistir em dano, no mais das vezes imaterial. O caso julgado pelo Tribunal de Goslar e que chegou ao Tribunal Constitucional Federal, é nesse sentido, emblemático.

Há de se fazer novamente o registro e louvar o destaque dado pela decisão ao papel e à importância da doutrina.[15] O Tribunal Constitucional Federal assentou cla-

---

13. KORCH, Stefan. Schadenersatz für Datenschutzverstöße: Verfassungsrechtliche Notbremsung einer Fehlentwicklung. *Neue Juristische Wochenschrift* (NJW), 2021. p. 978-981.

14. LEIBOLD, Kevin. Gerichtliche Entscheidungen zum Schadenersatz nach Art. 82 Abs 1 DSGVO - ein Fall für den EuGH?. *Zeitschrift für Datenschutz-Aktuell*, 2021. p. 05146.

15. No Brasil, não se pode perder de vista a precisa lição da Profa. Judith Martins-Costa, ao lançar um olhar crítico ao que denomina de *perda da autoridade da doutrina*, num contexto da atualidade em que se prescinde de uma dogmática forte e mais se dá valor a conclusões apressadas, desprovidas de reflexão. MARTINS-COSTA. Judith. Apresentação – Autoridade e utilidade da doutrina: a construção dos modelos doutrinários. In: MARTINS-COSTA, Judith (Org.). *Modelos de direito privado*. São Paulo: Marcial Pons, 2014. p. 18-19.

ramente que não foi apenas a falta de pronunciamento do Tribunal de Justiça da União Europeia acerca do critério da relevância dos danos que levou ao desfecho havido.

Também a falta de pronunciamento doutrinário consistente, que amparasse o conteúdo da decisão de primeiro grau, foi fundamental para que se reconhecesse a violação do dever de apresentação do caso à Corte Europeia.

Ponto de considerável relevância é o atinente à função da regra de responsabilidade civil contida no RGPD, observadas as características do regime jurídico alemão no que diz respeito à matéria. Assim como no direito brasileiro, a função precípua da responsabilidade civil na Alemanha é a reparatória.

Ocorre que, no âmbito do RGPD, alguns autores alemães[16], levando em conta o texto legal e especialmente o referido Considerando 146, têm destacado a importância da função preventiva, o que representa uma influência das regras europeias no sistema alemão, a partir das diretrizes estabelecidas pela jurisprudência do Tribunal de Justiça da União Europeia.[17]

E, como ensinam Nils Jansen e Lukas Rademacher[18], eventual função preventiva não é estranha ao direito alemão. Mas ela não é reconhecida por meio de um componente indenizatório autônomo que possa ter caráter de penalidade e invocar a recepção dos *punitive damages*.[19]

A função preventiva na responsabilidade civil alemã é exercida por meio da compensação justa e não com base em argumentos punitivos. Nesse sentido, o conceito de compensação, em sentido amplo, "incorpora a proteção de interesses normativos, os quais não são diretamente perceptíveis no bolso da parte lesada. Isso é comprovado, em particular, para danos de dor e sofrimento e para a violação de direitos da personalidade e de direitos do autor".[20]

---

16. Ver, por exemplo: KORCH, Stefan. Schadenersatz für Datenschutzverstöße: Verfassungsrechtliche Notbremsung einer Fehlentwicklung. *Neue Juristische Wochenschrift* (NJW), 2021. p. 978-981. PAAL, Boris; ALIPRANDI, Claudio. Immaterieller Schadenersatz bei Datenschutzverstößen: Bestandaufnahme und Einordnung der bisherigen Rechtsprechung zu Art. 82 DSGVO. *Zeitschrift für Datenschutz (ZD)*, 2021. p. 241-247.

17. No mesmo sentido, com destaque à função preventiva e aludindo a precedentes do Tribunal de Justiça da União Europeia que a enfatizaram, BOEHM, Franziska. Kommentar Art. 82 DSGV. In: SIMITIS, HORNUNG, SPIECKER (Org.). *Datenschutzrecht: DSGVO mit BDSG*. Nomos: Baden-Baden, 2019. p. 1207. Na mesma linha, aludindo a jurisprudência do Tribunal de Justiça da União Europeia que refere o cunho dissuasor, sem assumir função punitiva, BARRETO MENEZES CORDEIRO, A. Repercussões do RGPD e a responsabilidade civil. In: TEPEDINO, Gustavo; FRAZÃO, Ana; OLIVA, Milena Donato. *Lei Geral de Proteção de Dados Pessoais e suas repercussões no direito brasileiro*. São Paulo: Thomson Reuters, 2019. p. 782.

18. JANSEN, Nils; RADEMACHER, Lukas. Punitive Damages in Germany. In: KOZIOL, Helmut; WILCOX, Vanessa (Org.). *Punitive Damages*: Common Law and Civil Law Perspectives. Viena: Springer, 2009. p. 75-86.

19. Com a exceção de casos envolvendo discriminação, conforme registram Nils Jansen e Lukas Rademacher, na obra citada, p. 85.

20. JANSEN, Nils; RADEMACHER, Lukas. Punitive Damages in Germany. In: KOZIOL, Helmut; WILCOX, Vanessa (Org.). *Punitive Damages*: Common Law and Civil Law Perspectives. Viena: Springer, 2009. p .85-86 (tradução livre do autor). Analisando o regramento jurídico brasileiro, Judith Martins Costa e Marina Pargendler chegam a resultado bastante similar ao diagnóstico realizado por Jansen e Rademacher. Ver

Acerca do critério da relevância do dano, não se pode deixar de lembrar a decisão do censo, de 1983, do mesmo Tribunal Constitucional Federal, no trecho[21] em que afirmou que, consoante as condições do processamento automatizado de dados, não existem mais dados irrelevantes. A analogia poderia também ser feita no sentido de que nos dias de hoje já não existem danos totalmente irrelevantes.

A questão é mais um desafio a ser enfrentado pela disciplina da responsabilidade civil, pois também não se pode perder de vista que as indenizações não devem ser desproporcionais aos danos, como assentam as características do direito civil alemão e mesmo as do direito civil brasileiro, que repulsam o excesso dos valores das condenações quando não exista fundamento para tanto.

É também possível argumentar, e não sem pertinência, que casos como o ora examinado talvez sejam melhor resolvidos por meio das sanções presentes nas regras de proteção de dados, a serem aplicadas pelas autoridades de supervisão, ou por meio da tutela coletiva.[22]

O caso também suscita a reflexão acerca da influência das regras europeias do RGPD sobre a tradicional estrutura da disciplina de responsabilidade civil daquele país. É de observar que o Tribunal Constitucional Federal fez o devido alerta para que os juízes alemães, na interpretação das regras do RGPD, devem atentar ao seu caráter supranacional e aos pronunciamentos do Tribunal de Justiça da União Europeia.

O precedente de Goslar mirou a jurisprudência do BGH, mas, como se viu, o Tribunal Constitucional Federal indicou que o guia de orientação dos tribunais alemães deve ser o Tribunal de Justiça da União Europeia quando se tratar de interpretar fonte de origem supranacional, especialmente quando ainda carente de decisões anteriores e reflexões doutrinárias mais apuradas e detalhadas sobre a questão específica sob julgamento.

Há que se aguardar os desdobramentos do caso em possível julgamento pelo Tribunal de Justiça da União Europeia de modo a verificar se o critério da relevância do dano será reconhecido, bem como se pela via da jurisprudência supranacional, a função preventiva da responsabilidade civil em matéria de proteção de dados ganhará novo fôlego no direito alemão.

MARTINS-COSTA, Judith; PARGENDLER, Mariana. Usos e Abusos da função punitiva (punitive damages e o Direito brasileiro). *Revista CEJ – Justiça e Educação*, n. 28, p. 15-32, jan.-mar. 2005.

21. BVerfG, Decisão de 15.12.1983 – 1 BvR 209, 269, 362, 420, 440, 484/83. Trata-se do seguinte trecho em alemão "Insoweit gibt es unter den Bedingungen der automatischen Datenverarbeitung kein 'belangloses' Datum mehr".

22. No Brasil, a possibilidade da tutela coletiva foi prevista na LGPD, nos artigos 22 e 42, *caput* e § 3º. O RGPD prevê no art. 80 a possibilidade da tutela coletiva, deixando margem aos países membros regrarem os pormenores do acesso. Alexander Roßnagel e Christian Geminn criticaram a internalização da regra europeia no direito alemão, alegando que deveria ocorrer um alargamento dos legitimados a proporem a demanda, tendo em conta que na regra vigente haveria a previsão de franquear o acesso à tutela coletiva apenas às associações de consumidores, e não as que defendem outros interesses. ROßNAGEL, Alexander; GEMINN, Christian. Datenschutz-Grundverordnung verbessern: Änderungsvorschläge aus Verbrauchersicht. Baden-Baden: Nomos, 2020. p. 158.

5. BIBLIOGRAFIA

BARRETO MENEZES CORDEIRO, A. Repercussões do RGPD e a responsabilidade civil. In: TEPEDINO, Gustavo; FRAZÃO, Ana; OLIVA, Milena Donato. *Lei Geral de Proteção de Dados Pessoais e suas repercussões no direito brasileiro*. São Paulo: Thomson Reuters, 2019. p. 777-795.

BLASEK, Karin. Vorlagepflicht zum EuGh bei Schadenersatz gem. Art. 82 DS-GVO. *Zeitschrift für Datenschutz (ZD)*, 2021. p. 266-269.

BOEHM, Franziska. Kommentar Art. 82 DSGV. In: SIMITIS, HORNUNG, SPIECKER (Org.): *Datenschutzrecht: DSGVO mit BDSG*. Nomos: Baden-Baden, 2019. p. 1207.

BVerfG (2ª Câmara, Primeiro Senado), Decisão de 14.1.2021 – 1 BvR 2853/19.

BVerfG, Decisão de 15.12.1983 – 1 BvR 209, 269, 362, 420, 440, 484/83.

JANSEN, Nils; RADEMACHER, Lukas. Punitive Damages in Germany. In: KOZIOL, Helmut; WILCOX, Vanessa (Org.). *Punitive Damages:* Common Law and Civil Law Perspectives. Viena: Springer, 2009. p. 75-86.

KORCH, Stefan. Schadenersatz für Datenschutzverstöße: Verfassungsrechtliche Notbremsung einer Fehlentwicklung. *Neue Juristische Wochenschrift* (NJW), 2021. p. 978-981.

LEIBOLD, Kevin. Gerichtliche Entscheidungen zum Schadenersatz nach Art. 82 Abs 1 DSGVO - ein Fall für den EuGH?. *Zeitschrift für Datenschutz-Aktuell*, 2021. p. 05146.

MARTINS-COSTA. Judith. Apresentação – Autoridade e utilidade da doutrina: a construção dos modelos doutrinários. In: MARTINS-COSTA, Judith (Org.). *Modelos de direito privado*. São Paulo: Marcial Pons, 2014. p. 9-40.

MARTINS-COSTA, Judith; PARGENDLER, Mariana. Usos e Abusos da função punitiva (punitive damages e o Direito brasileiro). *Revista CEJ – Justiça e Educação*, n. 28, p. 15-32, jan./mar.2005.

PAAL, Boris; ALIPRANDI, Claudio. Immaterieller Schadenersatz bei Datenschutzverstößen: Bestandaufnahme und Einordnung der bisherigen Rechtsprechung zu Art. 82 DSGVO. *Zeitschrift für Datenschutz (ZD)*, 2021. p. 241-247.

ROßNAGEL, Alexander; GEMINN, Christian. Datenschutz-Grundverordnung verbessern: Änderungsvorschläge aus Verbrauchersicht. Baden-Baden: Nomos, 2020.

SOLOVE, Daniel J.. "I've got nothing to hide" and other misunderstandings of privacy. *San Diego Law Review*, n. 745, 2007.

SOUZA, Carlos Affonso; PERRONE, Christian; MAGRANI, Eduardo. O Direito à explicação entre a experiência europeia e a sua positivação na LGPD. In: BIONI, Bruno Ricardo; DONEDA, Danilo; SARLET, Ingo Wolfgang; MENDES, Laura Schertel; RODRIGUES JR, Otavio Luiz. (Org.). *Tratado de Proteção de Dados Pessoais*.. São Paulo: Editora Forense, 2021. p. 243-270.

OS "PERSONAGENS" DA LGPD: CONSIDERAÇÕES SOBRE O OPERADOR, O CONTROLADOR E O ENCARREGADO

Gabriela Barcellos Scalco

Mestranda em Direito pela Universidade Federal do Rio Grande do Sul. Bacharel em Ciências Jurídicas e Sociais pela Universidade Federal do Rio Grande do Sul (2019). Advogada.

E-mail: gabrielascalco@gmail.com.

João Ricardo Bet Viegas

Mestrando em Direito pela Universidade Federal do Rio Grande do Sul. Bacharel em Ciências Jurídicas e Sociais pela Universidade Federal do Rio Grande do Sul (2018). Especialista em Direito Digital pela UniRitter (2021). Advogado.

E-mail: jrbviegas@gmail.com.

Taís Bigarella Lemos

Mestranda em Direito pela Universidade Federal do Rio Grande do Sul. Bacharel em Ciências Jurídicas e Sociais pela Universidade Federal do Rio Grande do Sul (2018). Advogada.

E-mail: taisbigarella@gmail.com.

Sumário: 1. Introdução – 2. Características e deveres dos sujeitos envolvidos no tratamento de dados; 2.1 Características; 2.2 Deveres – 3. Responsabilização dos sujeitos envolvidos no tratamento de dados; 3.1 Responsabilidade civil e indenização; 3.2 Fiscalização e sanções administrativas – 4. Considerações finais – 5. Referências.

1. INTRODUÇÃO

Em meio a um paradigma global de normatização da proteção de dados pessoais, o Brasil editou, no ano de 2018, a sua Lei Geral de Proteção de Dados (LGPD).[1] A Lei, que teve sua vigência iniciada em setembro de 2020, trouxe novas perspectivas ao campo e passou a regular matérias que antes não eram reguladas pelo direito brasileiro.

Desde a Constituição de 1988, o direito brasileiro já tutelava a inviolabilidade da intimidade e da vida privada conforme o disposto no art. 5º, X.[2] Contudo, o or-

---

1. BRASIL. *Lei n. 13.709 de 14 de agosto de 2018.* Lei Geral de Proteção de Dados Pessoais (LGPD). Disponível em: <http://www.planalto.gov.br/ccivil_03/_ato2015-2018/2018/lei/L13709compilado.htm>. Acesso em: 26 dez. 2020.

2. CAOVILLA, Renato; DUFLOTH, Rodrigo; PAZINE, Letícia. Proteção de Dados Pessoais: desafios e impactos práticos para as organizações. *Revista de Direito Recuperacional e Empresa*, Vol. 12/2019. Acesso via RT Online.

denamento jurídico ainda carecia de normatização para a atividade de tratamento de dados pessoais.[3] Com a promulgação do Código de Defesa do Consumidor, o art. 43 passou a ser visto como o primeiro dispositivo que abordava a matéria.[4] Desde então, outras leis específicas lidaram com a temática, como é o caso da Lei de Acesso à Informação (Lei n. 12527/2011) e do Marco Civil da Internet (Lei n. 12.965/2014).[5] Mesmo assim, pode-se dizer que somente com a LGPD o Brasil passou a contar com uma lei geral sobre a matéria de tratamento de dados.[6]

A Lei não apenas normatizou as atividades de tratamento de dados, mas fixou novos conceitos, criou novos órgãos administrativos, novas formas de responsabilização. Uma parte importante desses novos conceitos é justamente a das definições sobre os sujeitos envolvidos no tratamento de dados. Controladores, operadores e encarregados são os nomes dados pela LGPD para aqueles envolvidos com as atividades de tratamento de dados, seja por meio da realização do tratamento propriamente dito, seja por meio do controle de tais operações ou seja por meio da atuação como um canal de comunicação com a LGPD. Ao longo desse artigo, será feita a análise aprofundada de cada um desses sujeitos.

Na primeira seção, serão analisadas as características e deveres dos controladores, operadores e do encarregado. Já na segunda seção, serão analisadas as suas formas de responsabilização, seja pela via da responsabilização civil, seja pela via administrativa. Ao final, serão feitas algumas considerações sobre os regimes e regramentos aplicáveis aos sujeitos envolvidos com o tratamento de dados.

2. CARACTERÍSTICAS E DEVERES DOS SUJEITOS ENVOLVIDOS NO TRATAMENTO DE DADOS

Passo relevante para a definição dos regimes de responsabilidade aplicáveis é o estudo das características e dos deveres dos sujeitos que serão responsabilizados, a fim de se definir o padrão de conduta esperado de cada um deles. Por conta disso, nessa primeira seção analisar-se-ão as características e os deveres dos controladores, operadores e encarregados.

2.1 Características

Em seu art. 5º, a LGPD realiza a conceituação dos termos posteriormente utilizados em seus demais dispositivos. Desta forma, nos incisos VI, VII e VIII traz, respectivamente, os conceitos de controlador, operador e encarregado. O controlador, conforme inciso VI, é a pessoa natural ou jurídica, de direito público ou privado, a quem compete as decisões referentes ao tratamento de dados pessoais; já o operador, conforme inciso

---

3. Idem.
4. Idem.
5. Idem.
6. Idem.

VII, é igualmente pessoa física ou jurídica, também de direito público ou privado, contudo apenas lhe compete realizar o tratamento dos dados em nome do controlador. O encarregado, por fim, na forma do inciso VIII, é a pessoa indicada pelo controlador ou pelo operador para atuar como canal de comunicação entre o controlador, os titulares da dados e a Autoridade Nacional de Proteção de Dados (ANPD).

Esses conceitos, contudo, não surgiram na Lei brasileira, sendo, em verdade, inspirados dos conceitos europeus sobre o tema, presentes no Regulamento Geral da União Europeia sobre a Proteção de Dados, doravante denominado apenas pela sua conhecida sigla em inglês, GDPR (*General Data Protection Regulation*). Isso porque referido Regulamento contempla o conceito do responsável pelo tratamento ou, em inglês, *controller*, bem como do subcontratante (*processor*) e do encarregado de proteção de dados (*data protection officer*, também amplamente conhecido pela sigla DPO).[7] Inclusive, antes mesmo do GDPR, a previsão originária do controlador constava na Convenção 108 do Conselho Europeu, de 1981, bem como, posteriormente, na Diretiva 95/46/EC, substituída pelo GDPR, já existiam as figuras do responsável pelo tratamento e do subcontratante e suas delimitações[8], sendo apenas o encarregado uma "novidade" como obrigatoriedade no Regulamento Geral.[9]

A primeira distinção importante de ser realizada dentre os sujeitos envolvidos no tratamento de dados pessoais é o fato da LGPD, conforme inciso IX do art. 5º, classificar como agentes de tratamento de dados apenas o controlador e o operador.[10] Desta forma, apesar de posteriormente, no Capítulo VI, sob o título de "Dos Agentes de Tratamento de Dados Pessoais", conter seção acerca do encarregado, a lei limita ao controlador e ao operador a qualidade de agentes de tratamento. O problema que se apresenta, então, é como diferenciar os dois agentes, questão essencial para a compreensão do regime de responsabilidade e para que os titulares dos dados pessoais saibam em face de quem postular os seus direitos.[11]

Em primeiro lugar, tratando do controlador, o papel central da sua conceituação é determinar quem será responsável pelo cumprimento das normas de proteção de dados.[12] Nesse sentido, controlador é aquele responsável pelo tratamento de dados[13],

---

7. PRADO CHAVES, Luís Fernando. Responsável pelo tratamento, subcontratante e DPO. In.: MALDONADO, Viviane Nóbrega; ÓPICE BLUM, Renato. (Coords.). *Comentários ao GDPR.* São Paulo: Thomson Reuters, 2018. p. 112.
8. SOMBRA, Thiago Luís Santos. *Fundamentos da regulação da privacidade e proteção de dados pessoais:* pluralismo jurídico e transparência em perspectiva. São Paulo: Thomson Reuters Brasil, 2019. p. 177.
9. PRADO CHAVES, Luís Fernando. Responsável pelo tratamento, subcontratante e DPO. In.: MALDONADO, Viviane Nóbrega; ÓPICE BLUM, Renato. (Coords.). *Comentários ao GDPR.* São Paulo: Thomson Reuters, 2018. p. 112.
10. Art. 5º Para os fins desta Lei, considera-se: IX – agentes de tratamento: o controlador e o operador.
11. SOMBRA, Thiago Luís Santos. *Fundamentos da regulação da privacidade e proteção de dados pessoais – pluralismo jurídico e transparência em perspectiva.* São Paulo: Thomson Reuters Brasil, 2019. p. 174.
12. GRUPO DE TRABALHO DO ARTIGO 29º PARA A PROTEÇÃO DE DADOS. *Parecer 1/2010 sobre os conceitos de "responsável pelo tratamento" e "subcontratante".* WP: 169 (adotado em 02/2010). Bruxelas, 2010. p. 7.
13. SOMBRA, Thiago Luís Santos. *Fundamentos da regulação da privacidade e proteção de dados pessoais – pluralismo jurídico e transparência em perspectiva.* São Paulo: Thomson Reuters Brasil, 2019. p. 175.

que toma as decisões e determina a finalidade e os meios do referido tratamento. É, portanto, quem detém o poder de definir o porquê e como os dados serão tratados, apresentando autonomia para tanto.[14] No mais, como define a LGPD, pode ser pessoa natural ou jurídica, de direito público ou privado[15], podendo, ainda, o controle ser realizado de forma conjunta. O controle conjunto ocorre quando dois ou mais controladores distintos determinam a finalidade e os meios de tratamento e processamento dos dados, ainda que desempenhem papeis com pesos diferentes.[16]

Nesse contexto, a fim de facilitar a identificação do controlador, o Grupo de Trabalho do Artigo 29[17]   , grupo europeu de trabalho independente que tratou de questões relativas à proteção de dados, recomendou, em seu Parecer 1/2010, três categorias para a identificação do agente: (i) em razão da competência legal expressa, sendo o caso de quando a lei determina que tal agente é o responsável pelo tratamento, estabelecendo os critérios para a sua nomeação; (ii) em razão da competência tácita, ou seja, quando não decorre diretamente de lei, mas de disposições legais comuns ou práticas jurídicas estabelecidas relativas aos diferentes ramos do direito. É o caso, por exemplo, do empregador em relação aos dados dos seus funcionários; e, por fim, (iii) em razão da influência de fato, que ocorre quando a responsabilidade pelo tratamento de dados é atribuída em razão da análise das circunstâncias factuais[18]   .

Essa última análise é particularmente relevante em ambientes complicados, especialmente quando as empresas se utilizam de novas tecnologias e tendem a se verem como "facilitadores" e não como responsáveis pelo tratamento de dados pessoais. Nesses casos, inclusive, pode ser que o contrato firmado seja omisso quando à identificação do responsável pelo tratamento, ou mesmo ter determinação expressa que, contudo, não condiz com a realidade. Conforme o estudo anteriormente referido do Grupo de Trabalho do Artigo 29, quando não há motivo para duvidar que as cláusulas contratuais refletem a realidade, não há razão para não as seguir[19], especialmente se estiverem de acordo com o art. 28 do GDPR, que traz regras para o contrato escrito a ser realizado entre responsável pelo tratamento e operador/subcontratante. Contudo, é possível que, no contexto fático da atividade, efetivamente haja o trata-

---

14. PRADO CHAVES, Luís Fernando. Responsável pelo tratamento, subcontratante e DPO. In.: MALDONADO, Viviane Nóbrega; ÓPICE BLUM, Renato. (Coords.). *Comentários ao GDPR*. São Paulo: Thomson Reuters, 2018. p. 113.

15. Art. 5º Para os fins desta Lei, considera-se: VI – controlador: pessoa natural ou jurídica, de direito público ou privado, a quem competem as decisões referentes ao tratamento de dados pessoais.

16. COLCELLI, Valentina. Joint Controller Agreement under GDPR. *EU and Comparative Law Issues and Challenges Series*, 3, 2019, p. 1033. Acesso via *HeinOnline*.

17. O Grupo de Trabalho do Artigo 29 foi um grupo europeu de trabalho independente que tratou de questões relativas à proteção de dados e à privacidade até 25 de maio de 2018, data de aplicação do GDPR. Os estudos realizados por eles podem ser acessados pelo *site* https://edpb.europa.eu/our-work-tools/article-29-working-party_pt.

18. GRUPO DE TRABALHO DO ARTIGO 29º PARA A PROTEÇÃO DE DADOS. *Parecer 1/2010 sobre os conceitos de "responsável pelo tratamento" e "subcontratante"*. WP: 169 (adotado em 02/2010). Bruxelas, 2010. p. 13-15.

19. Idem, p. 15.

mento de dados, hipótese na qual, mesmo que a empresa contratualmente não seja definida como responsável pelo tratamento de dados, assim será qualificada, dada a sua atividade de fato, conforme terceira categoria trazida no estudo.

Essa análise fática é, inclusive, essencial para que seja possível a distinção entre os agentes de tratamento de dados, quais sejam, o controlador e o operador. Isso porque o operador, assim como o controlador, também é uma pessoa natural ou jurídica, igualmente de direito público ou privado, porém é ente distinto do controlador e diferentemente deste, não detém autonomia para o tratamento dos dados, mas realiza o tratamento em nome do controlador, conforme inciso VII do art. 5º da LGPD.[20]

A atuação do operador depende, então, do controlador, sendo a ideia principal a de delegação, de forma que o operador age de forma limitada às suas delegações, até mesmo para que não seja descaracterizado como tanto. A principal distinção entre os agentes está no poder de decisão: o operador só pode agir no limite da finalidade determinada pelo controlador.[21] A sua liberalidade está adstrita, nesse sentido, à definição dos meios da operação e das questões técnicas e organizacionais, caso o controlador lhe dê autonomia, mas não da finalidade do tratamento, que deve ser determinada exclusivamente pelo controlador, conforme referido anteriormente. Desta forma, o grau de discricionariedade do operador está limitado, por exemplo, à decisão acerca dos *hardwares* e *softwares* a serem utilizados no tratamento.[22]

Contudo, apesar das distinções acima referidas entre os agentes de tratamento de dados, na prática, é possível que haja confusão entre os papeis, especialmente quando se trata de casos complexos. Nada impede, por exemplo, que uma mesma empresa atue como controladora em um contexto e como operadora em outro. Importa a análise de cada atividade realizada.[23]

Do estudo acima mencionado do Grupo de Trabalho do Artigo 29 se depreende, então, pergunta chave a ser respondida para possibilitar a diferenciação entre os agentes: teria a empresa contratada realizado determinada atividade de tratamento de dados pessoais – da maneira e pela razão tal como ocorreu – não fora a solicitação da contratante? Se sim, ambas são responsáveis pelo tratamento de dados, ou seja, ambas são controladoras; se não, a empresa contratante é a controladora e a contratada é a operadora.[24]

---

20. Art. 5º Para os fins desta Lei, considera-se: VII – operador: pessoa natural ou jurídica, de direito público ou privado, que realiza o tratamento de dados pessoais em nome do controlador.
21. AUTORIDADE NACIONAL DE PROTEÇÃO DE DADOS. Guia Orientativo para Definições dos Agentes de Tratamento de Dados Pessoais e do Encarregado. Brasília, DF. Maio de 2021. p. 16.
22. PRADO CHAVES, Luís Fernando. Responsável pelo tratamento, subcontratante e DPO. In.: MALDONADO, Viviane Nóbrega; ÓPICE BLUM, Renato. (Coords.). *Comentários ao GDPR*. São Paulo: Thomson Reuters, 2018. p. 116-117.
23. Idem, p. 117.
24. GRUPO DE TRABALHO DO ARTIGO 29º PARA A PROTEÇÃO DE DADOS. *Parecer 1/2010 sobre os conceitos de "responsável pelo tratamento" e "subcontratante"*. WP: 169 (adotado em 02/2010). Bruxelas, 2010. p. 16-17.

A fim de elucidar as diferentes atuações dos agentes, o referido estudo traz diversos exemplos de casos em que uma empresa seria enquadrada como controladora ou como operadora, a depender da atividade realizada. Por exemplo, o caso de uma empresa de *marketing*, que contrata outra para efetivar campanhas de *marketing* direto, decidindo qual material enviar, bem como o grupo de destinatários. Nesse caso, não há descaracterização da empresa contratada como operadora. Contudo, se a empresa contratada decide utilizar a base de dados de clientes da empresa contratante na oferta de serviços a outro cliente, caracteriza-se uma nova finalidade de tratamento de dados, não expressamente determinada pelo contratante, assumindo, então, o papel de controladora.[25]

No ponto, cumpre destacar que o funcionário do agente de tratamento não se confunde com o operador de dados pessoais, conforme Guia Orientativo para Definições dos Agentes de Tratamento de Dados Pessoais e do Encarregado da ANPD, publicado com o objetivo de estabelecer diretrizes não-vinculantes aos agentes de tratamento e explicar as suas respectivas atuações no Brasil. Utilizando exemplo similar de *marketing*, o guia esclarece que, caso um funcionário da controladora realize o envio aos clientes das campanhas realizadas pela operadora, ele não se caracteriza como agente de tratamento. Isso porque atua em subordinação às decisões do controlador, de forma que atua sob o poder diretivo da empresa.[26] Assim, as pessoas naturais que atuam como profissionais subordinados a uma pessoa jurídica não são consideradas agentes de tratamento e não se confundem com o operador, que é pessoa distinta.[27]

Ademais, outro exemplo interesse trazido pelo estudo do Grupo de Trabalho do Artigo 29 é a relação entre agência de viagens, companhias aéreas e cadeia de hotéis. Todas são caracterizadas como controladoras pelo Grupo, em razão de haver fluxo de tratamento dos dados entre elas, uma vez que a agência informa à companhia aérea e ao hotel escolhido os dados do cliente, que os utilizam para os fins necessários para a prestação do serviço. Ainda, se criassem uma plataforma comum na *internet* para otimizar a prestação do serviço, as três empresas seriam corresponsáveis pelo tratamento de dados das atividades relativas à plataforma conjunta, tratando-se de hipótese de controle conjunto relativamente ao tratamento decorrente desta plataforma.[28]

Estabelecidos os parâmetros para distinção entre os agentes de tratamento de dados, importante então tratar da figura do encarregado. O encarregado, conforme art. 5º, VIII, da LGPD, é a pessoa indicada pelo controlador e operador para atuar

---

25. Idem, p. 17.
26. AUTORIDADE NACIONAL DE PROTEÇÃO DE DADOS. Guia Orientativo para Definições dos Agentes de Tratamento de Dados Pessoais e do Encarregado. Brasília, DF. Maio de 2021. p. 6.
27. AUTORIDADE NACIONAL DE PROTEÇÃO DE DADOS. Guia Orientativo para Definições dos Agentes de Tratamento de Dados Pessoais e do Encarregado. Brasília, DF. Maio de 2021. pp. 8 e 17.
28. Idem. p. 24.

como canal de comunicação entre o controlador, os titulares dos dados e a ANPD.[29] É o indivíduo responsável por garantir que a organização, pública ou privada, está em conformidade com a LGPD.[30]

A figura do encarregado decorre da ideia de internalização nas empresas da responsabilidade, *accountability* e diminuição da presença estatal nas atividades cotidianas de processamento, a fim de fomentar a cultura da privacidade no ambiente corporativo.[31] Ganhou destaque no GDPR como uma figura chave para a proteção de dados, tornando-se obrigatório em alguns casos, como melhor será demonstrado a seguir, de forma que também relevante na legislação brasileira, fortemente influenciada pela experiência europeia, conforme já referido.

O encarregado concentra internamente, desta forma, as atribuições de fiscalização e controle das atividades de tratamento de dados e atua como ponto de contato com as autoridades estatais de proteção de dados pessoais e também com os titulares de dados.[32] A intenção é proporcionar uma maior proteção aos indivíduos no que se refere ao tratamento de seus dados, até mesmo em razão da assimetria informacional entre os titulares e os agentes de tratamento.[33]

A fim de cumprir o papel a que se destina, o encarregado precisa ter autonomia no desempenho das suas funções, devendo receber todos os recursos necessários para desenvolvê-las e nunca instruções de como fazê-las, não podendo ser submetido a orientações superiores e nem punido por desempenhar suas funções corretamente.[34] Ainda, o controlador e/ou operador devem dar ao encarregado todas as informações sobre as atividades de tratamento, desde a sua fase inicial, bem como este deve interagir com o patamar mais alto do agente de tratamento.[35] O objetivo, conforme orientações também do Grupo de Trabalho do Artigo 29 sobre o tema, é de melhoria permanente no nível do encarregado, que deve sempre se manter atualizado e ser incentivado a se desenvolver no domínio da proteção de dados.[36]

---

29. Art. 5º Para os fins desta Lei, considera-se: VIII – encarregado: pessoa indicada pelo controlador e operador para atuar como canal de comunicação entre o controlador, os titulares dos dados e a Autoridade Nacional de Proteção de Dados (ANPD).

30. AUTORIDADE NACIONAL DE PROTEÇÃO DE DADOS. Guia Orientativo para Definições dos Agentes de Tratamento de Dados Pessoais e do Encarregado. Brasília, DF. Maio de 2021. p. 22.

31. SOMBRA, Thiago Luís Santos. *Fundamentos da regulação da privacidade e proteção de dados pessoais – pluralismo jurídico e transparência em perspectiva*. São Paulo: Thomson Reuters Brasil, 2019. p. 179.

32. Idem.

33. FERRARI, Isabela; BECKER, Daniel. O Direito à Explicação sobre Decisões Automatizadas: Uma Análise Comparativa entre a União Europeia e o Brasil. *Revista de Direito e as Novas Tecnologias*. Vol. 1/2018, Out-Dez/2018. p. 3. Acesso via RT Online.

34. SOMBRA, Thiago Luís Santos. *Fundamentos da regulação da privacidade e proteção de dados pessoais – pluralismo jurídico e transparência em perspectiva*. São Paulo: Thomson Reuters Brasil, 2019. p. 179.

35. PRADO CHAVES, Luís Fernando. Responsável pelo tratamento, subcontratante e DPO. In.: MALDONADO, Viviane Nóbrega; ÓPICE BLUM, Renato. (Coords.). *Comentários ao GDPR*. São Paulo: Thomson Reuters, 2018. p. 135.

36. GRUPO DE TRABALHO DO ARTIGO 29º PARA A PROTEÇÃO DE DADOS. *Orientações sobre os encarregados da proteção de dados (EPD)*. WP: 243 (rev. 01/2017). Bruxelas, 2017. p. 17.

No particular, importa destacar a ausência de previsão na LGPD acerca de requisitos para o cargo de encarregado. Apesar da redação original do § 4º do art. 41 da lei prever a necessidade de "conhecimento jurídico-regulatório e ser apto a prestar serviços especializados em proteção de dados" para ocupar o cargo, referido inciso foi objeto de veto, a pedido do Ministério da Economia e da Controladoria-Geral da União. A razão do veto, conforme Mensagem 288, de 8 de julho 2019, da Presidência da República[37], decorre do entendimento de que a exigência de que o encarregado seja detentor de conhecimento jurídico regulatório contraria o interesse público, na medida em que constituiria uma exigência com rigor excessivo e interferência desnecessária por parte do Estado nos quadros do setor produtivo, restringindo o livre exercício profissional, em afronta ao art. 5º, XIII da Constituição Federal.

Já na experiência europeia, recomenda-se que o encarregado seja alguém com conhecimento de proteção de dados e regulação, não podendo ter conflitos de interesses para exercer a função.[38] Na prática, a função é desempenhada por advogados ou consultores legais especialistas no tema ou mesmo profissionais de segurança da informação. No GDPR, ainda, não há vedação que o cargo seja exercido por pessoa jurídica.[39] Por sua vez, a LGPD, na primeira redação do inciso VIII do art. 5º, previa que o encarregado seria pessoa natural,[40] contudo, após as alterações da Lei 13.853/19, passou a prever apenas a necessidade de ser "pessoa"[41], abrindo, aparentemente, espaço para a possibilidade de indicação de pessoas jurídicas (apesar de, diferentemente dos conceitos de controlador e operador, não trazer a previsão de "pessoa natural ou jurídica"). No mesmo sentido, explica a ANPD em seu guia orientativo, referindo que a LGPD não distingue se o encarregado deve ser pessoa física ou jurídica, ou se deve ser um funcionário da organização ou agente externo.[42]

A referida lei de 2019, ainda, adicionou ao mesmo inciso que o encarregado deve também ser indicado pelo operador, sendo que a primeira redação previa apenas a necessidade de indicação pelo controlador. Porém, o art. 41 da LGPD, primeiro da seção sobre o encarregado, continua prevendo que "o controlador deverá indicar o encarregado".[43] A interpretação mais prudente, contudo, considerando a nova redação do art. 5º, seria, então, de que o operador também deve se preocupar com a indicação de encarregado.

---

37. Mensagem 288, de 8 de julho de 2019, com as razões de veto deste e de outros artigos da LGPD, está disponível na íntegra pelo *link* http://www.planalto.gov.br/ccivil_03/_Ato2019-2022/2019/Msg/VEP/VEP-288.htm.

38. SOMBRA, Thiago Luís Santos. *Fundamentos da regulação da privacidade e proteção de dados pessoais*: pluralismo jurídico e transparência em perspectiva. São Paulo: Thomson Reuters Brasil, 2019. p. 179.

39. PRADO CHAVES, Luís Fernando. Responsável pelo tratamento, subcontratante e DPO. In.: MALDONADO, Viviane Nóbrega; ÓPICE BLUM, Renato. (Coords.). *Comentários ao GDPR*. São Paulo: Thomson Reuters, 2018. p. 134.

40. A primeira redação do artigo 5º, VIII, da LGPD, assim previa: encarregado: pessoa natural, indicada pelo controlador, que atua como canal de comunicação entre o controlador e os titulares e a autoridade nacional.

41. Vide nota de rodapé n. 29.

42. AUTORIDADE NACIONAL DE PROTEÇÃO DE DADOS. Guia Orientativo para Definições dos Agentes de Tratamento de Dados Pessoais e do Encarregado. Brasília, DF. Maio de 2021. p. 22.

43. Art. 41. O controlador deverá indicar encarregado pelo tratamento de dados pessoais.

Contudo, a LGPD, diferentemente do GDPR, não traz expressamente as hipóteses em que a designação de encarregado é mandatória e/ou recomendável, salvo quando o tratamento for realizado por pessoas jurídicas de direito público, que traz a previsão de necessidade (art. 23, III). Em verdade, a regra geral da lei brasileira é a necessidade de designação, conforme art. 41, sendo que, no § 3º, consta que a autoridade nacional poderá estabelecer normas complementares inclusive quanto à dispensa de necessidade de indicação de encarregado, conforme a natureza e o porte da entidade ou o volume de operações de tratamento de dados.[44] O mesmo está previsto no Decreto 10.474/2020, o qual aprovou a estrutura da ANPD e atribuiu tal competência ao Conselho Diretor da Autoridade, conforme art. 4º, VIII, "b".[45]

No GDPR, conforme art. 37º, 1, o encarregado é necessário em três situações específicas, quando: *(i)* o tratamento for efetuado por uma autoridade ou um organismo público; *(ii)* a atividade exercida exija controle regular e sistemático dos titulares dos dados em grande escala; e *(iii)* as atividades principais do responsável pelo tratamento/subcontratante consistam em operações de tratamento em grande escala. A fim de determinar se o tratamento é realizado em grande escala, o Grupo de Trabalho do Artigo 29 recomenda que sejam levados em consideração o número de titulares de dados afetados, o volume de dados objeto de tratamento, a duração do tratamento e o âmbito geográfico da atividade.[46]

Em síntese, verificou-se, então, nesta subseção, a importância da delimitação das características dos sujeitos envolvidos no tratamento de dados pessoais, para correta interpretação da normativa da proteção de dados. Contudo, essencial ainda, postas as suas características, verificar quais são os seus deveres perante os titulares e os demais agentes para, após, adentrar nos seus eixos de responsabilização.

2.2 Deveres

No seu Capítulo VI a LGPD trata sobre os agentes de tratamento de dados pessoais, trazendo, na primeira seção, os deveres do controlador e do operador e, na segunda seção, os do encarregado. Os seus deveres estão diretamente relacionados às características pontuadas no subcapítulo anterior, iniciando pelo controlador, como responsável pelo tratamento dos dados, passando pelo operador que também é agente de tratamento, mas o realiza em nome do controlador e, por fim, tratando

---

44. Art. 41, § 3º A autoridade nacional poderá estabelecer normas complementares sobre a definição e as atribuições do encarregado, inclusive hipóteses de dispensa da necessidade de sua indicação, conforme a natureza e o porte da entidade ou o volume de operações de tratamento de dados.
45. Art. 4º Ao Conselho Diretor, órgão máximo de direção da ANPD, compete: VIII – estabelecer normas complementares: b) sobre a definição e as atribuições do encarregado pelo tratamento de dados pessoais de que trata a Lei 13.709, de 2018, inclusive nas hipóteses de dispensa da necessidade de sua indicação, conforme a natureza e o porte da entidade ou o volume de operações de tratamento de dados.
46. GRUPO DE TRABALHO DO ARTIGO 29º PARA A PROTEÇÃO DE DADOS. *Orientações sobre os encarregados da proteção de dados (EPD).* WP: 243 (rev. 01/2017). Bruxelas, 2017. p. 6.

do encarregado e do seu dever de bom exercício das suas funções consultivas de proteção de dados.

Iniciando pelos controladores, que ocupam papel central na garantia dos direitos dos titulares[47], conforme art. 37 da LGPD[48], estes devem manter registro das operações de tratamento de dados pessoais, especialmente quando baseadas no legítimo interesse. Salienta-se que o tratamento de dados pessoais, para a LGPD tem um conceito amplo, abrangendo toda operação realizada com dados pessoais, como as que se referem a coleta, produção, recepção, classificação, utilização, acesso, reprodução, transmissão, distribuição, processamento, arquivamento, armazenamento, eliminação, avaliação ou controle da informação, modificação, comunicação, transferência, difusão ou extração, conforme art. 5º, X, da LGPD. Nesse sentido, é responsável pelo uso e pela manutenção das informações pessoais, tanto de forma *on-line,* como em vias físicas (*off-line*).[49]

A ANPD pode, ainda, conforme art. 38 da LGPD[50], determinar que o controlador elabore relatório de impacto à proteção de dados pessoais, inclusive dados sensíveis, observados os segredos comercial e industrial, previsão confirmada pelo art. 4º, I, do Decreto 10.474/2020[51], que instaurou a estrutura da ANPD. Cabe ao controlador, também, como determina o art. 48 da LGPD[52], comunicar à autoridade nacional e ao titular a ocorrência de incidente de segurança, caso possa acarretar risco ou dano relevante aos titulares dos dados. Deve informar, dentre outros itens elencados pelo § 1º do mesmo artigo, a descrição da natureza dos dados pessoais afetados, bem como informações sobre os titulares envolvidos e indicar as medidas técnicas e de segurança utilizadas para a proteção dos dados, adotadas para mitigar/reverter os prejuízos e os riscos envolvidos no incidente. O prazo será definido pela autoridade, conforme art. 4º, XII, "b" do Decreto 10.474/2020.

Ainda, são deveres tanto dos controladores como dos operadores, enquanto agentes de tratamento de dados, adotar medidas de segurança, técnicas e administrativas aptas a proteger os dados pessoais de acessos não autorizados e de situações acidentais ou ilícitas de destruição, perda, alteração, comunicação ou qualquer forma de tratamento inadequado ou ilícito (art. 46 da LGPD). Detêm a faculdade, conforme

---

47. PRADO CHAVES, Luís Fernando. Responsável pelo tratamento, subcontratante e DPO. In.: MALDONADO, Viviane Nóbrega; ÓPICE BLUM, Renato. (Coords.). *Comentários ao GDPR*. São Paulo: Thomson Reuters, 2018. p. 115.

48. Art. 37. O controlador e o operador devem manter registro das operações de tratamento de dados pessoais que realizarem, especialmente quando baseado no legítimo interesse.

49. KREMER, Bianca. In: MULHOLLAND, Caitlin. *A LGPD e o novo marco normativo no Brasil*. 1 ed. Porto Alegre: Arquipélogo, 2020. p. 291.

50. Art. 38. A autoridade nacional poderá determinar ao controlador que elabore relatório de impacto à proteção de dados pessoais, inclusive de dados sensíveis, referente a suas operações de tratamento de dados, nos termos de regulamento, observados os segredos comercial e industrial.

51. Art. 4º Ao Conselho Diretor, órgão máximo de direção da ANPD, compete: I – solicitar: a) ao controlador de que trata a Lei 13.709, de 2018, o relatório de impacto à proteção de dados pessoais, quando o tratamento tiver como fundamento seu interesse legítimo, observados os segredos comercial e industrial.

52. Art. 48. O controlador deverá comunicar à autoridade nacional e ao titular a ocorrência de incidente de segurança que possa acarretar risco ou dano relevante aos titulares.

art. 50 também da LGPD, de formular regras de boas práticas e de governança, sendo recomendado que estabeleçam as condições de organização, regime de funcionamento, procedimentos, normas de segurança, padrões técnicos e mecanismos internos de supervisão do tratamento de dados. O controlador poderá, nesse mesmo sentido, como autoriza o § 2º do mesmo artigo, implementar programa de governança em privacidade, considerando a escala, estrutura e volume das suas operações e a sensibilidade dos dados tratados. Cabe à ANPD reconhecer e divulgar as regras de boas práticas e governança, conforme art. 4º, XV, do Decreto 10.474/2020.

É interessante destacar que a experiência europeia demonstra que as funções do controlador vão sendo ampliadas em razão das constantes evoluções e diversificações na forma da coleta e processamento de dados pessoais. As leis, contudo, com seu anseio regulatório e em razão das evoluções tecnológicas, podem se tornar obsoletas para efetividade dos direitos dos titulares.[53] Nesse contexto, sempre importante observar os deveres do controlador em atenção às novas tecnologias e à evolução na forma de tratamento dos dados pessoais.

Já aos operadores cabe, assim como aos controladores, também manter registro das operações de tratamento de dados pessoais que realizarem, na forma do art. 37 da LGPD.[54] Devem, ainda, realizar o tratamento segundo as instruções fornecidas pelo controlador, que, por sua vez, verificará a observância das próprias instruções e das normas sobre a matéria.[55] A não observância das instruções pode acabar, como visto no ponto anterior, caracterizando a atuação do operador como de controlador, se decidir sobre a finalidade do tratamento dos dados, ou mesmo na sua responsabilização, conforme melhor se verificará na próxima seção do presente artigo. Isso não impede, porém, sendo inclusive recomendado, que a operadora tenha as suas próprias regras de boas práticas e governança, bem como tenha certa discricionariedade para a escolha dos meios a serem utilizados para o tratamento.

Interessante verificar, nesse contexto, serem extensos os deveres e obrigações legais dos operadores, como de adoção de medidas de segurança, técnicas e administrativas, bem como de manter registro das operações de dados realizadas, apesar de terem sua atuação limitada ao que lhe foi delegado pelo controlador. Esse fato decorre da possível desproporcionalidade que pode haver entre os agentes contratantes, porquanto, na experiência europeia, muitos responsáveis pelo tratamento (controladores) ficavam em posição desfavorável em negociação com empresas multinacionais prestadoras de serviços de subcontratantes, na qualidade de operadoras, como provedores de infraestrutura e armazenamento de dados em *cloud*[56].

---

53. SOMBRA, Thiago Luís Santos. *Fundamentos da regulação da privacidade e proteção de dados pessoais*: pluralismo jurídico e transparência em perspectiva. São Paulo: Thomson Reuters Brasil, 2019. p. 177.

54. Vide nota de rodapé n. 46.

55. Art. 39. O operador deverá realizar o tratamento segundo as instruções fornecidas pelo controlador, que verificará a observância das próprias instruções e das normas sobre a matéria.

56. PRADO CHAVES, Luís Fernando. Responsável pelo tratamento, subcontratante e DPO. In.: MALDONADO, Viviane Nóbrega; ÓPICE BLUM, Renato. (Coords.). *Comentários ao GDPR*. São Paulo: Thomson Reuters, 2018. p. 117.

Assim, atribuir responsabilidades aos operadores é importante também para equalizar eventual posição desfavorável de alguma das partes.

Os encarregados, por sua vez, não detêm a obrigação de cumprimento das legislações de proteção de dados, pois esta é uma obrigação exclusiva dos agentes de tratamento de dados[57]. Eles são, em verdade, como já referido na subseção anterior, responsáveis pela difusão da cultura de proteção de dados, implementação de boas práticas e realização de treinamentos constantes dentro dos agentes de tratamento de dados.[58]

Partindo dessa premissa, o art. 41, § 2º, da LGPD prevê as atividades do encarregado, assim como a doutrina as define[59], sendo elas: *(i)* informar, aceitar reclamações e comunicações dos titulares, prestar esclarecimentos e adotar providências; *(ii)* receber comunicações da autoridade nacional e adotar providências; *(iii)* aconselhar e controlar a conformidade das atividades, orientando os funcionários e os contratados da entidade a respeito das práticas a serem tomadas em relação à proteção de dados pessoais; *(iv)* prestar consultoria, quando lhe for solicitado, sobre a avaliação de impacto sobre proteção de dados; e *(v)* executar as demais atribuições determinadas pelo controlador ou estabelecidas em normas complementares.

Esses devedores confirmam a necessidade de autonomia do encarregado já trazida, exatamente para que possa atender ao seu dever de "bom exercício" da sua função consultiva em matéria de proteção de dados, inclusive no que tange a situações extremas, como de eventual necessidade de reportar à ANPD acerca de vazamento de dados pessoais no controlador ou operador. Dadas essas particularidades, a figura do encarregado não se confunde com o do *compliance officer*, porquanto a autonomia do encarregado é mais ampla e o escopo de atuação é mais específico, não sendo desejável a cumulação de atividades. A responsabilidade do *compliance officer* na proteção de dados seria mais genérica.[60]

Por fim, importante salientar que a identidade e as informações de contato do encarregado deverão ser divulgadas publicamente pelo agente de tratamento de dados, de forma clara e objetiva, preferencialmente no seu sítio eletrônico, conforme descrito no art. 41, § 1º, da LGPD. Essa previsão é muito importante para que seja possível a efetivação da atuação do encarregado como canal de comunicação entre os titulares e os agentes de tratamento, bem como entre os agentes e a autoridade nacional.

---

57. Idem, p. 136.
58. SOMBRA, Thiago Luís Santos. *Fundamentos da regulação da privacidade e proteção de dados pessoais – pluralismo jurídico e transparência em perspectiva.* São Paulo: Thomson Reuters Brasil, 2019. p. 179.
59. PRADO CHAVES, Luís Fernando. Responsável pelo tratamento, subcontratante e DPO. In.: MALDONADO, Viviane Nóbrega; ÓPICE BLUM, Renato. (Coords.). *Comentários ao GDPR.* São Paulo: Thomson Reuters, 2018. p. 135-136.
60. BORGES DA SILVA, Fabiani de Oliveira. A Responsabilidade do Compliance Officer na Proteção de Dados Pessoais. *Revista de Direito e as Novas Tecnologias*, v. 3/2019, abr.-jun. 2019. p. 10-11. Acesso via *RT Online*.

3. RESPONSABILIZAÇÃO DOS SUJEITOS ENVOLVIDOS NO TRATAMENTO DE DADOS

Conhecidos as características e os deveres dos sujeitos envolvidos no tratamento de dados, passa-se, então, à análise de quais as consequências do descumprimento com esses deveres. Essas consequências estarão divididas em duas áreas distintas de responsabilização: a responsabilização civil e a responsabilização administrativa. Assim, nas próximas seções analisar-se-á esses dois eixos de responsabilização, especialmente em relação aos sujeitos submetidos ao regime, aos requisitos de sua aplicação e às suas consequências.

3.1 Responsabilidade civil e indenização

A definição das funções de controlador, de operador e de encarregado, bem como da interação entre estes sujeitos no mercado é fundamental para a compreensão do regime de responsabilidades da Lei Geral de Proteção de Dados Pessoais (LGPD). Esta elucidação, por sua vez, é relevante para que os titulares saibam em relação a quem devem exercer seus direitos – desde solicitações de informações, retificações e, até mesmo, pretensões indenizatórias[61] – e, ademais, para orientar os agentes econômicos envolvidos no tratamento de dados pessoais acerca da alocação de seus riscos e do desenvolvimento de sua atividade. Neste subtópico, pretende-se discutir o sistema de responsabilidade civil adotado pelo marco legislativo de proteção de dados pessoais brasileiro.

Em linhas gerais, a responsabilidade civil está na Seção III do Capítulo VI[62], entre os arts. 42 e 45 da LGPD, merecendo, os dois primeiros, destaque. Nesse passo, parte-se da previsão do art. 42, *caput*[63], para compreender que a responsabilização orbita, via de regra, em torno da figura dos agentes de tratamento, *i.e.* controlador e operador, isto é, sem menção ao encarregado. Esta será uma responsabilização solidária entre controladores (art. 42, § 1º, II[64]) e, entre controlador e operador, quando o operador deixe de seguir as lícitas orientações do controlador, equiparando-se a este, ou descumpra as obrigações legais (art. 42, § 1º, I[65]).

---

61. SOMBRA, Thiago Luís Santos. *Fundamentos da regulação da privacidade e proteção de dados pessoais – pluralismo jurídico e transparência em perspectiva.* São Paulo: Thomson Reuters Brasil, 2019. p. 174.

62. Vê-se, aqui, uma das justificativas para incorporar, em estudo centrado nos personagens do tratamento de dados, considerações acerca de sua responsabilização: a opção do legislador foi de tratar dos temas neste mesmo capítulo.

63. Art. 42. O controlador ou o operador que, em razão do exercício de atividade de tratamento de dados pessoais, causar a outrem dano patrimonial, moral, individual ou coletivo, em violação à legislação de proteção de dados pessoais, é obrigado a repará-lo.

64. II – os controladores que estiverem diretamente envolvidos no tratamento do qual decorreram danos ao titular dos dados respondem solidariamente, salvo nos casos de exclusão previstos no art. 43 desta Lei.

65. § 1º A fim de assegurar a efetiva indenização ao titular dos dados: I – o operador responde solidariamente pelos danos causados pelo tratamento quando descumprir as obrigações da legislação de proteção de dados ou quando não tiver seguido as instruções lícitas do controlador, hipótese em que o operador equipara-se ao controlador, salvo nos casos de exclusão previstos no art. 43 desta Lei; (...).

Sob essa perspectiva, diferentemente do que se poderia pensar, a solidariedade entre controladores e operadores não se trata da *regra* na LGPD, mas sim está restrita às hipóteses mencionadas[66], existindo direito de regresso, na medida da participação, entre os agentes (art. 42, § 4º). Vê-se, ainda, que o legislador elucida a possibilidade de inversão do ônus probatório, *ope judicis,* em favor do titular dos dados pessoais (art. 42, § 2º), que poderá exercer individual ou coletivamente o direito a ações reparatórias (art. 42, § 3º).

A responsabilidade civil dos agentes, em redação assemelhada à observada no Código de Defesa do Consumidor (CDC), será excluída *somente* se os agentes não tenham realizado o tratamento, que este não tenha afrontado à LGPD, ou em caso de culpa exclusiva da vítima ou de terceiros (art. 43[67]). Importa observar que o próprio legislador descreve como irregular o tratamento de dados pessoais que deixe de observar a legislação ou que não forneça os níveis de segurança dele esperados, dando como parâmetro a previsão de boas práticas do art. 46, dispondo, ainda, em rol exemplificativo, de circunstâncias que devem ser observadas; a saber, o modo de tratamento, os resultados os riscos razoavelmente aguardados e as técnicas disponíveis à época.[68] No final da seção, para elidir qualquer discussão a respeito, indica-se, expressamente, a aplicação da legislação de consumo em relação ao tratamento de dados pessoais, quando a relação assim se caracterizar (art. 45).

Em atenção ao comando do art. 42, *caput,* busca-se, a partir de agora, discutir a responsabilidade dos agentes de tratamento para, em seguida, avaliar a possibilidade de que se impute ao encarregado tal ônus. Fato é que o sistema de responsabilidade civil adotado pela LGPD vem sendo fortemente debatido na doutrina, enxergando-se certo consenso quanto à ausência de opção expressa do legislador entre a responsabilidade objetiva ou subjetiva, o que é, inclusive, uma das maiores críticas endereçadas ao diploma.[69]

Nos estudos tradicionais, Caio Mário ensina que, na responsabilização subjetiva, o questionamento central é sobre a forma que o comportamento de um sujeito acarreta dano ao lesado, isto é, tem-se a reconhecida lição de que a conduta culposa

---

66. MENDES, Laura Schertel; DONEDA, Danilo. Reflexões iniciais sobre a nova Lei Geral de Proteção de Dados. *Revista de Direito do Consumidor,* São Paulo, v. 27, n. 120, 2018. p. 469-483.

67. Art. 43. Os agentes de tratamento só não serão responsabilizados quando provarem: I – que não realizaram o tratamento de dados pessoais que lhes é atribuído; II – que, embora tenham realizado o tratamento de dados pessoais que lhes é atribuído, não houve violação à legislação de proteção de dados; ou III – que o dano é decorrente de culpa exclusiva do titular dos dados ou de terceiro.

68. Art. 44. O tratamento de dados pessoais será irregular quando deixar de observar a legislação ou quando não fornecer a segurança que o titular dele pode esperar, consideradas as circunstâncias relevantes, entre as quais: I – o modo pelo qual é realizado; II – o resultado e os riscos que razoavelmente dele se esperam; III – as técnicas de tratamento de dados pessoais disponíveis à época em que foi realizado. Parágrafo único. Responde pelos danos decorrentes da violação da segurança dos dados o controlador ou o operador que, ao deixar de adotar as medidas de segurança previstas no art. 46 desta Lei, der causa ao dano.

69. GUEDES, Gisela Sampaio da Guedes; MEIRELES, Rose Melo Vencelau. Término do tratamento de dados. In.: FRAZÃO, Ana; TEPEDINO, Gustavo; OLIVA, Milena Donato. *Lei Geral de Proteção de Dados Pessoais e suas repercussões no direito brasileiro.* São Paulo: Thomson Reuters, 2019. p. 228.

– a culpa, seja ela em sentido estrito ou em dolo – é pressuposto à obrigação de indenizar.[70] No âmbito da LGPD, Gisela Sampaio Guedes defende que o fundamento da responsabilização é a culpa, remetendo, então, a uma responsabilidade subjetiva.[71] Para Guedes e Rose Melo Meireles, o legislador criou todo um arcabouço de deveres e de boas práticas, o que não se coadunaria com uma lógica de responsabilização que prescindisse de culpa: "Assim, não faz muito sentido – nem do ponto de vista lógico, nem do jurídico – o legislador criar uma série de deveres de cuidado se não for para implantar um regime de responsabilidade subjetiva."[72]

Sustentam as autoras que há três principais "pistas" que corroboram este entendimento. A primeira delas é o histórico de tramitação do PL 5.276, que resultou na LGPD, visto que, em um primeiro momento, havia, sob a numeração de 35º, uma cláusula geral de responsabilidade objetiva, a qual, por escolha do legislador, teria sido retirada de todas as versões subsequentes. A segunda envolve, justamente, o argumento de que a Lei impõe inúmeros deveres aos agentes de tratamento, construindo um verdadeiro padrão de conduta, um *standard* de atuação, observado no Capítulo VI, integralmente destinado a boas práticas e segurança e no art. 6º, X, que adota como princípio a "responsabilização e a prestação de contas", em que os agentes devem demonstrar a adoção de medidas eficazes, sendo este arcabouço aparentemente incompatível com a responsabilização sem culpa.[73]

Referem as autoras, nesse ponto, que "(...) a noção clássica de culpa cedeu lugar para um conceito mais objetivado, que tem sido designado de culpa normativa."[74] A culpa normativa seria esta observada na LGPD, então, no sentido de que o descumprimento dos padrões estabelecidos na legislação ensejaria a culpa suficiente para reconhecimento de um sistema de responsabilidade subjetiva.

Breve contraponto, contudo, é preciso ser feito quanto a este aspecto. É inegável que a LGPD elenca uma série de boas práticas e de deveres a serem constantemente observados pelos agentes de tratamento, mas isto não parece ocorrer com o intuito de responsabilizar somente em caso de culpa ou dolo, ou seja, existe um mapa de boas condutas a serem seguidas para que se mitigue o risco, mas é este que fundamenta a imputação. Em outras palavras, vê-se um mandamento de evitar danos e, caso não sejam suficientes as práticas protetivas – todas, aliás, não exaustivas –, persistirá a responsabilidade. O que se vê, é mais uma preocupação com o que se vem denomi-

---

70. PEREIRA, Caio Mário da Silva; TEPEDINO, Gustavo. *Responsabilidade Civil*. 12ª edição, revisada, atualizada e ampliada – Rio de Janeiro: Forense, 2018. (*Ebook*).

71. GUEDES, Gisela Sampaio da Cruz. Regime de responsabilidade adotado pela lei de proteção de dados brasileira. *Caderno Especial LGPD*, São Paulo, 2019. p. 167-182.

72. GUEDES, Gisela Sampaio da Guedes; MEIRELES, Rose Melo Vencelau. Término do tratamento de dados. In.: FRAZÃO, Ana; TEPEDINO, Gustavo; OLIVA, Milena Donato. *Lei Geral de Proteção de Dados Pessoais e suas repercussões no direito brasileiro*. São Paulo: Thomson Reuters, 2019. p. 231.

73. Idem, p. 233.

74. Idem, p. 233.

nando de função preventiva prospectiva[75] da responsabilidade civil, que, justamente mediante a criação de múltiplos mecanismos, busca impedir a consolidação de danos injustos, estimulando o potencial agente ofensor a mitigar os riscos.[76.]

A terceira pista é a mais importante para as autoras e fundamenta-se na previsão do art. 43, II. Enquanto os incisos I e III afastam a responsabilização em caso de não realização do tratamento ou de culpa exclusiva da vítima ou de terceiros, o inciso II teria eximido os agentes de tratamento de responsabilidade caso não tenha descumprido a legislação de proteção de dados, mesmo que tenha sido o seu tratamento a gerar danos. Com efeito, a violação da lei consistiria em elemento subjetivo da obrigação de indenizar e indicaria a conduta culposa do agente de tratamento de dados.[77]

A única diferença ocorreria no caso de tratamento de dados pessoais sensíveis, em que, em razão do risco elevado, abordar-se-ia a questão através da previsão do art. 927, parágrafo único, do Código Civil, aplicando-se a responsabilização objetiva. Em linha semelhante, Fernando Tasso sustenta a tese de responsabilidade subjetiva na esteira dos argumentos de Guedes e Meireles e acrescenta o fato de que a LGPD não apresenta previsão expressa de afastamento da culpa, como faz o CDC, por exemplo, devendo prevalecer a regra geral do art. 186 do Código Civil, reforçando a ideia de que a reparação tem por fundamento afronta do dever legal e a violação da lei específica da LGPD, representando a culpa.[78]

Uma reflexão importante a ser aqui observada é: "O antijurídico não é necessariamente *culposo.*"[79] A visão de Judith Martins-Costa é de que ilicitude, um dos pressupostos da responsabilidade, salvo pontuais exceções, e culpa, um fator de imputação, tal qual o risco, não são sinônimas. Para a autora, a ilicitude pode envolver

---

75. "Os pressupostos da Responsabilidade Civil Preventiva pelo princípio da prevenção são: a) ameaça de lesão ou lesão de execução continuada (fator conhecido pela vítima); b) nexo de causalidade a partir de ação direta ou imediata ou de presunção de liame; c) resultado como dano provável no futuro com a eventualidade de danos de turbação, danos de ansiedade e despesas de prevenção. Neste caso, verifica-se: a) função preventiva prospectiva, tanto para a evitabilidade do dano indesejado, como para estancar aquele já em desenvolvimento; b) função reparatória, em caso de prevenção não alcançada. A seu turno, os pressupostos da Responsabilidade Civil Preventiva, pelo princípio da precaução, são: a) produto ou atividade geradora de incerteza científica; b) nexo causal presumido; c) riscos intoleráveis a direitos difusos ou à equidade intergeracional. Neste caso, observar a função preventiva prospectiva no sentido de evitar riscos de grande repercussão à coletividade ou indivíduo." FERREIRA, Keila Pacheco. *Responsabilidade civil preventiva*: função, pressupostos e aplicabilidade. 2014. Tese (Doutorado em Direito Civil) – Faculdade de Direito, Universidade de São Paulo, São Paulo, 2014. doi:10.11606/T.2.2016.tde-27102016-092601. Acesso em: 24 dez. 2020.

76. RODRIGUES, Cássio Monteiro. Reparação de danos e função preventiva da responsabilidade civil: parâmetros para o ressarcimento de despesas preventivas ao dano. *Civilistica*.com. Rio de Janeiro, a. 9, n. 1, 2020. Disponível em: http://civilistica.com/reparacao-de-danos-e-funcao-preventiva/. Acesso em: 24 dez. 2020.

77. Idem, pp. 235-238.

78. TASSO, Fernando Antonio. A responsabilidade civil na Lei Geral de Proteção de Dados e sua interface com o Código Civil e o Código de Defesa do Consumidor. In.: *Cadernos jurídicos*, ano 21, 53. São Paulo: Escola Paulista da Magistratura, jan.-mar. 2020. p. 97-115.

79. MARTINS-COSTA, Judith. A linguagem da responsabilidade civil. In: BIANCHI, José Flávio; MENDONÇA PINHEIRO. Rodrigo Gomes de; ARRUDA ALVIM, Teresa (Coords.). *Jurisdição e Direito Privado*: estudos em homenagem aos 20 anos da Ministra Nancy Andrighi no STJ. São Paulo: Revista dos Tribunais, 2020. p. 389-418.

uma violação de um direito alheio, uma afronta à lei, ou um exercício de direito próprio de forma contrária à boa-fé. Observe-se: estes elementos não necessariamente representam culpa, mas ilicitude[80]. A partir dessa noção, parece possível descaracterizar o argumento de que eventual exigência da LGPD de descumprimento da legislação específica atrai a necessidade de culpa para responsabilizar – tal previsão exige, por outro lado, o ilícito e não o culposo.

Em contraponto à teoria de responsabilidade subjetiva, a responsabilidade civil objetiva envolve as situações em que "(...) é dispensável qualquer juízo de valor sobre a culpa do responsável", isto é, em que há risco – probabilidade de dano – em razão da atividade exercida, como ensina Sérgio Cavalieri.[81] Especificamente quanto à LGPD, Laura Schertel Mendes e Danilo Doneda sustentam que este é exatamente o caso: tratar dados é uma atividade de risco e, assim sendo, é aplicável o art. 927, parágrafo único, do Código Civil. O fundamento dos autores decorre do fato de que o próprio legislador assim considerou, ao passo que restringe o tratamento de dados pessoais ao rol taxativo do art. 7º, que impõe princípios como os da finalidade, da necessidade, da minimização – ora, se há que se reduzir o uso ao estritamente preciso, há dano potencial – e da adequação, que determina que os dados devem ser eliminados tão logo encerrado o tratamento (art. 16º).[82]

Bruno Miragem, em esteira semelhante, identifica um dever de segurança imposto aos agentes de tratamento de dados pessoais, diante do fato de que o titular legitimamente espera ver a segurança dos dados que titulariza – e sua segurança – resguardada. O autor elucida que, pela aplicabilidade da LGPD, os agentes de tratamento são profissionais e deles presume-se um determinado grau de expertise, sendo que *a exigência de sua falha é para caracterização do nexo causal* e não da culpa: "Exige-se a falha do controlador ou do operador, que caracteriza o nexo causal do dano. Contudo, não se deve perquirir se a falha se dá por dolo ou culpa, senão que apenas sua constatação é suficiente para atribuição de responsabilidade (...)".[83]

O autor aponta que são condições para responsabilização somente a violação às normas de proteção de dados – como uma exigência a caracterizar o nexo causal – e a existência de dano. Além disso, antecipa a discussão quanto ao art. 44, III, sobre as técnicas de tratamento disponíveis à época, suscitando a controvérsia se, por um lado, a criação de novas técnicas e ameaças aos dados pessoais em tratamento serão consideradas um risco inerente da atividade, exigindo um dever constante dos agentes de tratamento e caracterizando um caso fortuito interno, ou se, por outro, a delimitação das técnicas do momentolimitará a responsabilidade.[84]

---

80. Idem.
81. CAVALIERI FILHO, Sérgio. *Programa de responsabilidade civil*. 11ª edição. São Paulo: Atlas 2014. p. 181.
82. MENDES, Laura Schertel; DONEDA, Danilo. Reflexões iniciais sobre a nova Lei Geral de Proteção de Dados. *Revista de Direito do Consumidor*, São Paulo, v. 27, n. 120, p. 469-483, nov.-dez. 2018.
83. MIRAGEM, Bruno. A Lei Geral de Proteção de Dados (Lei 13.709/2018) e o direito do consumidor. *Revista de Direito do Consumidor,* São Paulo, v. 1009/2019, 2019.
84. Idem.

Do que se observa na doutrina que defende que o sistema de responsabilidade objetiva, o argumento central é o de que a atividade de tratamento de dados possui risco inerente. Caitlin Mulholand destaca que a própria exigência de elaboração de relatório de impacto denota o caráter de risco da atividade (art. 5º, VII). A autora problematiza, ainda, se existiria uma diferenciação entre os sistemas de responsabilidade civil do art. 42º e do art. 44º, ao passo que o primeiro impõe a responsabilização "em razão do exercício da atividade" e o segundo condiciona ao tratamento irregular ou à violação da segurança, mas conclui que a melhor interpretação é de que o legislador pretendeu, em verdade, identificar, no segundo, hipóteses danosas específicas de incidentes de segurança – como vazamentos -, esclarecendo que estas consistiriam em caso fortuito interno.[85]

Tamanha é a discussão sobre o tema que a doutrina especializada vem apontando para regimes diferenciados de responsabilidade civil, como os denominados de *objetiva especial* ou de *proativa*. A responsabilidade objetiva especial é fortemente trabalhada por Rafael Dresch e José Luiz Faleiros, justificando sua posição na compreensão de que a LGPD não adota como critério de imputação o risco, nem a culpa.[86]

Os autores defendem que a previsão do art. 42 impõe a violação da legislação de proteção de dados como requisito para responsabilização, isto é, não bastando o simples desenvolvimento da atividade – portanto, não adotando o risco e exigindo um ato ilícito. Argumentam, ainda, que existe um dever geral de segurança imputado aos agentes de tratamento a partir da interpretação do art. 44 e, via de consequência, a violação à legislação específica, que seria elemento essencial, poderia ocorrer através de ilícitos específicos ou de ilícito geral – este último seria o ultraje aos *standards*. O conceito de ilícito geral pressupõe uma análise objetiva dos critérios, isto é, de cumprimento ou de descumprimento, em que ganham relevância as certificações, o *compliance* e a *accountability,* autorizando-se a falar em um sistema que formata de um novo modo o núcleo da teoria objetiva.[87]

---

85. MULHOLLAND, Caitlin. Responsabilidade civil por danos causados pela violação de dados sensíveis e a Lei Geral de Proteção de Dados Pessoais (Lei 13.709/2018). In MARTINS, Guilherme Magalhães; ROSENVALD, Nelson. *Responsabilidade civil e novas tecnologias.* Indaiatuba/SP: Editora Foco, 2020. pp. 109-124.

86. DRESCH, Rafael de Freitas Valle; FALEIROS JR., José Luiz de Moura. Reflexões sobre a responsabilidade civil na Lei Geral de Proteção de Dados (Lei 13.709/2018). In: ROSENVALD, Nelson; DRESCH, Rafael de Freitas Valle; WESENDONCK, Tula. *Responsabilidade civil:* novos riscos. Indaiatuba/SP: Editora Foco, 2019. p. 65-90.

87. "Observou-se o contrário: o legislador, ciente dos percalços enfrentados para a efetivação de direitos devidamente regulamentados, adotou a governança como parâmetro expresso – embora não obrigatório – para a delimitação dos contornos do nexo de causalidade em eventos de mau tratamento de dados, abrindo espaço para a discussão acerca da criação de um novo regime de responsabilidade que, ao fim e ao cabo, se realmente existir, não surge atrelado a uma nova dogmática, mas à condensação de aspectos inter-relacionais para a formatação do elemento nuclear da teoria objetiva. Tem-se, em essência, um dever geral de cautela desdobrado da consagração de um regime de imputação baseado na verificação e demonstração do defeito na prestação de serviço relacionado aos processos de coleta, tratamento e armazenagem de dados. Eventual violação, por causar a ruptura de legítimas expectativas do titular dos dados, conduzirá à responsabilização do agente." Idem.

Já a responsabilidade proativa, sustentada por Maria Celina Bodin de Moraes e João Quinelato de Queiroz, seria diferente dos tradicionais sistemas objetivo e subjetivo em razão, sobretudo, da previsão do art. 6º, X, da LGPD, que impõe a prestação de constas e a responsabilização dos agentes pela adoção de medidas eficazes e capazes de comprovar a observância e o cumprimento das normas de proteção de dados pessoais e, inclusive, da eficácia dessas medidas. Com efeito, o ponto chave é que a Lei não teria somente prestado atenção em garantir o ressarcimento de danos, mas também em visar que eles não ocorram.[88]

Interessante observar que os autores são críticos em relação a opção que o legislador teria adotado, identificando que a opção pela responsabilização objetiva pudesse ter sido um caminho mais protetivo aos titulares de dados pessoais. Enxergam, contudo, um sistema ativo de responsabilidade, a partir do qual não basta cumprir a letra da lei, mas sim adotar todas as medidas eficazes para comprovas as normas da LGPD e garantir-lhes eficácia: "não descumprir a lei não é mais suficiente; é preciso 'proativamente' prevenir a ocorrência de danos."[89]

Há, ainda, autores que identificam a coexistência entre os sistemas de responsabilidade civil objetivo e subjetivo. Anderson Schreiber, a partir da exegese do art. 44º, enxerga três hipóteses de responsabilização civil: em decorrência do descumprimento da legislação, no caso de não adoção das medidas de segurança do art. 46º e, ainda, em caso de tratamento que não forneça a segurança esperada pelo titular. Para o autor, nos dois primeiros casos, exige-se o descumprimento de um dever, o que caracterizaria a necessidade de culpa normativa – diferente, aliás, da noção clássica de culpa como uma falha psicologicamente orquestrada -, enquanto, na terceira, estaríamos diante da responsabilidade objetiva, pelo risco (art. 44º, II).[90]

Observados criticamente os principais paradigmas doutrinários acerca do sistema de responsabilidade civil adotado pela LGDP, é relevante enfrentar o fato de que, inegavelmente, grande parte – quiçá a maioria – dos tratamentos de dados pessoais está vinculada a relações de consumo. Não por acaso, o legislador previu expressamente a aplicação da normativa consumerista (art. 45º) quando o tratamento ocorrer no contexto da relação de consumo, adotou como fundamento da nova legislação a proteção do consumidor (art. 2º, VI)[91], permitiu o exercício de direitos previstos na

---

88. BODIN DE MORAES, Maria Celina. QUINELATO DE QUEIROZ, João. Autodeterminação informativa e responsabilização proativa: novos instrumentos de tutela da pessoa humana na LGPD. In: *Cadernos Adenauer* XX, 3. Proteção de dados pessoais: privacidade versus avanço tecnológico. Rio de Janeiro: Fundação Konrad Adenauer, 2019. p. 113-136.

89. Idem.

90. SCHEIBER, Anderson. Responsabilidade civil na Lei Geral de Proteção de Dados Pessoais. In: MENDES, Laura Schertel; DONEDA, Danilo; SARLET, Ingo Wolfgang; RODRIGUES JR., Otavio Luiz (Coord.); BIONI, Bruno (Coord. Exec.). *Tratado de proteção de dados pessoais*. Rio de Janeiro: Forense, 2020. pp. 319-338.

91. BODIN DE MORAES, Maria Celina. QUINELATO DE QUEIROZ, João. Autodeterminação informativa e responsabilização proativa: novos instrumentos de tutela da pessoa humana na LGPD. In: *Cadernos Adenauer* XX, 3. Proteção de dados pessoais: privacidade versus avanço tecnológico. Rio de Janeiro: Fundação Konrad Adenauer, 2019. p. 113-136.

LGPD junto aos órgãos de proteção do consumidor (art. 18, § 8º) e, ainda coadunou a Lei à teoria do diálogo das fontes (art. 7º do CDC e art. 64 da LGPD).[92]

Este ponto é particularmente importante quando se trata da responsabilidade civil, ao passo que, em verdade, a própria LGPD remete a situação ao regramento do art. 14 do CDC, sobre fato do serviço, ensejando a responsabilização solidária entre controlador, operador e outro fornecedores que venham a intervir ou ter proveito na cadeia de fornecimento.[93] Ressalte-se, aliás, que, embora a LGPD, via de regra, não imponha a responsabilização ao encarregado, parece acertado afirmar que, em caso de aplicação do CDC, estando tal sujeito compondo a cadeia de fornecimento, seja pela teoria da aparência, ou pela aplicação crua do dispositivo legal, poderá, também, eventualmente, ser responsabilizado.

Outro exercício que auxilia na compreensão desta complexa discussão é verificar o que ocorre no contexto europeu sobre o tema. Enquanto a LGPD traz suas cláusulas de responsabilidade sobretudo nos arts. 42 e 43, o Regulamento Europeu, que se convenciona chamar pela abreviação em inglês de GDPR, traz em seu art. 82 uma redação, em certa medida semelhante, merecendo destaque, porém, o art. 82/3, que exonera o agente em caso de comprovação de que *não é de modo algum* responsável pelo evento.

Nesse sentido, Barreto Menezes Cordeiro comenta que esta exoneração dos agentes de tratamento ocorrerá quando estes consigam demonstrar o afastamento, em relação a seus atos ou omissões, da ilicitude, da culpa (em uma noção de responsabilidade subjetiva) ou do nexo causal – se provarem que não contribuíram ao dano.[94] Já Mafalda Miranda Barbosa apresenta uma visão ampla do Regulamento, indicando a existência de duas nuances para interpretação, em que a primeira seria a "esfera primitiva de responsabilidade", vinculada à noção de controlabilidade, de responsabilidade *pelo* outro, a partir de uma lógica em que controlador e operador precisam garantir a incolumidade dos dados; a segunda esfera, por sua vez, seria de responsabilidade *perante* o outro, em referência ao conceito de *liability*.[95]

Em certa medida, essa observação das esferas de responsabilidade do GDPR, que, em nosso sentir, é aplicável à lógica da LGPD, relaciona-se ao que se vem denomi-

---

92. MENDES, Laura Schertel; DONEDA, Danilo. Reflexões iniciais sobre a nova Lei Geral de Proteção de Dados. *Revista de Direito do Consumidor*, São Paulo, v. 27, n. 120, p. 469-483, nov.-dez. 2018.

93. MIRAGEM, Bruno. A Lei Geral de Proteção de Dados (Lei 13.709/2018) e o direito do consumidor. *Revista de Direito do Consumidor*, São Paulo, v. 1009/2019, 2019.

94. MENEZES CORDEIRO, António Barreto. Repercussões do RGPD sobre a responsabilidade civil. In.: RAZÃO, Ana; TEPEDINO, Gustavo; OLIVA, Milena Donato. *Lei Geral de Proteção de Dados Pessoais e suas repercussões no direito brasileiro.* São Paulo: Thomson Reuters, 2019. p. 777-796.

95. BARBOSA, Mafalda Miranda. *Datta controllers* e *data processors:*da responsabilidade pelo tratamento de dados à responsabilidade civil. *Revista de Direito Comercial*, Lisboa, mar. 2015. Disponível em: <https://www.revistadedireitocomercial.com/data-controllers-e-data-processors>.

nando de *risk-based approach*[96], isto é, a gradação de medidas[97] – e de obrigações – de proteção conforme o risco das atividades. Este entendimento, por um lado, enfrenta críticas sob o argumento de interpretação pode acarretar um enfraquecimento da proteção dos titulares de dados e servir como uma forma de controladores e operadores burlarem a legislação protetiva. Por outro, o próprio Grupo de Trabalho do Art. 29[98], no parecer WP 2018/2014, descreve ser favorável à adoção de medidas proporcionais conforme o risco no tratamento de dados pessoais, destacando que os direitos garantidos devem ser respeitados independentemente do nível de risco a que os titulares sejam submetidos, sendo possíveis graus de *accountability*, mas sempre com os controladores e operadores em conformidade com a legislação.[99]

O último ponto quanto à responsabilização civil é em relação à posição do encarregado. Tanto na LGPD quanto no GDPR, a previsão de responsabilização civil é direcionada aos controladores e aos operadores, não sendo abarcada, pela legislação específica, a responsabilidade do encarregado por eventuais falhas de tratamento de dados pessoais.

Em relação ao GDPR, o parecer do Grupo de Trabalho do Art. 29 afirma a ausência de responsabilidade pessoal do encarregado em caso de descumprimentos dos requisitos de proteção de dados, sendo esta responsabilidade, de fato, do operador e do controlador. Em verdade, incumbe ao encarregado exercer a contento a função consultiva[100] e Barreto Menezes Cordeiro identifica que, embora o art. 82º do Regulamento de fato limite à responsabilização aos agentes de tratamento, nada impede que o encarregado seja responsabilizado através de outras disposições, dando o exemplo do art. 483 do Código Civil português.[101]

Na LGPD, o que se vê é disposição bastante semelhante: o encarregado não é responsável solidário pelo tratamento de dados pessoais realizado por controladores e operadores[102], o que não evitará que responda por sua conduta sob a ótica dos demais

---

96. LOPES, Teresa Vale. Responsabilidade e governança das empresas no âmbito do novo regulamento sobre proteção de dados. In. PEREIRA COUTINHO, Francisco e CANTO MONIZ, Graça (Coord.). *Anuário da Proteção de Dados 2018*. Lisboa: CEDIS, 2018. p. 35-70.

97. GELLERT, Raphaël. Understanding the notion of risk in the General Data Protection Regulation. *Computer Law & Security Review,* Volume 34, April, 2018. p. 279-28. Disponível em: <https://doi.org/10.1016/j.clsr.2017.12.003>. Acesso em: 03 set. 2020.

98. Substituído, no âmbito do GDPR, pelo Comitê Europeu para a Proteção de Dados, que, segundo o próprio *site* institucional, "(...) é um organismo europeu independente que contribui para a aplicação coerente de regras em matéria de proteção de dados na União Europeia e promove a cooperação entre as autoridades de proteção de dados da UE". https://edpb.europa.eu/about-edpb/about-edpb_pt. Acesso em: 26 dez. 2020.

99. GRUPO DE TRABALHO DO ARTIGO 29º PARA A PROTEÇÃO DE DADOS. *Statement on the role of a risk-based approach in data protection legal frameworks.* WP 218. Bruxelas, 2014.

100. PRADO CHAVES, Luís Fernando. Responsável pelo tratamento, subcontratante e DPO. In.: MALDONADO, Viviane Nóbrega; ÓPICE BLUM, Renato. (Coords.). *Comentários ao GDPR.* São Paulo: Thomson Reuters, 2018. p. 111-138.

101. MENEZES CORDEIRO, António Barreto. Repercussões do RGPD sobre a responsabilidade civil. In.: FRAZÃO, Ana; TEPEDINO, Gustavo; OLIVA, Milena Donato. *Lei Geral de Proteção de Dados Pessoais e suas repercussões no direito brasileiro.* São Paulo: Thomson Reuters, 2019. p. 777-796.

102. SOMBRA, Thiago Luís Santos. *Fundamentos da regulação da privacidade e proteção de dados pessoais: pluralismo jurídico e transparência em perspectiva.* São Paulo: Thomson Reuters, 2019. p. 179.

dispositivos legais, até mesmo como terceiro (43, III, LGPD).[103] Apesar da evidente relevância dos elementos de regra geral constantes no Código Civil, importantíssima será a aplicação do CDC, quando for o caso, sobretudo quando o encarregado for prestador de serviços – pessoa física ou jurídica –, pois, em primeira análise, passará a fazer parte da cadeia de fornecimento, juntamente com operadores e controladores, recaindo no sistema de responsabilização objetiva e solidária do art. 14 daquele código, discussão a ser aprofundado em um futuro estudo.

3.2 Fiscalização e sanções administrativas

Para além da possibilidade de responsabilização civil frente à violação dos direitos dos titulares de dados, a LGPD também estabelece a possibilidade de responsabilização pela via administrativa dos agentes de tratamento de dados. O art. 52 da Lei dispõe que os agentes de tratamento de dados ficarão sujeitos às sanções administrativas descritas, que serão aplicadas pela autoridade nacional caso haja alguma infração à LGPD.[104] É, portanto, claro exemplo de previsão do poder de polícia[105],que caberá à administração pública, pois trata-se de previsão que permitirá a intervenção do Poder Executivo nas atividades particulares, a fim de proteger o interesse social.[106]

Pode-se dizer, então, que a LGPD alçou os dados pessoais a nível de interesse coletivo, de condição essencial à vida do indivíduo[107], pois atribuiu à administração pública o poder de polícia para fiscalizar as atividades de tratamento. Esse poder de polícia será exercido pela ANPD, que foi o órgão administrativo criado para essa finalidade, sendo este o único órgão que será competente pela fiscalização e, consequentemente, para a aplicações de sanções referentes à proteção de dados pessoais e às disposições da LGPD, ou, pelo menos, assim se espera.[108]

---

103. DRESCH, Rafael de Freitas Valle; FALEIROS JR., José Luiz de Moura. Reflexões sobre a responsabilidade civil na Lei Geral de Proteção de Dados (Lei 13.709/2018). In: ROSENVALD, Nelson; DRESCH, Rafael de Freitas Valle; WESENDONCK, Tula. *Responsabilidade civil*: novos riscos. Indaiatuba/SP: Editora Foco, 2019. p. 65-90.

104. "Os agentes de tratamento de dados, em razão das infrações cometidas às normas previstas nesta Lei, ficam sujeitos às seguintes sanções administrativas aplicáveis pela autoridade nacional: [...]". BRASIL, Lei 13.709 de 14 de agosto de 2018, art. 52. Disponível em: http://www.planalto.gov.br/ccivil_03/_ato2015-2018/2018/lei/L13709.htm. Acesso em: 08 nov. 2020.

105. MALDONADO, Viviane Nóbrega; OPICE BLUM, Renato. *LGPD*: Lei Geral de Proteção de Dados Comentada. São Paulo: Ed. RT, 2020 (*E-Book*), comentários ao art. 52.

106. Na definição de Celso Antônio Bandeira de Mello, a expressão poder de polícia pode ser definida da seguinte forma: "A atividade estatal de condicionar a liberdade e a propriedade ajustando-as aos interesses coletivos designa-se "poder de polícia". A expressão, tomada neste sentido amplo, abrange tanto atos do Legislativo quanto do Executivo. Refere-se, pois, ao complexo de medidas do Estado que delineia a esfera juridicamente tutelada da liberdade e da propriedade dos cidadãos". MELLO, Celso Antônio Bandeira de. *Curso de Direito Administrativo*. 32. ED. São Paulo: Malheiros, 2015. p. 846.

107. Ruy Cirne e Lima defende que o objeto da polícia administrativa é "a preservação daquelas demais condições que, juntamente com a ordem pública, são essenciais à vida do indivíduo e do agregado social, e ainda à existência mesma do Estado." CIRNE LIMA, Ruy. *Princípios de Direito Administrativo*. 7. ed. São Paulo: Malheiros, 2007. p. 321.

108. MALDONADO, Viviane Nóbrega; OPICE BLUM, Renato. *LGPD*: Lei Geral de Proteção de Dados Comentada. São Paulo: Ed. RT, 2020 (*E-Book*), comentários ao art. 52.

A existência dessa autoridade é extremamente importante, já tendo sido considerada indispensável para garantir a adaptação da lei a novas circunstâncias sem que se abra mão da segurança, através de orientação sobre a interpretação e a aplicação da lei e da edição de normas e de regulamentos específicos.[109] A independência da autoridade será essencial para o alcance desses objetivos, assim como a capacitação de seu pessoal técnico, tanto para assuntos jurídicos e regulatórios como para aspectos técnicos do tratamento de dados pessoais.[110]

Em relação aos sujeitos que estarão submetidos a essa fiscalização administrativa, é importante ressaltar que a expressão "agentes de tratamento de dados" usada pelo art. 52 não deve ser tomada levianamente. É bastante claro que sua finalidade foi excluir o encarregado, pois, como mencionado acima, a lei define, em seu art. 5º, IX, que são agentes de tratamento o controlador e o operador.

Essa exclusão ocorre justamente porque são o controlador e o operador, como observado acima, que são os responsáveis efetivos pelo tratamento de dados.[111] Assim, apesar de poder-se cogitar a responsabilização civil do encarregado (seção 3.1, acima), a sua responsabilização administrativa não encontra fundamento na LGPD.

Ademais, não será relevante para a aplicação das sanções administrativas quem dentro das estruturas dos controladores e operadores cometeu a infração. Isso porque a LGPD definiu objetivamente a responsabilidade dos participantes[112], sendo que serão as entidades do controlador e do operador que serão responsabilizadas pelas infrações.

Outro ponto em relação à aplicação das sanções administrativas se refere aos tipos infracionais definidos (ou não definidos) pela LGPD. Isso se torna relevante pelo caráter sancionatório das disposições do art. 52. Sendo este artigo faceta do *jus puniendi* do estado, é conferida natureza do regime do Direito Administrativo Sancionador à matéria.[113] Sendo assim, as disposições estão sujeitas aos princípios da legalidade e da tipicidade.[114] Por conta disso, seria necessário uma tipificação das condutas infracionais para que as sanções fossem aplicadas. Sem esse regulamento, que deverá ser editado pela ANPD de acordo com o art. 53 da LGPD, as sanções previstas na Lei não poderão ser aplicadas.[115]

Sem um regulamento específico, remanesce uma certa zona de incerteza no que diz respeito à aplicação de sanções administrativas, pois não há, na lei, uma vinculação

---

109. MENDES, Laura Schertel; DONEDA, Danilo. Comentário à Nova Lei de Proteção de Dados (Lei 13.709/2018): o novo paradigma da proteção de dados no Brasil. *Revista de Direito do Consumidor*, v. 120/2018. p. 555-587. Acesso via *RT Online*.
110. Idem.
111. DAL POZZO, Augusto Neves; MARTINS, Ricardo Marcondes. *LGPD e Administração Pública*: uma análise ampla dos impactos. São Paulo: Ed. RT, 2020 (*E-Book*), seção 12(41).
112. COTS, Márcio; OLIVEIRA, Ricardo. *Lei Geral de Proteção de Dados Pessoais Comentada*. São Paulo: Ed. RT, 2019 (*E-Book*), comentário ao art. 52.
113. DAL POZZO, Augusto Neves; MARTINS, Ricardo Marcondes. *LGPD e Administração Pública*: uma análise ampla dos impactos. São Paulo: Ed. RT, 2020 (*E-Book*), seção 12(39).
114. Idem.
115. Idem.

direta entre infração e sanção. Esse tipo de previsão deixa um flanco aberto para que, na aplicação de sanções, uma mesma infração seja punida com diferentes sanções. Apesar da necessidade de tipificação de condutas por meio desse regulamento, ele estará restrito às condutas já previstas no corpo da LGPD. Assim, o regulamento deverá usar das condutas já mencionadas para tipificar os tipos infracionais que levarão à aplicação das sanções do art. 52.[116]

Analisando-se especificamente as sanções administrativas, cabe, em um primeiro momento, ressaltar que todas as sanções previstas no art. 52 são retributivas, pois suas finalidades são repressoras e não ressarcitórias.[117] Essas sanções são essenciais para que não se esvazie a atuação da ANPD, que poderá, através delas, punir instituições que violam as práticas de privacidade e, indiretamente, orientar as demais organizações atuantes no mercado por meio de precedentes administrativos.[118]

A primeira sanção prevista pelo artigo é a sanção de advertência com indicação de prazo para adoção de medidas corretivas. Depois, no inciso II, está prevista a sanção de multa simples, que é de até 2% do faturamento da pessoa jurídica. No inciso III, está a sanção de multa diária, que, em verdade, não é uma sanção típica, pois é uma medida coercitiva de natureza patrimonial. Isso porque ela não satisfaz o cometimento de uma infração, mas sim atua com um instrumento de coerção para o cumprimento de uma obrigação imposta.[119]

Apesar de o limite e o percentual serem altos, em relação a outras penalidades administrativas do mesmo tipo o valor pode ser considerado singelo. No entanto, isso não necessariamente fragiliza o poder de polícia da ANPD justamente porque os agentes serão responsabilizados civilmente e também pelo aspecto reputacional da proteção de dados. A mera notícia de um incidente de violação de direitos de proteção de dados pode vir a abalar as empresas, ainda mais a notícia de uma condenação administrativa. É exatamente por isso que a sanção do inciso IV prevê a publicização da infração, sendo um recurso semelhante ao que é chamado de shame sanction.[120]

A sanção prevista no inciso V é o bloqueio dos dados pessoais. Essa previsão é criticada por parte da doutrina, por ser atécnica.[121] Na verdade, o efeito prático será a suspensão do tratamento daqueles dados pessoais específicos, pois não haveria como propriamente bloquear dados pessoais. A sanção do inciso VI prevê, como no GDPR, o apagamento definitivo dos dados. Um ponto importante é que o tratamento

---

116. Idem.
117. COTS, Márcio; OLIVEIRA, Ricardo. *Lei Geral de Proteção de Dados Pessoais Comentada*. São Paulo: Ed. RT, 2019 (*E-Book*), comentário ao art. 52.
118. FEIGELSON, Bruno; BECKER, Daniel; CAMARINHA, Sylvia Moreira Filgueiras. *Comentários à Lei Geral de Proteção de Dados*: lei 13.709/2018. São Paulo: Revista dos Tribunais, 2020 (*E-Book*), Cap. VIII.
119. MALDONADO, Viviane Nóbrega; OPICE BLUM, Renato. *LGPD*: Lei Geral de Proteção de Dados Comentada. São Paulo: Ed. RT, 2020 (*E-Book*), comentários ao art. 52.
120. Idem.
121. MALDONADO, Viviane Nóbrega; OPICE BLUM, Renato. *LGPD*: Lei Geral de Proteção de Dados Comentada. São Paulo: Ed. RT, 2020 (*E-Book*), comentários ao art. 52.

de eliminação deve ser feito de forma plena, sem que seja possível recuperar os dados por métodos e tecnologias que hoje são capazes de recuperar dados excluídos.[122]

As três últimas penalidades são as que preveem a suspensão parcial do funcionamento do banco de dados, a suspensão parcial do exercício da atividade de tratamento de dados e a proibição parcial ou total do exercício das atividades relacionadas ao tratamento de dados. Essas são as sanções mais severas da LGPD, que haviam sido vetadas pelo Presidente da República, cujo veto foi posteriormente rejeitado. A rejeição foi comemorada, pois tais medidas são consideradas essenciais para estancar violações graves aos direitos dos titulares.[123]

Na aplicação dessas sanções, o fiscalizador deverá levar em conta alguns critérios para abrandar ou agravar as sanções, como é, por exemplo, a comprovação de que o infrator estivesse seguindo todas as melhores práticas e aplicando os melhores controles e outros critérios constantes no § 1º do art. 52. Isso tudo porque a possibilidade de ocorrência de um vazamento é altíssima no contexto atual, sendo que nem sempre será por negligência dos controladores e operadores.[124] Sendo assim, mantendo o seu perfil pedagógico, a LGPD valoriza os agentes que tomarem todas as medidas a seu alcance para evitar acidentes.

Por fim, também é relevante mencionar que, por serem sanções administrativas, ou seja, parte da atividade sancionatória da administração pública, deve-se observar o devido processo administrativo quando da aplicação das sanções.[125] Na LGPD não há um procedimento específico e, assim, será aplicável, ao menos supletivamente, a Lei n. 9.784, que regula o processo administrativo.[126]

Permanecendo indefinida essa questão, ao menos por enquanto, sabe-se que deverão ser observados os princípios gerais aplicáveis ao procedimento administrativo: contraditório, ampla defesa e direito a recurso, nos moldes do que já consta do art. 55-J, IV da LGPD. Fora esses, serão aplicáveis também os princípios fundamentais que constam da Lei 9.784: proporcionalidade, razoabilidade, e motivação das decisões.[127]

4. CONSIDERAÇÕES FINAIS

Chegando ao final desta exposição, ressalta-se seu objetivo de auxiliar na maturação das discussões abordadas. Discutir as características, os deveres e as responsabilidades dos personagens da LGPD é, no fundo, refletir sobre sua sistemática e sobre seu papel no direito brasileiro e no ambiente socioeconômico do país, afinal,

---

122. Idem.
123. Idem.
124. PINHEIRO, Patrícia Peck. *Proteção de Dados Pessoais*: comentários à Lei n. 13079/2018 (LGPD). São Paulo: Saraiva, 2018 (*E-Book*), art. 52.
125. DAL POZZO, Augusto Neves; MARTINS, Ricardo Marcondes. *LGPD e Administração Pública*: uma análise ampla dos impactos. São Paulo: Editora Revista dos Tribunais, 2020 (E-Book), seção 12(40).
126. Idem.
127. Idem.

não há como falar de desenvolvimento – econômico, político, social, tecnológico, científico etc. – sem pensar em dados pessoais.

O percurso traçado propôs-se, em um primeiro capítulo, compreender quem são esses personagens e o que deles se espera. Da apreciação, decorrem as conclusões de que somente são considerados agentes de tratamento os controladores e os operadores, ou seja, não estando enquadrado em tal classificação, o encarregado – o que representa uma diferenciação na própria responsabilização de tal sujeito. Especificamente quanto ao encarregado, identifica-se uma lacuna acerca de mínimos requisitos de qualificação para atuação. Em nosso sentir, algumas disposições, ainda que gerais, sobre as características e as áreas de atuação desse profissional – pessoa jurídica ou física – auxiliariam na clareza, na transparência e na própria eficiência deste personagem tão relevante.

Ademais, a verificação quanto à posição ocupada pelo agente em cada operação de tratamento de dados pessoais resultará de análise de sua atuação *no caso concreto*. Vê-se, nesse sentido, que a avaliação factual será imprescindível para caracterizar se um operador, por exemplo, ultrapassou seus limites e passou a agir como controlador – tomando decisões sobre tratamento de dados.

O que parece ser consenso, tanto em relação à sistemática brasileira quanto à europeia, é a compreensão de que a preocupação do legislador envolve prevenir danos, estabelecer padrões de conduta e de segurança e, em análise ampla, dar uma diretriz aos personagens do tratamento de dados, que envolve a conciliação de interesses, o desenvolvimento tecnológico e a proteção de direitos fundamentais. Vale dizer, que o tão mencionado *standard* apresentado, no caso do Brasil, pela LGPD não se restringe à adoção de técnicas para limitação de vazamentos ou para restrição do uso de dados pessoais, mas vai além, visando a incutir consciência e adoção de medidas constantes nas organizações[128]. Parece possível falar no objetivo de que se tenha *um estado perene de prevenção e de cuidado*: proteger os dados pessoais deve ser uma das variantes do próprio processo de tratá-los.

Em linhas gerais, já tocando no segundo capítulo deste estudo, responsabilizar, na LGPD, ultrapassa a conhecida noção de reparação do dano sofrido, sem, evidentemente, dela se desprender. O legislador imbui os agentes de tratamento de *compliance*, de governança corporativa e de *accountability*. A análise doutrinária nos indica que esta compreensão é um consenso, seria a esfera da *controlabilidade*, mencionada por Mafalda Miranda Barbosa, ou até mesmo uma das facetas da função preventiva da responsabilidade civil.

Reside a maior discussão, porém, na sistemática de responsabilização quando o dano se consolida. É preciso constatar a culpa para responsabilização dos agentes

---

128. MENKE, Fabiano; GOULART, Guilherme Damasio. Segurança da informação e vazamento de dados. In: MENDES, Laura Schertel; DONEDA, Danilo; SARLET, Ingo Wolfgang; RODRIGUES JR., Otavio Luiz (Coord.); BIONI, Bruno (Coord. Exec.). *Tratado de proteção de dados pessoais*. Rio de Janeiro: Forense, 2020. p. 357.

de tratamento? A adoção de boas práticas exime estes agentes de responsabilidade em caso de dano? Ataques de *hackers* com más intenções serão considerados caso fortuito externo ou interno? Enfim, abundam questionamentos sobre a temática.

Ainda que o assunto enseje a necessidade de maior de debate e amadurecimento na doutrina, parece difícil afastar o argumento de que a LGPD tem como pressuposto o fato de que tratar dados é uma atividade de risco, atraindo a sistemática de responsabilização objetiva. Um dos desafios a partir dessa compreensão é como equacionar o mandamento de que a indenização se mede pela extensão do dano e o objetivo da LGPD de privilegiar os agentes de tratamento que adotem boas práticas de segurança – como se uma gradação de responsabilidades.

No plano da responsabilidade administrativa, por exemplo, a adoção de boas práticas e de um projeto constante de proteção de dados nas organizações servirá como balanceio nas penalidades e servirá como guia aos agentes de tratamento. Neste âmbito, vale observar, não se fala somente em multas por eventuais danos ou descumprimentos, mas também em responsabilização diante da não adoção de medidas protetivas, as quais podem ser, inclusive, impingidas aos personagens ora debatidos. De extrema relevância também é a consideração de que se trata de direito administrativo sancionatório, isto é, exige-se rigor quanto à tipicidade nas previsões, devendo-se atentar à boa e expressa definição das infrações administrativas.

O que se identifica, apesar da brevidade do exame diante da complexidade da questão, é a necessidade de refletir sobre os personagens postos no tabuleiro da proteção de dados pessoais – suas características, seus deveres e sua responsabilidade. Há razões para acreditar que a melhor análise quanto a eles não poderá ser dissociada de atuação preventiva, leal e constante em relação àqueles que titularizam os dados pessoais tratados.

5. REFERÊNCIAS

AUTORIDADE NACIONAL DE PROTEÇÃO DE DADOS. Guia Orientativo para Definições dos Agentes de Tratamento de Dados Pessoais e do Encarregado. Brasília, DF, maio 2021.

BARBOSA, Mafalda Miranda. Datta controllers e data processors:da responsabilidade pelo tratamento de dados à responsabilidade civil. *Revista de Direito Comercial*. Lisboa, mar. 2015. Disponível em: <https://www.revistadedireitocomercial.com/data-controllers-e-data-processors>.

BODIN DE MORAES, Maria Celina. QUINELATO DE QUEIROZ, João. Autodeterminação informativa e responsabilização proativa: novos instrumentos de tutela da pessoa humana na LGPD. In: *Cadernos Adenauer XX*, n. 3. Proteção de dados pessoais: privacidade versus avanço tecnológico. Rio de Janeiro: Fundação Konrad Adenauer, 2019. p. 113-136.

BORGES DA SILVA, Fabiani de Oliveira. A Responsabilidade do Compliance Officer na Proteção de Dados Pessoais. *Revista de Direito e as Novas Tecnologias*, v. 3/2019, abr.-jun. 2019. Acesso via *RT Online*.

CAOVILLA, Renato; DUFLOTH, Rodrigo; PAZINE, Letícia. Proteção de Dados Pessoais: desafios e impactos práticos para as organizações. *Revista de Direito Recuperacional e Empresa*, v. 12/2019. Acesso via *RT Online*.

CAVALIERI FILHO, Sérgio. *Programa de responsabilidade civil*. 11. ed. São Paulo: Atlas 2014.

CIRNE LIMA, Ruy. *Princípios de Direito Administrativo*. 7. ed. São Paulo: Malheiros, 2007.

COLCELLI, Valentina. Joint Controller Agreement under GDPR. *EU and Comparative Law Issues and Challenges Series*, 3, 2019, p. 1030-1047. Acesso via *HeinOnline*.

COTS, Márcio; OLIVEIRA, Ricardo. *Lei Geral de Proteção de Dados Pessoais Comentada*. São Paulo: Ed. RT, 2019 (*E-Book*).

DAL POZZO, Augusto Neves; MARTINS, Ricardo Marcondes. *LGPD e Administração Pública:* uma análise ampla dos impactos. São Paulo: Ed. RT, 2020 (*E-Book*).

DIAS PEREIRA, Alexandre Libório. O responsável pelo tratamento de dados segundo o Regulamento Geral de Proteção de Dados (RGPD). *Boletim da Faculdade de Direito da Universidade de Coimbra*, v. 95, n. 2, p. 1161-1188, 2019.

DRESCH, Rafael de Freitas Valle; FALEIROS JR., José Luiz de Moura. Reflexões sobre a responsabilidade civil na Lei Geral de Proteção de Dados (Lei 13.709/2018). In: ROSENVALD, Nelson; DRESCH, Rafael de Freitas Valle; WESENDONCK, Tula. *Responsabilidade civil:* novos riscos. Indaiatuba/SP: Editora Foco, 2019. p. 65-90.

FEIGELSON, Bruno; BECKER, Daniel; CAMARINHA, Sylvia Moreira Filgueiras. *Comentários à Lei Geral de Proteção de Dados*: Lei 13.709/2018. São Paulo: Ed. RT, 2020 (*E-Book*).

FERRARI, Isabela; BECKER, Daniel. O Direito à Explicação sobre Decisões Automatizadas: Uma Análise Comparativa entre a União Europeia e o Brasil. *Revista de Direito e as Novas Tecnologias*, v. 1/2018, Out-Dez/2018. p. 3. Acesso via *RT Online*.

FERREIRA, Keila Pacheco. *Responsabilidade civil preventiva:* função, pressupostos e aplicabilidade. 2014. Tese (Doutorado em Direito Civil) – Faculdade de Direito, Universidade de São Paulo, São Paulo, 2014. doi:10.11606/T.2.2016.tde-27102016-092601.

GELLERT, Raphaël. Understanding the notion of risk in the General Data Protection Regulation. *Computer Law & Security Review*, Volume 34, April, 2018. p. 279-28. Disponível em: <https://doi.org/10.1016/j.clsr.2017.12.003>.

GODINHO, Adriano Marteleto; QUEIROGA NETO, Genésio Rodrigues de; TOLÊDO, Rita de Cássia de Morais. A responsabilidade civil pela violação a dados pessoais. *Revista IBERC*, Minas Gerais, v. 3, n. 1, p. 1-23, jan.-abr. 2020.

GRUPO DE TRABALHO DO ARTIGO 29º PARA A PROTEÇÃO DE DADOS. Statement on the role of a risk-based approach in data protection legal frameworks. WP 218. Bruxelas, 2014.

GRUPO DE TRABALHO DO ARTIGO 29º PARA A PROTEÇÃO DE DADOS. *Orientações sobre os encarregados da proteção de dados* (EPD). WP: 243 (rev. 01/2017). Bruxelas, 2017.

GUEDES, Gisela Sampaio da Guedes; MEIRELES, Rose Melo Vencelau. Término do tratamento de dados. In.: FRAZÃO, Ana; TEPEDINO, Gustavo; OLIVA, Milena Donato. *Lei Geral de Proteção de Dados Pessoais e suas repercussões no direito brasileiro*. São Paulo: Thomson Reuters, 2019. p. 219-242.

GUEDES, Gisela Sampaio da Cruz. *Regime de responsabilidade adotado pela lei de proteção de dados brasileira*. Caderno Especial LGPD. São Paulo: Ed. RT, 2019. p. 167-182.

KREMER, Bianca. In: MULHOLLAND, Caitlin. *A LGPD e o novo marco normativo no Brasil*. Porto Alegre: Arquipélago, 2020.

LOPES, Teresa Vale. Responsabilidade e governança das empresas no âmbito do novo regulamento sobre proteção de dados. In. PEREIRA COUTINHO, Francisco e CANTO MONIZ, Graça (Coord.). *Anuário da Proteção de Dados 2018*. Lisboa: CEDIS, 2018, p. 35-70.

MALDONADO, Viviane Nóbrega; OPICE BLUM, Renato. *LGPD*: Lei Geral de Proteção de Dados Comentada. São Paulo: Ed. RT, 2020 (*E-Book*).

MARTINS-COSTA, Judith. A linguagem da responsabilidade civil. In: BIANCHI, José Flávio; MEN-DONÇA PINHEIRO. Rodrigo Gomes de; ARRUDA ALVIM, Teresa (Coords.). *Jurisdição e direito privado*: estudos em homenagem aos 20 anos da Ministra Nancy Andrighi no STJ. São Paulo: Ed. RT, 2020. p. 389-418.

MELLO, Celso Antônio Bandeira de. *Curso de Direito Administrativo*. 32. ed. São Paulo: Malheiros, 2015.

MENDES, Laura Schertel; DONEDA, Danilo. Comentário à Nova Lei de Proteção de Dados (Lei 13.709/2018): o novo paradigma da proteção de dados no Brasil. *Revista de Direito do Consumidor*, v. 120/2018, p. 555-587. Acesso via *RT Online*.

MENDES, Laura Schertel; DONEDA, Danilo. Reflexões iniciais sobre a nova Lei Geral de Proteção de Dados. *Revista de Direito do Consumidor*, São Paulo, v. 27, n. 120, p. 469-483, nov.-dez. 2018.

MENEZES CORDEIRO, António Barreto. Repercussões do RGPD sobre a responsabilidade civil. In.: FRAZÃO, Ana; TEPEDINO, Gustavo; OLIVA, Milena Donato. *Lei Geral de Proteção de Dados Pessoais e suas repercussões no direito brasileiro*. São Paulo: Thomson Reuters, 2019. p. 777-796.

MENKE, Fabiano; GOULART, Guilherme Damasio. Segurança da informação e vazamento de dados. In: MENDES, Laura Schertel; DONEDA, Danilo; SARLET, Ingo Wolfgang; RODRIGUES JR., Otavio Luiz (Coord.); BIONI, Bruno (Coord. Exec.). *Tratado de proteção de dados pessoais*. Rio de Janeiro: Forense, 2020.

MIRAGEM, Bruno. A Lei Geral de Proteção de Dados (Lei 13.709/2018) e o direito do consumidor. *Revista de Direito do Consumidor*, v. 1009/2019.

MULHOLLAND, Caitlin. Responsabilidade civil por danos causados pela violação de dados sensíveis e a Lei Geral de Proteção de Dados Pessoais (Lei 13.709/2018). In: MARTINS, Guilherme Magalhães; ROSENVALD, Nelson. *Responsabilidade civil e novas tecnologias*. Indaiatuba/SP: Editora Foco, 2020. p. 109-124.

OPICE BLUM, Renato. *LGPD*: Lei Geral de Proteção de Dados Comentada. São Paulo: Ed. RT, 2020 (*E-Book*).

PEREIRA, Caio Mário da Silva; TEPEDINO, Gustavo. *Responsabilidade civil*. 12. edição, revisada, atualizada e ampliada. Rio de Janeiro: Forense, 2018.

PERRONE, Christian; STRASSBURGER, Sabrina. Privacy and data protection: from Europe to Brazil. *Panor. Braz. Law*, Year 6, Numbers 9 and 10, 2018. p. 82 – 100. Disponível em: <https://www.e-publicacoes.uerj.br/index.php/pbl/article/download/38253/30646>.

PINHEIRO, Patrícia Peck. *Proteção de Dados Pessoais*: comentários à Lei n. 13079/2018 (LGPD). São Paulo: Saraiva, 2018 (*E-Book*).

PRADO CHAVES, Luís Fernando. *Responsável pelo tratamento, subcontratante e DPO*. In.: MALDONADO, Viviane Nóbrega; ÓPICE BLUM, Renato. (Coords.). São Paulo: Thomson Reuters, 2018. p. 111-138.

RODRIGUES, Cássio Monteiro. *Reparação de danos e função preventiva da responsabilidade civil*: parâmetros para o ressarcimento de despesas preventivas ao dano. Civilistica.com. Rio de Janeiro, a. 9, n. 1, 2020. Disponível em: http://civilistica.com/reparacao-de-danos-e-funcao-preventiva/.

SCHEIBER, Anderson. Responsabilidade civil na Lei Geral de Proteção de Dados Pessoais. In: MENDES, Laura Schertel; DONEDA, Danilo; SARLET, Ingo Wolfgang; RODRIGUES JR., Otavio Luiz (Coord.); BIONI, Bruno (Coord. Exec.). *Tratado de proteção de dados pessoais*. Rio de Janeiro: Forense, 2020. p. 319-338.

SOMBRA, Thiago Luís Santos. *Fundamentos da regulação da privacidade e proteção de dados pessoais*: pluralismo jurídico e transparência em perspectiva. São Paulo: Thomson Reuters, 2019.

TASSO, Fernando Antonio. A responsabilidade civil na Lei Geral de Proteção de Dados e sua interface com o Código Civil e o Código de Defesa do Consumidor. In: *Cadernos jurídicos*, ano 21, n. 53. São Paulo, Escola Paulista da Magistratura, p. 97-115, jan.-mar. 2020.

A MUDANÇA DA FINALIDADE DO CONSENTIMENTO: DO CONSENTIMENTO AOS LIMITES AO TRATAMENTO POSTERIOR DE DADOS NO CONTEXTO DE INTENSO FLUXO INFORMACIONAL

Camila Rosa da Mata

Mestranda em Direito pela Universidade Federal do Rio Grande do Sul, orientada por Profa. Dra. Dr. h.c. Claudia Lima Marques. Graduada em Ciências Jurídicas e Sociais pela Universidade Federal do Rio Grande do Sul. Advogada. Vinculada ao Grupo de Pesquisa CNPq MERCOSUL, Direito do Consumidor e Globalização.

camila.mata@ufrgs.br.

Luísa Dresch da Silveira Jacques

Mestranda em Direito pela Universidade Federal do Rio Grande do Sul, orientada pela Profa. Dra. Tula Wesendonck. Graduada em Ciências Jurídicas e Sociais pela Universidade Federal do Rio Grande do Sul. Advogada na Silveiro Advogados. Vinculada ao Grupo de Pesquisa CNPq Direitos da Personalidade e Responsabilidade Civil no Direito Civil Contemporâneo.

luisa.dresch@silveiro.com.br.

Vitória do Prado Bernardinis

Mestranda em Direito pela Universidade Federal do Rio Grande do Sul, orientada pela Profa. Dra. Tula Wesendonck. Graduada em Ciências Jurídicas e Sociais pela Universidade Federal do Rio Grande do Sul. Assessora junto à Assessoria Especial Administrativa do Tribunal de Justiça do Rio Grande do Sul. vitoriabernardinis@gmail.com.

Sumário: 1. Introdução – 2. Consentimento e proteção de dados; 2.1 O consentimento para o tratamento de dados pessoais; 2.2 A crise do consentimento no contexto do intenso fluxo informacional – 3. Consentimento e finalidade: limites ao tratamento de dados; 3.1 Princípio da finalidade *(purpose limitation)* e proteção de dados; 3.2 Mudança da finalidade do consentimento: limites do processamento posterior de dados pessoais – 4. Considerações finais – 5. Referências bibliográficas.

1. INTRODUÇÃO

O consentimento encontra-se no centro do debate no que diz respeito aos dados pessoais e passou a ser figura protagonista ao longo de toda a evolução das leis de proteção de dados[1], tendo surgido como uma carta coringa[2] diante da grande complexidade de se estabelecer um sistema completo de autorizações e proibições no tocante à atividade regulatória da proteção de dados pessoais.[3]

Inicialmente, com as denominadas leis de proteção de dados de primeira geração[4], não se tratava propriamente da privacidade ou da figura do consentimento do titular de dados, uma vez que tais leis[5], que se preocupavam fundamentalmente com o processamento massivo dos dados pessoais dos cidadãos na conjuntura da formação do Estado Moderno[6], tinham como característica o foco na esfera governamental e no estabelecimento de normas rígidas que controlassem o uso da tecnologia.

Contudo, com o passar do tempo, o processamento de dados pessoais passou a ultrapassar a esfera governamental, envolvendo mais atores e um maior número de banco de dados a serem regulados, de forma que se tornou necessária uma nova estrutura normativa.[7] Passa-se, então, da primeira para a denominada segunda geração de leis de proteção de dados[8], transição essa marcada pela mudança quanto ao responsável pela criação e funcionamento do banco de dados: a autorização do fluxo informacional passou do Estado para o próprio cidadão, o qual passou a consentir no tocante à coleta, ao uso e ao compartilhamento de seus dados pessoais.[9] A privacidade e a proteção de dados pessoais eram consideradas liberdades negativas a serem exercidas pelo próprio titular, em virtude da sua insatisfação, uma vez que, antes, via os seus dados pessoais sendo coletados e usados por terceiros sem ter instrumentos efetivos para defesa de seus interesses de forma direta.[10]

Com a ampliação do papel de protagonismo do indivíduo na proteção de dados pessoais deu-se início à denominada terceira geração de leis de proteção de dados, que surgiu na década de 1980, tendo como ênfase as *Guidelines da OCDE*.[11] Neste momento é que as normas buscaram assegurar a efetiva participação do indivíduo

---

1. BIONI, Bruno Ricardo. *Proteção de dados pessoais*: a função e os limites do consentimento. Rio de Janeiro: Forense, 2019. *E-book*.
2. Ibidem.
3. RODOTÀ, Stefano. *A vida na sociedade de vigilância*: a privacidade hoje. Rio de Janeiro: Renovar, 2008. p. 76.
4. A trajetória evolutiva das quatro gerações de leis de proteção de dados é uma classificação de Viktor Mayer-Schonberger (AGRE, Phillip; ROTENBERG, Marc (Org.). *Technology and privacy*: the new landscape. Cambridge: MIT Press, 1997. p. 219-242).
5. Alguns dos exemplos de leis dessa primeira geração são a Lei do Land Alemão de 1970, a primeira lei nacional de proteção de dados *Datalag*, da Suécia, de 1973, e o Privacy-Act norte-americano de 1974.
6. BIONI, Bruno Ricardo. Op. cit..
7. BIONI, Bruno Ricardo. *Proteção de dados pessoais*: a função e os limites do consentimento. Rio de Janeiro: Forense, 2019. *E-book*.
8. Alguns exemplos de leis dessa segunda geração são a Lei Federal Alemã (*Bundesdatenschutzgesetz*) de 1977 e a Lei Francesa *Informatique et Libertées*, de 1978.
9. BIONI, Bruno Ricardo. Op. cit..
10. DONEDA, Danilo. A proteção de dados pessoais como direito fundamental. *Revista Espaço Jurídico*, Joaçaba, v. 12, n. 2, p. 91-108, jul./dez. 2011, p. 97.
11. OECD. *Guidelines on the Protection of Privacy and Transborder Flows of Personal Data*. 2013. Disponível em: https://www.oecd.org/internet/ieconomy/oecdguidelinesontheprotectionofprivacyandtransborderflowsofpersonaldata.htm. Acesso em: 15 set. 2020.

da coleta ao compartilhamento de seus dados pessoais. E a valorização do consentimento acabou sendo reforçada, ainda mais, quando, a partir da decisão de 1983 do Tribunal Constitucional alemão que declarou a inconstitucionalidade parcial da Lei do Censo[12], consolidou-se um direito à autodeterminação informativa do cidadão, tendo sido prevista a participação dos indivíduos no controle sobre o processamento de seus dados pessoais. Assim, na terceira geração de leis, refere-se que é alcançado o êxtase do conceito da autodeterminação informacional[13], tendo o cidadão não só continuado a estar no centro da tutela, de forma a ser garantida a liberdade de fornecer ou não os seus dados pessoais, mas também a ser garantida a efetividade dessa liberdade.[14]

A despeito dessa caminhada pelo fortalecimento da participação do titular, muito se questionava, desde a referida segunda geração, qual seria o grau de efetividade de normas voltadas ao poder de escolha dos indivíduos por meio do consentimento, visto que diversas relações sociais tinham o fornecimento dos dados pessoais como condição para o seu aperfeiçoamento.[15] Dessa forma, diante das desvantagens do enfoque individual das leis existentes até então, exsurge a quarta geração de leis de proteção de dados (onde se encontra a Lei Geral de Proteção de Dados brasileira – LGPD) com o intuito de cobrir essa deficiência das gerações anteriores e relativizar a centralidade do consentimento.[16]

No ordenamento jurídico brasileiro, em que a privacidade sempre foi tratada de forma fragmentária[17], foi apenas com a Lei Geral de Proteção de Dados (LGPD) que, em caráter especial, a proteção de dados pessoais passou a ser verdadeiramente tutelada. Sua promulgação colocou o consentimento como elemento central no que diz respeito à transferência e à utilização dos dados pessoais, visando a incentivar uma maior participação do titular de dados no fluxo de suas informações pessoais, proporcionando "um comportamento ativo da parte do titular e responsável por parte do agente que realizar o tratamento dos dados".[18]

---

12. Referente ao Censo de população: ALEMANHA. Tribunal Constitucional Federal. *BVerfGE 65*, 1, Volkszählung. 1893. Disponível em: https://www.servat.unibe.ch/dfr/bv065001.html. Acesso em: 10 set. 2020.
13. BIONI, Bruno Ricardo. *Op. cit.*.
14. DONEDA, Danilo. A proteção de dados pessoais como direito fundamental. *Revista Espaço Jurídico*, Joaçaba, v. 12, n. 2, p. 91-108, jul./dez. 2011. p. 97-98.
15. São exemplos dessas relações o exercício do direito ao voto e o acesso aos bens de consumo exigiam a entrega dos dados pessoais como forma de efetivação da participação social do titular de dados nas relações sociais decorrentes.
16. BIONI, Bruno Ricardo. *Proteção de dados pessoais*: a função e os limites do consentimento. Rio de Janeiro: Forense, 2019. *E-book*.
17. Isso porque, antes da LGPD, a privacidade foi prevista na Constituição Federal de 1988 como um direito fundamental e recebeu tratamento pontual em leis setoriais, como o Código de Defesa do Consumidor, o Marco Civil da Internet e a Lei do Cadastro Positivo.
18. TEPEDINO, Gustavo; TEFFÉ, Chiara Spadaccini de. Consentimento e proteção de dados pessoais na LGPD. In: TEPEDINO, Gustavo; FRAZÃO, Ana; OLIV, Milena Donato (Coord.). *Lei Geral de Proteção de Dados Pessoais e suas repercussões no direito brasileiro*. São Paulo: Ed. RT, 2019, p. 287-322. p. 320.

Assim, embora se saiba, pela análise legal, que o consentimento não é a única hipótese legal a permitir a coleta e o tratamento de dados do sujeito, verifica-se que ele pode ser compreendido como o centro de toda a ignição para a legitimação do tratamento de dados. A partir do consentimento, note-se, a Lei prevê direitos e estabelece deveres, visando a dar efetividade à autodeterminação informacional do sujeito titular de dados (o qual, por meio de uma decisão livre e racional, tem o poder jurídico para determinar a possibilidade e a finalidade da utilização de seus dados, assim como seus limites[19]).

Conquanto a centralidade adquirida pelo consentimento tenha equiparado a proteção de dados a um direito do cidadão de autogerenciar as suas informações pessoais, na atualidade, justamente por estar no centro da discussão e diante da elevada circulação de informações e de tamanha assimetria informacional, o consentimento quanto ao uso dos dados pessoais acaba por apresentar diversos problemas, tanto no que tange a como o sujeito toma decisões sobre privacidade (problema cognitivo), quanto no que tange a como as decisões quanto à privacidade são estruturadas (problema estrutural)[20], de forma que se passa a questionar a suficiência do mero ato de consentir.

Dentre os maiores desafios que circundam o consentimento, contudo, destaca-se induvidosamente os limites que este impõe ao tratamento posterior dos dados coletados. A finalidade integra o consentimento, não podendo, sob risco de ilegitimar o tratamento, ser subtraída da contextura do processamento. Essa vinculatividade, todavia, é posta à prova no atual cenário de intenso fluxo informacional, em que o frequente surgimento de novas finalidades demanda seja ponderado o conteúdo e a força do consentimento inicial.

Diante desses desafios postos frente à figura do consentimento, o presente artigo visa a abordar uma questão que se mostra relevante ao tema, qual seja, a relação entre o consentimento e a sua finalidade. Valendo-se do método dedutivo, buscar-se-á estudar especificamente quais são as alternativas dadas às situações em que se verificar, no caso concreto, a ocorrência, após o fornecimento do consentimento, da mudança da finalidade deste. Para tanto, em um primeiro momento, abordar-se-á a figura do consentimento e os seus desafios no campo da proteção de dados para, após, passar-se ao estudo do princípio da finalidade e, ao final, especificamente à mudança da finalidade do consentimento.

2. CONSENTIMENTO E PROTEÇÃO DE DADOS

Na medida em que já traçada a linha de desenvolvimento dessa figura tão cara à proteção de dados pessoais, cabe, inicialmente, discorrer sobre o consentimento, definindo-o e delimitando as traves dogmáticas da sua natureza jurídica. Além disso,

---

19. MIRAGEM, Bruno. *A Lei Geral de Proteção de Dados (Lei 13.709/2018) e o direito do consumidor*. São Paulo: Ed. RT, 2019. p. 2.
20. SOLOVE, Daniel J. Introduction: Privacy self-management and the consent dilemma. *Harvard Law Review*, v. 126, 2012. p. 1883.

necessário igualmente, ainda que de forma breve, expor quais os problemas identificados nesta figura no campo da proteção de dados pessoais.

2.1 O consentimento para o tratamento de dados pessoais

O consentimento representa o ato de manifestação de vontade que visa à produção de efeitos obrigacionais.[21] Como típico elemento do direito contratual, por meio do consentimento os sujeitos manifestam a sua vontade de contratar, dando ciência recíproca acerca da intenção negocial para que seja firmado um compromisso entre as partes.[22] No que diz respeito à proteção de dados pessoais, o ato de consentir é o ato de "conceder uma autorização que legitima o tratamento dos dados pelo ente que submeteu o termo de adesão ao consentimento do indivíduo".[23]

Em regra geral, a partir do consentimento, a LGPD visa possibilitar que o titular dos dados possa ter controle sobre a sua vida, visto que os dados passam a definir como o titular será tratado em sociedade, de forma a serem evitados abusos oriundos do Estado ou de particulares.[24] Para tanto, no seu art. 5º, XII, ela define o consentimento para o tratamento de dados pessoais como "a manifestação livre, informada e inequívoca pela qual o titular concorda com o tratamento de seus dados pessoais para uma finalidade determinada".[25]

Pode-se entender, assim, que o cerne da Lei é o "controle de gestão de consentimentos"[26], de forma que garantir que os titulares saibam que (i) devem consentir o uso de seus dados e (ii) têm o direito de saber a finalidade da coleta dos dados é primordial para assegurar a liberdade e a privacidade.[27]

Quanto à natureza jurídica, sustenta a doutrina alemã, conforme aponta Alexandre Mantovani[28], que o consentimento poderia ser enquadrado em três categorias: como

---

21. MULHOLLAND, Caitlin Sampaio. Dados pessoais sensíveis e consentimento na Lei Geral de Proteção de Dados Pessoais. *Revista do Advogado*, São Paulo, 2019, p. 50.
22. BIONI, Bruno Ricardo. *Xeque-mate*: o tripé da proteção de dados pessoais no jogo de xadrez das iniciativas legislativas no Brasil. São Paulo: GPoPAI/USP, 2015. p. 43.
23. MANTOVANI, Alexandre Casanova. *O consentimento na disciplina da proteção dos dados pessoais*: uma análise dos seus fundamentos e elementos. 2019. Dissertação (Mestrado em Direito) – Faculdade de Direito, Universidade Federal do Rio Grande do Sul, Porto Alegre/RS, 2019. p. 114. Disponível em: https://lume.ufrgs.br/handle/10183/203810. Acesso em: 25 nov. 2020.
24. DANTAS, Juliana de Oliveira Jota; COSTA, Eduardo Henrique. A natureza jurídica do consentimento previsto na lei geral de proteção de dados: ensaio à luz da teoria do fato jurídico. In: EHRHARDT JÚNIOR, Marcos; CATALAN, Marcos; MALHEIROS, Pablo (Coords.). *Direito Civil e tecnologia*. Belo Horizonte: Fórum, 2020. p. 75.
25. BRASIL. *Lei n. 13.709, de 14 de agosto de 2018*. Lei Geral de Proteção de Dados Pessoais (LGPD). Brasília, DF: Presidência da República, [2018]. Disponível em: http://www.planalto.gov.br/ccivil_03/_ato2015-2018/2018/lei/L13709.htm. Acesso em: 14 dez. 2020.
26. DANTAS, Juliana de Oliveira Jota; COSTA, Eduardo Henrique. Op. cit., p. 82.
27. PINHEIRO, Patrícia Peck. *Proteção de dados pessoais*: comentários à Lei n. 13.709/2018 (LGPD). São Paulo: Saraiva, 2018, p. 30.
28. MANTOVANI, Alexandre Casanova. *O consentimento na disciplina da proteção dos dados pessoais*: uma análise dos seus fundamentos e elementos. 2019. Dissertação (Mestrado em Direito) – Faculdade de Direito, Universidade Federal do Rio Grande do Sul, Porto Alegre/RS, 2019, p. 116-122. Disponível em: https://lume.ufrgs.br/handle/10183/203810. Acesso em: 25 nov. 2020.

(i) declaração de vontade negocial (por meio da qual o ato de consentir é visto como uma declaração de vontade em um negócio jurídico, sendo a declaração o reflexo da vontade das partes), (ii) ato real (por meio do qual o consentimento é um processo que resulta em um suporte fático e independe da vontade das partes, isto é, sem manifestação de vontade do titular de dados a refletir a sua escolha autodeterminada), ou (iii) ato semelhante ao negocial (meio termo entre as demais, por meio do qual o ato de consentir é visto como um ato cujo suporte fático é composto por ao menos uma vontade exteriorizada a um resultado fático que atinge uma consequência jurídica).

Contudo, a questão quanto à natureza jurídica do consentimento, também no que diz respeito à proteção de dados pessoais, gera questionamentos. Ao analisar o tema com base nas possibilidades de enquadramentos alemãs e no direito brasileiro, Mantovani refere que "a função do consentimento para o tratamento de dados pessoais seria equivalente à da declaração de vontade no âmbito do negócio jurídico, qual seja, a determinação da pessoa".[29] Menciona, assim, que não seria possível, no direito brasileiro, classificarmos o consentimento como ato semelhante ao negocial, visto que tal categoria não existe em nosso país. Além disso, refere que o enquadramento como ato real (ato-fato) implicaria a desconsideração da vontade das partes (e, assim, da autodeterminação do indivíduo), de maneira que também não seria possível classificarmos o consentimento em tal categoria. Assim, entende o autor que, das três opções postas, a melhor alternativa seria enquadrar o consentimento como declaração de vontade negocial, tendo em vista ser o negócio jurídico o instrumento típico da autodeterminação, permitindo o controle do vício da vontade.[30]

Para setores da doutrina, então, o consentimento no que diz respeito à proteção de dados figuraria, no ordenamento jurídico brasileiro, em razão de seu suporte fático, na categoria de negócios jurídicos.[31] E quem assim defende alega que uma das características do negócio jurídico é a revogabilidade da manifestação, exatamente como prevê a LGPD a respeito do consentimento - a qual, aliás, é um direito do titular, inerente à autodeterminação informacional, de eficácia *ex nunc*, devendo ser efetivado por procedimento gratuito e facilitado, resguardado o interesse público, nos termos da Lei.[32]

Contudo, há também quem defenda que a atribuição de natureza jurídica negocial ao ato de consentir poderia fragilizar o consentimento como instrumento de manifestação individual no campo dos direitos da personalidade, tendo o papel de legitimar que terceiros utilizem os dados de seu titular[33], o que poderia reforçar a

---

29. Ibidem, p. 123.
30. Ibidem, p. 123-127.
31. DANTAS, Juliana de Oliveira Jota; COSTA, Eduardo Henrique. A natureza jurídica do consentimento previsto na lei geral de proteção de dados: ensaio à luz da teoria do fato jurídico. In: JÚNIOR, Marcos Ehrhardt; CATALAN, Marcos; MALHEIROS, Pablo (Coords.). *Direito Civil e tecnologia*. Belo Horizonte: Fórum, 2020. p. 83.
32. Artigo 8º, § 5º, da LGPD (BRASIL. *Lei n. 13.709, de 14 de agosto de 2018*. Lei Geral de Proteção de Dados Pessoais (LGPD). Brasília, DF: Presidência da República, [2018]. Disponível em: http://www.planalto.gov.br/ccivil_03/_ato2015-2018/2018/lei/L13709.htm. Acesso em: 14 dez. 2020).
33. Nesse sentido, a título exemplificativo: DONEDA, Danilo. *Da privacidade à proteção de dados pessoais*. Rio de Janeiro: Renovar, 2006. p. 377-380; e TEPEDINO, Gustavo; TEFFÉ, Chiara Spadaccini de. Consentimento e

suposta ideia de que os dados são a contraprestação pela utilização de um bem ou de um serviço[34]. Em outras palavras, seria o entendimento de que haveria uma manta de propriedade sobre o tratamento dos dados pessoais – algo que pode ser inclusive perigoso diante de tamanha assimetria informacional. Para esse setor da doutrina, o consentimento compreenderia a liberdade de escolha, sendo meio para a construção e delimitação da esfera privada.

Embora não se negue que o consentimento, em virtude da autodeterminação informacional do sujeito, visa à promoção e à proteção dos direitos de personalidade do titular de dados (visto que o direito à proteção de dados relaciona-se diretamente com a proteção da personalidade do sujeito), verifica-se que, em verdade, o ato de consentir com a utilização dos dados pessoais (que é um ato de autonomia privada), no qual os dados são usados como moeda de troca pela utilização de bens e serviços por parte dos titulares, deve ser tutelado para que sejam obedecidos os limites do ordenamento jurídico, bem como para que seus efeitos adequem-se às expectativas legítimas das partes.[35]

Como elemento volitivo e bem jurídico tutelado, o consentimento para o tratamento de dados visa a assegurar que a declaração do titular de dados seja livre e consciente. Em verdade, tal consentimento "deve ser delimitado pelo propósito para o qual os dados foram coletados, sob pena de abusividade ou ilicitude do tratamento a gerar eventual responsabilidade do agente de tratamento".[36] Nesse sentido, verifica-se que a obtenção de dados sem a anuência expressa do titular ou a aplicação desses dados de forma distinta à finalidade de sua coleta não perfaz o suporte fático, ensejando, em regra, um ato nulo. Da mesma forma, as autorizações genéricas ou decorrentes de informações enganosas, abusivas ou não transparentes acerca da finalidade de tal tratamento serão, nos termos da Lei[37], consideradas nulas.

Em verdade, a noção de consentimento está no coração da autonomia, na figura liberal de um sujeito de direito autônomo, racional e capaz de exercer uma escolha livremente. Nesse sentido, ao analisar o consentimento informado no que diz respeito ao tratamento de dados, Christophe Lazaro e Daniel Le Métayer[38] referem que o

---

proteção de dados pessoais na LGPD. In: TEPEDINO, Gustavo; FRAZÃO, Ana; OLIV, Milena Donato (Coord.). *Lei Geral de Proteção de Dados Pessoais e suas repercussões no direito brasileiro*. São Paulo: Ed. RT, 2019. p. 299.

34. MANTOVANI, Alexandre Casanova. *O consentimento na disciplina da proteção dos dados pessoais*: uma análise dos seus fundamentos e elementos. 2019. Dissertação (Mestrado em Direito) – Faculdade de Direito, Universidade Federal do Rio Grande do Sul, Porto Alegre/RS, 2019. p. 126. Disponível em: https://lume.ufrgs.br/handle/10183/203810. Acesso em: 25 nov. 2020.

35. Ibidem.

36. MULHOLLAND, Caitlin Sampaio. Dados pessoais sensíveis e consentimento na Lei Geral de Proteção de Dados Pessoais. *Revista do Advogado*, São Paulo, 2019. p. 50.

37. Art. 8º, § 4º e Art. 9º, § 1º, da LGPD (BRASIL. *Lei n. 13.709, de 14 de agosto de 2018*. Lei Geral de Proteção de Dados Pessoais (LGPD). Brasília, DF: Presidência da República, [2018]. Disponível em: http://www.planalto.gov.br/ccivil_03/_ato2015-2018/2018/lei/L13709.htm. Acesso em: 14 dez. 2020).

38. LAZARO, Christophe et al. Le consentement au traitement des données à caractère personnel: une perspective comparative sur l'autonomie du sujet. *Revue Juridique Themis*, v. 48, n. 03, p. 765-815, 2015. Disponível em: http://hdl.handle.net/2078.1/202996. Acesso em: 05 set. 2020.

consentimento participaria de uma sutil dialética entre a autonomia e a dependência (entre a aceitação e a submissão), de forma que o ato de consentir poderia ser visto como um ato de assumir um risco (principalmente no que diz respeito ao domínio da proteção de dados). Para melhor examinar a questão, os autores propõem quatro parâmetros fundamentais a serem observados pelo intérprete: (i) o equilíbrio de poder entre as partes, (ii) o direito à revogação do consentimento, (iii) a natureza de rotina ou excepcional das circunstâncias pelas quais as pessoas são levadas a consentir e (iv) o impacto decorrente do ato de consentir, concluindo que, como o consentimento pode ter repercussões que ultrapassam os interesses individuais do titular de dados, seriam necessárias normas de conduta destinadas principalmente aos responsáveis pelo tratamento de dados.

Nessa perspectiva, o consentimento legítimo do titular para o tratamento de dados pode ser entendido como uma aceitação condicionada que pode ser revogada, nos termos da Lei, em função das práticas do agente que realizará o tratamento de dados e do impacto observado na divulgação dos dados sobre o titular, em um processo de ajuste permanente que acaba por reforçar a compreensão da situação pelo titular de dados e, por consequência, a sua confiança.[39]

Contudo, na medida em que se reconhece o consentimento do titular ao tratamento de dados como um agir que guarde relação com a autonomia e, portanto, ao fundo com o livre agir do sujeito, relevante se mostra pontuar os desafios impostos ao exercício desse consentimento de forma livre pelos titulares de dados pessoais, uma vez considerado o alto fluxo informacional e os problemas gerados por este no momento em que dado o consentimento para tratamento de determinados dados pessoais para determinada finalidade.

2.2   A crise do consentimento no contexto do intenso fluxo informacional

As informações disponibilizadas ao titular dos dados pessoais devem ser nem tão escassas ao ponto de serem insuficientes para que o titular compreenda qual a finalidade do eventual tratamento de seus dados pessoais, nem tantas ao ponto de impedir que o titular consiga igualmente compreender ao que e para quê está a consentir. Isto é, haveria uma medida para o quanto de informações a serem colocadas em frente ao titular, de forma que o intenso fluxo informacional não se tornasse excessivamente complexo, prejudicando a compreensão do titular dos dados para dar o seu consentimento ao tratamento.

Nessa medida, considerando-se o contexto de intenso fluxo informacional, necessário se faz abordar uma questão: o modo como o consentimento é obtido quando da coleta dos dados. Como visto, em tese, para o consentimento válido e eficaz do sujeito titular dos dados, o titular deveria ter a compreensão total daquilo ao que se está a consentir. Contudo, o alto fluxo de informações, a complexidade do

---

39. Ibidem.

tema, os extensos termos de aceite se tornam um obstáculo a que, em última análise, ocorra o consentimento livre e informado para o tratamento de dados. Isto é, o titular dos dados pessoais, por vezes, poderá consentir não porque compreendeu os termos anunciados, ou porque compreendeu a extensão destes e a aceitou, ou, ainda, porque ao menos os leu, mas porque viu ser necessário aceitar para ter acesso a um determinado serviço/produto, sendo que na maioria das vezes passa a confiar que a outra parte garantirá o respeito à sua privacidade.

Nesse sentido, uma pesquisa mencionada por Custers[40] examinou o comportamento dos consumidores nas práticas de consentimento sobre proteção de dados, feita com usuários de internet no âmbito da União Europeia, e obteve resultados que indicam que a maioria dos participantes que leem os termos de privacidade indicam que ou entenderam integralmente (21%) ou parcialmente (42%), embora 27% dos participantes nunca leiam os termos, outros 27% raramente os leiam, e 23% apenas os leiam algumas vezes.[41] Além disso, a pesquisa teria mostrado que as pessoas, embora se preocupem com a privacidade, tendem a consentir com o compartilhamento de dados em razão de conveniência, descontos etc.[42] Segundo os autores, o estudo realizado indicaria que os usuários não leem os termos de privacidade e de condições, pois uma vez que se considera que o consentimento deveria ser informado, seria essencial a leitura e compreensão das informações fornecidas - o que se mostrou, na pesquisa, nem sempre ocorrer.[43] Dessa maneira, cumpre ressaltar a racionalidade limitada do sujeito, não logrando ele processar todas as informações que se fariam necessárias para o processo de tomada de decisão[44], além do fato de se sobressair, neste processo de tomada de decisão, os benefícios, muitas vezes mínimos, e a gratuidade do acesso.[45]

Ainda, em relação aos problemas do consentimento, pontua Solove[46], que a ideia de *privacy self-management*, à qual se liga ao consentimento, não viabilizaria

---

40. CUSTERS, Bart; *et al*. Informed consent in social media use-the gap between user expectations and EU personal data protection law. *SCRIPTed*, v. 10, 2013. p. 436.
41. Ibidem, p. 440.
42. Ibidem, p. 441.
43. CUSTERS, Bart; *et al*. Informed consent in social media use-the gap between user expectations and EU personal data protection law. *SCRIPTed*, v. 10, 2013. p. 452.
44. BIONI, Bruno Ricardo. Proteção de dados pessoais: a função e os limites do consentimento. São Paulo: Forense, 2020. p. 139.
45. Contudo, frisa-se que a gratuidade, em verdade, teria como contrapartida às vezes os próprios dados pessoais, pois, como reflete Luc Ferry, ao analisar o fenômeno da economia colaborativa e outras questões por trás da internet se não pagamos por um produto, significa que nos tornamos o produto mediante a coleta de nossos dados - sendo uma das fontes desse pseudogratuito, o qual é altamente lucrativo, como refere Luc Ferry, o *big data*, além de, nos últimos anos, o volume destes dados ter aumentado exponencialmente, podendo eles servirem para as mais diversas finalidades, dada a sua diversidade ilimitada. Outrossim, é interessante a reflexão trazida pelo filósofo, no tocante à proteção dos dados é no sentido de que "até que ponto estamos prestes a sacrificar partes inteiras das nossas liberdades e da nossa vida privada para nos beneficiar em contrapartida das vantagens do *big data*? [...] será que isso depende de nós, das nossas escolhas individuais e até políticas, considerando que de qualquer maneira nada daquilo que colocamos na web hoje é confidencial?" (FERRY, Luc. *A revolução transumanista*. Barueri: Editora Manole, 2018. p. 87-168).
46. SOLOVE, Daniel J. Introduction: Privacy self-management and the consent dilemma. *Harvard Law Review*, v. 126, 2012. p. 1882.

um controle efetivo de dados, na medida em que haveria problemas de ordem cognitiva - no tocante à habilidade de tomar decisões informadas -, além de problemas de ordem estrutural, estes em relação ao modo como ocorrem as decisões acerca do tratamento dos dados pessoais - ou seja, sobre impedimento para tomar escolhas racionais acerca dos custos e benefícios ao que daquilo consentido.[47]

No tocante ao problema cognitivo indicado, tem-se que as pessoas não leem, em sua maioria, os termos e condições e, quando o fazem, não têm experiência e conhecimento suficiente para a correta compreensão das consequências do ato de consentir à coleta e tratamento de determinados dados. Por ser complexa e contextual, o problema estaria no fato de que as decisões sobre privacidade estariam sujeitas às limitações da racionalidade[48], ensejando a identificar no modelo de *privacy self-management* os seguintes problemas cognitivos:

> (1) as pessoas não leem as políticas de privacidade; (2) se as pessoas as leem, não as entendem; (3) se as pessoas as leem e entendem, muitas vezes não têm conhecimento prévio suficiente para fazer uma escolha informada; e (4) se as pessoas os lerem, compreenderem e puderem fazer uma escolha informada, sua escolha pode ser distorcida por várias dificuldades de tomada de decisão.[49]

Por sua vez, os problemas estruturais apontados se relacionariam com as dificuldades postas ao titular, ainda que se parta de uma noção de que ele seria racional e bem-informado, de fazer escolhas adequadas sobre o custo e o benefício do seu consentimento. Isto porque há muitas entidades coletoras de dados - em um quadro tão complexo que os sujeitos sequer lograriam compreendê-lo em sua totalidade. Como, por exemplo, aponta Solove[50], em um contexto em que em média um americano acessa em torno de 100 sites por mês, difícil se torna ter controle de todos os sujeitos envolvidos nas coletas e tratamentos dos mais diversos dados referentes ao sujeito. Ou seja, o fluxo de dados e informação é tal que os usuários não mais conseguem ter uma noção geral do quadro em que se inserem. Além disso, ainda que as pessoas compreendessem e racionalmente concordassem com o tratamento de seus dados, elas dificilmente conseguiriam entender como esses dados hoje coletados poderiam ser tratados no futuro.

Outrossim, neste ponto, Tene e Polonetsky afirmam, ao apontarem falhas no sistema baseado no consentimento, que ao mesmo tempo em que se espera que as organizações esclareçam aos titulares de dados sobre suas atividades de tratamento dos dados em "telas cada vez mais pequenas e obtenham o consentimento dos sujeitos frequentemente desinteressados", também se espera dos titulares que leiam e compreendam todas as informações repassadas,   por vezes complexas, sobre o uso dos dados e privacidade, de forma que seja expressado consentimento

---

47. Ibidem, p. 1883.
48. Ibidem, p. 1888.
49. SOLOVE, Daniel J. Introduction: Privacy self-management and the consent dilemma. *Harvard Law Review*, v. 126, 2012. p. 1888, tradução nossa.
50. Ibidem, p. 1888-1889.

informado.[51] Tais expectativas ocorreriam "em um cenário cada vez mais complexo, no qual os fluxos de dados são controlados por meio de arranjos intrincados que envolvem redes densas de plataformas e aplicativos".[52] Isto é, poderia se afirmar que o contexto em que se espera a expressão de tal consentimento ao tratamento de dados seria cada vez mais de alta complexidade do fluxo informacional para o titular, de maneira que a racionalidade e a liberdade do sujeito, como refere Bioni[53], é posta em xeque.

Os usuários muitas vezes sentiriam que não possuem, em verdade, qualquer escolha quanto ao uso de seus dados, na medida em que esse processo de dar o consentimento por vezes dá-se em quadro de *take it or leave it*, isto é, a recusa significaria não ter acesso àquele produto ou serviço em específico.[54] Assim, questiona-se em que medida haveria espaço para um agir livre do sujeito, pois configurado um intenso fluxo informacional, torna-se um desafio, em relação ao consentimento, que o sujeito tome decisões racionais sobre o compartilhamento de dados, compreendendo a extensão dos possíveis benefícios e malefícios de tal decisão, além de visualizar a rede de mais diferentes entidades para as quais acaba consentindo na coleta de dados.[55]

O que se pergunta, diante de todas essas dificuldades impostas ao consentimento em um contexto de intenso e complexo fluxo informacional, é em que medida a notícia ao usuário da alteração da finalidade que fora anteriormente anunciada é efetivamente um mecanismo de proteção do titular. Ou seja, questiona-se se essa manutenção do consentimento, em um contexto em que os titulares pouco compreenderam acerca do que estariam consentindo, legitimaria a mudança da finalidade no tratamento dos dados em relação à época em que coletados. E, diante dos desafios impostos pelo alto fluxo informacional, bem como do quadro que colocou o consentimento no centro da proteção de dados, importante refletir sobre a abordagem de Helen Nissembaum sobre privacidade contextual, quem

> propõe que o trânsito das informações pessoais tem um valor social, guiado por considerações políticas e morais, que é o que determina ser ele (in)apropriado. A intelecção do que venha a ser (in) apropriado decorre do contexto de cada relação subjacente na qual as informações pessoais fluem.[56]

Ou seja, a proteção de dados não estaria escorada unicamente no consentimento do titular, mas, também, por outras normas informacionais - as quais seriam compos-

---

51. TENE, Omer; POLONETSKY, Jules. Big data for all: Privacy and user control in the age of analytics. *Nw. J. Tech. & Intell. Prop.*, v. 11, n. 5, 2012. p. 261, tradução nossa.
52. Ibidem, tradução nossa.
53. BIONI, Bruno Ricardo. *Proteção de dados pessoais:* a função e os limites do consentimento. São Paulo: Forense, 2020. p. 141.
54. CUSTERS, Bart. Click here to consent forever: Expiry dates for informed consent. *Big Data & Society*, v. 3, n. 1, 2016. p. 3.
55. SOLOVE, Daniel J. Introduction: Privacy self-management and the consent dilemma. *Harvard Law Review*, v. 126, 2012. p. 1893.
56. BIONI, Bruno Ricardo. *Proteção de dados pessoais:* a função e os limites do consentimento. São Paulo: Forense, 2020. p. 197-198.

tas pelo contexto e integridade do tráfego de dados pessoais: as normas de adequação e as de fluxo de informação. Pois, como refere Nissembaum, além da adequação da informação a determinado contexto, também importa que a distribuição esteja em conformidade com as normas do contexto de fluxo informativo.[57] Nesse ponto, tem-se que as normas informacionais serviriam, no caso concreto, como restrição ao trânsito de dados, de forma que de cada contexto se extrairiam expectativas de privacidade diversas depositadas pelo titular. Sendo que

> o saldo final da teoria (equação) da privacidade contextual consiste, portanto, na consideração de que em cada contexto o titular dos dados pessoais tem legítimas expectativas (de privacidade) de como eles irão fluir de forma apropriada. O tráfego dos dados pessoais não se dá, portanto, no vácuo mas sob um conjunto de circunstâncias que determinam a sua integridade.[58]

Assim, diante de todos os desafios expostos no que tange ao consentimento, poderia se abordar, conforme refere Bioni[59], o consentimento como algo contextual - na medida em que elástico o suficiente para orientar o intérprete quanto às traves para o uso diversificado dos dados pessoais que não puderam ser especificados previamente de maneira mais delimitada. Contudo, tal uso secundário não seria uma autorização ilimitada, mas relacionada às expectativas legítimas do titular quanto ao uso de seus dados pessoais. Dessa maneira, é possível afirmar que, partindo da noção trazida pela Helen Nissenbaum de privacidade contextual, necessário se faz olhar para o fluxo de informações e como este se desenvolve, inclusive quando as circunstâncias concretas do caso levarem a se identificar a ocorrência de alteração na finalidade da coleta e para tratamento dos dados pessoais.

Todavia, embora relevante o estudo da figura do consentimento e dos desafios por esta imposto, para a compreensão da mudança da finalidade do consentimento no campo da proteção de dados pessoais, necessário também previamente serem feitas algumas reflexões acerca do princípio da finalidade.

3. CONSENTIMENTO E FINALIDADE: LIMITES AO TRATAMENTO DE DADOS

Uma vez já abordada a natureza jurídica do consentimento e os desafios impostos por essa figura tão cara à proteção de dados pessoais, como mencionado, passa-se primeiramente à breve apreciação do princípio da finalidade, o qual guarda íntima conexão com o consentimento, no campo da proteção de dados pessoais, para, após, abordar-se especificamente a mudança da finalidade do consentimento e as suas eventuais implicações.

---

57. NISSENBAUM, Helen. Privacy as contextual integrity. *Washington Law Review*, v. 79, 2004. p. 141.
58. BIONI, Bruno Ricardo. *Proteção de dados pessoais*: a função e os limites do consentimento. São Paulo: Forense, 2020. p. 201.
59. Ibidem, p. 226.

3.1 Princípio da finalidade *(purpose limitation)* e proteção de dados

Os dados puros não passam de fatos brutos[60], são informações em potencial, que dependem da sua submissão ao tratamento para se transformarem em informação.[61] O tratamento de dados pessoais, contudo, faz surgir, desde o primeiro momento, a dificuldade de se identificar previamente quais serão os efeitos advindos da sua utilização, pois, em que pese não seja o dado, em si, perigoso ou discriminatório, seu uso pode sê-lo.[62] Nesta seara, como visto, o consentimento[63] apresenta-se como uma das principais ferramentas de acautelamento das garantias individuais do titular dos dados, sobretudo da sua autodeterminação.

Dentre os pilares principiológicos que alicerçam a validade do consentimento, entretanto, protagonismo especial atribuiu-se a sua vinculação à finalidade para a qual foi atrelado o tratamento no momento do aceite. Note-se, um consentimento generalizado, como se o titular emitisse um cheque em branco aos coletores de dados, sem propósito específico para o tratamento, não satisfaz a cautela normativa de transparência e autodeterminação informativa que exige sejam devidamente apresentadas e esclarecidas ao titular dos dados as intenções que motivam a coleta, bem como a sua destinação pós-tratamento.[64] O consentimento que autoriza a coleta e o processamento do dado para determinada finalidade não se estende a outros ambientes diferentes daquele, sendo nulo, como mencionado, quando formulado de forma genérica ou a partir de informações enganosas, conforme determinam respectivamente os arts. 8º, § 4º e 9º, § 1º da LGPD.[65]

Um dos principais aspectos do princípio da finalidade encontra-se, induvidosamente, na série de direitos que decorrem diretamente da sua previsão e que são alcançados pela LGPD aos titulares de dados pessoais para serem exercidos em face dos controladores durante todo o ciclo do tratamento. Dentre esses direitos, encontra-se o de um tratamento adstrito aos propósitos legítimos, específicos, explícitos e informados ao titular, sem possibilidade de tratamento posterior de forma incompatível com essas finalidades (art. 6º, I). Dessa compreensão desdobram-se ainda diversos outros direitos, tais como à adequação às finalidades e ao contexto do tratamento (art. 6, II) e à restrição do tratamento aos dados pertinentes, proporcionais e não excessivos em relação às suas finalidades (art. 6º, III). Ademais, haja vista estar fortemente interligado aos princípios da informação e transparência, o princípio da finalidade também exige o direito de acesso facilitado ao tratamento de

---

60. BIONI, Bruno Ricardo. *Proteção de dados pessoais*: a função e os limites do consentimento. Rio de Janeiro: Forense, 2018. p. 36.
61. HAN, Jiawei; KAMBER, Micheline; PEI, Jian. *Data mining: concepts and techniques*. 3. ed. Morgan Kaufmann Publishers: Waltham, 2012. p. 23.
62. DONEDA, Danilo. *Da privacidade à proteção de dados pessoais*. Rio de Janeiro: Renovar, 2006. p. 162.
63. DONEDA, Danilo; MENDES, Laura Schertel. Reflexões iniciais sobre a nova lei geral de proteção de dados. *Revista de Direito do Consumidor*, v. 120, p. 469-483, 2018.
64. MENDES, Laura Schertel. *Privacidade, proteção de dados e defesa do consumidor*: linhas gerais de um novo direito fundamental. São Paulo: Saraiva, 2014. p. 70.
65. DONEDA, Danilo; MENDES, Laura Schertel. Op. cit., p. 472-473.

dados, devendo as informações sobre a finalidade específica, forma e duração serem disponibilizadas de forma clara, adequada e ostensiva, sobretudo, quando houver, acerca do teor das alterações supervenientes, podendo o titular revogar o consentimento quando em discordância (arts. 8º, § 6º e 9º, § 2º).

Mesmo diante de hipóteses que independem do consentimento para o tratamento, como hipóteses de tratamento pela administração pública[66], dados pessoais de acesso público[67] e de legítimo interesse do controlador[68], o princípio da finalidade específica persiste, operando como um fio condutor e de imposição de limites, reservando ao titular o direito de ser informado sobre a utilização dos seus dados.

A finalidade influi inclusive no término do tratamento, que se verifica quando esta foi alcançada ou que os dados coletados deixaram de ser necessários ou pertinentes para seu alcance ou, ainda, quando houver revogação do consentimento pelo titular, nos casos em que este é exigível, conforme disposto no § 5º do art. 8º da Lei.[69]

Note-se, portanto, que o princípio da finalidade, na medida em que vincula todo o ciclo do tratamento ao propósito especificado na coleta, operando na restrição do compartilhamento com terceiros e na verificação da adequação e razoabilidade do uso dos dados pessoais, se consolida como verdadeira tentativa do ordenamento de posicionar o titular no controle do tratamento de suas informações, garantindo-lhe a preservação da sua capacidade de livre desenvolvimento da sua personalidade.[70] Referida limitação do tratamento à finalidade prévia avençada não é, contudo, novidade no arquétipo regulatório em matéria de proteção de dados. Conforme alertam Doneda e Mendes[71], ao refletir-se sobre as principais influências que moldaram a LGPD, resta clara sua inspiração na legislação europeia.

---

66. Para os fins autorizados pela lei e para a realização de estudos por órgão de pesquisa (art. 7º, III; IV c/c art. 7º, § 1º; e art. 23). Havendo compartilhamento de dados com órgãos públicos ou a sua transferência a terceiro, demandar-se-á uma nova justificativa de tratamento (Art. 7º, § 5º), devendo, os agentes de tratamento, comunicar as operações executadas aos titulares dos dados, comunicação esta que deve ser renovada na alteração da finalidade ou em qualquer alteração nas operações de tratamento (BRASIL. *Lei n. 13.709, de 14 de agosto de 2018*. Lei Geral de Proteção de Dados Pessoais (LGPD). Brasília, DF: Presidência da República, [2018]. Disponível em: http://www.planalto.gov.br/ccivil_03/_ato2015-2018/2018/lei/L13709.htm. Acesso em: 14 dez. 2020).

67. O titular tem o direito que este esteja adstrito à finalidade, à boa-fé e ao interesse público que justificaram sua disponibilização (art. 7º, § 3º) e, havendo tratamento posterior para novas finalidades, devem ser observados os propósitos legítimos e específicos para o novo tratamento (art. 7º, § 7º). (Ibidem).

68. Reserva-se ao titular o direito à limitação do tratamento aos dados estritamente necessários para as finalidades pretendidas (art. 10, § 1º), as quais devem ser legítimas, consideradas a partir de situações concretas (art. 10), para apoio e promoção de atividades do controlador ou proteção do exercício regular dos direitos do titular ou prestação de serviços que o beneficiem, sempre sendo respeitadas as legítimas expectativas e os direitos e liberdades fundamentais, preservando-se a transparência no tratamento (art. 10, § 2º). (Ibidem).

69. BRASIL. Comitê Central de Governança de Dados. *Guia de Boas Práticas Lei Geral de Proteção de Dados (LGPD) para Implementação na Administração Pública Federal*. Brasília, 11 dez. 2020. p. 13-15. Disponível em: https://www.gov.br/governodigital/pt-br/governanca-de-dados/guia-lgpd.pdf. Acesso em: 16 dez. 2020.

70. MENDES, Laura Schertel. *Privacidade, proteção de dados e defesa do consumidor*: linhas gerais de um novo direito fundamental. São Paulo: Saraiva, 2014. p. 60.

71. DONEDA, Danilo; MENDES, Laura Schertel. Reflexões iniciais sobre a nova lei geral de proteção de dados. *Revista de Direito do Consumidor*, v. 120, 2018. p. 470.

A MUDANÇA DA FINALIDADE DO CONSENTIMENTO **55**

O princípio da finalidade, assim, encontra inspiração no *principle of purpose limitation* (princípio da limitação da finalidade), um dos princípios fundamentais e elemento estável do regramento europeu em proteção de dados. À semelhança do estabelecido na LGPD, sua previsão determina que o processamento de dados pessoais na União Europeia requer uma finalidade legítima e claramente definida no momento da coleta de dados, os quais não podem ser reutilizados para outra finalidade que seja incompatível com a original. A mais breve análise histórica do princípio permite remontar sua conceituação aos primeiros instrumentos sobre direitos humanos e proteção de dados[72] evoluindo em direção a sua redefinição e ratificação legal com promulgação da *General Data Protection Regulation* (GDPR) em 2015.[73]

O primeiro grande avanço, induvidosamente, veio com a *Data Protection Directive* (DPD), em 1995. A diretiva posicionou a especificação da finalidade (Article 6 (1)) como um elemento central do quadro regulatório, objetivando, simultaneamente, proteger as expectativas razoáveis dos titulares dos dados em relação a quem e como os seus dados serão processados e igualmente permitir que os controladores de dados processem dados para um novo propósito, desde que dentro de limites cuidadosamente equilibrados.[74] A DPD também sedimentou o conteúdo da finalidade, que deve ser específica, explícita e legítima.

No que toca à especificação, o Grupo de Trabalho do Artigo 29 orienta que o grau exigido depende do contexto em que os dados são coletados e deve ser determinado para cada caso específico, havendo circunstâncias que requerem especificação mais detalhada.[75] Também compondo o *kit* de construção de especificações de propósito encontra-se a expliciticidade da finalidade, que demanda seja esta claramente divulgada e explicada ou expressa de forma inteligível ao titular, contribuindo para a

---

72. O primeiro delineamento do princípio da limitação da finalidade se deu na Convenção Europeia de Direitos Humanos (ECHR), em 1950, com a proibição de interferências à privacidade por autoridade pública (art. 8, n. 2). As Resoluções do Conselho da Europa de 1973 e 1974, ratificaram o ideário da limitação dos propósitos ao tratarem da proteção da privacidade em bancos de dados eletrônicos no setor público. Em 1981, a Convenção 108 do Conselho da Europa inaugurou seu alcance em matéria de proteção de dados pessoais, introduzindo a noção de incompatibilidade do tratamento (artigo 5º), conceito posteriormente incorporado na DPD e no GDPR para restringir o tratamento posterior. No mesmo período, as Guidelines da Organização para a Cooperação e Desenvolvimento Econômico (OECD) sobre proteção da privacidade e fluxos transfronteiriços de dados pessoais estabeleceram o momento da coleta como limite temporal (§ 9º) para a especificação do propósito pelo controlador (FORGÓ, N.; HÄNOLD, S.; SCHÜTZE, B. The Principle of Purpose Limitation and Big Data. In: CORRALES, M.; FENWICK, M.; FORGÓ, N. (eds) *New Technology, Big Data and the Law*. Springer: Singapore, 2017. p. 17-42. Disponível em: https://doi.org/10.1007/978-981-10-5038-1_2. Acesso em: 05 set. 2020).

73. Ibidem, p. 20.

74. Ibidem, p. 25-26.

75. Sob esta perspectiva, grandes empresas de varejo que vendem produtos em toda a Europa e fazem uso de aplicativos analíticos complexos para adaptar anúncios e ofertas aos seus clientes, deverão especificar os propósitos com mais detalhes do que uma loja local, que coleta apenas informações limitadas sobre seus clientes (WP29 203. *On Purpose Limitation*, s.l. Article 29 Data Protection Working Party, 2013. p. 51. Disponível em: https://www.gpdp.gov.mo/uploadfile/2014/0505/20140505062721769.pdf. Acesso em: 16 dez. 2020).

transparência e previsibilidade na operação.[76] Por fim, a finalidade para a qual os dados foram coletados deve ser legítima, isto é, cabe ao controlador de dados garantir, antes da coleta, que existe uma regra legal que permite a coleta e o uso posterior previstos. Ademais, a finalidade deve sempre estar de acordo com todas as leis aplicáveis, os costumes, códigos de conduta, códigos de ética e disposições contratuais.[77]

Em que pese a DPD não tenha indicado explicitamente quais as etapas de processamento que se enquadram no processamento posterior (pós-coleta), que restaram enquadradas como processamento adicional, independentemente de se para a finalidade inicial ou outra[78], ela claramente recepcionou o segundo elemento que, ao lado da especificação do propósito (*specific purpose*), compõe o princípio de limitação da finalidade, qual seja, a exigência de que os dados não sejam processados de forma incompatível com a finalidade para a qual foram originalmente coletados (*compatible use*). Atuando como fator decisivo, ora de restrição, ora de alargamento, trata-se de elemento de valor fundamental em matéria de processamento posterior, sobretudo em face dos novos e cada vez mais complexos modelos de tratamento.

Ambos os eixos do princípio de limitação da finalidade estabelecidos pela DPD foram recepcionados pelo GDPR (artigo 5º, n. 1, alínea b), em 2015, privilegiando, todavia, a utilização posterior para fins estatísticos ou de investigação científica[79], demonstrando, de certo modo, o intento do legislador europeu, antevendo a inerência do tratamento posterior em determinadas atividades, de regulá-lo.

Em que pese o complemento normativo, a experiência no tratamento de dados demonstra que, na prática, o princípio da limitação dos propósitos compõe-se de alguns entraves que perpassam os abrandamentos previstos pelo regulamento. Note-se: uma das grandes dificuldades práticas encontra-se na especificação de objetivos e o eterno desafio que estes impõem à abertura à inovação sem comprometer a manutenção da segurança jurídica. A categorização da finalidade como legalmente relevante, bem como a determinação do quão precisa ou ampla a especificação dos objetivos deve ser é da mais alta importância, não apenas para o controlador dos dados (que poderá, a partir disso, conduzir suas práticas), mas também para o indivíduo (cujos dados estão sendo sujeitos ao tratamento).[80] A carência de critérios confiáveis[81] que ajudem a determinar os propósitos e sua compatibilidade faz com que controladores não consigam ter certeza se os objetivos especificados na coleta atendem ao princípio

---

76. Ibidem, p. 17.
77. Ibidem, p. 20.
78. FORGÓ, N.; HÄNOLD, S.; SCHÜTZE, B. The Principle of Purpose Limitation and Big Data. In: CORRALES, M.; FENWICK, M.; FORGÓ, N. (eds) *New Technology, Big Data and the Law*. Springer: Singapore, 2017. p. 25-26. Disponível em: https://doi.org/10.1007/978-981-10-5038-1_2. Acesso em: 05 set. 2020.
79. Ibidem, p. 25-26.
80. GRAFENSTEIN, Maximilian Von. Start-ups and Data Protection – Purpose Specification & Limitation. *iLINC Policy Briefs*, 2015. p. 2. Disponível em: https://www.ilincnetwork.eu/wp-content/uploads/2015/08/4-PB-Purpose-Specification-Limitation.docx.pdf. Acesso em: 19 ago. 2020.
81. KORFF, Douwe, EC Study on Implementation of Data Protection Directive 95/46/EC. *SSRN*, 2002, p. 243. Disponível em: https://ssrn.com/abstract=1287667. Acesso em: 07 set. 2020.

da especificação dos propósitos e até que ponto têm permissão para processar os dados. Os titulares, por sua vez, não conseguem estimar os riscos, uma vez que são oprimidos por propósitos demasiadamente específicos ou, ao revés, muito amplos.[82] Diante disso, mister que se faça o exame acerca dos limites ao tratamento posterior de dados pessoais, ponderando sobre os desafios práticos que assolam a matéria no atual contexto de tratamento de dados pessoais.

3.2 Mudança da finalidade do consentimento: limites do processamento posterior de dados pessoais

A recepção do princípio de limitação da finalidade pelo GDPR sobreveio acompanhada de uma ruga, uma vez que as estratégias para contornar os limites à reutilização dos dados para finalidades diversas ganharam nova forma com as mudanças introduzidas na regulamentação.[83] Antigas manobras utilizadas pelos controladores, como induzir titulares a consentir com definições muito amplas de finalidade, que permitissem o uso posterior para novos propósitos, foram notoriamente dificultadas, pois o regulamento especificou as condições para consentimento, garantindo aos titulares o poder de revogá-lo a qualquer momento. Assim, formulações vagas, como "propósitos de marketing" ou "pesquisas futuras" provavelmente não serão válidas[84], sendo o nível de detalhe necessário diretamente dependente do contexto do processamento e o número de indivíduos afetados.

Em certos domínios, contudo, o legislador europeu reagiu à necessidade de reutilizar dados pessoais e às dificuldades em especificar todas as questões de investigação no momento da coleta, concedendo privilégio normativo para o tratamento posterior para fins de arquivamento de interesse público, fins de pesquisa científica, histórica ou estatística, sujeitando-o, entretanto, à adequação e à observância de salvaguardas e padrões éticos.[85] Com a indexação desse privilégio de permissibilidade do uso de dados para fins estatísticos (GDPR, art. 5.1(b), Recital 40), o regulamento parece ter permitido a manutenção de práticas que desafiam o princípio de limitação da finalidade, como o *Big Data*, mas sem abandoná-lo explicitamente. Veja-se, nesse sentido, que o regulamento não determina o significado de fins estatísticos, definindo-os, ao contrário, de forma ampla[86], o que permite uma atribuição interpretativa extensa,

---

82. GRAFENSTEIN, Maximilian Von. Op. cit., p. 2.
83. MAYER-SCHÖNBERGER, V.; PADOVA, Y. Regime Change? Enabling Big Data through Europe's New Data Protection Regulation. *Science and Technology Law Review*, [S. l.], v. 17, n. 2, 2016. p. 325-326. Disponível em: https://www.researchgate.net/publication/303665079_Regime_Change_Enabling_Big_Data_Through_Europe's_New_Data_Protection_Regulation. Acesso em: 22 dez. 2020.
84. RAUHOFER, Judith. Of Men and Mice: Should the EU Data Protection Authorities' Reaction to Google's New Privacy Policy Raise Concern for the Future of the Purpose Limitation Principle? *European Data Protection Law Review*, v. 1, 2015. p. 14-15.
85. FORGÓ, N.; HÄNOLD, S.; SCHÜTZE, B. The Principle of Purpose Limitation and Big Data. In: CORRALES, M.; FENWICK, M.; FORGÓ, N. (eds) *New Technology, Big Data and the Law*. Springer: Singapore, 2017. p. 34-39. Disponível em: https://doi.org/10.1007/978-981-10-5038-1_2. Acesso em: 05 set. 2020.
86. O considerando 162 o define de forma ampla, como "qualquer operação de coleta e processamento de dados pessoais necessários para pesquisas estatísticas ou para a produção de resultados estatísticos". Cf.

abrangendo não apenas os usos para o interesse público, mas também por entidades privadas que realizam pesquisas em busca de ganhos comerciais. O regulamento também delega aos Estados-Membros a criação das salvaguardas adequadas que limitam o tratamento privilegiado, o que provavelmente resultará em muitos marcos regulatórios distintos em toda a União Europeia, deixando que algumas nações sejam mais permissivas ao tratamento posterior e outras mais restritivas, problema que já ocorria com a diretiva.[87]

Não se trata, todavia, de um afrouxamento dos requisitos relativos à permissibilidade de uma mudança de propósito. A alteração da finalidade deve ser abrangida pela regra de privilégios do artigo 5º, n. 1, alínea b, em conjugação com o artigo 89, n. 1, do GDPR, ou passar no teste de compatibilidade, que agora se encontra explicitamente incorporado no texto jurídico do regulamento, nomeadamente o artigo 6º, n. 4. Ademais, o processamento privilegiado não pode ter como objetivo obter informações sobre determinados indivíduos ou tomar decisões que os afetem, caso em que o princípio da limitação da finalidade voltará a ser aplicar em todo o âmbito, e o controlador de dados terá de pedir o consentimento do titular para o tratamento.[88]

A LGPD, cumpre lembrar, seguiu o exemplo do regulamento europeu, limitando o tratamento posterior apenas quando compatível com os propósitos e finalidades originais (art. 6º, I). Havendo mudança de finalidade, resguarda ao titular dos dados o direito de ser informado, de forma específica, sobre todas as alterações, podendo, nas hipóteses em que o seu consentimento é exigido, revogá-lo caso discorde da alteração (art. 8º, § 6º e art. 9º, § 2º, LGPD). A Lei também admite o tratamento posterior para novas finalidades de dados pessoais de acesso público e dados tornados manifestamente públicos pelo titular, para os quais se dispensa a exigência de consentimento para o tratamento, desde que observados os propósitos legítimos e específicos para o novo tratamento e a preservação dos direitos do titular e dos fundamentos e os princípios da LGPD.

Note-se, portanto, que ambos os ordenamentos jurídicos adotaram a noção de compatibilidade, havendo um claro consenso de que o processamento posterior deve ser compatível, mas não idêntico, à finalidade original. No caso do sistema europeu, o regulamento adotou um catálogo de critérios muito semelhante aos previstos nos testes de compatibilidade identificados pelo Grupo de Trabalho do artigo 29º. O artigo 6º, nº 4, do GDPR prevê que, ao realizar a avaliação de compatibilidade, deve-se considerar: qualquer ligação entre as finalidades para as quais os dados pessoais

---

GENERAL DATA PROTECTION REGULATION (GDPR). *Recital 162 Processing for Statistical Purposes.* Disponível em: https://gdpr-info.eu/recitals/no-162/. Acesso em: 19 ago. 2021.

87. MAYER-SCHÖNBERGER, V.; PADOVA, Y. Regime Change? Enabling Big Data through Europe's New Data Protection Regulation. *Science and Technology Law Review*, [S. l.], v. 17, n. 2, 2016. p. 326-327. Disponível em: https://www.researchgate.net/publication/303665079_Regime_Change_Enabling_Big_Data_Through_Europe's_New_Data_Protection_Regulation. Acesso em: 22 dez. 2020.

88. FORGÓ, N.; HÄNOLD, S.; SCHÜTZE, B. The Principle of Purpose Limitation and Big Data. In: CORRALES, M.; FENWICK, M.; FORGÓ, N. (eds) *New Technology, Big Data and the Law*. Springer: Singapore, 2017, p. 17-42, p. 39-40. Disponível em: https://doi.org/10.1007/978-981-10-5038-1_2. Acesso em: 05 set. 2020.

foram coletados e as finalidades do processamento posterior adicional; o contexto da coleta, em particular as expectativas razoáveis dos titulares dos dados com base na sua relação com o responsável pelo tratamento quanto à sua futura utilização; a natureza dos dados pessoais (se é sensível, por exemplo); as possíveis consequências e riscos, para os titulares dos dados, do tratamento posterior almejado; e, por fim, a existência de salvaguardas apropriadas no tratamento, as quais podem incluir criptografia ou pseudonimização. Não sendo o processamento adicional compatível ou excepcionado pela regra do privilégio, outro não é o caminho do responsável pelo tratamento, caso pretenda continuar a processar os dados para um novo fim, senão obter novo consentimento do titular dos dados.[89]

Outra alteração trazida pelo regulamento ao princípio se encontra na determinação de que, se o tratamento for compatível com os fins iniciais da coleta, é desnecessário o apontamento de nova base jurídica diferente daquela que permitiu a coleta (considerando 50).[90] Diante da nova redação, surge o questionamento se essa mudança imputará desvantagens ao titular dos dados e se facilitará as atividades de processamento por parte do controlador dos dados. É preciso recordar, contudo, da nova disposição sobre a avaliação de compatibilidade, que impõe que o interesse do responsável pelo tratamento dos dados deva ser equilibrado e os interesses do titular. Ou seja, os interesses legítimos dos titulares dos dados e do controlador são ponderados. Essa proposta também reflete na ideia do já mencionado Artigo 6 (1) (e) do GDPR, que prevê a legalidade do tratamento se o processamento for necessário para fins de legítimo interesse do controlador ou de terceiros, salvo quando tais interesses sejam anulados pelos interesses ou direitos e liberdades fundamentais do titular dos dados[91], à semelhança do que vimos na LGPD.

A disposição de critérios e conceituações normativas auxilia fortemente a identificação do conteúdo e dos limites do tratamento posterior, mas, como se buscou demonstrar, não é suficiente para aclarar todas as inquietudes que tornam o princípio da limitação dos propósitos reconhecidamente vago, fazendo-se essencial, portanto, que se colete dos ensinamentos doutrinários e das decisões jurisprudenciais e das *Data Protection Authorities* (DPAs) como fontes essenciais de orientação e interpretação dos estatutos de proteção de dados.[92]

No domínio da jurisprudência, o Tribunal Europeu dos Direitos do Homem tratou de casos específicos de "reutilização" de dados pessoais, mas não mencionou em nenhum de seus acórdãos o princípio da limitação da finalidade, nem fez distin-

---

89. FORGÓ, N.; HÄNOLD, S.; SCHÜTZE, B. Op. cit., p. 36.
90. GENERAL DATA PROTECTION REGULATION (GDPR). *Recital 50 Further Processing of Personal Data.* Disponível em: https://gdpr-info.eu/recitals/no-50/. Acesso em: 13 set. 2020.
91. FORGÓ, N.; HÄNOLD, S.; SCHÜTZE, B. The Principle of Purpose Limitation and Big Data. In: CORRALES, M.; FENWICK, M.; FORGÓ, N. (eds) *New Technology, Big Data and the Law.* Springer: Singapore, 2017. p. 37. Disponível em: https://doi.org/10.1007/978-981-10-5038-1_2. Acesso em: 05 set. 2020.
92. KOOPS, B. J.; LEENES, R. Privacy regulation cannot be hardcoded. A critical comment on the 'privacy by design' provision in data-protection law. *International Review of Law, Computers & Technology*, v. 28, n. 2, 2014. p. 163.

ção entre a finalidade da coleta e outras finalidades. A efetuação do teste de compatibilidade, frequentemente é feita com base em direitos do titular[93], informações a serem fornecidas ao titular dos dados[94], interesses legítimos[95] ou pelo princípio da proporcionalidade.[96] Em que pese o Tribunal não tenha abordado o processamento adicional diretamente, reconheceu que cada processamento de dados pessoais deve cumprir a limitação da finalidade, fornecendo ao menos duas definições de incompatibilidade, na medida em que a vinculou ao princípio da exatidão e do tempo como um fator para determinar a necessidade de objetivos.[97]

A maior contribuição na matéria, no entanto, parece vir das decisões das DPAs, que têm a verificação da compatibilidade do tratamento posterior para outros fins como um tema comum de crítica e discussão. Não são poucas as decisões públicas no âmbito europeu em que o reconhecimento da incompatibilidade do tratamento posterior resultou em aplicação de multas ao infrator.[98] Em março de 2020, por exemplo, a Autoridade de Proteção de Dados Holandesa (AP) impôs multa administrativa no valor de € 525.000, à Associação Real Holandesa de Tênis de Grama (*De Koninklijke Nederlandse Lawn Tennisbond*, KNLTB), após esta vender ilegalmente os dados pessoais de aproximadamente 350 mil de seus membros a dois patrocinadores, em clara violação ao princípio de limitação da finalidade e à necessidade de base jurídica válida para compartilhamento de dados pessoais.[99] A AP determinou que o uso para fins de marketing estaria muito aquém das expectativas razoáveis dos titulares nos limites do consentimento obtido no momento da coleta, de forma que só seria permitido haver mudança da finalidade se houvesse novo consentimento, uma disposição legal ou atendesse aos requisitos estritos de compatibilidade para processamento posterior.[100] Sublinhando a importância do princípio da limitação da finalidade, a AP destacou sua interligação com os demais princípios que garantem

---

93. UNIÃO EUROPEIA. Tribunal de Justiça da União Europeia. Google Spain SL e Google Inc. contra Agencia Española de Protección de Datos (AEPD) e Mario Costeja González (Processo C-131/12). Julgado em: 13 maio 2014.

94. UNIÃO EUROPEIA. Tribunal de Justiça da União Europeia. Smaranda Bara e o. contra Preşedintele Casei Naţionale de Asigurări de Sănătate e o. (Processo C-201/14). Julgado em: 01 out. 2015.

95. UNIÃO EUROPEIA. Tribunal de Justiça da União Europeia. Valsts policijas Rīgas reģiona pārvaldes Kārtības policijas pārvalde contra Rīgas pašvaldības SIA "Rīgas satiksme" (Processo C-13/16). Julgado em: 04 maio 2017.

96. UNIÃO EUROPEIA. Tribunal de Justiça da União Europeia. Digital Rights Ireland e Seitlinger e o. (Processos apensos C-293/12 e C-594/12). Julgado em: 08 abr. 2014.

97. KOSTADINOVA, Z. R. *Purpose limitation under the GDPR: can Article 6 (4) be automated?* 2018. 131f. Dissertação (Mestrado em Law and Technology), Tilburg University, The Netherlands, 2018. p. 58-59. Disponível em: http://arno.uvt.nl/show.cgi?fid=146471. Acesso em: 16 dez. 2020.

98. KOSTADINOVA, Z. R. *Purpose limitation under the GDPR: can Article 6 (4) be automated?* 2018. 131f. Dissertação (Mestrado em Law and Technology), Tilburg University, The Netherlands, 2018. p. 47. Disponível em: http://arno.uvt.nl/show.cgi?fid=146471. Acesso em: 16 dez. 2020.

99. ROYAL Dutch Lawn Tennis Association fined EUR 525k for sale of data. *Data Privacy Fines*, 03 mar. 2020. Disponível em: https://dataprivacyfines.com/fine/royal-dutch-lawn-tennis-association-fined-eur-525k/. Acesso em: 15 set. 2020.

100. BESLUIT tot het opleggen van een bestuurlijke boete [VERTROUWELIJK]. *Autoriteit Persoonsgegevens*, 20 dez. 2019. Disponível em: https://www.privacy-web.nl/cms/files/2020-03/boetebesluit-knltb.pdf. Acesso em: 10 set. 2020.

a defesa dos interesses dos titulares, como o da legalidade, justiça e transparência, sem os quais não se pode propriamente definir seus limites ou conteúdo.

A despeito das críticas ao princípio da limitação dos propósitos e à vagueza de suas definições, a sua previsão, tanto no regulamento europeu, quanto na legislação nacional, especialmente em um contexto em que os dados são o novo petróleo e as empresas tentam coletar o máximo possível para, posteriormente, tentar encontrar uma maneira de extrair seu valor, dá ensejo a uma série de direitos e deveres, que não apenas se prestam a atribuir significado ao tratamento na sua origem, mas também a garantir a manutenção de sua fidelidade ao longo de todo o ciclo de tratamento. Se o controlador usa o consentimento, ele se vincula aos fins especificados e, ainda que a compreensão dinâmica dos efeitos jurídicos de uma finalidade especificada proporcione flexibilidade, segue sendo mais restritiva do que uma disposição legal que autoriza o tratamento. Afinal, é a finalidade que justifica o tratamento e fornece os elementos para informar o titular dos dados[101], garantindo não apenas maior controle decisório e autodeterminação, mas também que o próprio processamento seja justo, legal e transparente.

4. CONSIDERAÇÕES FINAIS

A prática do tratamento de dados pessoais intensificou-se massivamente ao longo das últimas décadas, afastando cada vez mais o titular do controle do uso atribuído aos seus dados. Inerente ao contexto de alto fluxo informacional, inarredáveis foram os clamores pela construção e pelo fortalecimento das fontes normativas de proteção do titular e de seus interesses.

Dentre os instrumentos protetivos, seguramente destaca-se a figura do consentimento, não apenas na sua concepção como ato de consentir, mas também como elemento que proporciona um maior empoderamento do titular de dados, que, por meio desta, passa a integrar, de forma efetiva, as diferentes fases do tratamento, atribuindo-lhe conteúdo e impondo-lhe limites. E, justamente, no centro desses limites, encontra-se a vinculação do tratamento à finalidade que lhe foi atribuída no momento da obtenção do consentimento, constituindo, esta última, pressuposto para a sua validade.

A restrição do tratamento aos limites da finalidade consentida, por sua vez, acaba por ser flexibilizada em um cenário em que os usos dos dados têm um alto valor econômico. O anseio por extrair o máximo das informações coletadas fomenta a adoção de estratégias que auxiliem, de algum modo, na condução do titular a consentir com finalidades mais abertas, que permitam a exploração posterior para novos propósitos. Essas estratégias representam particular desafio à eficácia da função

---

101. GRAFENSTEIN, Maximilian Von. Start-ups and Data Protection – Purpose Specification & Limitation. *iLINC Policy Briefs*, 2015. p. 3-4. Disponível em: https://www.ilincnetwork.eu/wp-content/uploads/2015/08/4-PB-Purpose-Specification-Limitation.docx.pdf. Acesso em: 19 ago. 2020.

limitadora do consentimento e, mais do que isso, à sua própria acepção enquanto elemento legitimador da vontade do titular. Dessa forma, constata-se que, em que pese o consentimento desempenhe inquestionável papel central em matéria de proteção de dados pessoais, sua efetividade acaba sendo reiteradamente desafiada pelo crescente fluxo informacional e pela inafastável dificuldade de o titular de dados assimilar e efetivamente compreender o conteúdo do que está consentindo - o que, na prática, acaba por dificultar, em certo grau, que este possa exercer, com plenitude, a sua autodeterminação informacional.

5. REFERÊNCIAS BIBLIOGRÁFICAS

ALEMANHA. Tribunal Constitucional Federal. *BVerfGE 65, 1, Volkszählung*. 1893. Disponível em: https://www.servat.unibe.ch/dfr/bv065001.html. Acesso em: 10 set. 2020.

BESLUIT tot het opleggen van een bestuurlijke boete [VERTROUWELIJK]. *Autoriteit Persoonsgegevens*, 20 dez. 2019. Disponível em: https://www.privacy-web.nl/cms/files/2020-03/boetebesluit-knltb.pdf. Acesso em: 10 set. 2020.

BIONI, Bruno Ricardo. *Proteção de dados pessoais*: a função e os limites do consentimento. Rio de Janeiro: Forense, 2019. *E-book*.

BIONI, Bruno Ricardo. *Proteção de dados pessoais*: a função e os limites do consentimento. São Paulo: Forense, 2020.

BIONI, Bruno Ricardo. *Xeque-mate*: o tripé da proteção de dados pessoais no jogo de xadrez das iniciativas legislativas no Brasil. São Paulo: GPoPAI/USP, 2015.

BRASIL. *Lei 13.709, de 14 de agosto de 2018*. Lei Geral de Proteção de Dados Pessoais (LGPD). Brasília, DF: Presidência da República, [2018]. Disponível em: http://www.planalto.gov.br/ccivil_03/_ato2015-2018/2018/lei/L13709.htm. Acesso em: 14 dez. 2020.

BRASIL. Comitê Central de Governança de Dados. *Guia de Boas Práticas Lei Geral de Proteção de Dados (LGPD) para Implementação na Administração Pública Federal*. Brasília, 11 dez. 2020. Disponível em: https://www.gov.br/governodigital/pt-br/governanca-de-dados/guia-lgpd.pdf. Acesso em: 16 dez. 2020.

CUSTERS, Bart et al. Informed consent in social media use-the gap between user expectations and EU personal data protection law. *SCRIPTed*, v. 10, p. 435-457, 2013.

CUSTERS, Bart. Click here to consent forever: Expiry dates for informed consent. *Big Data & Society*, v. 3, n. 1, p. 1-6, 2016.

DANTAS, Juliana de Oliveira Jota; COSTA, Eduardo Henrique. A natureza jurídica do consentimento previsto na lei geral de proteção de dados: ensaio à luz da teoria do fato jurídico. In: Júnior, Marcos Ehrhardt Júnior; CATALAN, Marcos; MALHEIROS, Pablo (Coords.). *Direito civil e tecnologia*. Belo Horizonte: Fórum, 2020, p. 69-88.

DONEDA, Danilo. A proteção de dados pessoais como direito fundamental. *Revista Espaço Jurídico*, Joaçaba, v. 12, n. 2, p. 91-108, jul.-dez. 2011.

DONEDA, Danilo. *Da privacidade à proteção de dados pessoais*. Rio de Janeiro: Renovar, 2006.

DONEDA, Danilo; MENDES, Laura Schertel. Reflexões iniciais sobre a nova lei geral de proteção de dados. *Revista de Direito do Consumidor*, v. 120, p. 469-483, 2018.

FERRY, Luc. *A revolução transumanista*. Barueri: Editora Manole, 2018.

FORGÓ, N.; HÄNOLD, S.; SCHÜTZE, B. The Principle of Purpose Limitation and Big Data. In: CORRALES, M.; FENWICK, M.; FORGÓ, N. (eds) *New Technology, Big Data and the Law*. Springer:

Singapore, 2017. p. 17-42. Disponível em: https://doi.org/10.1007/978-981-10-5038-1_2. Acesso em: 05 set. 2020.

GENERAL DATA PROTECTION REGULATION (GDPR). *Recital 50 Further Processing of Personal Data.* Disponível em: https://gdpr-info.eu/recitals/no-50/. Acesso em: 13 set. 2020.

GENERAL DATA PROTECTION REGULATION (GDPR). *Recital 162 Processing for Statistical Purposes.* Disponível em: https://gdpr-info.eu/recitals/no-162/. Acesso em: 19 ago. 2021.

GRAFENSTEIN, Maximilian Von. Start-ups and Data Protection – Purpose Specification & Limitation. *iLINC Policy Briefs*, 2015. Disponível em: https://www.ilincnetwork.eu/wp-content/uploads/2015/08/4-PB-Purpose-Specification-Limitation.docx.pdf. Acesso em: 19 ago. 2020.

HAN, Jiawei; KAMBER, Micheline; PEI, Jian. *Data mining*: concepts and techniques. 3 ed. Morgan Kaufmann Publishers: Waltham, 2012.

KOOPS, B. J.; LEENES, R. Privacy regulation cannot be hardcoded. A critical comment on the 'privacy by design' provision in data-protection law. *International Review of Law, Computers & Technology*, v. 28, n. 2, p. 159-171, 2014.

KORFF, Douwe, EC Study on Implementation of Data Protection Directive 95/46/EC. *SSRN*, 2002, p. 243. Disponível em: https://ssrn.com/abstract=1287667. Acesso em: 07 set. 2020.

KOSTADINOVA, Z. R. *Purpose limitation under the GDPR*: can Article 6 (4) be automated? 2018. 131f. Dissertação (Mestrado em Law and Technology) – Tilburg University, The Netherlands, 2018. Disponível em: http://arno.uvt.nl/show.cgi?fid=146471. Acesso em: 16 dez. 2020.

LAZARO, Christophe *et al*. Le consentement au traitement des données à caractère personnel: une perspective comparative sur l'autonomie du sujet. *Revue Juridique Themis,* v. 48, n. 03, p. 765-815, 2015. Disponível em: http://hdl.handle.net/2078.1/202996. Acesso em: 05 set. 2020.

MANTOVANI, Alexandre Casanova. *O consentimento na disciplina da proteção dos dados pessoais*: uma análise dos seus fundamentos e elementos. 2019. Dissertação (Mestrado em Direito) – Faculdade de Direito, Universidade Federal do Rio Grande do Sul, Porto Alegre/RS, 2019. Disponível em: https://lume.ufrgs.br/handle/10183/203810. Acesso em: 25 nov. 2020.

MAYER-SCHÖNBERGER, Viktor. General development of data protection in Europe. In: AGRE, Phillip; ROTENBERG, Marc (Org.). *Technology and privacy*: the new landscape. Cambridge: MIT Press, 1997. p. 219-242.

MAYER-SCHÖNBERGER, V.; PADOVA, Y. Regime Change? Enabling Big Data through Europe's New Data Protection Regulation. *Science and Technology Law Review, [S. l.]*, v. 17, n. 2, p. 315-335, 2016. Disponível em: https://www.researchgate.net/publication/303665079_Regime_Change_Enabling_Big_Data_Through_Europe's_New_Data_Protection_Regulation. Acesso em: 22 dez. 2020.

MENDES, Laura Schertel. *Privacidade, proteção de dados e defesa do consumidor*: linhas gerais de um novo direito fundamental. São Paulo: Saraiva, 2014.

MIRAGEM, Bruno. *A Lei Geral de Proteção de Dados (Lei 13.709/2018) e o Direito do Consumidor*. São Paulo: Ed. RT, 2019.

MULHOLLAND, Caitlin Sampaio. Dados pessoais sensíveis e consentimento na Lei Geral de Proteção de Dados Pessoais. *Revista do Advogado*, São Paulo, 2019.

NISSENBAUM, Helen. Privacy as contextual integrity. *Washington Law Review*, v. 79, p. 119-157, 2004.

OECD. *Guidelines on the Protection of Privacy and Transborder Flows of Personal Data.* 2013. Disponível em: https://www.oecd.org/internet/ieconomy/oecdguidelinesontheprotectionofprivacyandtransborderflowsofpersonaldata.htm. Acesso em: 15 set. 2020.

PINHEIRO, Patrícia Peck. *Proteção de dados pessoais*: comentários à Lei 13.709/2018 (LGPD). São Paulo: Saraiva, 2018.

RAUHOFER, Judith. Of Men and Mice: Should the EU Data Protection Authorities' Reaction to Google's New Privacy Policy Raise Concern for the Future of the Purpose Limitation Principle? *European Data Protection Law Review*, v. 1, p. 5-15, 2015.

RODOTÀ, Stefano. *A vida na sociedade de vigilância*: a privacidade hoje. Rio de Janeiro: Renovar, 2008.

ROYAL Dutch Lawn Tennis Association fined EUR 525k for sale of data. *Data Privacy Fines*, 03 mar. 2020. Disponível em: https://dataprivacyfines.com/fine/royal-dutch-lawn-tennis-association-fined-eur-525k/. Acesso em: 15 set. 2020.

SOLOVE, Daniel J. Introduction: Privacy self-management and the consent dilemma. *Harvard Law Review*, v. 126, p. 1880-1903, 2012.

TENE, Omer; POLONETSKY, Jules. Big data for all: Privacy and user control in the age of analytics. *Nw. J. Tech. & Intell. Prop.*, v. 11, n. 5, p. 240-273, 2012.

TEPEDINO, Gustavo; TEFFÉ, Chiara Spadaccini de. Consentimento e proteção de dados pessoais na LGPD. In: TEPEDINO, Gustavo; FRAZÃO, Ana; OLIV, Milena Donato (Coord.). *Lei Geral de Proteção de Dados Pessoais e suas repercussões no direito brasileiro*. São Paulo: Ed. RT, 2019.

UNIÃO EUROPEIA. Tribunal de Justiça da União Europeia. Google Spain SL e Google Inc. contra Agencia Española de Protección de Datos (AEPD) e Mario Costeja González (Processo C-131/12). Julgado em: 13 maio 2014.

UNIÃO EUROPEIA. *Tribunal de Justiça da União Europeia*. Smaranda Bara e o. contra Preşedintele Casei Naţionale de Asigurări de Sănătate e o. (Processo C-201/14). Julgado em: 01 out. 2015.

UNIÃO EUROPEIA. *Tribunal de Justiça da União Europeia*. Valsts policijas Rīgas reģiona pārvaldes Kārtības policijas pārvalde contra Rīgas pašvaldības SIA "Rīgas satiksme" (Processo C-13/16). Julgado em: 04 maio 2017.

UNIÃO EUROPEIA. *Tribunal de Justiça da União Europeia*. Digital Rights Ireland e Seitlinger e o. (Processos apensos C-293/12 e C-594/12). Julgado em: 08 abril 2014.

WP29 203. *On Purpose Limitation*, s.l. Article 29 Data Protection Working Party, 2013. Disponível em: https://www.gpdp.gov.mo/uploadfile/2014/0505/20140505062721769.pdf. Acesso em: 16 dez. 2020

O TÉRMINO DO TRATAMENTO DE DADOS PESSOAIS NA LGPD: UM ESTUDO SOBRE AS HIPÓTESES DE TÉRMINO E AS DE CONSERVAÇÃO MESMO APÓS O ENCERRAMENTO DO TRATAMENTO

Daniela de Andrade Fabro

Mestranda em Direito Processual Civil pela UFRGS. Especialista em Direito Civil e Processual Civil pela FMP. Especialista em Direito Empresarial pela PUCRS. Advogada.

Sumário: 1. Introdução – 2. Das hipóteses de término do tratamento de dados – 3. Da conservação dos dados pessoais mesmo após o término do tratamento – 4. Considerações finais – 5. Bibliografia.

1. INTRODUÇÃO

A Lei 13.709/18, também conhecida como LGPD (Lei Geral de Proteção de Dados Pessoais) cria um marco legal para a proteção de informações pessoais. A LGPD estabelece, em linhas gerais, parâmetros relativos a como os dados pessoais poderão ser coletados, processados, armazenados ou descartados, dando ao cidadão maior controle sobre o uso de suas informações pessoais.

A legislação brasileira foi inspirada no GDPR – General Data Protection Regulation – Regulamento Geral de Proteção de Dados[1], que é um projeto para proteção de dados e identidade dos cidadãos da União Europeia que começou a ser idealizado em 2012 e foi aprovado pelo Parlamento Europeu em 2016, entrando em vigor em maio de 2018. Embora a região já tivesse leis relacionadas à privacidade, elas datavam de 1995 e, mesmo com algumas atualizações, não correspondiam ao cenário tecnológico atual.

Nesse sentido, um dos aspectos comuns de ambas as leis é a disciplina do término do tratamento de dados, última fase do ciclo de vida dos dados, consubstanciada na obrigação de eliminação dos dados que foram anteriormente tratados. É justamente sobre este ponto que será abordado na primeira parte deste estudo. A segunda parte será destinada, por sua vez, ao exame das hipóteses em que, mesmo após o fim do tratamento dos dados, é possível que estes sejam conservados ao invés de eliminados, situação também regulada tanto pela LGPD quanto pelo regulamento europeu.

---

1. Para consulta ao texto de lei vigente, ver: <https://eur-lex.europa.eu/legal- content/PT/TXT/?uri=celex%3A32016R0679). Acesso em: 28 nov. 2020.

2. DAS HIPÓTESES DE TÉRMINO DO TRATAMENTO DE DADOS

No artigo 15 da LGPD estão listadas as hipóteses em que ocorrerá, necessariamente, o término do tratamento de dados, devendo-se eliminá-los.

Inicialmente, cumpre ressaltar que a doutrina tem dito que o rol previsto no dispositivo é exemplificativo[2], podendo ocorrer outras situações em que se impõe o término do tratamento de dados que não àquelas listadas na Lei, como, por exemplo, desinteresse por parte do controlador em manter os dados pessoais ou revogação da lei que autoriza o tratamento de dados sem consentimento do titular. Além disso, por força do próprio artigo 16, tem-se que as hipóteses previstas no artigo 15 não são absolutas, podendo, em alguns casos, ocorrer a manutenção dos dados mesmo diante da ocorrência de alguns dos incisos previstos no dispositivo.

O dispositivo se destina ao controlador, embora, na maioria das vezes, quem de fato elimine os dados seja o operador, quando este existir.

As hipóteses previstas no artigo 15 da LGPD podem ser organizadas da seguinte forma:

> A primeira hipótese prevista no artigo 15 diz respeito ao esgotamento funcional da utilização de dados. O artigo 6º da LGPD enuncia os princípios da finalidade, adequação e necessidade, sendo os mesmos essenciais para a compreensão do referido dispositivo. O artigo 9º, inciso I prevê, por sua vez, como informação obrigatória que se informe ao titular qual a finalidade do tratamento que se pretende dar aos dados pessoais. Nesse sentido, restando cumpridos tais princípios ou não existindo mais algum deles, o tratamento de dados perde razão de ser, devendo, portanto, serem excluídos os dados pessoais.[3] Aqui, o tratamento de dados não possui um lapso temporal previamente definido, sendo que o que determina o seu término é justamente o alcance da finalidade a qual deu azo ao tratamento.

A lei europeia corrobora com esse entendimento, em seu artigo 17, item 1, a, afirmando que "os dados pessoais deixaram de ser necessários para a finalidade que motivou a sua coleta ou tratamento".[4] Nos termos do Considerando 39 do GDPR, "os dados pessoais deverão ser adequados, pertinentes e limitados ao necessário para

---

2. COTS, Márcio; OLIVEIRA, Ricardo (Coord.). *Lei Geral de Proteção de Dados Pessoais*: comentada. 2 ed. São Paulo: Ed. RT, 2019. p. RL-1.6 (*ebook*).; LEITE, Luiza. Tratamento de dados pessoais. In: BECKER, Daniel; CAMARINHA, Sylvia Moreira Filgueiras; FEIGELSON, Bruno (Coord.). *Comentários à Lei Geral de Proteção de Dados*: Lei 13.709/2018 (*ebook*). 2. ed. São Paulo: Ed. RT, 2020. p. RB-2.9.

3. LEITE, Luiza. Tratamento de dados pessoais. In: BECKER, Daniel; CAMARINHA, Sylvia Moreira Filgueiras; FEIGELSON, Bruno (Coord.). Comentários à Lei Geral de Proteção de Dados: Lei 13.709/2018 (ebook). 2. ed. São Paulo: Ed. RT, 2020. p. RB-2.9; GUEDES, Gisela Sampaio da Cruz; MEIRELES, Rose Melo Vencelau. Término do Tratamento de Dados. In: TEPEDINO, Gustavo; FRAZÃO, Ana; OLIVA, Milena Donato. *Lei Geral de Proteção de Dados Pessoais e suas repercussões no direito brasileiro*. 2. ed. São Paulo: Ed. RT, 2020. p. 218.

4. Para aprofundamento acerca do princípio da finalidade no Regulamento Europeu, ver: AGENCIA DE LOS DERECHOS FUNDAMENTALES DE LA UNIÓN EUROPEA Y CONSEJO DE EUROPA. *Manual de legislación europea en materia de protección de datos*. Luxemburgo: Oficina de Publicaciones de la Unión Europea, 2019. p. 139-144, CAVOUKIAN, Ann. Privacy by Design: The 7 Foundational Principles. Disponível em: <https://www.ipc.on.ca/wpcontent/uploads/Resources/7foundationalprinciples.pdf.>. Acesso em: 17 out. 2020; JASMONTAITE, Lina; KAMARA, Irene; ZANFIR-FORTUNA, Gabriela; LEUCCI, Stefano. Data Protection

os efeitos para os quais são tratados". Ao comentar o tema em relação ao dispositivo semelhante no GDPR, Paul Voigt e Axel von dem Bussche asseveram que, caso os dados sejam necessários para a realização de outra finalidade de processamento que se sobrepõe parcialmente ou é compatível com a finalidade que se exauriu, a eliminação dos dados não precisaria ocorrer.[5]

Também cabe mencionar que a Diretiva UE 2016/680 (Diretiva de Aplicação da Lei - LED)[6], que complementa o Regulamento Europeu de Proteção de Dados, dispõe que, em princípio, os dados pessoais devem ser processados até servirem à finalidade para a qual foram coletados e quando não são mais necessários para aquele finalidade, eles devem ser excluídos, a menos que o processamento posterior seja previsto por lei e seja considerado relevante para uma finalidade que não é incompatível com a finalidade original segundo a qual era realizado o tratamento dos dados.[7]

Observando-se, por exemplo, o rol de hipóteses que permitem o tratamento de dados pessoais, sejam os "tradicionais", no artigo 7º, ou os sensíveis, no artigo 11, observa-se que é autorizado o manuseio dos dados pessoais para o exercício regular de direitos em processo judicial, administrativo ou arbitral. Tal situação se coaduna com o dispositivo que foi examinado: finda a finalidade de utilização dos dados em determinada demanda, tem-se que estes devem ser eliminados, dada a ocorrência de uma hipótese do término do tratamento dos dados. Assim, se se pensar no caso das Defensorias Públicas, estas devem eliminar os dados após finda a discussão do processo judicial, com trânsito em julgado.

O mesmo se pode mencionar em caso de tratamento de dados para a proteção da vida ou da incolumidade física do titular. Utilizados os dados de geolocalização de dispositivos celulares para localizar pessoas desaparecidas em escombros de um prédio que desabou, por exemplo, não subsiste mais a finalidade para que estes continuem a ser tratados, devendo ser excluídos.

Já a segunda hipótese diz respeito ao término do prazo originalmente previsto para o tratamento de dados. O tratamento de dados pode estar atrelado a um lapso temporal, que nada mais é do que a previsão acerca de um prazo determinado do consentimento por parte do titular dos dados. É possível que haja o tratamento dos dados sem prazo determinado[8], mas, existindo, é dever do controlador informar a duração do tratamento de dados ao titular. Interessante que no GDPR, em relação ao direito à informação do titular, o controlador informa o "prazo de conservação

---

by Design and by Default: Framing Guiding Principles into Legal Obligations in the GDPR. In: *European Data Protection Law Review*, v. 4, n. 2, 2018. p. 168-189.

5. VOIGT, Paul. BUSSCHE, Axel von dem. *The EU General Data Protection Regulation (GDPR)*: A practical guide, 2017. p. 156-157.

6. Para acesso ao texto, ver: <https://eur-lex.europa.eu/legal- content/PT/TXT/PDF/?uri=CELEX:32016L0680&from=BG>. Acesso em: 28 nov. 2020.

7. LEISTER, Mark; CUSTERS, Bartigo The Law Enforcement Directive: Conceptual Challenges of EU Directive 2016/680. In: *European Data Protection Law Review*, v. 5, n. 3, 2019. p. 367-378.

8. COTS, Márcio; OLIVEIRA, Ricardo (Coord). *Lei Geral de Proteção de Dados Pessoais*: comentada. 2. ed. São Paulo: Ed. RT, 2019. p. RL-1.6. (*ebook*).

dos dados pessoais ou, se não for possível, os *critérios* usados para definir esse prazo" (artigo 13, item 2, alínea a, artigo 14, item 2, alínea a, artigo 15, item 1, alínea d). Dessa forma, tendo decorrido o tempo previsto e não ocorrendo a renovação do consentimento, independentemente de terem ou não cumprido a sua finalidade[9], os dados deverão ser excluídos.[10] Assim, como regra geral, a hipótese de continuidade do tratamento de dados mesmo após findo o prazo previsto para tanto é em caso de renovação do consentimento pelo titular dos dados.

Aqui seria uma situação em que o tratamento de dados é autorizado por se tratar da execução de um contrato por prazo determinado, tal como um contrato de empreitada que seja avençado para durar 1 ano. Findo o prazo previsto e não renovado o consentimento por parte do titular dos dados, os dados coletados, tais como informações bancárias para que fosse realizado os pagamentos, devem ser eliminados.

Já a terceira hipótese diz respeito à autodeterminação por parte do titular dos dados pessoais, que é a possibilidade de o titular dos dados, a qualquer momento, sem precisar de qualquer justificativa, manifestar a sua vontade de dar fim ao tratamento de dados. Nesse sentido, a mera revogação do consentimento para o tratamento de dados não gera automaticamente a exclusão dos dados, não se tratando de consequência direta e imediata do exercício do direito de revogação.[11] Dessa forma, para que o exercício do direito de revogação do consentimento seja acompanhado da eliminação dos dados, é preciso requerimento do titular para tanto, nos termos do artigo 8, § 5º, LGPD. De toda forma, o processamento que não pode ser baseado em outro fundamento legal torna-se ilegal após a manifestação de vontade expressa no sentido de eliminação dos dados pessoais. Semelhantemente, o GDPR, em seu artigo 17, item 1, b, traz como condição para a eliminação de dados a situação em que "o titular retira o consentimento em que se baseia o tratamento dos dados [...] e se não existir outro fundamento jurídico para o referido tratamento".

Além disso, é preciso mencionar que o dispositivo faz menção à necessidade de se resguardar o interesse público.[12] Segundo Ana Frazão[13], tal previsão pode gerar impasses interpretativos, seja porque não há previsão sobre isso nos demais incisos do artigo 15, seja porque as hipóteses de tratamento de dados em razão de interesse

---

9. LEITE, Luiza. Tratamento de dados pessoais. In: BECKER, Daniel; CAMARINHA, Sylvia Moreira Filgueiras; FEIGELSON, Bruno (Coord.). *Comentários à Lei Geral de Proteção de Dados*: Lei 13.709/2018 (ebook). 2 ed. São Paulo: Ed. RT, 2020. p. RB-2.9.

10. ENZMANN, Matthias; SELZER, Annika; SPYCHALSKI, Dominik. Data Erasure under the GDPR – Steps towards Compliance. In: *European Data Protection Law Review*, v. 5, n. 3, 2019. p. 416-420.

11. BLUM, Renato Opice. MALDONADO, Viviane Nóbrega. *LGPD*: Lei Geral de Proteção de Dados Pessoais Comentada. 2. ed. São Paulo: Ed. RT, 2019. p. RL-1.6. (*ebook*).

12. Para aprofundamento acerca do que seja interesse público, ver: ÁVILA, Humberto. Repensando o "Princípio da Supremacia do Interesse Público sobre o Particular". *Revista Diálogo Jurídico*, Salvador: CAJ Centro de Atualização Jurídica, v. I, n. 7, out. 2001.   Disponível em: <http://www.direitopublico.com.br>. Acesso em: 17 out. 2020.

13. FRAZÃO, Ana. *Nova* LGPD: o término do tratamento de dados. *JOTA Info*, 2018. Disponível em: <https://www.jota.info/paywall?redirect_to=//www.jota.info/opiniao-e-analise/colunas/constituicao- empresa-e-mercado/nova-lgpd-o-termino-do-tratamento-de-dados-10102018>. Acesso em: 19 out. 2020.

público não dependem nem mesmo de consentimento, na forma dos artigos 7º e 11 da LGPD.

No ponto, o questionamento gerado diz respeito a que tipo de interesse público teria de ser resguardado e que poderia fazer com que os dados continuassem a ser tratados, mesmo diante da revogação do consentimento e a manifestação de vontade no sentido de eliminação dos dados por parte do titular. No GDPR, há também a menção, no Considerando 65, de que pode haver o prolongamento do tratamento de dados quando for necessário para o exercício de funções de interesse público. No mesmo item, menciona- se a situação de interesse público no domínio da saúde pública e para fins de arquivo de interesse público, o que poderia ajudar a compreender o que o dispositivo constante na lei brasileira pode indicar. De acordo com Ana Frazão o interesse público deveria ser concreto, específico, plausível e suficientemente importante para justificar o tratamento de dados mesmo sem o consentimento do titular.[14] Aqui, poderia se pensar no caso de dados que tenham sido tratados por entidades sanitárias, com o fim da tutela de saúde. Considerando que tais entidades integram o SUS, a quem compete, por exemplo, a participação da formulação de política das ações de saneamento básico, mesmo após o titular manifestar a vontade de encerrar o tratamento de dados e ter estes excluídos, é possível visualizar interesse público na continuidade do tratamento, caso esteja em andamento a formulação de alguma ação que tenha os dados como uma das bases.

Por fim, a quarta hipótese enuncia a possibilidade do término de tratamento de dados caso haja alguma ilegalidade por parte do controlador no manuseio destes, seja por falta de permissão legal para processamento ou por não conformidade com a LGPD, cabendo determinação da autoridade nacional para a exclusão dos dados. Assim, pode a ANPD determinar que o controlador elimine da sua base os dados em relação aos quais não conseguir comprovar a licitude, independentemente do consentimento ou não do titular dos dados.

No ponto, um dos questionamentos possíveis é se a determinação do término do tratamento de dados necessariamente deva advir de uma autoridade nacional, isto é, se o Poder Judiciário poderia determinar o término do tratamento caso seja cometida alguma ilegalidade por parte do controlador, e tal fato seja noticiado no processo judicial, na medida em que o dispositivo não contempla, à primeira vista, tal situação.

É considerada uma forma de sanção aos controladores (artigo 52, VI, LGPD).[15] Nesse sentido, apenas os dados tratados de forma irregular deverão ser eliminados,

---

14. FRAZÃO, Ana. Nova LGPD: o término do tratamento de dados. *JOTA Info*, 2018. Disponível em: <https://www.jota.info/paywall?redirect_to=//www.jota.info/opiniao-e-analise/colunas/constituicao- empresa-e-mercado/nova-lgpd-o-termino-do-tratamento-de-dados-10102018>. Acesso em: 19 out. 2020.

15. LEITE, Luiza. Tratamento de dados pessoais. In: BECKER, Daniel; CAMARINHA, Sylvia Moreira Filgueiras; FEIGELSON, Bruno (Coord.). *Comentários à Lei Geral de Proteção de Dados*: Lei 13.709/2018 (ebook). 2 ed. São Paulo: Ed. RT, 2020. p. RB-2.9.

não todos da base nem todos do titular dos dados.[16] E, mais uma vez, a norma europeia conversa com a LGPD, prevendo em seu artigo 17, item 1, d, como condição para eliminação dos dados, a hipótese em que "os dados pessoais foram tratados ilicitamente". Destaca-se que o rol de hipóteses de tratamento de dados previsto no artigo 7° e 11 da LGPD é taxativo, de modo que o tratamento apenas poderá ocorrer mediante o enquadramento em alguma base legal. Supondo que um site exija o fornecimento de dados pessoais para acesso a conteúdos gratuitos, como, por exemplo, de um jornal eletrônico, sendo que, ao se cadastrar, o titular dos dados expressamente marca a opção na qual não autoriza a utilização dos seus dados para o recebimento de conteúdo exclusivo e personalizado por e-mail. O envio de material de marketing pelo site não está dentro das hipóteses previstas para o tratamento de dados, de modo que não podem ser objeto de tratamento, devendo ser excluídos. Caso isso ocorra, pode a ANPD determinar que os dados sejam excluídos da base do controlador.

A consequência jurídica término do tratamento é a exclusão dos dados pessoais da base do controlador.[17] No entanto, assim, como o GDPR, a LGPD não prevê no que consiste a exclusão dos dados na prática.

De forma geral, é possível afirmar que tal procedimento é consubstanciado na operação que torna os dados inutilizáveis, de forma a impedir que o controlador, o operador ou qualquer terceiro acessem, leiam e processem os dados.[18] Dessa forma, resta evidente que a exclusão de dados em bases físicas é diferente da exclusão em bases digitais, mas, independentemente a exclusão deve ocorrer de tal modo que não seja mais possível restaurar os dados sem esforço excessivo. Isso porque se for passível de reversão, não se trata de eliminação, mas sim de armazenamento ou pseudoanonimização. Logo, enviar os dados pessoais para a lixeira do computador não é suficiente, pois tais dados podem ser restaurados com determinado esforço e conhecimento não sofisticado. Por outro lado, uma possibilidade puramente teórica de restaurar os dados, como, por exemplo, com o uso de um software especializado, não gera o descumprimento da obrigação de eliminação de dados, na medida em que o desenvolvimento do software requer um esforço maior, utilizando-se de conhecimento mais sofisticado. O que pode ser razoavelmente exigido do controlador ou do operador, se for o caso, depende da forma dos dados em questão e do esforço necessário para conseguir a exclusão dos dados do modo mais abrangente possível.[19]

Ao comentar sobre o GDPR, Paul Voigt e Axel von dem Bussche mencionam que os dados, a partir do momento em que ocorre uma das hipóteses do término do

---

16. COTS, Márcio; OLIVEIRA, Ricardo (Coord.). *Lei Geral de Proteção de Dados Pessoais*: comentada. 2 ed. São Paulo: Ed. RT, 2019. p. RL-1.6. (*ebook*).
17. GUEDES, Gisela Sampaio da Cruz; MEIRELES, Rose Melo Vencelau. Término do Tratamento de Dados. In: TEPEDINO, Gustavo; FRAZÃO, Ana; OLIVA, Milena Donato. *Lei Geral de Proteção de Dados Pessoais e suas repercussões no direito brasileiro*. 2 ed. São Paulo: Ed. RT, 2020. p. 224.
18. Sobre o tema, ver: VOIGT, Paul. BUSSCHE, Axel von dem. *The EU General Data Protection Regulation (GDPR)*: A practical guide, 2017. p. 161
19. Sobre o tema, ver: VOIGT, Paul. BUSSCHE, Axel von dem. *The EU General Data Protection Regulation (GDPR)*: A practical guide, 2017. p. 161.

seu tratamento, devem ser excluídos com a maior brevidade possível, levando-se em consideração a natureza dos dados pessoais, bem como o esforço para a sua exclusão.[20] Ocorre que pode acontecer de existir no caso concreto uma das hipóteses que permitem a conservação dos dados mesmo após o término do seu tratamento, a exclusão efetiva dos dados pode demorar vários dias.[21] O GDPR prevê que, de acordo com os requisitos gerais do artigo 12, a resposta ao titular dos dados, sobre a exclusão ou não, deve ser realizada no máximo no prazo de 1 mês a contar da data em que recebido o requerimento de exclusão dos dados. Nesse sentido, considerando-se que algumas das hipóteses previstas no artigo 17 do GDPR para a exclusão dos dados ocorrem independentemente da manifestação de vontade do titular dos dados, como, por exemplo, quando ocorrer o tratamento de dados de forma irregular, tem-se que tal previsão aplica-se especificamente às situações em que se mostra necessária a comunicação do titular dos dados para que o tratamento dos dados seja encerrado. Esse prazo pode ser prorrogado por até dois meses, quando for necessário, tendo em conta a complexidade do pedido e o número de pedidos. A LGPD, por sua vez, prevê que os direitos do titular dos dados previstos no artigo 18, dentre os quais consta a eliminação dos dados pessoais tratados com o consentimento do titular, que engloba a hipótese do inciso III do artigo 15, serão atendidos sem custos para o titular, nos prazos e nos termos previstos em regulamento, o que permite concluir que o prazo deverá ser instituído pela ANPD.

Ainda, conforme se observa, o GDPR não prevê o prazo para que os dados sejam eliminados nas outras hipóteses de ocorrência do término do tratamento. A LGPD, por sua vez, não contém nenhuma previsão acerca do lapso temporal em que a obrigação do controlador de eliminar os dados deva ser cumprida, o que se considera que pode gerar controvérsias. No entanto, a Diretiva UE 2016/680 (Diretiva de Aplicação da Lei - LED), que complementa, conforme já referido, o novo Regulamento Europeu de Proteção de Dados dispõe que deve haver uma revisão periódica acerca da necessidade de armazenamento de dados pessoais.[22] Isso permitiria que se observasse, por exemplo, a hipótese em que atingida a finalidade que ensejou o tratamento de dados, em caso de controladores ou operadores que possuam muitos dados sob a sua guarda.[23] Ainda, a revisão serviria para que houvesse a exclusão automática de dados após atingir o prazo máximo do período de tratamento.[24] Entende-se que a revisão periódica poderia ser um procedimento a ser adotado, a fim de evitar a responsabilização do controlador.

---

20. Sobre o tema, ver: VOIGT, Paul. BUSSCHE, Axel von dem. *The EU General Data Protection Regulation (GDPR)*: A practical guide, 2017. p. 161.
21. Sobre o tema, ver: VOIGT, Paul. BUSSCHE, Axel von dem. *The EU General Data Protection Regulation (GDPR)*: A practical guide, 2017. p. 162.
22. Sobre o tema, ver: VOIGT, Paul. BUSSCHE, Axel von dem. *The EU General Data Protection Regulation (GDPR)*: A practical guide, 2017. p. 161.
23. LEISTER, Mark; CUSTERS, Bartigo The Law Enforcement Directive: Conceptual Challenges of EU Directive 2016/680. In: *European Data Protection Law Review*, v. 5, n. 3, 2019. p. 367-378.
24. ENZMANN, Matthias; SELZER, Annika; SPYCHALSKI, Dominik. Data Erasure under the GDPR - Steps towards Compliance. In: *European Data Protection Law Review*, v. 5, n. 3, 2019. p. 416-420.

Por fim, o controlador deve notificar os agentes de tratamento com os quais tenha compartilhado dados quando ocorrer efetivamente a exclusão dos dados do titular, nos termos do artigo 19 GDPR, salvo se tal comunicação se revelar impossível ou implicar um esforço desproporcional.[25] A LGPD, por sua vez, possui dispositivo praticamente idêntico no artigo 18, § 6º, segundo o qual o controlador deverá informar aos agentes de tratamento com os quais tenha realizado uso compartilhado de dados a eliminação dos dados, para que repitam idêntico procedimento.

3. DA CONSERVAÇÃO DOS DADOS PESSOAIS MESMO APÓS O TÉRMINO DO TRATAMENTO

A eliminação dos dados é consequência do término do tratamento dos dados pessoais, sendo esta a regra geral[26], conforme exposto anteriormente.

Contudo, admite-se a conservação dos dados para se alcançar outras finalidades da LGPD, conforme se observa do artigo 16, independentemente do consentimento do titular dos dados. Por serem exceção, as hipóteses previstas no referido dispositivo de manutenção dos dados, mesmo após o término do tratamento, são taxativas, ao contrário, conforme já exposto, das situações previstas no artigo 15. Além disso, ressalta-se que a previsão abarca tanto dados sensíveis como não sensíveis.

Tal diretriz dialoga, mais uma vez, com a normativa europeia que excepciona em seu artigo 17, item 3, as hipóteses de armazenamento de dados, bem como o Considerando 65, no qual consta que, em algumas hipóteses, quando se revelar necessário, o prolongamento da conservação dos dados poderá ocorrer de forma lícita. O GDPR prevê também o princípio da limitação da conservação de dados pessoais, previsto no artigo 5º, item 1, alínea e, segundo o qual os dados devem ser conservados apenas durante o prazo necessário para o atingimento das finalidades para as quais são tratados, sendo possível o tratamento por períodos mais longos desde que isso se revele necessário.[27]

O inciso I do artigo 16 menciona que os dados pessoais serão conservados mesmo após o término do seu tratamento em caso de cumprimento de obrigação legal ou regulatória pelo controlador. Inicialmente, ressalta-se que a obrigação pode ser proveniente de qualquer órgão, mesmo internacionais, e até mesmo das

---

25. VOIGT, Paul. BUSSCHE, Axel von dem. *The EU General Data Protection Regulation (GDPR)*: A practical guide, 2017. p. 156.

26. FRAZÃO, Ana. Nova LGPD: o término do tratamento de dados. *JOTA Info*, 2018. Disponível em: <https://www.jota.info/paywall?redirect_to=//www.jota.info/opiniao-e-analise/colunas/constituicao- empresa-e-mercado/nova-lgpd-o-termino-do-tratamento-de-dados-10102018>. Acesso em: 19 de outubro de 2020.

27. CAVOUKIAN, Ann. Privacy by Design: The 7 Foundational Principles. Disponível em: <https://www.ipc.on.ca/wpcontent/uploads/Resources/7foundationalprinciples.pdf.>. Acesso em: 17 out. 2020. Além disso, sobre tal princípio, ver: JASMONTAITE, Lina; KAMARA, Irene; ZANFIR- FORTUNA, Gabriela; LEUCCI, Stefano. Data Protection by Design and by Default: Framing Guiding Principles into Legal Obligations in the GDPR. In: *European Data Protection Law Review*, v. 4, n. 2, 2018. p. 168-189.

melhores práticas comprovadamente seguidas por determinado tipo de indústria.[28] Observa-se ainda que o dispositivo faz expressa menção ao controlador. Contudo, mesmo havendo aparente limitação, nas situações em que o operador estiver diante de situação semelhante também é autorizada a conservação dos dados, mesmo após o término do seu tratamento, sob pena de descumprimento de outras obrigações.[29]

Aqui pode-se pensar na situação do administrador judicial de uma massa falida. Quando a empresa vai à falência é dever do administrador judicial nomeado pelo juízo arrecadar os bens e documentos do devedor, os quais passam a ficar sob sua guarda, de acordo com o artigo 22, inciso III, alínea f da Lei 11.101/2005. Dentre os documentos que são arrecadados há informações sobre os funcionários do falido, dentre as quais se destaca o Perfil Profissiográfico Profissional, conhecido como PPP, no qual são registradas as informações sobre as funções exercidas por um empregado dentro da empresa. Nele, é possível encontrar os dados pessoais do trabalhador, da empresa, informações sobre as suas atividades e funções exercidas, se há contato com agentes nocivos a sua saúde em sua rotina de trabalho, entre outros itens. Mesmo que a finalidade da utilização dos dados pessoais tenha se encerrado com a decretação da falência, havendo o término do tratamento dos mesmos, já que a empresa não estará mais em atividade, tem-se que devem ser conservados pelo administrador judicial, em observância ao cumprimento das disposições previstas na Lei 11.101/2005 a respeito da sua atuação em processos falimentares, pois é seu dever fornecer ao trabalhador o PPP, já que os documentos da empresa estão sob sua guarda e é o administrador judicial que passa a representar a massa falida.

Tal disposição dialoga, ainda que não diretamente, com o disposto no artigo 17, item 3, alínea b do GDPR, segundo o qual é possível conservar os dados pessoais mesmo após o término do tratamento quando tiver de ser cumprida obrigação legal prevista pelo direito da União ou de um Estado- -Membro a que o controlador esteja sujeito.

Já o inciso II trata da guarda dos dados após o término do tratamento para uso de órgãos de pesquisa, sendo incentivado que haja a anonimização dos mesmos, sempre que possível, na forma do artigo 12 da LGPD. Logo, ressalta-se que é uma hipótese de discricionariedade trazida na lei ao controlador ou operador, posto que a anonimização nesses casos não é obrigatória, embora seja preferível. A lógica por trás do dispositivo é que dados pessoais, como, por exemplo, àqueles obtidos durante a pandemia da Covid- 19, são de grande valia para pesquisas futuras, de modo que podem ser conservados. Contudo, não se pode esquecer que a base legal que autoriza o tratamento de dados por órgãos de pesquisa não está livre do cumprimento dos demais princípios da LGPD, dentre eles o da finalidade, adequação e necessidade.

---

28. BLUM, Renato Opice. MALDONADO, Viviane Nóbrega. *LGPD*: Lei Geral de Proteção de Dados Pessoais Comentada. 2. ed. São Paulo: Ed. RT, 2019. p. RL-1.6. (*ebook*).

29. BLUM, Renato Opice. MALDONADO, Viviane Nóbrega. *LGPD*: Lei Geral de Proteção de Dados Pessoais Comentada. 2. ed. São Paulo: Ed. RT, 2019. p. RL-1.6. (*ebook*).

Assim, se o estudo não depende da identificação da pessoa, ou ainda se os dados tratados são desconexos ou excessivos em relação à finalidade, o tratamento de dados é ilegal, e não deve ser perpetuado. Seria o caso, por exemplo, da pesquisa eleitoral: os dados servem à finalidade da eleição. Passado tal momento, não é necessário que os dados sejam conservados na base de dados do controlador, devendo ser excluídos, diante do atingimento da finalidade, na forma do artigo 15, inciso I da LGPD. Para Márcio Cots e Ricardo Oliveira a previsão é contraditória: o estudo por órgãos de pesquisa é base legal que autoriza o tratamento de dados, mas apenas se for em benefício da pesquisa, e não de terceiros.[30] Dessa forma, se o controlador não é o órgão de pesquisa, não poderia se valer da possibilidade de conservação dos dados prevista no dispositivo. Assim, entendem os autores que a hipótese do inciso II é exclusiva para o tratamento de dados por órgãos de pesquisa, caracterizados na forma do artigo 5°, inciso XVIII da LGPD. Tal previsão coaduna com o previsto no artigo 17, item 3, alínea c do GDPR.

O inciso III prevê a possibilidade de conservação dos dados mesmo após o término do tratamento quando estes venham a ser transferidos a terceiro. De acordo com Ana Frazão tal possibilidade parece ter sido pensada para dar viabilidade ao exercício do direito à portabilidade dos dados[31]-[32], também previsto no Regulamento Europeu.[33] A transferências dos dados só poderá ser feita, como regra, com o consentimento do titular dos dados e a seu exclusivo interesse. Nesse sentido, sem o consentimento do titular são restritos os casos em que se poderia cogitar tal transferência, os quais estão previstos no artigo 11, inciso II da LGPD, e todos eles teriam que ser justificados à luz das disposições da Lei que excepcionam o consentimento do titular.[34] Por exemplo, no caso de dados pessoais sensíveis, a transferência por legítimo interesse do controlador ou para proteção do crédito não seriam hipóteses que autorizariam a transferência dos dados, na medida em que não são situações que permitem o tratamento de dados pessoais sensíveis. Além disso, de acordo com Daniela Copetti Cravo, a conservação dos dados para posterior exercício de portabilidade se justifi-

---

30. COTS, Márcio; OLIVEIRA, Ricardo (Coord). *Lei Geral de Proteção de Dados Pessoais*: comentada. 2. ed. São Paulo: Ed. RT, 2019. p. RL-1.6. (*ebook*).

31. FRAZÃO, Ana. Nova LGPD: o término do tratamento de dados. *JOTA Info*, 2018. Disponível em:<https://www.jota.info/paywall?redirect_to=//www.jota.info/opiniao-e-analise/colunas/constituicao- empresa-e-mercado/nova-lgpd-o-termino-do-tratamento-de-dados-10102018>. Acesso em: 19 out. 2020.

32. Para aprofundamento sobre o tema, ver: CRAVO, Daniela Copetti. O direito à portabilidade na Lei Geral de Proteção de Dados. In: TEPEDINO, Gustavo; FRAZÃO, Ana; OLIVA, Milena Donato. Lei Geral de Proteção de Dados Pessoais e suas repercussões no direito brasileiro. 2. ed. São Paulo: Ed. RT, 2020. p. 343-362.

33. Sobre a portabilidade de dados no GDPR, ver: AGENCIA DE LOS DERECHOS FUNDAMENTALES DE LA UNIÓN EUROPEA Y CONSEJO DE EUROPA. *Manual de legislación europea en materia de protección de datos*. Luxemburgo: Oficina de Publicaciones de la Unión Europea, 2019. p. 257-261; ARTICLE 29 DATA PROTECTION WORKING PARTY. Guidelines on the right to data portability. Brussels: European Commission, 2016, VOIGT, Paul. BUSSCHE, Axel von dem. *The EU General Data Protection Regulation (GDPR): A practical guide*, 2017. p. 168-175.

34. FRAZÃO, Ana. Nova LGPD: o término do tratamento de dados. *JOTA Info*, 2018. Disponível em: <https://www.jota.info/paywall?redirect_to=//www.jota.info/opiniao-e-analise/colunas/constituicao- empresa-e-mercado/nova-lgpd-o-termino-do-tratamento-de-dados-10102018>. Acesso em: 19 out. 2020.

caria também à luz daquilo que preveem os demais incisos do artigo 16, de modo que pode haver a conservação dos dados para o fim de portabilidade caso esteja presente, a título exemplificativo, a necessidade de cumprimento de alguma obrigação legal.[35]

Vale destacar que a mera portabilidade dos dados não leva ao término do tratamento dos dados, dado que haverá casos em que o titular deseja permanecer com o serviço fornecido por determinado controlador, apenas desejando que os dados sejam "duplicados" e enviados para outro controlador.[36] Nesse sentido, não há o encerramento pelo simples exercício da portabilidade, exceto se o titular expressamente desejar encerrar a relação com o antigo controlador ao transferir os dados (portabilidade estrito senso ou portabilidade propriamente dita) e a eliminação dos dados ou se estiverem presentes algumas das hipóteses previstas no artigo 15 da LGPD.

Uma situação que permitiria a conservação dos dados mesmo após o término do tratamento de dados com base no dispositivo ora analisado, e que não dependa do consentimento do titular, seria para o caso da base legal do artigo 11, inciso II, alínea g, que autoriza o tratamento de dados sensíveis sem o consentimento do titular para garantia da prevenção à fraude e garantia de prevenção à segurança do titular. Um condomínio pode ter interesse em tratar de dados biométricos para acesso às dependências se o processo envolver sistemas aplicados nas catracas, por exemplo, sem o consentimento dos condôminos, sendo que tal serviço pode ser deixado a cargo de uma empresa especializada. Caso haja a substituição de uma empresa por outra, os dados pessoais biométricos que foram tratados pela primeira empresa poderão ser conservados em sua base de dados e transferidos, posteriormente, à substituta, exercendo-se o direito à portabilidade dos dados.

Conforme referido quando falado do artigo 15, o controlador deve notificar os agentes de tratamento com os quais tenha compartilhado dados quando ocorrer efetivamente a exclusão dos dados do titular, para que repitam idêntico procedimento. No ponto, entende-se que é recomendável que o controlador informe também àqueles com quem compartilhou dados acerca da portabilidade dos dados, por força também do artigo 18, § 6º da LGPD.

A quarta hipótese prevista no artigo 16 é quando os dados forem utilizados exclusivamente pelo controlador, sem acesso de terceiros, sendo necessário que haja a anonimização dos dados. Essa situação se justifica na medida em que os dados são hoje de grande importância para o desenvolvimento de novas tecnologias, como a inteligência artificial, de modo que o descarte destes pode representar um grande

---

35. CRAVO, Daniela Copetti. O direito à portabilidade na Lei Geral de Proteção de Dados. In: TEPEDINO, Gustavo; FRAZÃO, Ana; OLIVA, Milena Donato. *Lei Geral de Proteção de Dados Pessoais e suas repercussões no direito brasileiro*. 2. ed. São Paulo: Ed. RT, 2020. p. 362.

36. CRAVO, Daniela Copetti. O direito à portabilidade na Lei Geral de Proteção de Dados. In: TEPEDINO, Gustavo; FRAZÃO, Ana; OLIVA, Milena Donato. *Lei Geral de Proteção de Dados Pessoais e suas repercussões no direito brasileiro*. 2. ed. São Paulo: Ed. RT, 2020. p. 362.

desperdício, e, até mesmo, um retrocesso.[37] Nesse sentido, a lei buscou equilibrar interesses públicos e privados ao prever a necessidade de anonimização dos dados. Para Viviane Nóbrega Maldonado e Renato Opice Blum, seria possível sustentar que, diante da anonimização, tendo ocorrido o término do tratamento dos dados, estes poderiam ser divulgados ou compartilhados com terceiros, observadas as restrições ao uso de dados mesmo anonimizados, previstas na LGPD.[38]

Ainda sobre o artigo 16, necessário observar que o Regulamento Europeu possui mais hipóteses em que os dados não precisam ser eliminados mesmo após o término do que em relação à LGPD.[39] Por exemplo, uma hipótese expressamente prevista no GDPR é a conservação dos dados para o exercício do direito à liberdade de expressão e informação (artigo 17, item 3, alínea a), a qual, como visto anteriormente, não foi introduzida pela legislação brasileira.

É necessário ainda mencionar que, caso os dados sejam conservados mesmo após a ocorrência do término do tratamento, é necessário que isso seja expressamente comunicado ao titular, por força do princípio da transparência previsto no artigo 6º, inciso VI, da LGPD.

Destaca-se, por fim, que o legislador não previu um prazo segundo o qual os dados podem ser mantidos mesmo após o término do tratamento. Tal questão se mostra importante na medida em que está previsto, no artigo 47 da LGPD, que os agentes de tratamento ou qualquer outra pessoa que intervenha em uma das fases do tratamento obriga-se a garantir a segurança da informação prevista na Lei em relação aos dados pessoais, mesmo após o seu término. Essa previsão se coaduna, aparentemente, às hipóteses em que os dados podem ser mantidos mesmo após o término do seu tratamento previstas no artigo 16. Com efeito, uma solução dada por Gisela Sampaio da Cruz Guedes e Rosa Melo Vencelau Meireles seria a de adotar o prazo previsto no Marco Civil da Internet, o qual determina a guarda de registros de acesso a aplicação de internet na provisão de aplicações, sob sigilo, em ambiente controlado e de segurança, pelo prazo de 6 (seis) meses ou de acordo com regulamento específico.[40] Ainda, segundo as autoras, seria possível concluir que a ausência de especificação de um prazo indicaria que não há limitação temporal, devendo ser observado aqui também os princípios da finalidade, adequação e necessidade, de modo que os dados sejam mantidos até que tal medida seja adequada para se obter determinado fim,

---

37. FRAZÃO, Ana. Nova LGPD: o término do tratamento de dados. *JOTA Info*, 2018. Disponível em: <https://www.jota.info/paywall?redirect_to=//www.jota.info/opiniao-e-analise/colunas/constituicao- empresa-e-mercado/nova-lgpd-o-termino-do-tratamento-de-dados-10102018>. Acesso em: 19 out. 2020.

38. FRAZÃO, Ana. Nova LGPD: o término do tratamento de dados. *JOTA Info*, 2018. Disponível em: <https://www.jota.info/paywall?redirect_to=//www.jota.info/opiniao-e-analise/colunas/constituicao- empresa-e-mercado/nova-lgpd-o-termino-do-tratamento-de-dados-10102018>. Acesso em: 19 out. 2020.

39. Sobre o tema, ver: VOIGT, Paul. BUSSCHE, Axel von dem. *The EU General Data Protection Regulation (GDPR)*: A practical guide, 2017. p. 159-161.

40. GUEDES, Gisela Sampaio da Cruz; MEIRELES, Rose Melo Vencelau. Término do Tratamento de Dados. In: TEPEDINO, Gustavo; FRAZÃO, Ana; OLIVA, Milena Donato. *Lei Geral de Proteção de Dados Pessoais e suas repercussões no direito brasileiro*. 2. ed. São Paulo: Ed. RT, 2020. p. 224-225.

seja necessária e se esgote a sua função.[41] Assim, conforme prevê o Considerando 39 do GDPR, "a fim de assegurar que os dados pessoais sejam conservados apenas durante o período considerado necessário, o responsável pelo tratamento deverá fixar os prazos para o apagamento ou a revisão periódica".

4. CONSIDERAÇÕES FINAIS

A LGPD foi estruturada pensando na configuração de um ciclo que se inicia com a coleta e que determina a "vida" (existência) do dado pessoal, passando pela retenção, processamento, compartilhamento e que termina com a sua eliminação, fase do ciclo de vida que foi abordada neste estudo.

A partir disso, observa-se que há estreita relação entre as hipóteses que autorizam o tratamento de dados pessoais com às que levam ao término e a necessária exclusão dos dados e à possibilidade de conservação. Nesse sentido, para se analisar quando os dados devem ser excluídos ou podem, mesmo após o término, ser conservados, é necessário, antes de tudo, compreender em que situações é possível que haja o tratamento.

Por fim, observa-se que a fase da eliminação dos dados pessoais, ou, até mesmo, a sua conservação mesmo após o término do tratamento dos dados em hipóteses específicas, possui como fundamentos principalmente os princípios da finalidade, adequação, necessidade e limitação da conservação de dados pessoais, sendo de suma importância para a aplicação prática da Lei a parte que dispõe acerca dos princípios, no artigo 6°.

5. BIBLIOGRAFIA

AGENCIA DE LOS DERECHOS FUNDAMENTALES DE LA UNIÓN EUROPEA Y

CONSEJO DE EUROPA. *Manual de legislación europea en materia de protección de datos*. Luxemburgo: Oficina de Publicaciones de la Unión Europea, 2019.

ARTICLE 29 DATA PROTECTION WORKING PARTY. *Guidelines on the right to data portability*. Brussels: European Commission, 2016.

ÁVILA, Humberto. Repensando o "Princípio da Supremacia do Interesse Público sobre o Particular". *Revista Diálogo Jurídico*, Salvador, CAJ – Centro d e Atualização Jurídica, v. I, n. 7, outubro, 2001. Disponível em: <http://www.direitopublico.com.br>. Acesso em: 17 out. 2020.

BECKER, Daniel; CAMARINHA, Sylvia Moreira Filgueiras; FEIGELSON, Bruno (Coord.). *Comentários à Lei Geral de Proteção de Dados*: Lei 13.709/2018. 2 ed. São Paulo: Ed. RT, 2020. (*ebook*).

BLUM, Renato Opice. MALDONADO, Viviane Nóbrega. *LGPD*: Lei Geral de Proteção de Dados Pessoais Comentada. 2. ed. São Paulo: Ed. RT, 2019. (*ebook*).

CAVOUKIAN, Ann. *Privacy by Design*: The 7 Foundational Principles. Disponível em: <https://www.ipc.on.ca/wpcontent/uploads/Resources/7foundationalprinciples.pdf.>. Acesso em: 17 out. 2020.

---

41. GUEDES, Gisela Sampaio da Cruz; MEIRELES, Rose Melo Vencelau. Término do Tratamento de Dados. In: TEPEDINO, Gustavo; FRAZÃO, Ana; OLIVA, Milena Donato. *Lei Geral de Proteção de Dados Pessoais e suas repercussões no direito brasileiro*. 2. ed. São Paulo: Revista dos Tribunais, 2020. p. 224-225.

CRAVO, Daniela Copetti. O direito à portabilidade na Lei Geral de Proteção de Dados. In: TEPEDINO, Gustavo; FRAZÃO, Ana; OLIVA, Milena Donato. *Lei Geral de Proteção de Dados Pessoais e suas repercussões no Direito Brasileiro*. 2. ed. São Paulo: Ed. RT, 2020. p. 343-362.

COTS, Márcio; OLIVEIRA, Ricardo (Coord). Lei Geral de Proteção de Dados Pessoais: comentada. 2 ed. São Paulo: Ed. RT, 2019. (*ebook*).

ENZMANN, Matthias; SELZER, Annika; SPYCHALSKI, Dominik. Data Erasure under the GDPR - Steps towards Compliance. In: *European Data Protection Law Review*, v. 5, n. 3, 2019. p. 416-420.

FRAZÃO, Ana. Nova LGPD: o término do tratamento de dados. *JOTA Info*, 2018. Disponível em: <https://www.jota.info/paywall?redirect_to=//www.jota.info/opiniao-e-analise/colunas/constituicao-empresa-e-mercado/nova-lgpd-o-termino-do-tratamento- de-dados-10102018>. Acesso em: 19 out. 020.

GUEDES, Gisela Sampaio da Cruz; MEIRELES, Rose Melo Vencelau. Término do Tratamento de Dados. In: TEPEDINO, Gustavo; FRAZÃO, Ana; OLIVA, Milena Donato. *Lei Geral de Proteção de Dados Pessoais e suas repercussões no direito brasileiro*. 2 ed. São Paulo: Ed. RT, 2020. p. 217-236.

JASMONTAITE, Lina; KAMARA, Irene; ZANFIR-FORTUNA, Gabriela; LEUCCI, Stefano. Data Protection by Design and by Default: Framing Guiding Principles into Legal Obligations in the GDPR. In: *European Data Protection Law Review*, v. 4, n. 2, 2018. p. 168-189.

LEISTER, Mark; CUSTERS, Bartigo The Law Enforcement Directive: Conceptual Challenges of EU Directive 2016/680. In: *European Data Protection Law Review*, v. 5, n. 3, 2019. p. 367-378.

LEITE, Luiza. Tratamento de dados pessoais. In: BECKER, Daniel; CAMARINHA, Sylvia Moreira Filgueiras; FEIGELSON, Bruno (Coord.). Comentários à Lei Geral de Proteção de Dados: Lei 13.709/2018. 2 ed. São Paulo: Ed. RT, 2020. (*ebook*).

TEPEDINO, Gustavo; FRAZÃO, Ana; OLIVA, Milena Donato. *Lei Geral de Proteção de Dados Pessoais e suas repercussões no direito brasileiro*. 2. ed. São Paulo: Ed. RT, 2020. p. 217-236.

VOIGT, Paul. BUSSCHE, Axel von dem. *The EU General Data Protection Regulation (GDPR)*: A practical guide, 2017.

O CONCEITO DO TÉRMINO DO TRATAMENTO DE DADOS PESSOAIS E DO DIREITO AO ESQUECIMENTO

Marcio Furtado

Advogado e Mestrando em Direito Privado no Programa de Pós-Graduação da Universidade Federal do Rio Grande do Sul.

Sumário: 1. Introdução – 2. Do tratamento de dados; 2.1 Do tratamento e da privacidade; 2.2 Do término do tratamento – 3. Do direito ao esquecimento e da desindexação; 3.1 Do conceito de esquecimento e da exclusão dos dados – 4. Da GDPR e da desindexação – 5. Conclusões – 6. Referências bibliográficas.

1. INTRODUÇÃO

Com a entrada em vigor da legislação que tem como foco central a proteção de dados no Brasil, torna-se necessário que todos aqueles que terão algum contato com a matéria tenham conhecimento do ciclo dos dados, ou seja, da captação, do tratamento e do término.

O presente estudo tenta dar luz à última das etapas descritas, conceituando o que é efetivamente o término do tratamento e como a legislação aprovada pelo parlamento europeu enfrenta o assunto, principalmente frente ao direito ao esquecimento, não adotado pela legislação brasileira.

Tratamento de dados não é um tema novo, visto que dados são características de cada cidadão, ou seja, dos dados que o qualificam, como, por exemplo, seu nome, gênero, profissão, etnia ou crença religiosa.

Não obstante, o estado atual da tecnologia, em especial com a capacidade de obtenção e de análise dos dados em frações de tempo cada vez menores faz com que governos e até mesmo grandes empresas possam utilizar essas características com muito mais precisão e com novos objetivos do que há um século.

Torna-se, assim, necessário que sejam criados limites para evitar abusos, sendo o mais claro destes a determinação do término.

O término do tratamento de dados pode se dar de diversas formas, sendo a exclusão dos dados a mais comum. A retirada do caráter pessoal é uma forma alternativa de término, tornando, assim, os dados anonimizados.

Não obstante, mesmo diante das hipóteses de término, nem sempre efetivamente essa fase será alcançada, pois o sopesamento da proteção dos dados e, em um maior escopo, da privacidade dos indivíduos, nem sempre deverá ser considerada acima de outros direitos, como, por exemplo, o direito à informação.

Nesse sentido, há o clássico embate entre o direito informativo e o direito ao esquecimento, sendo necessário fazer uma distinção entre o término do tratamento de dados e do direito ao esquecimento, que não está incluído na legislação de proteção de dados brasileira.

Serão apresentados julgados para demonstrar os casos em que os pedidos de término de tratamento podem ser justificados com o direito ao esquecimento, mais especificamente quando estes são considerados danosos ao particular após a passagem do tempo, enquanto, por sua vez, há outros casos em que haverá pedido de remoção de conteúdo lícito, sem qualquer obrigação de término, pois o direito à informação se sobrepõe.

2. DO TRATAMENTO DE DADOS

2.1 Do tratamento e da privacidade

Dado pessoal é, nos termos da Lei Geral de Proteção de Dados (LGPD), no inciso I do artigo 5º como informação relacionada a pessoa natural identificada ou identificável.

A coleta e a utilização de dados são realizadas há milênios, sendo o mais notório exemplo a realização de censos. O tratamento de dados[1], portanto, independente a que fim que seja destinado, está ligado ao direito de privacidade da pessoa natural da qual surge e, portanto, deve ser tratado com cuidado.

A utilização do termo privacidade ainda não possui um consenso doutrinário, visto que, apesar de não se tratar efetivamente de uma palavra polissêmica, ainda sim é um termo que pode ser entendido de uma forma mais ampla do que a buscada pelos autores.

Por tal motivo, é possível encontrar escritos doutrinários que utilizam os termos "privatividade"[2] ou "privaticidade", ou mesmo outros termos, como vida

---

1. Definido na LGPD no inciso X do artigo 5º como:

   X – tratamento: toda a operação realizada com dados pessoais, como as que se referem a coleta, produção, recepção, classificação, utilização, acesso, reprodução, transmissão, distribuição, processamento, arquivamento, armazenamento, eliminação, avaliação ou controle da informação, modificação, comunicação, transferência, difusão ou extração.

2. O termo "privatividade" é utilizado na tradução de Roberto Raposo para a obra "A Condição Humana" de Hannah Arendt, na qual a filósofa descreve como houve uma evolução da sociedade ao separar a vida pública, exercida na sociedade, da vida privada, exercida no lar. A autora afirma: "Na opinião dos antigos, o caráter privativo da privatividade, implícito na própria palavra, era sumamente importante: significava literalmente um estado no qual o indivíduo se privava de alguma coisa". ARENDT, Hannah. *A condição humana*. Trad. Roberto Raposo, posfácio de Celso Lafer. 10. ed. Rio de Janeiro: Forense Universitária, 2007. p. 48.

privada[3], intimidade, sigilo, entre outros, conforme ensina o professor Danilo Doneda.[4]

Tal questão semântica já se inicia no famoso artigo de Samuel Warren e Louis Brandeis, publicado em 1890. No clássico texto, os autores apontam que o direito à vida tinha diferentes interpretações com o passar dos anos, mas que, em certo ponto, o escopo foi aumentado para que fosse possível que o referido direito se tornasse o direito a aproveitar a vida, incluindo o direito a ser deixado sozinho.[5-6]

Para Doneda, o direito a ser deixado sozinho se diferencia da privacidade mais ampla, referindo que "os autores em nenhum momento definem estritamente o *"right to privacy"*.[7]

Não obstante, apesar da diferenciação semântica, opta-se pelo termo privacidade no sentido de que, como referido por Doneda[8], não há efetivamente uma diversidade de significados no sentido utilizado na doutrina ou na jurisprudência e unifica "os valores expressos pelos termos intimidade e vida privada".[9]

Partindo da concepção exposta no artigo de Warren e Brandeis, houve uma evolução da sociedade ao ponto de definir que o direito à privacidade merecia estar na Declaração Universal dos Direitos Humanos, em seu artigo 12º:[10]

Artigo 12º:

Ninguém sofrerá intromissões arbitrárias na sua vida privada, na sua família, no seu domicílio ou na sua correspondência, nem ataques à sua honra e reputação. Contra tais intromissões ou ataques toda a pessoa tem direito a protecção da lei.

Novamente o direito, assim com a sociedade, evoluiu seus conceitos, passando, na década de 1970, a enfrentar uma nova questão: os regramentos e legislações versando não mais especificamente sobre a privacidade, mas sobre a proteção dos dados pessoais.

---

3. Como está presente na Constituição Federal, no inciso X do artigo 5º: "X – são invioláveis a intimidade, a vida privada, a honra e a imagem das pessoas, assegurado o direito a indenização pelo dano material ou moral decorrente de sua violação".

4. DONEDA, Danilo. *Da privacidade à proteção de dados pessoais*. 2. ed. São Paulo: Ed. RT. 2019. *E-book*. Posição 1460.

5. No original: "Gradually the scope of these legal rights broadened; and now the right to life has come to mean the right to enjoy life, – the right to be let alone". WARREN, Samuel D; BRANDEIS, Louis D. The Right to Privacy. Harvard Law Review, v. IV, dezembro de 1890. Disponível em http://groups.csail.mit.edu/mac/classes/6.805/articles/privacy/Privacy_brand_warr2.html. Acesso em: 18 out. 2020.

6. O chamado "direito de ser deixado sozinho" (*right to be left alone*) tem origem, segundo os autores, na doutrina do Juiz Thomas M. Cooley (*right to be let alone*), que via a fotografia e da atuação de veículos de imprensa com o potencial de "invadir os recintos sagrados da vida privada e doméstica.

7. DONEDA, Danilo. Op. cit., posição 1498.

8. DONEDA, Danilo. Op. cit., posição 1548.

9. DONEDA, Danilo. Op. cit., posição 1566.

10. CUEVA, Ricardo Villas Bôas. A proteção de dados pessoais na jurisprudência do Superior Tribunal de Justiça. In: TEPEDINO, Gustavo; FRAZÃO, Ana; OLIVA, Milena Donato. *Lei Geral de Proteção de Dados Pessoais e suas repercussões no direito brasileiro*. 2. ed. São Paulo: Ed. RT. 2020. p. 84.

Tal normatização tinha como base o avanço da informática, surgida há poucos anos para fins militares, passou a preocupar os legisladores sobre o impacto que o poder computacional passaria a ter em relação ao tratamento de dados, muito superior à capacidade humana.

Nos Estados Unidos surgiram *acts* em 1970[11] e 1974[12], na Suécia a lei federal foi promulgada em 1973[13] e na Alemanha em 1970 no estado de Hessia e, posteriormente, a lei federal em 1977. Em Portugal, a proteção de dados pessoais está insculpida na constituição de 1976, mais especificamente em seu artigo 35, intitulado "utilização da informática", com destaque para o item 4: "É proibido o acesso a dados pessoais de terceiros, salvo em casos excepcionais previstos na lei".[14]

Isso demonstra que, mesmo sem a possibilidade de vislumbrar os avanços tecnológicos das próximas décadas, os legisladores previam que o direito à privacidade seria afetado profundamente pela transformação do tratamento dos dados de seus cidadãos com a introdução de computadores na vida cotidiana.

Com o aumento da importância e da influência da União Europeia, em 1995 foi editada a Diretiva de Proteção de Dados Pessoas (95/46/EC), que, naquele momento, servia como guia de diretrizes para que cada um dos estados membros pudesse adotar uma legislação interna condizente com o restante do bloco. Sua aplicabilidade cessou apenas com a promulgação da GDPR, a qual não depende da internalização em cada um dos estados membros, sendo aplicável de imediato a todas as empresas que operem no espaço econômico da União Europeia.

No Brasil, ao contrário da Europa e dos Estados Unidos da América, o movimento não tinha uma previsão tão longínqua. A Constituição Federal de 1988 prevê o direito à intimidade e a inviolabilidade do sigilo à correspondência e comunicações telegráficas, dados e comunicações telefônicas[15] e o *habeas data*[16], com posterior Lei

---

11. Foram editados o *U.S. Fair Credit Reporting Act* e o *U.S. Racketeer Influenced and Corrupt Organization (RICO) Act*.
12. Posteriormente, foi editado um *act* ainda específico, o *Family Educational Rights and Privacy Act (FERPA)* e, por fim, o mais geral *U.S. Privacy Act*.
13. Lei de dados da Suécia, considerada a primeira lei federal no mundo sobre o tema.
14. CUEVA, Ricardo Villas Bôas. Op. cit., p. 85.
15. Artigo 5º, incisos X e XII:

    X – são invioláveis a intimidade, a vida privada, a honra e a imagem das pessoas, assegurado o direito a indenização pelo dano material ou moral decorrente de sua violação;

    (...)

    XII – é inviolável o sigilo da correspondência e das comunicações telegráficas, de dados e das comunicações telefônicas, salvo, no último caso, por ordem judicial, nas hipóteses e na forma que a lei estabelecer para fins de investigação criminal ou instrução processual penal;
16. Artigo 5º, incisos LXIX e LXXII:

    LXIX – conceder-se-á mandado de segurança para proteger direito líquido e certo, não amparado por *habeas corpus* ou *habeas data*, quando o responsável pela ilegalidade ou abuso de poder for autoridade pública ou agente de pessoa jurídica no exercício de atribuições do Poder Público;

    (...)

    LXXII – conceder-se-á habeas data:

específica (Lei n.º 9.507/1997). A proteção de dados, por sua vez, tem previsões em legislações infraconstitucionais no país, como CDC e, mais recentemente, na Lei do Cadastro Positivo (12.414/2011), Lei de Acesso à Informação (12.527/2011) e no Marco Civil da Internet (Lei 12.965/2014). Como uma reação e com muitos paralelos à GDPR, recentemente foi promulgada e, finalmente, entrou em vigor a LGPD.[17]

Com a referida análise histórica, é possível depreender que a proteção de dados, como parte do direito à privacidade, não se distancia do direito a ser deixado sozinho, descrito por Warren e Brandeis há mais de um século, versando, ainda, sobre impedir o acesso de terceiros à intimidade do particular.

Na época do surgimento das primeiras leis e regulamentos para proteção de dados, quem possuía o poder e a capacidade para acessar e utilizar os dados eram, basicamente, as organizações governamentais, tanto pela estrutura que possuíam quanto pelos recursos infinitamente superiores às organizações privadas. A coleta de dados pessoais não é algo novo[18], mas o tratamento em larga escala é.

O estado atual da tecnologia permite que o acesso à intimidade não necessite mais de fotografias ou da imprensa, mas de uma análise extensiva e contínua de informações, muitas vezes fornecidas pelo próprio indivíduo.

As novas fontes de acesso e circulação de informações e, consequentemente, dados, propulsionados pelo avanço e alcance da tecnologia desde então, proporcionou que as empresas privadas passassem a ter, também, poder e interesse sobre os dados dos indivíduos.

Tal interesse já estava presente em 1995, quando o Ministro do Superior Tribunal de Justiça, Ruy Rosado de Aguiar Júnior, referiu em seu voto no Recurso Especial 22.337-8/RS[19] sobre a possibilidade da invasão da intimidade pela análise de dados:

> A inserção de dados pessoais do cidadão em bancos de informações tem se constituído em uma das preocupações do Estado moderno, onde o uso da informática e a possibilidade de controle unificado das diversas atividades da pessoa, nas múltiplas situações de vida, permite o conhecimento de sua conduta pública e privada, até nos mínimos detalhes, podendo chegar à devassa de atos pessoais, invadindo área que deveria ficar restrita à sua intimidade.

A preocupação exposta no precedente demonstra que a exposição e a possibilidade de acesso aos dados são riscos contínuos ao indivíduo.

---

a) para assegurar o conhecimento de informações relativas à pessoa do impetrante, constantes de registros ou bancos de dados de entidades governamentais ou de caráter público;

b) para a retificação de dados, quando não se prefira fazê-lo por processo sigiloso, judicial ou administrativo;

17. CUEVA, Ricardo Villas Bôas. Op. cit., p. 86.
18. FRAZÃO, Ana. Fundamentos da proteção dos dados pessoais – Noções introdutórias para a compreensão da importância da Lei Geral de Proteção de Dados. In: TEPEDINO, Gustavo; FRAZÃO, Ana; OLIVA, Milena Donato. *Lei Geral de Proteção de Dados Pessoais e suas repercussões no direito brasileiro*. 2. ed. São Paulo: Ed. RT. 2020. p. 24.
19. BRASIL. Superior Tribunal de Justiça. Recurso Especial 22.337-8/RS. Recorrente: Clube de Diretores Lojistas de Passo Fundo-RS. Recorrido: José Orivaldo Moreira Branco. Relator: Ministro Ruy Rosado de Aguiar Jr. Brasília. 13 fev. 1995. Acesso em: 19 out. 2020.

Com o crescimento em progressão geométrica da tecnologia, que resultou no que hoje chamamos de *Big Data* e de *Big Analytics,* tornou-se possível que a análise dos dados ocorra "de maneira muito mais eficiente, com mais veracidade, velocidade, variedade e volume", os chamados "4 v's".[20]

O risco, portanto, se potencializou por conta de uma justificativa especificamente econômica, mas "o ponto de partida de toda essa engrenagem que busca processar dados para que possam gerar valor é a coleta".[21]

Contudo, mesmo com todos os riscos referidos, não há como negar que a velocidade da análise dos dados ainda é muito inferior à sua coleta. Ainda, é possível que mesmo que todos os dados necessários para uma análise específica não estejam efetivamente disponíveis no momento em que determinada busca de informações é realizada pela parte interessada.

Os dados coletados se tornam verdadeiras bibliotecas não lidas, com imenso potencial a ser explorado por seus leitores. A retirada de um dos livros sem a sua reposição pode, portanto, impedir a análise e a exploração dos dados, diminuindo, assim, o risco da sua exposição.

Nas palavras de Caio César de Oliveira, "[a] Lei tem como finalidade "proteger os direitos fundamentais de liberdade e de privacidade e o livre desenvolvimento da personalidade da pessoa natural"".[22]

Desta forma, o término do tratamento se torna um limite imperativo na busca da proteção do indivíduo.

2.2 Do término do tratamento

Término pressupõe um ciclo. No caso específico de tratamento de dados, inicia-se com a coleta, seu tratamento e, posteriormente, o término.

A premissa de tal ciclo é que os dados não podem ser efetivamente alienados de forma definitiva de uma pessoa a outra, sendo permitido apenas o acesso por um período de tempo ou para um determinado fim. Na definição de Gisela Guedes e Rose Meireles, "o tratamento de dados tem natureza ambulatória"[23], pois o titular não "transfere aos agentes de tratamento a titularidade dos dados".[24]

Atualmente, dados podem não ser efetivamente bens físicos que tem a sua posse devolvida ao proprietário. Em um mundo de dados incorpóreos e de fácil replicação,

---

20. FRAZÃO, Ana. Op. cit., p. 24-25.
21. FRAZÃO, Ana. Op. cit., p. 26.
22. OLIVEIRA, Caio César de. *Eliminação, desindexação e esquecimento na internet.* São Paulo: Thomson Reuters Brasil. 2020. p. 121.
23. GUEDES, Gisela Sampaio da Cruz; MEIRELES, Rose Melo Vencelau. Término do Tratamento de Dados. In: TEPEDINO, Gustavo; FRAZÃO, Ana; OLIVA, Milena Donato. In: *Lei Geral de Proteção de Dados Pessoais e suas repercussões no direito brasileiro.* 2. ed. São Paulo: Ed. RT. 2020. p. 219.
24. GUEDES, Gisela Sampaio da Cruz; MEIRELES, Rose Melo Vencelau. Op. cit., p. 218.

a consequência do término via de regra, é a exclusão do registro. Assim, voltam a ser exclusivos do seu titular, motivo pelo qual devem ser apagados dos bancos de dados.

Neste sentido, a legislação brasileira já previa a exclusão desde a promulgação do Marco Civil da Internet (Lei 12.965/2014), no inciso X do artigo 7[o25], referindo que os dados seriam excluídos. A condição referida na lei era para os casos em que houvesse pedido do titular após o término da relação deste com a aplicação de internet, ressalvadas as hipóteses de guarda obrigatória. A LGPD não alterou o referido artigo, mas acrescentou a ressalva que existem outras hipóteses na nova lei.[26]

Seguindo a esteira do já citado voto do Ministro Ruy Rosado de Aguiar Júnior, Gisela Guedes e Rose Meireles referem que "a eliminação dos dados pessoais quando seu tratamento se encerra" "visa a diminuir os riscos do uso não autorizado ou indevido dos dados pessoais", podendo, caso o término não seja seguido da eliminação, gerar até repercussão na seara da responsabilidade civil.[27]

No exemplo da biblioteca, o livro deve ser retirado permanentemente do catálogo, impedindo o novo acesso indevido, caso o proprietário dos dados queira diminuir o risco da sua própria exposição. E é neste ponto que são fixadas as hipóteses de término.

O início do ciclo do tratamento possui diversas origens, podendo ser o próprio consentimento do particular, uma determinação legal ou mesmo a necessidade de proteção à vida ou à integridade física de alguém.[28] O término, por sua vez, via de regra, está ligado à revogação do consentimento do uso dos dados, do término do tempo caso fixado ou caso a finalidade tenha sido atingida, hipóteses que normalmente estão previstas nos regramentos específicos de cada país.

Na legislação brasileira atual, o *caput* do artigo 16 da LGPD[29] refere que os dados serão eliminados, seguindo o sentido do termo eliminação descrito no inciso

---

25. Art. 7º O acesso à internet é essencial ao exercício da cidadania, e ao usuário são assegurados os seguintes direitos:

    (...)

    X – exclusão definitiva dos dados pessoais que tiver fornecido a determinada aplicação de internet, a seu requerimento, ao término da relação entre as partes, ressalvadas as hipóteses de guarda obrigatória de registros previstas nesta Lei.

26. A LGDP acrescentou o trecho "e na que dispõe sobre a proteção de dados pessoa" ao final do inciso X do artigo 7º do Marco Civil da Internet.

27. GUEDES, Gisela Sampaio da Cruz; MEIRELES, Rose Melo Vencelau. Op. cit., p. 234.

28. As hipóteses de tratamento da LGPD estão dispostas no seu artigo 7º. Por não se tratar do tema efetivo do presente estudo, não serão elencadas em toda a sua extensão, cabendo apenas referir que as três hipóteses referidas não se limitam exclusivamente ao Brasil, sendo hipóteses que podem ocorrer em outros países.

29. Art. 16. Os dados pessoais serão eliminados após o término de seu tratamento, no âmbito e nos limites técnicos das atividades, autorizada a conservação para as seguintes finalidades:

    I – cumprimento de obrigação legal ou regulatória pelo controlador;

    II – estudo por órgão de pesquisa, garantida, sempre que possível, a anonimização dos dados pessoais;

    III – transferência a terceiro, desde que respeitados os requisitos de tratamento de dados dispostos nesta Lei; ou

    IV – uso exclusivo do controlador, vedado seu acesso por terceiro, e desde que anonimizados os dados.

XIV do artigo 5º da mesma Lei: "X – eliminação: exclusão de dado ou de conjunto de dados armazenados em banco de dados, independentemente do procedimento empregado".

O término do tratamento está previsto na LGPD em seu artigo 15, que apresenta quatro hipóteses para o fim do tratamento: (i) quando for alcançada a finalidade ou quando os dados não forem mais necessários ou pertinentes; (ii) o fim do período; (iii) quando houver revogação comunicada pelo titular ou (iv) quando for determinada pela Autoridade Nacional de Proteção de Dados (ANPD).[30] Aos quatro incisos, devem também ser adicionados os princípios que regem a LGPD, descritos nos dez incisos do artigo 6º[31], de modo que é possível que a ANPD exerça a determinação do inciso IV do artigo 15 com base nos referidos princípios.

A eliminação, por sua vez, não é um direito absoluto[32], pois há hipóteses em que a exclusão não deve ser realizada. Nesse caso, o ciclo não tem fim, ou seja, nunca chega efetivamente ao seu término. O risco pela exposição dos dados

---

30. Art. 15. O término do tratamento de dados pessoais ocorrerá nas seguintes hipóteses:

I – verificação de que a finalidade foi alcançada ou de que os dados deixaram de ser necessários ou pertinentes ao alcance da finalidade específica almejada;

II – fim do período de tratamento;

III – comunicação do titular, inclusive no exercício de seu direito de revogação do consentimento conforme disposto no § 5º do art. 8º desta Lei, resguardado o interesse público; ou

IV – determinação da autoridade nacional, quando houver violação ao disposto nesta Lei.

31. Art. 6º As atividades de tratamento de dados pessoais deverão observar a boa-fé e os seguintes princípios:

I – finalidade: realização do tratamento para propósitos legítimos, específicos, explícitos e informados ao titular, sem possibilidade de tratamento posterior de forma incompatível com essas finalidades;

II – adequação: compatibilidade do tratamento com as finalidades informadas ao titular, de acordo com o contexto do tratamento;

III – necessidade: limitação do tratamento ao mínimo necessário para a realização de suas finalidades, com abrangência dos dados pertinentes, proporcionais e não excessivos em relação às finalidades do tratamento de dados;

IV – livre acesso: garantia, aos titulares, de consulta facilitada e gratuita sobre a forma e a duração do tratamento, bem como sobre a integralidade de seus dados pessoais;

V – qualidade dos dados: garantia, aos titulares, de exatidão, clareza, relevância e atualização dos dados, de acordo com a necessidade e para o cumprimento da finalidade de seu tratamento;

VI – transparência: garantia, aos titulares, de informações claras, precisas e facilmente acessíveis sobre a realização do tratamento e os respectivos agentes de tratamento, observados os segredos comercial e industrial;

VII – segurança: utilização de medidas técnicas e administrativas aptas a proteger os dados pessoais de acessos não autorizados e de situações acidentais ou ilícitas de destruição, perda, alteração, comunicação ou difusão;

VIII – prevenção: adoção de medidas para prevenir a ocorrência de danos em virtude do tratamento de dados pessoais;

IX – não discriminação: impossibilidade de realização do tratamento para fins discriminatórios ilícitos ou abusivos;

X – responsabilização e prestação de contas: demonstração, pelo agente, da adoção de medidas eficazes e capazes de comprovar a observância e o cumprimento das normas de proteção de dados pessoais e, inclusive, da eficácia dessas medidas.

32. OLIVEIRA, Caio César de. Op. cit., p. 117.

permanece por conta de justificativas que, ao entender do legislador, superam o direito à privacidade.

A LGPD elenca quatro hipóteses que impedem a eliminação dos dados: (i) quando o controlador deve cumprir uma obrigação legal ou regulatória; (ii) quando os dados serão utilizados por estudo de órgão de pesquisa, devendo, sempre que possível, anonimizá-los; (iii) quando houver transferência a terceiro; ou (iv) quando o uso for exclusivo do controlador, sendo os dados anonimizados, vedado acesso por terceiros.

A anonimização de dados retira o seu caráter de pessoalidade, conforme versa a própria LGPD em seu artigo 12[33]; visto que se torna impossível caracterizar o indivíduo que é seu proprietário nesta hipótese e, assim, os riscos de exposição desaparecem. É, portanto, uma outra forma de término do tratamento de dados pessoais, pois retira o caráter pessoal do dado, mantendo o tratamento.

Tal processo de retirar o caráter de pessoalidade nem sempre é possível, o que impede que possa substituir a exclusão dos dados de forma permanente como o término do ciclo de tratamento dos dados.

A legislação brasileira, por sua vez, mesmo que prevendo as diversas hipóteses, carece ainda da passagem do tempo para que possa ser posta à prova. Sem jurisprudência específica, a doutrina ainda necessita realizar o exame do direito comparado para averiguar se as hipóteses de término ou de anonimização são suficientes para proteger a privacidade dos indivíduos.

Em estudo comparativo, Bruno Bioni e Laura Schertel Mendes ressaltam:

> Ainda que seja inegável a influência do Regulamento Europeu de Proteção de Dados Pessoais/ RGPD sobre a Lei Geral de Proteção de Dados/LGPD, há diferenças substanciais entre tais regimes jurídicos.[34]

Uma das mais salientes diferenças entre as duas legislações é, especificamente, o término do tratamento de dados.

A GDPR prevê em seu artigo 17 o "direito ao apagamento ('direito a ser esquecido')".[35] A associação da exclusão dos dados e do direito ao esquecimento não existe na legislação brasileira, sendo tratada de forma separada.

A exclusão dos dados leva ao conflito de regras e de princípios que merece atenção.

---

33. Art. 12. Os dados anonimizados não serão considerados dados pessoais para os fins desta Lei, salvo quando o processo de anonimização ao qual foram submetidos for revertido, utilizando exclusivamente meios próprios, ou quando, com esforços razoáveis, puder ser revertido.
34. BIONI, Bruno R.; MENDES, Laura Schertel. Regulamento europeu de proteção de dados pessoais e a lei geral brasileira de proteção de dados: mapeando convergências na direção de um nível de equivalência. In: TEPEDINO, Gustavo; FRAZÃO, Ana; OLIVA, Milena Donato. *Lei Geral de Proteção de Dados Pessoais e suas repercussões no direito brasileiro*. 2. ED. São Paulo: Ed. RT. 2020. P. 797.
35. No original "Right to erasure ('right to be forgotten')".

3. DO DIREITO AO ESQUECIMENTO E DA DESINDEXAÇÃO

3.1 Do conceito de esquecimento e da exclusão dos dados

O desenvolvimento tecnológico das últimas décadas atingiu um ponto em que o armazenamento e a conservação de dados se tornaram muito mais acessíveis e resistentes à passagem do tempo.

Anteriormente, a informação nem sempre se perdia no passado. Fatos com grande notoriedade ou mesmo lembranças ou comentários de pessoas poderiam reavivar os fatos pretéritos. Livros, discursos, sermões, contos poderiam ser escritos ou professados sobre acontecimentos, mas estavam à mercê da conservação da memória das pessoas, do material em que foi inscrito e da forma em que era externalizados.

Não obstante, atualmente, as formas de armazenamento em memórias físicas ou em serviços de armazenamento em nuvem são muito mais resistentes à passagem do tempo do que anotações, fotografias, diários ou mesmo livros. Com uma conexão à internet, o acesso se torna praticamente instantânea inclusive a documentos e fontes primárias de grande importância. As ferramentas e serviços possibilitam ao interessado a buscar, acessar e, caso necessite, até mesmo obter uma tradução instantânea de textos.

Veículos de imprensa, enciclopédias e até mesmo bibliotecas tem se tornado cada vez mais digitais e, como consequência, acessíveis.

Para Caio César de Oliveira, "a Internet inaugura o tempo da memória artificial (digital ou computacional)", de modo que "a lembrança se torna a regra e o esquecimento a exceção".[36]

Surge a discussão se há efetivamente um direito ao esquecimento dos fatos pretéritos, um tema amplíssimo[37], que não pretende ser esgotado no presente trabalho.

No Brasil, o direito ao esquecimento foi reconhecido como enunciado (número 531) na VI Jornada de Direito Civil: "A tutela da dignidade da pessoa humana na sociedade da informação inclui o direito ao esquecimento".

O referido enunciado possui a seguinte justificativa:

> Os danos provocados pelas novas tecnologias de informação vêm-se acumulando nos dias atuais. O direito ao esquecimento tem sua origem histórica no campo das condenações criminais. Surge como parcela importante do direito do ex-detento à ressocialização. Não atribui a ninguém o direito de apagar fatos ou reescrever a própria história, mas apenas assegura a possibilidade de discutir o uso que é dado aos fatos pretéritos, mais especificamente o modo e a finalidade com que são lembrados.

---

36. OLIVEIRA, Caio César de. Op. cit., p. 39.
37. Para uma análise dos diversos conceitos de direito ao esquecimento, em especial aos que advém da problemática da proteção de dados, o exame foi feito por Caio César de Oliveira. OLIVEIRA, Caio César de. Op. cit., p. 105-121.

A parte final da justificativa apresenta um conflito presente entre dois direitos: o direito ao esquecimento e o direito à informação.

O direito à informação é reconhecido no artigo 19º da Declaração dos Direitos Humanos da ONU:

> Artigo 19º
>
> Todo o indivíduo tem direito à liberdade de opinião e de expressão, o que implica o direito de não ser inquietado pelas suas opiniões e o de procurar, receber e difundir, sem consideração de fronteiras, informações e idéias por qualquer meio de expressão.

Para fins históricos e informativos, o registro tão resistente e acessível é benéfico.[38]

Por sua vez, o direito ao esquecimento, conforme refere o enunciado 531 acima referido, tem sua origem nos efeitos do direito penal. Na França, tinha como objetivo impedir a publicação de informações e fatos após o cumprimento integral de uma sentença, justificando que o passado não poderia afetar uma pessoa reabilitada.[39]

Anderson Schreiber descreve o direito ao esquecimento como o direito da pessoa humana de se defender contra uma *recordação opressiva de fatos pretéritos*, que se mostre apta a minar a construção e reconstrução da sua identidade pessoal, apresentando-a à sociedade sob falsas luzes (*sotto falsa luce*), de modo a fornecer ao público uma projeção do ser humano que não corresponde à realidade (atual).[40]

Os fatos efetivamente ocorrerem e podem até mesmo estar descritos de forma fidedigna. Contudo, qual o limite para que a sua disponibilidade, ou seja, que o direito à informação coletiva ou mesma individual de terceiros suplanta o direito à imagem ou à moral de uma pessoa que tem os seus dados expostos.

Se a proteção de dados se preocupa com a exposição indevida, até mesmo a exposição dos dados públicos ou de interesse público, pode delimitar, também, o tratamento de dados divulgados por terceiros sobre uma pessoa natural.

Tecnicamente, o direito ao esquecimento é, portanto, um direito (a) exercido necessariamente por uma pessoa humana; (b) em face de agentes públicos ou privados que tenham a aptidão fática de promover representações daquela pessoa sobre a esfera pública (opinião social), incluindo veículos de imprensa, emissoras de TV, fornecedores de serviços de busca na internet etc.; (c) em oposição a uma recordação opressiva dos fatos, assim entendida a recordação que se caracteriza, a um só tempo, por ser desatual e recair sobre aspecto sensível da personalidade, comprometendo

---

38. OLIVEIRA, Caio César de. Op. cit., p. 39.
39. MALDONADO, Viviane Nóbrega. O Direito ao Esquecimento na Ordem Internacional. In LIMA, Ana Paula M. Canto de; HISSA, Carmina Bezerra; SALDANHA, Paloma Mendes. *Direito Digital*: Debates Contemporâneos. Ed. 2019. Thomson Reuters Brasil: São Paulo, 2019. *E-book*. posição RB-15.3.
40. SCHREIBER, Anderson. Direito ao esquecimento e proteção e dados pessoais na Lei 13.709/2018: distinções e potenciais convergências. In: TEPEDINO, Gustavo; FRAZÃO, Ana; OLIVA, Milena Donato. *Lei Geral de Proteção de Dados Pessoais e suas repercussões no direito brasileiro*. 2. ed. São Paulo: Ed. RT. 2020. p. 370.

a plena realização da identidade daquela pessoa humana, ao apresentá-la sob falsas luzes à sociedade.[41]

No Brasil, um caso paradigmático é o Recurso Especial n. 1.334.097/RJ[42], que julgou uma ação movida por um indivíduo contra um veículo de impressa que mencionou o nome do autor como um dos associados à Chacina da Candelária em 1993, com o adendo de que, posteriormente, ele foi absolvido em processo judicial. O programa foi veiculado em 2006, ou seja, mais de uma década após os fatos. O autor foi procurado pela produção do programa para ser entrevistado, mas negou interesse em participar.

O relator, Ministro Luís Felipe Salomão, menciona em seu voto haver um "conflito aparente entre a liberdade de expressão/informação, ora materializada na liberdade de imprensa, e atributos individuais da pessoa humana – como intimidade, privacidade e honra". Ainda, há época dos fatos, ante a grande exposição midiática do caso, "o Conselho de Sentença tem contato com a "verdade jornalística" em tempo imensamente superior à "verdade dos autos"".

Se já há época havia grande exposição na mídia, com consequências nefastas ao devido processo legal, a permissão do ressurgimento da exposição de um indivíduo, inocentado, anos após os acontecimentos não deveria ser permitida.

Para o Ministro:

a permissão ampla e irrestrita a que um crime e as pessoas nele envolvidas sejam retratados indefinidamente no tempo – a pretexto da historicidade do fato – pode significar permissão de um segundo abuso à dignidade humana, simplesmente porque o primeiro já fora cometido no passado.

No caso da GDPR, a associação entre a eliminação dos dados com o seu apagamento e o direito ao esquecimento possui o caráter histórico referido: permitir que pessoas reabilitadas ou mesmo que estavam associadas aos fatos não sejam constantemente confrontadas ou relembradas daquilo que já deveria ter sido esquecido, ou seja, com caráter semelhante ao caso descrito.

O direito à informação, com o passar do tempo, perde a sua relevância face ao direito ao esquecimento. Porém, o direito à informação ou mesmo as diretrizes legais e de registro podem impedir que os registros de fatos como os narrados sejam efetivamente excluídos ou eliminados completamente.

Uma condenação criminal não pode ser excluída dos registros oficiais. A digitalização e exposição de revistas e jornais da época dos fatos também podem se tornar motivos suficientes que impedem a eliminação dos dados.

---

41. SCHREIBER, Anderson. Op. cit., p. 371-372.
42. BRASIL. Superior Tribunal de Justiça. Recurso Especial 1.334.097/RJ. Recorrente: Globo Comunicação e Participações S/A. Recorrido: Jurandir Gomes de França. Relator: Ministro Luís Felipe Salomão. Brasília. 10 set. 2013. Acesso em: 19 out. 2020.

E não apenas na esfera criminal existem conflitos, sendo facilmente encontrados exemplos sobre publicações de editais de citação de processos cíveis em veículos de grande circulação[43] ou mesmo em meios eletrônicos públicos.[44]

Stéfano Rodotà, confrontado com o referido dilema, refere:

> Pode o direito de uma pessoa requerer o cancelamento de alguns dados se transformar em direito à autorrepresentação, à reescrita de sua própria história, com a eliminação de tudo o que contrasta com a imagem que a pessoa quer dar de si? Assim, o direito ao esquecimento pode se inclinar perigosamente para a falsificação da realidade e tornar-se um instrumento de limitação do direito à informação, à pesquisa histórica livre, à transparência necessária que deve acompanhar a atividade política em primeiro lugar.[45]"

Tal tema foi julgado pelo Supremo Tribunal Federal recentemente, no Recurso Extraordinário 1.010.606/RJ[46], que enfrentou como caso concreto o direito ao esquecimento da família e da própria vítima fatal de um crime ocorrido no final dos anos 1950, rememorado em quadro de programa televisivo e não reconheceu a existência de um direito ao esquecimento "genérico" no Brasil.[47]

O relator, Ministro Dias Toffoli, entendeu pela "inexistência no ordenamento jurídico brasileiro de um direito genérico" ao esquecimento "com essa conformação, seja expressa ou implicitamente", entendendo que há ocasiões específicas com base em "expressas e pontuais previsões"[48] permitindo que ocorra "a supressão de dados ou informações" com base "no decurso do tempo". Seguido pela maioria do colegiado, cabe ainda fazer referência à trecho do voto do Ministro Alexandre de Moraes, que

---

43. Previa a Lei 5.869/1973 (Código de Processo Civil) que a citação por edital teria como requisito) a publicação uma vez no órgão oficial e duas vezes em jornal local (inciso III do artigo 232.

44. Prevê a Lei 13.105/2015 (Código de Processo Civil vigente) que o edital deve ser publicado na rede mundial de computadores, no sítio do tribunal e na plataforma de editais do Conselho Nacional de Justiça (inciso II do artigo 257) ou, caso determinado pelo juiz, seja publicado em jornal local de grande circulação (parágrafo único do artigo 257).

45. No original: "Può il diritto della persona di chiedere la cancellazione di alcuni dati trasformarsi in un diritto all' autorappresentazione, alla riscrittura stessa della storia, con l' eliminazione di tutto quel che contrasta con l' immagine che la persona vuol dare di sé? Così il diritto all' oblio può pericolosamente inclinare verso la falsificazione della realtà e divenire strumento per limitare il diritto all' informazione, la libera ricerca storica, la necessaria trasparenza che deve accompagnare in primo luogo l' attività politica". RODOTÁ, Stefano. Dai ricordi ai dati l' oblio è un diritto? *LA REPUBBLICA*. Disponível em https://ricerca.repubblica.it/repubblica/archivio/repubblica/2012/01/30/dai-ricordi-ai-dati-oblio-un.html. Acesso em: 18 out. 2020

46. BRASIL. Supremo Tribunal Federal. Recurso Extraordinário 1.010.606/RJ. Recorrentes: Nelson Curi, Roberto Curi, Maurício Curi e Waldir Cury. Recorrida: Globo Comunicação e Participações S/A. Relator: Ministro Dias Toffoli. Brasília. 20 mai. 2021. Acesso em 24 ago. 2021.

47. A tese fixada por maioria foi a seguinte: "É incompatível com a Constituição a ideia de um direito ao esquecimento, assim entendido como o poder de obstar, em razão da passagem do tempo, a divulgação de fatos ou dados verídicos e licitamente obtidos e publicados em meios de comunicação social analógicos ou digitais. Eventuais excessos ou abusos no exercício da liberdade de expressão e de informação devem ser analisados caso a caso, a partir dos parâmetros constitucionais – especialmente os relativos à proteção da honra, da imagem, da privacidade e da personalidade em geral – e das expressas e específicas previsões legais nos âmbitos penal e cível".

48. Como exemplos, são utilizados os artigos 43, § 1°, do Código de Defesa do Consumidor, artigos 93 a 95 do Código Penal e o artigo 7° do Marco Civil da Internet.

justificou seu posicionamento ao entender que "reconhecimento amplo e genérico do "direito ao esquecimento" traz presente o traço marcante da censura prévia, com seu caráter preventivo e abstrato".

Da decisão do nosso Tribunal Constitucional, verifica-se que, na realidade, não se afasta a existência efetiva de um direito ao esquecimento, mas que este não está acima do direito à informação e à liberdade de expressão, havendo circunstâncias específicas em que prevalecerá.

Questiona-se se é possível atingir o esquecimento por outros meios que não a exclusão ou a anonimização dos dados.

4. DA GDPR E DA DESINDEXAÇÃO

Como já referido, o artigo 17 da GDPR possui o título: "*Right to erasure ('right to be forgotten')*". Tal redação iguala ou assemelha o "direito ao apagamento" ao "direito ao esquecimento".

Paul Voigt e Axel von dem Bussche sustentam que o direito ao "apagamento" é um direito que vai além do direito ao esquecimento (VOIGT e BUSSCHE, 2017, p. 156). Para os autores, o artigo teve inspiração na decisão da Corte Europeia de Justiça, ainda com base na Diretriz de 1995, conhecido como Google v. Espanha[49] ou Google v. Gonzales.

O processo foi ajuizado em 2010 por um cidadão espanhol e a agência espanhola de proteção de dados contra um veículo de imprensa e a contra a ferramenta de busca que permitia encontrar as reportagens do referido veículo apenas digitando o nome do autor em seu buscador. As notícias relatavam que, em 1998, ou seja, doze anos antes da ação, os bens do autor foram leiloados para pagamento de débitos previdenciários. No entender do autor, com o passar dos anos e com o adimplemento dos débitos, não haveria motivo para que a pesquisa de seu nome indicasse um fato negativo de mais de uma década anterior, motivo pelo qual postulou a retirada das notícias pelo veículo de imprensa ou que o seu nome fosse suprimido do texto. Os pedidos contra a ferramenta de busca, por sua vez, eram no sentido de remoção dos links que levassem à reportagem ou que a ferramenta deixasse de associar o nome do autor às notícias.

Após o insucesso contra o veículo de imprensa, o caso foi levado apenas contra a ferramenta de busca ao Tribunal Europeu. O entendimento final da corte foi no sentido de que os mecanismos de busca deveriam remover links quando os resultados da busca aparentam ser inadequado, irrelevante, não mais relevante ou que tenha permanecido exposto por tempo excessivo desde a sua veiculação.

---

49. Google Spain SL, Google Inc. v Agencia Española de Protección de Datos, Mario Costeja González. Para Caio César de Oliveira: "O caso *Costeja*, que jamais será esquecido, reacendeu os debates a respeito do "direito ao esquecimento" (OLIVEIRA, 2020, p. 105).

Tal entendimento reconheceu, assim, o direito aos cidadãos europeus a exigirem a desindexação de endereços eletrônicos associados aos seu nome.[50] Para Maria Tzanou, há um paradoxo na decisão, pois ela deixa a cargo da empresa a avaliação dos critérios para a proteção da privacidade das pessoas, questionando se poderia uma empresa privada, como um "corpo constitucional" assumir poderes para buscar objetivos de política pública.[51]

Para Wenlong Li, o direito a ser esquecido é uma "remarcação" do direito ao apagamento, já previsto na diretiva anterior.[52] O direito a ser esquecido presente na GDPR é um "exemplo notável de como o novo direito a proteção de dados ganhou *momentum*, e, portanto, nunca se deve ignorar as possibilidades de exercer os novos direitos da GDPR".[53]

Para Caio César de Oliveira, na realidade, o caso julgado pelo tribunal europeu não deve ser estudado como um exemplo de direito ao esquecimento, visto que, neste caso, deveria haver um "fato verídico do passado, trazido à tona para o presente" que "é capaz de produzir danos ao titular de dados pessoais".[54] No caso, não havia dano e, portanto, houve um pedido de desindexação das notícias que foi imposto ao mecanismo de busca, não ao site de notícias. Por tal motivo, propõe que os pedidos nesse sentido sejam denominados *requerimento para remoção de conteúdo lícito do passado*, sem ligação com o direito ao esquecimento.[55]

O objetivo alcançado, então, seria o de impedir o acesso pelos mecanismos de busca, sem a remoção do site e, assim, qualquer pessoa com o endereço do sítio eletrônico poderia o acessar livremente. Há uma restrição de acesso, mas não há remoção de conteúdo e, o objetivo inicial, que é a remoção do conteúdo, não foi atingido.

Por tal motivo, desindexar não é o mesmo que eliminar dados pessoais[56], pois apenas retira o acesso facilitado por um meio de busca[57] e, assim, não coaduna com a determinação da GDPR.

---

50. OLIVEIRA, Caio César de. Op. cit., p. 53.
51. TZANOU, Maria, *The Unexpected Consequences of the EU Right to Be Forgotten: Internet Search Engines As Fundamental Rights Adjudicators* (November 2, 2018). Forthcoming, Personal Data Protection and Legal Developments in the European Union (ed.) Tzanou, M., (IGI Global, 2020), Disponível em: SSRN: https://ssrn.com/abstract=3277348. Acesso em: 29 dez. 2020. p. 12.
52. LI, Wenlong. A tale of two rights: exploring the potential conflict between right to data portability and right to be forgotten under the General Data Protection Regulation. *International Data Privacy Law*, v. 8, Issue 4, nov. 2018. p. 309-317. Disponível em: https://academic.oup.com/idpl/article-abstract/8/4/309/5047861. Acesso em: 18 out. 2020. p. 3.
53. No original: "the RtBF is a notable example of the new data protection rights gaining momentum, and hence the possibility of the new GDPR rights being exercised in a conflicting way should never be ignored" LI, Wenlong. Op. cit., p. 3.
54. OLIVEIRA, Caio César de. Op. cit., p. 134.
55. OLIVEIRA, Caio César de. Op. cit., p. 142.
56. A diferenciação das figuras do direito ao esquecimento, direito a ser esquecido, direito à desindexação, direito a apagar dados e direito a ser deixado em paz. foi reconhecida no voto do Ministro Dias Toffoli quando do julgamento do Recurso Especial 1.010.606, mesmo que reconhecidamente o julgamento não tenha apreciado o tema da "responsabilidade dos provedores de internet em matéria de indexação/desindexação de conteúdos obtidos por motores de busca".
57. OLIVEIRA, Caio César de. Op. cit., p. 126.

A legislação europeia é expressa no sentido de que os dados devem ser apagados, conforme o ponto 1 do artigo 17[58], de modo que a simples retirada dos caminhos que levam aos dados não corresponde, efetivamente, a sua eliminação.

No Brasil, sequer poderia haver tal confusão, visto que o artigo 19 do Marco Civil da Internet é claro em seu *caput* no sentido de que deve ser assegurada a liberdade de expressão, impedindo a censura, de modo que mesmo nos casos em que há danos[59], de modo que os provedores de aplicações só poderiam ser responsabilizados após desrespeito à ordem judicial específica.[60]

Inexistentes os danos, ou seja, ilícitos, casos semelhantes não deveriam buscar obrigações de fazer face aos provedores de serviços, em especial aos de busca, com base no direito ao esquecimento. O legislador brasileiro já optou pela prevalência da liberdade de expressão, bem como a desindexação não retira efetivamente o conteúdo, mesmo que tenha o potencial de diminuir a propagação da informação.

Desta forma, a desindexação, que efetivamente ocorreu no caso paradigmático, não é uma forma efetiva de buscar o direito ao esquecimento e, também, não corresponde ao término do tratamento de dados.

5. CONCLUSÕES

O término do tratamento de dados pessoais possui diversas possibilidades, sendo a sua mais comum a exclusão por completo, mas com outras formas, como a retirada de seu caráter pessoal pela anonimização.

Partindo inicialmente do direito a ser deixado sozinho, o direito à privacidade foi reconhecido pela Organização das Nações Unidas como um dos direitos da humanidade, protegendo o indivíduo da coletividade.

Este direito, evoluindo juntamente com a sociedade, passou a ser confrontado com novos desafios a partir da revolução da informação, principalmente com a evolução em escala geométrica do poder do processamento de dados e do uso da internet nos últimos cinquenta anos.

Coletados os dados do indivíduo, estes possuem as previsões legais de uso, seja para que o cidadão obtenha um serviço, seja para que o estado ou a entidade privada em questão, com base nas definições expostas no ordenamento, alcance o objetivo necessário.

---

58. Em tradução livre: "O titular dos dados deve ter o direito de obter do controlador o apagamento dos dados pessoais que lhe concernem sem atraso indevido e, o controlador deve ter a obrigação de apagar os dados pessoais sem atraso indevido quando um dos seguintes motivos for aplicável". No original: "The data subject shall have the right to obtain from the controller the erasure of personal data concerning him or her without undue delay and the controller shall have the obligation to erase personal data without undue delay where one of the following grounds applies."

59. Considerados ilícitos civis, nos termos do artigo 927 do Código Civil.

60. Não se olvida que o Supremo Tribunal Federal reconheceu a repercussão geral sobre a constitucionalidade do referido artigo nos autos do Recurso Extraordinário 1.037.396/SP, Tema 987, ainda pendente de apreciação pelo Pretório Excelso quando da publicação deste texto.

Por óbvio que a coleta e o tratamento não podem ser indiscriminados, sob pena de desbalancear a relação entre o indivíduo e o controlador dos seus dados, sendo impostos limites, o mais básico o término do tratamento com a exclusão dos dados por parte do controlador, mas com outras hipóteses, como a anonimização destes, perdendo o seu caráter pessoal.

O término tem como mote restaurar a privacidade dos dados da pessoa que os fornece ou de quem são extraídos, de modo que estes deixam de estarem expostos ou de serem efetivamente utilizados por terceiros além dos usos necessários para a finalidade que são propostos.

Por outro lado, o término do tratamento não é um direito absoluto, visto que, em algumas hipóteses, o direito à privacidade é suplantado por outros direitos de importância relevante no ordenamento jurídico, como, por exemplo, o direito à informação.

Surgem, assim, outras formas intermediárias, como a desindexação dos dados, que, efetivamente, não são uma hipótese de término do tratamento, mas um entrave ao direito à informação.

No direito brasileiro, a opção do legislador foi determinar a exclusão dos dados como forma básica do final do tratamento. No âmbito europeu, por sua vez, a alternativa escolhida foi determinar que o término do tratamento se dá pela exclusão dos dados, diretamente ligado ao direito ao esquecimento.

Classicamente, o direito ao esquecimento não possui uma conexão direta com fim do ciclo do tratamento de dados, visto que está ligado a um ilícito que, por sua vez, se traduz em um dano. O referido dano pode se traduzir apenas na passagem do tempo, ou seja, surge com a exposição considerada exagerada, de modo que a divulgação e o tratamento dos dados podem ocasionar danos apenas no futuro.

O término do tratamento, por sua vez não necessariamente está ligado a um dano, mas apenas ao fim da relação.

Surgem, portanto, confusões ou similaridades entre os institutos, sendo necessário que a doutrina alerte quais os precedentes estão de acordo com a melhor metodologia científica.

Não tendo optado o direito brasileiro em associar o término ao direito ao esquecimento, devem os juízes e árbitros, ao analisarem pedidos de exclusão ou de retirada de conteúdo de forma específica, sopesando se há um direito à informação da sociedade ou se, efetivamente, o direito à privacidade, não ao esquecimento, se faz válido, procedendo a uma das formas de término.

6. REFERÊNCIAS BIBLIOGRÁFICAS

ARENDT, Hannah. *A condição humana*. Trad. Roberto Raposo, posfácio de Celso Lafer. – 10. ed. – Rio de Janeiro: Forense Universitária, 2007.

BIONI, Bruno R.; MENDES, Laura Schertel. Regulamento europeu de proteção de dados pessoais e a lei geral brasileira de proteção de dados: mapeando convergências na direção de um nível de equivalência. In: TEPEDINO, Gustavo; FRAZÃO, Ana; OLIVA, Milena Donato. *Lei Geral de Proteção de Dados Pessoais e suas repercussões no direito brasileiro*. 2. ed. São Paulo: Ed. RT. 2020. p. 791-814.

CUEVA, Ricardo Villas Bôas. A proteção de dados pessoais na jurisprudência do Superior Tribunal de Justiça. In: TEPEDINO, Gustavo; FRAZÃO, Ana; OLIVA, Milena Donato. *Lei Geral de Proteção de Dados Pessoais e suas repercussões no direito brasileiro*. 2. ed. São Paulo: Ed. RT. 2020. p. 83-96.

DONEDA, Danilo. *Da privacidade à proteção de dados pessoais*. 2. ed. São Paulo: Ed. RT. 2019. *E-book*.

GUEDES, Gisela Sampaio da Cruz; MEIRELES, Rose Melo Vencelau. Término do Tratamento de Dados. In: TEPEDINO, Gustavo; FRAZÃO, Ana; OLIVA, Milena Donato. In: *Lei Geral de Proteção de Dados Pessoais e suas repercussões no direito brasileiro*. 2. ed. São Paulo: Ed. RT. 2020. p. 217-236.

FRAZÃO, Ana. Fundamentos da proteção dos dados pessoais – Noções introdutórias para a compreensão da importância da Lei Geral de Proteção de Dados. In: TEPEDINO, Gustavo; FRAZÃO, Ana; OLIVA, Milena Donato. *Lei Geral de Proteção de Dados Pessoais e suas repercussões no direito brasileiro*. 2. ed. São Paulo: Ed. RT. 2020. p. 23-52.

LI, Wenlong. A tale of two rights: exploring the potential conflict between right to data portability and right to be forgotten under the General Data Protection Regulation. *International Data Privacy Law*, v. 8, Issue 4, nov. 2018. p. 309-317. Disponível em: https://academic.oup.com/idpl/article-abstract/8/4/309/5047861. Acesso em: 18 out. 2020.

MALDONADO, Viviane Nóbrega. O Direito ao Esquecimento na Ordem Internacional. In: LIMA, Ana Paula M. Canto de; HISSA, Carmina Bezerra; SALDANHA, Paloma Mendes. *Direito Digital*: debates contemporâneos. ed. 2019. Thomson Reuters Brasil: São Paulo, 2019. *E-book*.

OLIVEIRA, Caio César de. *Eliminação, desindexação e esquecimento na internet*. São Paulo: Thomson Reuters Brasil. 2020.

RODOTÀ, Stefano. Dai ricordi ai dati l' oblio è un diritto? *LA REPUBBLICA*. Disponível em: https://ricerca.repubblica.it/repubblica/archivio/repubblica/2012/01/30/dai-ricordi-ai-dati-oblio-un.html. Acesso em: 18 out. 2020.

SCHREIBER, Anderson. Direito ao esquecimento e proteção e dados pessoais na Lei 13.709/2018: distinções e potenciais convergências. In: TEPEDINO, Gustavo; FRAZÃO, Ana; OLIVA, Milena Donato. *Lei Geral de Proteção de Dados Pessoais e suas repercussões no direito brasileiro*. 2. ed. São Paulo: Ed. RT. 2020. p. 363-380.

TZANOU, Maria, *The Unexpected Consequences of the EU Right to Be Forgotten: Internet Search Engines As Fundamental Rights Adjudicators* (November 2, 2018). Forthcoming, Personal Data Protection and Legal Developments in the European Union (ed.) Tzanou, M., (IGI Global, 2020), Disponível em SSRN: https://ssrn.com/abstract=3277348. Acesso em: 29 dez. 2020.

VOIGT, Paul. BUSSCHE, Axel von dem. *The EU General Data Protection Regulation (GDPR)*: A practical guide. 2017.

WARREN, Samuel D; BRANDEIS, Louis D. The Right to Privacy. *Harvard Law Review*, v. IV, dez. 1890. Disponível em http://groups.csail.mit.edu/mac/classes/6.805/articles/privacy/Privacy_brand_warr2.html. Acesso em: 18 out. 2020.

A TRANSFERÊNCIA INTERNACIONAL DE DADOS E A AVALIAÇÃO DO NÍVEL DE PROTEÇÃO DE DADOS DE PAÍSES ESTRANGEIROS OU ORGANISMOS INTERNACIONAIS

Lucas Cardoso Martini

Advogado, Bacharel em Direito pela Universidade Federal do Rio Grande do Sul (UFR-GS) e Mestrando no Programa de Pós-Graduação em Direito (PPGD) da Universidade Federal do Rio Grande do Sul (UFRGS) com ênfase em Direito Internacional Econômico.

Sumário: 1. Introdução – 2. A transferência internacional de dados; 2.1 Conceito; 2.2 Hipóteses – 3. A decisão de adequação; 3.1 Critérios; 3.2 Casos práticos – 4. Considerações finais – 5. Referências.

1. INTRODUÇÃO

Segundo o relatório *Digital globalization: The new era of global flows* do McKinsey Global Institute (MGI) de fevereiro de 2016, os fluxos de dados, que eram praticamente inexistentes há 15 anos, exercem agora um impacto maior no crescimento do PIB mundial que o comércio de bens, tendo gerado US\$ 2,8 trilhões em valor econômico no ano de 2014. Ainda de acordo com o relatório, esses fluxos cresceram quarenta e cinco vezes de 2005 a 2016 e projeta-se o crescimento de nove vezes nos próximos cinco anos se os fluxos de informações, buscas, comunicações, vídeos, transações, e tráfegos dentro de empresas continuarem crescendo. Além de transmitirem valiosos fluxos de informações e ideias próprias, os fluxos de dados permitem a circulação de bens, serviços, finanças e pessoas, ou seja, praticamente todo tipo de transação transfronteiriça agora possui um componente digital.[1] Essa realidade configura a chamada *data-driven economy*, na qual muitas empresas são dependentes dos dados, sendo grande parte destes dados pessoais.[2] A proteção de dados pessoais coloca-se, portanto, como um imperativo. O reconhecimento dessa importância fez surgir, a partir da década de 1970, legislações específicas e decisões judiciais em diversos países, assim como acordos internacionais e transnacionais sobre o tema.[3]

---

1. DIGITAL Globalization: The New Era of Global Flows. *McKinsey Global Institute*, 2016. Disponível em: https://www.mckinsey.com/business-functions/mckinsey-digital/our-insights/digital-globalization-the-new-era-of-global-flows. Acesso em: 04 nov. 2020.
2. AARONSON, Susan Ariel. *Data is Different*: Why the World Needs a New Approach to Governing Cross-Border Data Flows. CIGI Paper n. 197. 2018. p. 2.
3. MENDES, Laura Schertel. O direito fundamental à proteção de dados pessoais. *Revista de Direito do Consumidor*, São Paulo, v. 79, p. 45-82, jul.-set. 2011.

Em relação aos países europeus, pode-se considerar a Convenção 108 de 1981 para Proteção das Pessoas relativamente ao Tratamento Automatizado de Dados de Caráter Pessoal do Conselho da Europa um marco importante acerca da tutela e proteção dos dados pessoais.[4] Ela foi o primeiro instrumento internacional vinculante a trazer os princípios fundamentais da proteção de dados pessoais. Seus signatários são todos os estados-membros do Conselho da Europa, do qual fazem parte todos os países-membros da União Europeia, além de outros países como o Uruguai, que foi o primeiro país não membro do Conselho da Europa a ratificar a Convenção em 2013.[5] Interessante notar, já na Convenção 108 de 1981, a presença de um artigo dedicado especialmente aos fluxos transfronteiriços de dados de caráter pessoal. O artigo está dividido em três partes: a primeira define o seu campo de aplicação; a segunda veda que uma Parte proíba ou submeta a autorização especial os fluxos de dados baseada somente na finalidade de proteção da vida privada; a terceira e última parte permite o estabelecimento de derrogações à segunda parte do artigo quando há uma legislação interna que preveja uma regulamentação específica para certas categorias de dados pessoais ou quando a transferência for para o território de um país não contratante.[6]

Apesar da importante evolução trazida pela Convenção 108 de 1981 para Proteção das Pessoas relativamente ao Tratamento Automatizado de Dados de Caráter Pessoal do Conselho da Europa enquanto marco normativo de proteção de dados, dois motivos minaram sua eficácia. Primeiramente, até o início da década de 1990, poucos países da União Europeia haviam ratificado a Convenção. Em segundo lugar, a necessidade de remissões aos direitos nacionais restringia sua aplicação, pois nem todos os países signatários possuíam legislação sobre a matéria. Para solucionar essas falhas, foi aprovada, em 24 de outubro de 1995, a Diretiva 95/46/CE do Parlamento Europeu e do Conselho da Europa. Entre seus objetivos mais importantes estava a harmonização de toda a legislação europeia sobre proteção de dados pessoais com a finalidade de facilitar os fluxos dessas informações no mercado interno.[7] Uma das grandes novidades da Diretiva 95/46/CE foi o capítulo IV sobre a transferência internacional de dados pessoais para países terceiros que introduziu a necessidade de o país terceiro assegurar um nível de proteção adequado aos dados pessoais. Tal *status* de nível adequado de proteção de dados, durante a vigência da Diretiva, era

---

4. BRASIL. Escola Nacional de Defesa do Consumidor. *A proteção de dados pessoais nas relações de consumo*: para além da informação creditícia. Brasília, DF: ENDC, 2010. (Caderno de Investigações Científicas, v. 2). Disponível em: https://www.justica.gov.br/seus-direitos/consumidor/Anexos/manual-de-protecao-de-dados-pessoais.pdf.. Acesso em: 04 nov. 2020. p. 48.

5. VIOLA, Mario. *Transferência de dados entre Europa e Brasil: Análise da Adequação da Legislação Brasileira.* Rio de Janeiro: ITS Rio, 2019. Disponível em: https://itsrio.org/wp-content/uploads/2019/12/Relatorio_UK_Azul_INTERACTIVE_Justificado.pdf. Acesso em: 04 nov. de 2020. p. 16.

6. UNIÃO EUROPEIA. Convenção para a proteção das pessoas relativamente ao tratamento automatizado de dados de caráter pessoal: *Conselho da Europa*, Estrasburgo, 1981. Disponível em: https://www.cnpd.pt/bin/legis/internacional/Convencao108.htm.. Acesso em: 04 nov. 2020.

7. VIEIRA, Tatiana Malta. *O direito à privacidade na sociedade da informação*: efetividade desse direito fundamental diante dos avanços da tecnologia da informação. 2007. Dissertação (Mestrado em Direito, Estado e Sociedade) – Faculdade de Direito, Universidade de Brasília, Brasília, DF, 2007. Disponível em: repositorio.unb.br/bitstream/10482/3358/1/2007_TatianaMaltaVieira.pdf. Acesso em: 04 nov. 2020.

averiguado pelos estados-membros e pela Comissão Europeia.[8] Esse mecanismo, foi mantido e aprimorado no Regulamento Geral sobre a Proteção de Dados (RGPD), implementado em 2018, que revogou a Diretiva 95/46/CE.[9]

No Brasil, diferentemente da Europa, somente foi aprovada uma lei tratando especificamente sobre a proteção aos dados pessoais em 2018, quando a Lei Geral de Proteção de Dados Pessoais (LGPD) foi sancionada. Essa lei iniciou o que se pode chamar de um regime geral de proteção de dados pessoais no Brasil.[10] A LGPD é primordialmente influenciada pelo modelo europeu de proteção de dados, no qual se inserem a Convenção 108 de 1981 para Proteção das Pessoas relativamente ao Tratamento Automatizado de Dados de Caráter Pessoal do Conselho da Europa, a Diretiva 46/95/CE e o Regulamento Geral sobre a Proteção de Dados (RGPD).[11] Como a Diretiva e o Regulamentos Geral europeus, a Lei Geral de Proteção de Dados brasileira também traz dispositivos acerca da transferência internacional de dados e até mesmo prevê uma avaliação do nível de proteção de dados de países estrangeiros ou organismos internacionais praticamente idêntica à decisão de adequação europeia.[12] Tal iniciativa do legislador brasileiro de trazer dispositivos sobre a transferência internacional de dados na LGPD se deu basicamente por dois motivos: primeiramente, pela notória globalização econômica e, segundo, porque dificilmente transações envolvendo dados pessoais não têm uma dimensão internacional.[13] O reconhecimento dessa dimensão internacional da disciplina dos dados pessoais contribui para a eficácia das legislações de proteção de dados, pois essas normativas sofrem influências e influenciam sistemas de fora.[14]

Tendo em vista as influências recíprocas entre os sistemas e, principalmente, a forte inspiração do regime geral de proteção de dados pessoais brasileiro no modelo europeu de proteção de dados, o presente trabalho se destina a analisar a transferência internacional de dados e a avaliação do nível de proteção de dados de países estrangeiros ou organismos internacionais no RGPD e na LGPD. Para tanto, primeiramente, tratar-se-á da transferência internacional de dados trazendo seu conceito e hipóteses.

---

8. PARLAMENTO EUROPEU e CONSELHO. *Directiva 95/46/CE relativa à protecção das pessoas singulares no que diz respeito ao tratamento de dados pessoais e à livre circulação desses dados*. 1995. Disponível em: https://eur-lex.europa.eu/legal-content/PT/TXT/HTML/?uri=CELEX:31995L0046&from=pt. Acesso em: 04 nov. de 2020.

9. Idem. *Regulamento (UE) 2016/679 relativo à proteção das pessoas singulares no que diz respeito ao tratamento de dados pessoais e à livre circulação desses dados e que revoga a Diretiva 95/46/CE* (Regulamento Geral sobre a Proteção de Dados). 2016. Disponível em: https://eur-lex.europa.eu/legal-content/PT/TXT/PDF/?uri=CELEX:32016R0679&from=PT Acesso em: 04 nov. de 2020.

10. MENDES, Laura Schertel; DONEDA, Danilo. Reflexões iniciais sobre a nova Lei Geral de Proteção de Dados. *Revista de Direito do Consumidor*, São Paulo, v. 27, n. 120, p. 469-483, nov.-dez. 2018.

11. *Ibid.*

12. BRASIL. *Lei 13.709, de 14 de agosto de 2018*. Lei Geral de Proteção de Dados Pessoais (LGPD). Brasília, DF: Presidência da República, 2018. Disponível em: http://www.planalto.gov.br/ccivil_03/_ato2015-2018/2018/lei/L13709.htm. Acesso em: 04 nov. 2020.

13. CARVALHO, Angelo Gamba Prata de. Transferência internacional de dados na lei geral de proteção de dados: força normativa e efetividade diante do cenário transnacional. In: FRAZÃO, Ana; TEPEDINO, Gustavo; OLIVA, Milena Donato (coord.). *A Lei Geral de Proteção de Dados Pessoais e suas repercussões no direito brasileiro*. São Paulo: Ed. RT, 2019. p. 623.

14. DONEDA, Danilo. *Da privacidade à proteção de dados pessoais*. Rio de Janeiro: Renovar, 2006. pp. 307-308.

Após, examinar-se-ão a decisão de adequação, seus critérios e casos práticos. Por último, serão feitas as considerações finais.

2. A TRANSFERÊNCIA INTERNACIONAL DE DADOS

A regulação acerca da transferência internacional de dados na Lei Geral de Proteção de Dados Pessoais (LGPD) brasileira é uma das matérias na qual mais se observa a notável influência da revogada Diretiva Europeia 95/46/CE e do vigente Regulamento Geral sobre a Proteção de Dados (RGPD).[15] Entretanto, apesar da inspiração geral, alguns detalhes a respeito da conceituação e das hipóteses da transferência internacional de dados nos sistemas de proteção de dados brasileiro e europeu diferem. Portanto, convém apontar essas diferenças de forma mais aprofundada.

2.1 Conceito

A Lei Geral de Proteção de Dados Pessoais (LGPD) brasileira prevê, no seu artigo 5º, as definições a serem utilizadas para fins de sua interpretação. Entre essas definições está a da transferência internacional de dados, a qual é conceituada como a "transferência de dados pessoais para país estrangeiro ou organismo internacional do qual o país seja membro".[16] Diferentemente da redundância do conceito trazido pela Lei Geral de Proteção de Dados (LGPD) brasileira, o Regulamento Geral sobre a Proteção de Dados (RGPD) europeu se absteve de definir o que é a transferência internacional de dados.[17] De forma diversa, o RGPD propôs, no seu artigo 44º, o princípio geral das transferências a fim de assegurar o nível de proteção garantido pelo regulamento. De acordo com o Regulamento europeu,

> Qualquer transferência de dados pessoais que sejam ou venham a ser objeto de tratamento após transferência para um país terceiro ou uma organização internacional só é realizada se, sem prejuízo das outras disposições do presente regulamento, as condições estabelecidas no presente capítulo forem respeitadas pelo responsável pelo tratamento e pelo subcontratante, inclusivamente no que diz respeito às transferências ulteriores de dados pessoais do país terceiro ou da organização internacional para outro país terceiro ou outra organização internacional. Todas as disposições do presente capítulo são aplicadas de forma a assegurar que não é comprometido o nível de proteção das pessoas singulares garantido pelo presente regulamento.[18]

---

15. CHAVES, Luis Fernando Prado. Da transferência internacional de dados. In: MALDONADO, Viviane Nóbrega; BLUM, Renato Opice. *LGPD*: Lei Geral de Proteção de Dados comentada. São Paulo: Thompson Reuters Brasil, 2019 [versão digital].

16. BRASIL. *Lei 13.709, de 14 de agosto de 2018*. Lei Geral de Proteção de Dados Pessoais (LGPD). Brasília, DF: Presidência da República, 2018. Disponível em: http://www.planalto.gov.br/ccivil_03/_ato2015-2018/2018/lei/L13709.htm. Acesso em: 04 nov. 2020.

17. CARVALHO, Angelo Gamba Prata de. Transferência internacional de dados na lei geral de proteção de dados – força normativa e efetividade diante do cenário transnacional. In: FRAZÃO, Ana; TEPEDINO, Gustavo; OLIVA, Milena Donato (Coord.). *A Lei Geral de Proteção de Dados Pessoais e suas repercussões no direito brasileiro*. São Paulo: Ed. RT, 2019. p. 624.

18. PARLAMENTO EUROPEU e CONSELHO. *Regulamento (UE) 2016/679 relativo à proteção das pessoas singulares no que diz respeito ao tratamento de dados pessoais e à livre circulação desses dados e que revoga a*

Dessa forma, tendo em vista a obviedade da definição trazida pela Lei Geral de Proteção de Dados Pessoais (LGPD) brasileira acerca da transferência internacional de dados e da ausência desta no Regulamento Geral sobre a Proteção de Dados (RGPD) europeu, faz-se necessário recorrer a outros meios que não a legislação para colmatar a falta dessa conceituação. Assim, podem ser de grande auxílio o paradigmático Processo C-101/01 (Bodil Lindqvist vs. Åklagarkammaren i Jönköping), julgado pelo Tribunal de Justiça Europeu em 2003, e os entendimentos do *Information Comissioner's Office* (ICO), autoridade de proteção de dados do Reino Unido.

O Processo-101/01 indagou se o conceito de transferência internacional de dados para um país terceiro do artigo 25º da Diretiva Europeia 95/46/CE se aplicaria à inserção em um sítio eletrônico de dados de caráter pessoal, já que os tornava acessíveis a pessoas que se encontravam em um país terceiro. Apesar de tratar da Diretiva Europeia já revogada, a relevância desse caso permanece intacta, tendo em vista que o cerne da definição de transferência internacional de dados permanece o mesmo no Regulamento Geral sobre Proteção de Dados (RGPD) europeu e é reproduzido na Lei Geral de Proteção de Dados Pessoais (LGPD) brasileira. No caso em tela, O Tribunal de Justiça europeu entendeu por negar a aplicação do conceito de transferência internacional de dados à inserção de dados de caráter pessoal em um sítio eletrônico, pelos motivos que seguem:

> Se o artigo 25º da Diretiva 95/46 fosse interpretado no sentido de que existe uma «transferência para um país terceiro de dados» cada vez que são carregados dados de carácter pessoal numa página Internet, essa transferência seria necessariamente uma transferência para todos os países terceiros onde existem os meios técnicos necessários para aceder à Internet. O regime especial previsto no capítulo IV da referida directiva tornar-se-ia, necessariamente, no que respeita às operações na Internet, um regime de aplicação geral. Com efeito, desde que a Comissão verificasse, em aplicação do artigo 25º, 4, da Diretiva 95/46, que um país terceiro não assegura um nível de protecção adequado, os Estados-Membros seriam obrigados a impedir qualquer colocação na Internet de dados de carácter pessoal.[19]

Outra fonte que pode auxiliar na definição da transferência internacional de dados é o documento *International transfers after the UK exit from the EU Implementation Period* do *Information Comissioner's Office* (ICO), autoridade de proteção de dados do Reino Unido. Apesar da saída do Reino Unido da União Europeia, ele se manteve alinhado ao regime de proteção de dados do Regulamento Geral sobre Proteção de Dados (RGPD) europeu; portanto, os esclarecimentos dados pelo documento supramencionado são válidos para elucidar o conceito da transferência internacional de dados. Alguns trechos trazem exemplos interessantes

---

Diretiva 95/46/CE (Regulamento Geral sobre a Proteção de Dados). 2016. Disponível em: https://eur-lex.europa.eu/legal-content/PT/TXT/PDF/?uri=CELEX:32016R0679&from=PT.. Acesso em: 04 nov. de 2020.

19. TRIBUNAL DE JUSTIÇA DA UNIÃO EUROPEIA. *Processo C-101/01*. Bodil Lindqvist contra Åklagarkammaren i Jönköping. 2003 Disponível em: http://curia.europa.eu/juris/showPdf.jsf?text=&docid=48382&pageIndex=0&doclang=pt&mode=lst&dir=&occ=first&part=1&cid=21726310. Acesso em: 04 nov. 2020.

de transferências internacionais de dados pessoais (chamadas no documento de transferências restritas):

> Uma empresa britânica usa um serviço de recursos humanos centralizado nos Estados Unidos fornecido por sua matriz. A empresa britânica passa informações sobre seus empregados para sua matriz em conexão com o serviço de RH. Isso é uma transferência restrita.
>
> [...]
>
> Uma empresa britânica vende viagens na Austrália. Ela envia os dados pessoais de consumidores que compraram as viagens para os hotéis que eles escolheram na Austrália a fim de assegurar suas reservas. Isso é uma transferência restrita.
>
> Transferência não significa o mesmo que trânsito. Se o dado pessoal é somente encaminhado eletronicamente através de outro país que não o Reino Unido, mas a transferência é realmente de uma organização britânica para outra, então isso não é uma transferência restrita.
>
> [...]
>
> Dados pessoais são transferidos de um controlador no Reino Unido para outro controlador no Reino Unido por meio de um servidor na Austrália. Não há intenção de que o dado pessoal seja acessado ou manipulado enquanto esteja na Austrália. Portanto, não há uma transferência restrita. (tradução nossa)[20]

Da mesma forma, Luis Fernando Prado Chaves colabora com mais alguns exemplos de transferências internacionais de dados pessoais:

> Armazenamento de dados em *data centers* fisicamente localizados no exterior;
>
> Terceirização de serviço de atendimento ao consumidor;
>
> Contratação de provedor de computação em serviço de nuvem estrangeiro;
>
> Contratação de provedor de e-mail estrangeiro.[21]

Além desses exemplos, Alexandra Maria Rodrigues de Araújo ensina valiosas lições para a identificação da noção de transferência internacional de dados pessoais. O primeiro elemento apontado por ela é que os dados transferidos têm de ser de caráter pessoal. Em segundo lugar, tais transferências devem ser objeto de tratamento ou serem destinadas a serem objeto de tratamento após sua transferência. Ainda, a informação transferida deve "estar deliberadamente disponível para destinatários no país terceiro".[22] Portanto, como já apontado pelo documento *International transfers after the UK exit from the EU Implementation Period* do *Information Comissioner's Office* (ICO), "o conceito de transferência de dados

---

20. INFORMATION COMISSIONER'S OFFICE. *International transfers after the UK exit from the EU Implementation Period*. 2020. Disponível em: https://ico.org.uk/for-organisations/guide-to-data-protection/guide-to-the-general-data-protection-regulation-gdpr/international-transfers-after-the-uk-exit-from-the-eu-implementation-period/. Acesso em: 04 nov. 2020.

21. CHAVES, Luis Fernando Prado. Da transferência internacional de dados. In: MALDONADO, Viviane Nóbrega; BLUM, Renato Opice. *LGPD*: Lei Geral de Proteção de Dados comentada. São Paulo: Thompson Reuters Brasil, 2019 [versão digital].

22. ARAÚJO, Alexandra Maria Rodrigues. As transferências transatlânticas de dados pessoais: o nível de proteção adequado depois de Schrems. *Revista Direitos Humanos e Democracia*, Ijuí, ano 5, n. 9, 2017. pp. 201-236.

pessoais exclui, também, as situações de mero trânsito de dados pelo território de um Estado terceiro".[23]

Esclarecidos alguns pontos acerca do conceito da transferência internacional de dados pessoais, cabe apontar as hipóteses em que são permitidas tais transferências. É importante ressaltar que as transferências internacionais de dados pessoais são exceção à regra, visto que podem ocorrer tão somente nas hipóteses previstas taxativamente em lei.[24]

2.2 Hipóteses

As hipóteses de ocorrência da transferência internacional de dados pessoais estão previstas no artigo 33 da Lei Geral de Proteção de Dados Pessoais (LGPD) brasileira e no capítulo V do Regulamento Geral sobre Proteção de Dados (RGPD) europeu. Nota-se, como em toda a LGPD, a clara influência do Regulamento europeu no rol de hipóteses previsto na Lei brasileira. Todavia, cabe observar mais atentamente a regulação da matéria nas duas leis.

Como o Regulamento Geral sobre Proteção de Dados (RGPD) europeu, a Lei Geral de Proteção de Dados Pessoais (LGPD) brasileira estabeleceu três grupos diferentes de hipóteses da ocorrência das transferências internacionais de dados pessoais.[25] Uma diferença marcante entre as legislações brasileira e europeia é que a primeira não deixa clara uma ordem de preferência entre os grupos de requisitos para se legitimar uma transferência, que segundo Luis Fernando Prado Chaves são "alternativos".[26] No Regulamento europeu, ao contrário, é cristalina a ordem de preferência do primeiro grupo em relação ao segundo e deste ao terceiro.

O primeiro grupo compreende apenas um caso: quando o país terceiro ou organismo internacional de destino proporciona um grau de proteção aos dados pessoais adequado em relação à Lei Geral de Proteção de Dados Pessoais (LGPD) brasileira ou ao Regulamento Geral sobre Proteção de Dados (RGPD) europeu. No artigo 45° do RGPD[27], esse mecanismo de avaliação do nível de proteção de dados de países estrangeiros ou organismos internacionais é batizado de decisão de adequação, a qual será examinada em detalhes na seção seguinte do presente trabalho.

---

23. Ibid.
24. CHAVES, Luis Fernando Prado. Op. cit.
25. CARVALHO, Angelo Gamba Prata de. Transferência internacional de dados na lei geral de proteção de dados – força normativa e efetividade diante do cenário transnacional. In: FRAZÃO, Ana; TEPEDINO, Gustavo; OLIVA, Milena Donato (Coord.). *A Lei Geral de Proteção de Dados Pessoais e suas repercussões no direito brasileiro*. São Paulo: Ed. RT, 2019. p. 624.
26. CHAVES, Luis Fernando Prado. Da transferência internacional de dados. In: MALDONADO, Viviane Nóbrega; BLUM, Renato Opice. *LGPD*: Lei Geral de Proteção de Dados comentada. São Paulo: Thompson Reuters Brasil, 2019 [versão digital].
27. PARLAMENTO EUROPEU e CONSELHO. *Regulamento (UE) 2016/679 relativo à proteção das pessoas singulares no que diz respeito ao tratamento de dados pessoais e à livre circulação desses dados e que revoga a Diretiva 95/46/CE* (Regulamento Geral sobre a Proteção de Dados). 2016. Disponível em: https://eur-lex.europa.eu/legal-content/PT/TXT/PDF/?uri=CELEX:32016R0679&from=PT.. Acesso em: 04 nov. de 2020.

O segundo grupo engloba as garantias oferecidas e comprovadas no caso da LGPD pelo controlador do "cumprimento dos princípios, dos direitos do titular e do regime de proteção de dados previstos nesta Lei".[28] No caso do RGPD, essas garantias podem ser dadas tanto pelos controladores ("responsáveis do tratamento") quanto pelos operadores ("subcontratantes").[29] As garantias previstas tanto na Lei Geral de Proteção de Dados Pessoais (LGPD) brasileira quanto no Regulamento Geral sobre Proteção de Dados (RGPD) europeu são: as cláusulas contratuais específicas estabelecidas entre as partes para determinada transferência; as cláusulas-padrão contratuais; as normas corporativas globais; os selos e certificados; e os códigos de conduta. Segundo o artigo 35 da LGPD, a definição do conteúdo desses instrumentos é de responsabilidade da Autoridade Nacional de Proteção de Dados (ANPD).[30]

O terceiro e último grupo compreende as chamadas derrogações específicas, que na LGPD estão dispostas do inciso III ao inciso IX do artigo 33[31]:

> Art. 33. A transferência internacional de dados pessoais somente é permitida nos seguintes casos:
>
> [...]
>
> III – quando a transferência for necessária para a cooperação jurídica internacional entre órgãos públicos de inteligência, de investigação e de persecução, de acordo com os instrumentos de direito internacional;
>
> IV – quando a transferência for necessária para a proteção da vida ou da incolumidade física do titular ou de terceiro;
>
> V – quando a autoridade nacional autorizar a transferência;
>
> VI – quando a transferência resultar em compromisso assumido em acordo de cooperação internacional;
>
> VII – quando a transferência for necessária para a execução de política pública ou atribuição legal do serviço público, sendo dada publicidade nos termos do inciso I do caput do art. 23 desta Lei;
>
> VIII – quando o titular tiver fornecido o seu consentimento específico e em destaque para a transferência, com informação prévia sobre o caráter internacional da operação, distinguindo claramente esta de outras finalidades; ou
>
> IX – quando necessário para atender as hipóteses previstas nos incisos II, V e VI do art. 7º desta Lei.[32]

---

28. BRASIL. *Lei 13.709, de 14 de agosto de 2018*. Lei Geral de Proteção de Dados Pessoais (LGPD). Brasília, DF: Presidência da República, 2018. Disponível em: http://www.planalto.gov.br/ccivil_03/_ato2015-2018/2018/lei/L13709.htm. Acesso em: 04 nov. 2020.

29. Art. 46º (1) do RGPD: "Não tendo sido tomada qualquer decisão nos termos do artigo 45.o, n.o 3, os *responsáveis pelo tratamento* ou *subcontratantes* só podem transferir dados pessoais para um país terceiro ou uma organização internacional se tiverem apresentado garantias adequadas, e na condição de os titulares dos dados gozarem de direitos oponíveis e de medidas jurídicas corretivas eficazes." (grifo nosso)

30. BRASIL. *Lei 13.709, de 14 de agosto de 2018*. Lei Geral de Proteção de Dados Pessoais (LGPD). Brasília, DF: Presidência da República, 2018. Disponível em: http://www.planalto.gov.br/ccivil_03/_ato2015-2018/2018/lei/L13709.htm. Acesso em: 04 nov. 2020.

31. Ibid.

32. Art. 7º da LGPD: "O tratamento de dados pessoais somente poderá ser realizado nas seguintes hipóteses: [...] II – para o cumprimento de obrigação legal ou regulatória pelo controlador; [...] V – quando necessário para a execução de contrato ou de procedimentos preliminares relacionados a contrato do qual seja parte o titular, a pedido do titular dos dados; VI – para o exercício regular de direitos em processo judicial, administrativo ou arbitral, esse último nos termos da Lei 9.307, de 23 de setembro de 1996 (Lei de Arbitragem);"

No Regulamento Geral sobre a Proteção de Dados (RGPD), as derrogações se dão sob as seguintes circunstâncias: consentimento explícito do titular dos dados; execução de um contrato entre o titular de dados e o responsável pelo tratamento; celebração ou execução de contrato no interesse do titular dos dados; importantes razões de interesse público; declaração, exercício ou defesa de um direito em um processo judicial; proteção de interesses vitais do titular dos dados; registro que se destine a informar o público.[33]

Feitas as devidas considerações acerca das hipóteses de ocorrência da transferência internacional de dados pessoais na Lei Geral de Proteção de Dados Pessoais (LGPD) brasileira e no Regulamento Geral sobre Proteção de Dados (RGPD) europeu, cabe agora adentrar mais profundamente na primeira destas hipóteses: a decisão de adequação. Faz-se necessário observar sua gênese, seus critérios e casos práticos.

3. A DECISÃO DE ADEQUAÇÃO

A decisão de adequação surgiu ainda sem esse nome na Diretiva Europeia 95/46/CE. No seu artigo 25°, a Diretiva estabeleceu que a transferência de dados pessoais para um país terceiro só poderia se realizar se o país terceiro assegurasse um nível de proteção adequado. Ainda, previu as circunstâncias que deveriam ser consideradas para avaliar o nível de proteção e tornou competentes para realizar essa avaliação os estados-membros da União Europeia e a Comissão Europeia.[34]

O Regulamento Geral sobre a Proteção de Dados (RGPD) europeu no seu artigo 45° cunhou o termo decisão de adequação e trouxe algumas mudanças. Além de países terceiros, foram incluídas as organizações internacionais como destino das transferências. Os elementos a serem considerados ao avaliar a adequação do nível de proteção foram modificados, o que será detalhado na seção seguinte. Por fim, a competência da decisão de adequação passou a ser só da Comissão Europeia.[35]

Na Lei Geral de Proteção de Dados Pessoais (LGPD) brasileira, a decisão de adequação está prevista no inciso I do art. 33 e segue a mesma lógica do regime europeu de proteção de dados. Entretanto, a legislação brasileira apresenta algumas peculiaridades. O artigo 34 da LGPD determina que a competência da avaliação da adequação do nível de proteção aos dados pessoais é da Autoridade Nacional de

---

33. PARLAMENTO EUROPEU e CONSELHO. *Regulamento (UE) 2016/679 relativo à proteção das pessoas singulares no que diz respeito ao tratamento de dados pessoais e à livre circulação desses dados e que revoga a Diretiva 95/46/CE* (Regulamento Geral sobre a Proteção de Dados). 2016. Disponível em: https://eur-lex.europa.eu/legal-content/PT/TXT/PDF/?uri=CELEX:32016R0679&from=PT.. Acesso em: 04 nov. de 2020.

34. Id. *Diretiva 95/46/CE relativa à protecção das pessoas singulares no que diz respeito ao tratamento de dados pessoais e à livre circulação desses dados*. 1995. Disponível em: https://eur-lex.europa.eu/legal-content/PT/TXT/HTML/?uri=CELEX:31995L0046&from=pt. Acesso em: 04 nov. de 2020.

35. PARLAMENTO EUROPEU E CONSELHO. *Regulamento (UE) 2016/679 relativo à proteção das pessoas singulares no que diz respeito ao tratamento de dados pessoais e à livre circulação desses dados e que revoga a Diretiva 95/46/CE* (Regulamento Geral sobre a Proteção de Dados). 2016. Disponível em: https://eur-lex.europa.eu/legal-content/PT/TXT/PDF/?uri=CELEX:32016R0679&from=PT.. Acesso em: 04 nov. de 2020.

Proteção de Dados (ANPD). Os critérios da LGPD para avaliar o grau de adequação também diferem do RGPD, o que será trabalhado em detalhes a seguir.[36]

3.1 Critérios

Na Diretiva Europeia 95/46/CE, os critérios observados para avaliar a adequação do nível de proteção oferecido por um país terceiro eram

> a natureza dos dados, a finalidade e a duração do tratamento ou tratamentos projectados, os países de origem e de destino final, as regras de direito, gerais ou sectoriais, em vigor no país terceiro em causa, bem como as regras profissionais e as medidas de segurança que são respeitadas nesse país.[37]

O Grupo de Trabalho do Artigo 29, o qual tem como uma de suas responsabilidades emitir pareceres sobre o nível de proteção de países terceiros quando está em jogo uma decisão de adequação, complementou a Diretiva com alguns critérios. Primeiramente, deveriam ser analisados o conteúdo da legislação em vigor e os meios destinados a assegurar sua efetiva aplicação. Ainda, o Grupo criou uma lista não rígida de princípios de deveria ser observada para existência de uma proteção adequada: o princípio da limitação da finalidade do tratamento; o princípio da proporcionalidade e da qualidade dos dados; o princípio da transparência; o princípio da segurança; os direitos de acesso, de retificação e de oposição; e as restrições relativas a transferências subsequentes.[38]

Por sua vez, no Regulamento Geral sobre a Proteção dos Dados (RGPD) europeu, passaram a ser considerados os seguintes elementos:

> a) O primado do Estado de direito, o respeito pelos direitos humanos e liberdades fundamentais, a legislação pertinente em vigor, tanto a geral como a setorial, nomeadamente em matéria de segurança pública, defesa, segurança nacional e direito penal, e respeitante ao acesso das autoridades públicas a dados pessoais, bem como a aplicação dessa legislação e das regras de proteção de dados, das regras profissionais e das medidas de segurança, incluindo as regras para a transferência ulterior de dados pessoais para outro país terceiro ou organização internacional, que são cumpridas nesse país ou por essa organização internacional, e a jurisprudência, bem como os direitos dos titulares dos dados efetivos e oponíveis, e vias de recurso administrativo e judicial para os titulares de dados cujos dados pessoais sejam objeto de transferência;
>
> b) A existência e o efetivo funcionamento de uma ou mais autoridades de controlo independentes no país terceiro ou às quais esteja sujeita uma organização internacional, responsáveis por assegurar e impor o cumprimento das regras de proteção de dados, e dotadas de poderes coercitivos adequados para assistir e aconselhar os titulares dos dados no exercício dos seus direitos, e cooperar com as autoridades de controlo dos Estados-Membros;

---

36. BRASIL. *Lei 13.709, de 14 de agosto de 2018*. Lei Geral de Proteção de Dados Pessoais (LGPD). Brasília, DF: Presidência da República, 2018. Disponível em: http://www.planalto.gov.br/ccivil_03/_ato2015-2018/2018/lei/L13709.htm. Acesso em: 04 nov. 2020.

37. PARLAMENTO EUROPEU e CONSELHO. *Directiva 95/46/CE relativa à protecção das pessoas singulares no que diz respeito ao tratamento de dados pessoais e à livre circulação desses dados*. 1995. Disponível em: https://eur-lex.europa.eu/legal-content/PT/TXT/HTML/?uri=CELEX:31995L0046&from=pt. Acesso em: 04 nov. de 2020.

38. ARAÚJO, Alexandra Maria Rodrigues. As transferências transatlânticas de dados pessoais: o nível de proteção adequado depois de Schrems. *Revista Direitos Humanos e Democracia*, Ijuí, ano 5, n. 9, 2017. p. 201-236.

e c) Os compromissos internacionais assumidos pelo país terceiro ou pela organização internacional em causa, ou outras obrigações decorrentes de convenções ou instrumentos juridicamente vinculativos, bem como da sua participação em sistemas multilaterais ou regionais, em especial em relação à proteção de dados pessoais.[39]

Na Lei Geral de Proteção de Dados Pessoais (LGPD) brasileira, o artigo 34 prevê que a Autoridade Nacional de Proteção de Dados (ANPD) levará em conta:

I – as normas gerais e setoriais da legislação em vigor no país de destino ou no organismo internacional;

II – a natureza dos dados;

III – a observância dos princípios gerais de proteção de dados pessoais e direitos dos titulares previstos nesta Lei;

IV – a adoção de medidas de segurança previstas em regulamento;

V – a existência de garantias judiciais e institucionais para o respeito aos direitos de proteção de dados pessoais; e

VI – outras circunstâncias específicas relativas à transferência.[40]

Como se pode observar, comparando os critérios do Regulamento Geral sobre a Proteção de Dados (RGPD) europeu e da Lei Geral de Proteção de Dados Pessoais (LGPD) brasileira, no caso europeu, a Comissão Europeia se depara com três pilares bem abertos, porém muito mais específicos do que os critérios dispostos na LGPD.[41] Assim, pode-se afirmar que a Comissão ao avaliar a adequação do nível de proteção de um país terceiro ou organismo internacional adentra muito mais profundamente o âmago dos sistemas os quais avalia. Ainda, a LGPD ao estabelecer como critério "a observância dos princípios gerais de proteção de dados pessoais e direitos dos titulares previstos nesta Lei"[42] parece não requerer uma legislação específica de proteção de dados no país de destino da transferência internacional de dados pessoais.[43]

Dessa forma, feitas as devidas considerações a respeito dos critérios levados em conta pela Diretiva 95/46/CE, pelo Grupo de Trabalho do Artigo 29, pelo RGPD e pela LGPD quando da avaliação do nível de proteção adequado de países terceiros e organismos internacionais, cabe observar alguns casos práticos que ilustram a aplicação da decisão de adequação. Como não há ainda nenhuma decisão de adequação

---

39. PARLAMENTO EUROPEU e CONSELHO. *Regulamento (UE) 2016/679 relativo à proteção das pessoas singulares no que diz respeito ao tratamento de dados pessoais e à livre circulação desses dados e que revoga a Diretiva 95/46/CE* (Regulamento Geral sobre a Proteção de Dados). 2016. Disponível em: https://eur-lex.europa.eu/legal-content/PT/TXT/PDF/?uri=CELEX:32016R0679&from=PT.. Acesso em: 04 nov. de 2020.

40. BRASIL. *Lei 13.709, de 14 de agosto de 2018*. Lei Geral de Proteção de Dados Pessoais (LGPD). Brasília, DF: Presidência da República, 2018. Disponível em: http://www.planalto.gov.br/ccivil_03/_ato2015-2018/2018/lei/L13709.htm. Acesso em: 04 nov. 2020.

41. CARVALHO, Angelo Gamba Prata de. Transferência internacional de dados na lei geral de proteção de dados – força normativa e efetividade diante do cenário transnacional. In: FRAZÃO, Ana; TEPEDINO, Gustavo; OLIVA, Milena Donato (coord.). *A Lei Geral de Proteção de Dados Pessoais e suas repercussões no direito brasileiro*. São Paulo: Ed. RT, 2019. P. 625.

42. BRASIL. Op. cit.

43. CARVALHO, Angelo Gamba Prata de. Op. cit.

prolatada pela Autoridade Nacional de Proteção de Dados (ANPD) brasileira, é interessante atentar para algumas decisões da União Europeia sob a égide do Diretivo 95/46/CE e do RGPD. A título de exemplo, serão analisados os casos de Argentina, Uruguai, Japão e Estados Unidos pelos motivos que serão expressos a seguir.

3.2 Casos práticos

Os países cujo grau de proteção de dados pessoais foi considerado adequado pela Comissão Europeia segundo a Diretiva 95/46/CE e o Regulamento Geral sobre a Proteção de Dados (RGPD) europeu são: Andorra, Argentina, Canada, Guernsey, Ilha de Man, Ilhas Faroé, Israel, Japão, Jersey, Nova Zelândia, Suíça e Uruguai.[44] Apesar de a Diretiva ter sido revogada pelo RGPD, as decisões de adequação tomadas durante a sua vigência foram recepcionadas pelo Regulamento europeu.

Algumas razões motivaram a escolha dos casos de Argentina, Uruguai, Japão e Estados Unidos. Primeiramente, Argentina e Uruguai fazem parte do MERCOSUL como o Brasil, o que poderia facilitar uma futura decisão de adequação da União Europeia em relação a todo o bloco. Além disso, ambos os países foram reconhecidos como adequados sob a vigência de uma autoridade nacional de proteção de dados não independente, como é o caso da ANPD brasileira.[45] A relevância do caso japonês se justifica visto que essa decisão de adequação recíproca entre a União Europeia e o Japão criou "o maior espaço de circulação segura de dados à escala mundial".[46] Por fim, a presença dos Estados Unidos na lista dos casos práticos analisados se dá por dois motivos. Primeiramente, por causa da relevância econômica das trocas comerciais entre o país e o bloco europeu, que em 2019 foram estimadas em 1,1 trilhão de dólares.[47] Em segundo lugar, porque o acordo *Privacy Shield*, uma espécie de decisão de adequação em relação às empresas estadunidenses, foi recentemente invalidado pela Corte de Justiça da União Europeia.[48]

Argentina e Uruguai receberam uma decisão de adequação da Comissão Europeia respectivamente em 2003 e 2012, quando ainda era vigente a Diretiva 95/46/

---

44. COMISSÃO EUROPEIA. *Adequacy decisions*: How the EU determines if a non-EU country has an adequate level of data protection. Disponível em: https://ec.europa.eu/info/law/law-topic/data-protection/international-dimension-data-protection/adequacy-decisions_pt#documents. Acesso em: 04 nov. 2020.

45. VIOLA, Mario. *Transferência de dados entre Europa e Brasil*: análise da adequação da legislação brasileira. Rio de Janeiro: ITS Rio, 2019. Disponível em: https://itsrio.org/wp-content/uploads/2019/12/Relatorio_UK_Azul_INTERACTIVE_Justificado.pdf.. Acesso em: 04 nov. de 2020. p. 15.

46. COMISSÃO EUROPEIA. *Comissão Europeia adota uma decisão de adequação relativa ao Japão, criando o maior espaço de circulação segura de dados à escala mundial*. 2019. Disponível em: https://ec.europa.eu/newsroom/representations/item-detail.cfm?item_id=642976. Acesso em: 4 nov. 2020.

47. OFFICE OF THE UNITED STATES TRADE REPRESENTATIVE. *European Union*. 2019. Disponível em: https://ustr.gov/countries-regions/europe-middle-east/europe/european-union. Acesso em: 04 nov. 2020.

48. TRIBUNAL DE JUSTIÇA DA UNIÃO EUROPEIA. *Processo C-311/18*. Data Protection Commissioner contra Facebook Ireland Ltd, Maximilian Schrems. 2020 Disponível em: http://curia.europa.eu/juris/document/document.jsf?text=&docid=228677&pageIndex=0&doclang=PT&mode=lst&dir=&occ=first&part=1&cid=9745404. Acesso em: 04 nov. 2020.

CE.[49-50] Na época da decisão, a autoridade de proteção de dados argentina era a *Dirección Nacional de Protección de Datos Personales*, a qual era vinculada ao *Ministerio de Justicia, Seguridad y Derechos Humanos*.[51] Tal vinculação e consequente falta de independência não impediu a recepção dessa decisão de adequação pelo RGPD, o qual prevê a necessidade de "existência e o efetivo funcionamento de uma ou mais autoridades de controlo independentes no país terceiro".[52] Por sua vez, a autoridade uruguaia, chamada *Unidad Reguladora y de Control de Datos Personales*, somente goza de autonomia técnica, como a ANPD brasileira[53], o que também não obstou o reconhecimento da adequação na vigência do RGPD.

A decisão de adequação da Comissão Europeia relativa ao Japão foi tomada em 2019 sob a égide do Regulamento Geral sobre a Proteção de Dados (RGPD) europeu e foi resultado de um processo mais complexo do que o das decisões anteriores.[54] Antes de alcançar o *status* de país adequado, o Japão teve de instituir salvaguardas adicionais para proteger os dados pessoais dos cidadãos da União Europeia. Primeiramente foi necessário estabelecer um conjunto de regras complementares a fim de colmatar divergências entre os dois sistemas de proteção de dados. Ainda, teve de ser garantido que o acesso aos dados para efeitos de aplicação da lei penal e de segurança nacional seria limitado ao necessário. Por fim, foi preciso criar um mecanismo de tratamento de reclamações dos cidadãos europeus em matéria de acesso aos seus dados pelas autoridades públicas japonesas.[55]

Em 2000, os Estados Unidos e a União Europeia firmaram o *Safe Harbor Agreement*. Segundo esse acordo, empresas estadunidenses teriam uma decisão de adequação se aderissem ao programa estabelecido. Em 2015, o Tribunal de Justiça da União Europeia invalidou o acordo sob o fundamento de que ele não assegurava

---

49. COMISSÃO EUROPEIA. *Decisão da Comissão nos termos da Directiva 95/46/CE do Parlamento Europeu e do Conselho relativa à adequação do nível de proteção de dados pessoais na Argentina*. 2003. Disponível em: https://eur-lex.europa.eu/legal-content/PT/TXT/PDF/?uri=CELEX:32003D0490&from=EN. Acesso em: 4 nov. de 2020.

50. *Id. Decisão de Execução da Comissão nos termos da Directiva 95/46/CE do Parlamento Europeu e do Conselho relativa à adequação do nível de proteção de dados pessoais pela República Oriental do Uruguai no que se refere ao tratamento automatizado de dados*. 2012 Disponível em: https://eur-lex.europa.eu/legal-content/PT/TXT/PDF/?uri=CELEX:32012D0484&from=EN. Acesso em: 04 nov. 2020.

51. VIOLA, Mario. *Transferência de dados entre Europa e Brasil*: análise da adequação da legislação brasileira. Rio de Janeiro: ITS Rio, 2019. Disponível em: https://itsrio.org/wp-content/uploads/2019/12/Relatorio_UK_Azul_INTERACTIVE_Justificado.pdf.. Acesso em: 04 nov. de 2020. p. 16.

52. PARLAMENTO EUROPEU e CONSELHO. *Regulamento (UE) 2016/679 relativo à proteção das pessoas singulares no que diz respeito ao tratamento de dados pessoais e à livre circulação desses dados e que revoga a Diretiva 95/46/CE* (Regulamento Geral sobre a Proteção de Dados). 2016. Disponível em: https://eur-lex.europa.eu/legal-content/PT/TXT/PDF/?uri=CELEX:32016R0679&from=PT.. Acesso em: 04 nov. de 2020.

53. VIOLA, Mario. Op. cit.

54. PERRONE, Christian. Dados internacionais na encruzilhada e o contexto brasileiro. *JOTA*. 2020. Disponível em: https://www.jota.info/coberturas-especiais/liberdade-de-expressao/dados-internacionais-na-encruzilhada-e-o-contexto-brasileiro-21072020#_ftnref2. Acesso em: 04 nov. de 2020.

55. COMISSÃO EUROPEIA. *Comissão Europeia adota uma decisão de adequação relativa ao Japão, criando o maior espaço de circulação segura de dados à escala mundial*. 2019. Disponível em: https://ec.europa.eu/newsroom/representations/item-detail.cfm?item_id=642976. Acesso em: 04 nov. 2020.

um nível de proteção adequado[56] no que ficou conhecido como o caso "Schrems I" em homenagem ao ativista austríaco autor da ação. Dois meses após essa decisão, Schrems propôs uma nova ação, agora para invalidar as cláusulas contratuais padrão entre União Europeia e Estados Unidos, as quais permitiam a continuidade dos fluxos de dados entre eles. Nesse ínterim foi criado o *Privacy Shield*, um novo acordo de transferência internacional de dados dos cidadãos europeus para empresas estadunidenses. Mesmo sem mencioná-lo na ação, a relevância desse novo acordo foi questionada pela Corte Suprema da Irlanda no caso.[57] Em 2020, o Tribunal de Justiça da União Europeia julgou o processo e invalidou o *Privacy Shield*.[58]

4. CONSIDERAÇÕES FINAIS

Os temas da transferência internacional de dados pessoais e da avaliação do nível de proteção de dados de países estrangeiros ou organismos internacionais são extremamente complexos. Tendo em vista a clara inspiração da Lei Geral de Proteção de Dados Pessoais (LGPD) brasileira no regime europeu de proteção de dados, são valiosos os aportes interpretativos advindos da revogada Diretiva Europeia 95/46/CE, do Grupo de Trabalho do Artigo 29 e do vigente Regulamento Geral sobre Proteção de Dados (RGPD) europeu. Ainda, tal compatibilidade entre as legislações europeia e brasileira pode resultar em uma decisão de adequação da Comissão Europeia em relação ao Brasil, o que seria economicamente muito vantajoso, pois dispensaria o oferecimento de outras garantias por empresas brasileiras para tratar dados relacionados a cidadãos europeus. A presença de um arcabouço legal regulando a transferência internacional de dados na LGPD é importantíssima, tendo em vista a preocupação do RGPD em lembrar que o nível de proteção adequado deve ser respeitado inclusive em transferências ulteriores do país terceiro para outro país terceiro. Os casos de Argentina e Uruguai demonstram que a estrutura da ANPD brasileira, que goza somente de independência técnica, pode não ser um impeditivo para o reconhecimento do Brasil como um país adequado. Ainda, o caso do Japão demonstra a possibilidade de apresentação de salvaguardas adicionais durante as negociações. Por fim, utilizando a experiência europeia e a recente estruturação de sua ANPD, o Brasil poderia também começar a reconhecer outros países como adequados para transferência internacional de dados. Algumas possibilidades de países

---

56. TRIBUNAL DE JUSTIÇA DA UNIÃO EUROPEIA. *Processo C-362/14*. Maximilian Schrems contra Data Protection Commissioner. 2015 Disponível em: http://curia.europa.eu/juris/document/document.jsf;jsessionid=9ea7d0f130d533db9c37036c4035888dba38d2032125.e34KaxiLc3eQc40LaxqMbN4PaxuSe0?-text=&docid=169195&pageIndex=0&doclang=PT&mode=req&dir=&occ=first&part=1&cid=17631. Acesso em: 04 nov. 2020.

57. MORAES, Thiago Guimarães; VENTRE, Giovanna. A saga de Schrems e os programas de conformidade à proteção de dados no Brasil. *JOTA*, 2020. Disponível em: https://www.jota.info/opiniao-e-analise/artigos/saga-schrems-programas-conformidade-protecao-dados-09102020. Acesso em: 04 nov. de 2020.

58. TRIBUNAL DE JUSTIÇA DA UNIÃO EUROPEIA. *Processo C-311/18*. Data Protection Commissioner contra Facebook Ireland Ltd, Maximilian Schrems. 2020 Disponível em: http://curia.europa.eu/juris/document/document.jsf?text=&docid=228677&pageIndex=0&doclang=PT&mode=lst&dir=&occ=first&part=1&cid=9745404. Acesso em: 04 nov. 2020.

a serem avaliados são: Argentina e Uruguai – ambos já considerados adequados pela União Europeia – e Chile, que conta com uma lei de proteção de dados desde 1999.

5. REFERÊNCIAS

AARONSON, Susan Ariel. *Data is Different*: Why the World Needs a New Approach to Governing Cross-Border Data Flows. CIGI Paper n. 197. 2018.

ARAÚJO, Alexandra Maria Rodrigues. As transferências transatlânticas de dados pessoais: o nível de proteção adequado depois de Schrems. *Revista Direitos Humanos e Democracia*, Ijuí, ano 5, n. 9, 2017.

BRASIL. Escola Nacional de Defesa do Consumidor. *A proteção de dados pessoais nas relações de consumo*: para além da informação creditícia. Brasília, DF: ENDC, 2010. (Caderno de Investigações Científicas, v. 2). Disponível em: https://www.justica.gov.br/seus-direitos/consumidor/Anexos/manual-de-protecao-de-dados-pessoais.pdf. Acesso em: 04 nov. 2020.

BRASIL. *Lei 13.709, de 14 de agosto de 2018. Lei Geral de Proteção de Dados Pessoais (LGPD)*. Brasília, DF: Presidência da República, 2018. Disponível em: http://www.planalto.gov.br/ccivil_03/_ato2015-2018/2018/lei/L13709.htm. Acesso em: 04 nov. 2020.

CARVALHO, Angelo Gamba Prata de. Transferência internacional de dados na lei geral de proteção de dados: força normativa e efetividade diante do cenário transnacional. In: FRAZÃO, Ana; TEPEDINO, Gustavo; OLIVA, Milena Donato (Coord.). *A Lei Geral de Proteção de Dados Pessoais e suas repercussões no direito brasileiro*. São Paulo: Ed. RT, 2019.

CHAVES, Luis Fernando Prado. Da transferência internacional de dados. In: MALDONADO, Viviane Nóbrega; BLUM, Renato Opice. LGPD: *Lei Geral de Proteção de Dados comentada*. São Paulo: Thompson Reuters Brasil, 2019 [versão digital].

COMISSÃO EUROPEIA. *Adequacy decisions* – How the EU determines if a non-EU country has an adequate level of data protection. Disponível em: https://ec.europa.eu/info/law/law-topic/data-protection/international-dimension-data-protection/adequacy-decisions_pt#documents. Acesso em: 04 nov. 2020.

COMISSÃO EUROPEIA. *Comissão Europeia adota uma decisão de adequação relativa ao Japão, criando o maior espaço de circulação segura de dados à escala mundial*. 2019. Disponível em: https://ec.europa.eu/newsroom/representations/item-detail.cfm?item_id=642976. Acesso em: 04 nov. 2020.

COMISSÃO EUROPEIA. *Decisão da Comissão nos termos da Directiva 95/46/CE do Parlamento Europeu e do Conselho relativa à adequação do nível de proteção de dados pessoais na Argentina*. 2003. Disponível em: https://eur-lex.europa.eu/legal-content/PT/TXT/PDF/?uri=CELEX:32003D0490&from=EN. Acesso em: 04 nov. de 2020.

COMISSÃO EUROPEIA. *Decisão de Execução da Comissão nos termos da Directiva 95/46/CE do Parlamento Europeu e do Conselho relativa à adequação do nível de proteção de dados pessoais pela República Oriental do Uruguai no que se refere ao tratamento automatizado de dados*. 2012 Disponível em: https://eur-lex.europa.eu/legal-content/PT/TXT/PDF/?uri=CELEX:32012D0484&from=EN. Acesso em: 04 nov. 2020.

DIGITAL Globalization: The New Era of Global Flows. *McKinsey Global Institute*, 2016. Disponível em: https://www.mckinsey.com/business-functions/mckinsey-digital/our-insights/digital-globalization-the-new-era-of-global-flows. Acesso em: 04 nov. 2020.

DONEDA, Danilo. *Da privacidade à proteção de dados pessoais*. Rio de Janeiro: Renovar, 2006.

INFORMATION COMISSIONER'S OFFICE. *International transfers after the UK exit from the EU Implementation Period*. 2020. Disponível em: https://ico.org.uk/for-organisations/guide-to-data-protection/guide-to-the-general-data-protection-regulation-gdpr/international-transfers-after-the-uk-exit-from-the-eu-implementation-period/.. Acesso em: 04 nov. 2020.

MENDES, Laura Schertel. O direito fundamental à proteção de dados pessoais. *Revista de Direito do Consumidor*, São Paulo, v. 79, p. 45-82, jul.-set. 2011.

MENDES, Laura Schertel; DONEDA, Danilo. Reflexões iniciais sobre a nova Lei Geral de Proteção de Dados. *Revista de Direito do Consumidor*, São Paulo, v. 27, n. 120, p. 469-483, nov.-dez. 2018.

MORAES, Thiago Guimarães; VENTRE, Giovanna. A saga de Schrems e os programas de conformidade à proteção de dados no Brasil. *JOTA*, 2020. Disponível em: https://www.jota.info/opiniao-e-analise/artigos/saga-schrems-programas-conformidade-protecao-dados-09102020. Acesso em: 04 nov. de 2020.

OFFICE OF THE UNITED STATES TRADE REPRESENTATIVE. *European Union*. 2019. Disponível em: https://ustr.gov/countries-regions/europe-middle-east/europe/european-union. Acesso em: 04 nov. 2020.

PARLAMENTO EUROPEU e CONSELHO. *Directiva 95/46/CE relativa à protecção das pessoas singulares no que diz respeito ao tratamento de dados pessoais e à livre circulação desses dados*. 1995. Disponível em: https://eur-lex.europa.eu/legal-content/PT/TXT/HTML/?uri=CELEX:31995L0046&from=pt. Acesso em: 04 nov. de 2020.

PARLAMENTO EUROPEU e CONSELHO. *Regulamento (UE) 2016/679 relativo à proteção das pessoas singulares no que diz respeito ao tratamento de dados pessoais e à livre circulação desses dados e que revoga a Diretiva 95/46/CE* (Regulamento Geral sobre a Proteção de Dados). 2016. Disponível em: https://eur-lex.europa.eu/legal-content/PT/TXT/PDF/?uri=CELEX:32016R0679&from=PT Acesso em: 04 nov. de 2020.

PERRONE, Christian. Dados internacionais na encruzilhada e o contexto brasileiro. *JOTA*, 2020. Disponível em: https://www.jota.info/coberturas-especiais/liberdade-de-expressao/dados-internacionais-na-encruzilhada-e-o-contexto-brasileiro-21072020#_ftnref2. Acesso em: 04 nov. de 2020.

TRIBUNAL DE JUSTIÇA DA UNIÃO EUROPEIA. *Processo C-101/01*. Bodil Lindqvist contra Åklagarkammaren i Jönköping. 2003 Disponível em: http://curia.europa.eu/juris/showPdf.jsf?text=&docid=48382&pageIndex=0&doclang=pt&mode=lst&dir=&occ=first&part=1&cid=21726310. Acesso em: 04 nov. 2020.

TRIBUNAL DE JUSTIÇA DA UNIÃO EUROPEIA. *Processo C-311/18*. Data Protection Commissioner contra Facebook Ireland Ltd, Maximilian Schrems. 2020 Disponível em: http://curia.europa.eu/juris/document/document.jsf?text=&docid=228677&pageIndex=0&doclang=PT&mode=lst&dir=&occ=first&part=1&cid=9745404. Acesso em: 04 nov. 2020.

TRIBUNAL DE JUSTIÇA DA UNIÃO EUROPEIA. *Processo C-362/14*. Maximilian Schrems contra Data Protection Commissioner. 2015 Disponível em: http://curia.europa.eu/juris/document/document.jsf;jsessionid=9ea7d0f130d533db9c37036c4035888dba38d2032125.e34KaxiLc3eQc40LaxqMb-N4PaxuSe0?text=&docid=169195&pageIndex=0&doclang=PT&mode=req&dir=&occ=first&part=1&cid=17631. Acesso em: 04 nov. 2020.

UNIÃO EUROPEIA. *Convenção para a proteção das pessoas relativamente ao tratamento automatizado de dados de caráter pessoal*: Conselho da Europa, Estrasburgo, 1981. Disponível em: https://www.cnpd.pt/bin/legis/internacional/Convencao108.htm.. Acesso em: 04 nov. 2020.

VIEIRA, Tatiana Malta. O *direito à privacidade na sociedade da informação*: efetividade desse direito fundamental diante dos avanços da tecnologia da informação. 2007. Dissertação (Mestrado em Direito, Estado e Sociedade) – Faculdade de Direito, Universidade de Brasília, Brasília, DF, 2007. Disponível em: repositorio.unb.br/bitstream/10482/3358/1/2007_TatianaMaltaVieira.pdf. Acesso em: 04 nov. 2020.

VIOLA, Mario. *Transferência de dados entre Europa e Brasil*: Análise da Adequação da Legislação Brasileira. Rio de Janeiro: ITS Rio, 2019. Disponível em: https://itsrio.org/wp-content/uploads/2019/12/Relatorio_UK_Azul_INTERACTIVE_Justificado.pdf. Acesso em: 04 nov. de 2020.

AS CLÁUSULAS-PADRÃO CONTRATUAIS NA TRANSFERÊNCIA INTERNACIONAL DE DADOS

Caroline Schlatter

Mestranda em Direito pela Universidade Federal do Rio Grande do Sul – UFRGS, Advogada, schlatter.caroline@gmail.com.

Maria Luiza Baillo Targa

Doutoranda e Mestre em Direito pela Universidade Federal do Rio Grande do Sul – UFRGS, Especialista em Direito Francês e Europeu dos Contratos pela Université Savoie Mont Blanc, Especialista em Direito do Consumidor e Direitos Fundamentais pela UFRGS, Especialista em Direito Público pelo Centro Universitário de Brasília – UniCEUB, Advogada.

mlbtarga@gmail.com.

Sumário: 1. Introdução – 2. A transferência internacional de dados; A. A tutela da transferência internacional de dados; B. As garantias necessárias à transferência internacional de dados – 3. As cláusulas-padrão contratuais na transferência internacional de dados; A. A regulamentação das cláusulas-padrão contratuais na União Europeia e no Brasil; B. As cláusulas-padrão contratuais adotadas pela Comissão Europeia – 4. Considerações finais – 5. Referências

1. INTRODUÇÃO

Os dados são tidos hoje como o novo petróleo pois, além de essenciais ao exercício de diversas atividades econômicas, eles próprios são objeto de crescente mercado, uma vez que sua coleta e tratamento os convertem em informações necessárias ou úteis a dadas atividades econômicas. Na sociedade contemporânea, marcada pela constante intensificação da globalização, o fluxo internacional de dados torna-se corriqueiro[1] e ocorre em situações cotidianas[2], até mesmo porque grande parte dos servidores destinados a armazenar dados localiza-se no exterior[3], tornando-se a proteção dos

---

1. São exemplos de atividades que podem envolver transferência internacional de dados: "compartilhamento de base de dados de RH entre empresas do mesmo grupo (matriz-filial); armazenamento de dados em data centers fisicamente localizados no exterior; terceirização de serviço de atendimento ao consumidor; contratação de provedor de computação em serviço de nuvem estrangeiro; contratação de provedor de e-mail estrangeiro" (CHAVES, Luis Fernando Prado. Da transferência internacional de dados. In: MALDONADO, Viviane Nóbrega; BLUM, Renato Opice. *LGPD*: Lei Geral de Proteção de Dados comentada. São Paulo: Thompson Reuters Brasil, 2019 [versão digital]).

2. Vide tabela constante no seguinte artigo: UEHARA, Luiz Fernando; TAVARES FILHO, Paulo César. Transferência internacional de dados pessoais: uma análise crítica entre o Regulamento Geral de Proteção de Dados Pessoais da união europeia (RGPD) e a Lei Brasileira de Proteção de Dados Pessoais (LGPD). *Revista de Direito e as Novas Tecnologias*, São Paulo, v. 2, jan.-mar. 2019 [versão eletrônica].

3. O Projeto de Lei 2.126/2011 tentou impedir que o governo brasileiro utilizasse estruturas de armazenamento, gerenciamento e disseminação de dados localizadas no exterior. Seu objetivo era impedir que empresas

dados pessoais[4] imprescindível para garantir liberdades fundamentais, a igualdade e a integridade psicofísica[5] tanto no âmbito nacional quanto nas relações transnacionais.

Nesse contexto, a dimensão internacional da disciplina dos dados pessoais é relevante na medida em que as normativas que a regulamentam são permeáveis a influências de outros sistemas, exercendo influências recíprocas, motivo pelo qual iniciativas isoladas e em desalinho com as demais possuem eficácia escassa[6]. Em verdade, leis domésticas ou regionais que disciplinam a matéria perdem sua efetividade caso os demais países ou organismos internacionais para quem se pretende transferir os dados não possuam uma proteção adequada dos dados pessoais[7].

Em decorrência disso, e considerando que a compatibilidade entre diferentes sistemas pode facilitar os fluxos internacionais de dados para fins comerciais e de cooperação internacional[8], a Lei Geral de Proteção de Dados (LGPD), na esteira do Regulamento Geral de Proteção de Dados (RGPD) europeu e da anterior Diretiva 95/46/CE, prevê normas destinadas a garantir a higidez de operações de transferência internacional de dados pessoais a país estrangeiro ou organismo internacional[9].

No direito europeu, aplica-se a tais fluxos o princípio[10] do nível de proteção adequado[11], incumbindo às organizações internacionais ou países terceiros (não

---

nacionais se furtassem da obrigação de cumprir a lei brasileira e prevenir espionagem internacional. Ante a resistência encontrada na Câmara dos Deputados, retirou-se tal impedimento e se estabeleceu que, nas operações de coleta, armazenamento, guarda e tratamento de dados pessoais em que ao menos um dos atos ocorra em território nacional, deverão ser respeitados a legislação brasileira, os direitos à privacidade e à proteção dos dados pessoais, bem como o sigilo das comunicações privadas e dos registros (OLIVEIRA, Júlia Pauro. Empresas e órgãos públicos podem contratar data centers no exterior. *Conjur.* Disponível em: https://www.conjur.com.br/2017-mar-17/empresas-orgaos-publicos-podem-contratar-data-centers-exterior. Acesso em: 04 out. 2020).

4. Segundo Pinheiro, dados pessoais não se limitam a "nome, sobrenome, apelido, idade, endereço residencial ou eletrônico, podendo incluir dados de localização, placas de automóvel, perfis de compras, número do *Internet Protocol* (IP), dados acadêmicos, histórico de compras, entre outros" (PINHEIRO, Patricia Peck. *Proteção de dados pessoais:* comentários à Lei 13.709/2018. São Paulo: Saraiva Educação, 2018, p. 26).

5. TEPEDINO, Gustavo; TEFFÉ, Chuara Spadaccini de. Consentimento e proteção de dados pessoais na LGPD. In: *A Lei Geral de Proteção de Dados Pessoais e suas repercussões no direito brasileiro.* São Paulo: Ed. RT, 2019 [versão digital].

6. DONEDA, Danilo. *Da privacidade à proteção de dados pessoais.* Rio de Janeiro: Renovar, 2006. p. 307-308.

7. ARAÚJO, Alexandra Maria Rodrigues. As transferências transatlânticas de dados pessoais: o nível de proteção adequado depois de *schrems. Revista Direitos Humanos e Democracia,* Ijuí, ano 5, n. 9, p. 201-236, jan.-jun. 2017, p. 203.

8. UNIÃO EUROPEIA. Comunicação da Comissão ao Parlamento Europeu e ao Conselho: Intercâmbio e proteção de dados pessoais num mundo globalizado. *Câmara dos Deputados.* Disponível em: https://www2.camara.leg.br/atividade-legislativa/comissoes/comissoes-temporarias/especiais/55a-legis latura/pl-4060-12-tratamento-e-protecao-de-dados-pessoais/documentos/outros-documentos/ComissoEuropeia.pdf. Acesso em: 20 out. 2020.

9. BRASIL. Lei 13.709, de 14 de agosto de 2018. *Planalto.* Disponível em: http://www. planalto.gov.br/ccivil_03/_ato2015-2018/2018/lei/L13709.htm. Acesso em: 04 out. 2020.

10. Para melhor compreensão do seu conteúdo, ver: UNIÃO EUROPEIA. Transfers of personal data to third countries: Applying Articles 25 and 26 of the EU data protection directive Adopted by the Working Party on 24 July 1998. *Ec-europa.* Disponível em: https://ec.europa.eu/justice/article-29/documentation/opinion-recommendation/files/1998/wp12en.pdf. Acesso em: 25 out. 2020.

11. O artigo 25(1) da Diretiva 95/46/CE já referia tal princípio, o qual foi mantido pelo Regulamento europeu em vigor (LIMA, Cíntia Rosa Pereira de; PEROLI, Kelvin. A aplicação da Lei Geral de Proteção de Dados

membros da União Europeia e nem do Espaço Econômico Europeu), para quem se pretendam transferir os dados, prover nível adequado de proteção aos dados pessoais[12]. No Brasil, também há tal exigência. Outrossim, ambas as normas permitem a transferência de dados em circunstâncias específicas ou quando oferecidas e comprovadas garantias que assegurem a adequada proteção de dados. Dentre elas, a utilização de cláusulas-padrão contratuais, mecanismo bastante empregado no âmbito europeu e que, provavelmente, será muito utilizado aqui, motivo pelo qual é importante o seu estudo.

No presente trabalho, analisa-se, em um primeiro momento, o regime de tutela da transferência internacional de dados pessoais e as garantias que podem ser oferecidas para assegurar a adequada proteção de dados, para que, em um segundo momento, sejam abordadas de forma específica a regulamentação e o conteúdo das cláusulas-padrão contratuais, tanto no âmbito da União Europeia quanto no do Brasil.

2. A TRANSFERÊNCIA INTERNACIONAL DE DADOS

A Convenção Internacional de Proteção de Dados do Conselho da Europa, de 1981, representou o primeiro instrumento internacional obrigatório[13] que protege o indivíduo contra abusos que podem acompanhar a coleta e o processamento de dados pessoais e que procura regular o fluxo transfronteiriço desses dados[14]. Nessa mesma linha, a promulgação da Diretiva 95/46/CE da União Europeia representou importante passo para a disciplina de regras específicas para a transferência internacional de dados[15]; posteriormente, foi substituída pelo RGPD[16], que também regula a matéria.

---

do Brasil no tempo e no espaço. In: LIMA, Cíntia Rosa de. (Coord). *Comentários à Lei Geral de Proteção de Dados*. São Paulo: Almedina, 2020. p. 71).

12. ARAÚJO, Alexandra Maria Rodrigues. As transferências transatlânticas de dados pessoais: o nível de proteção adequado depois de *schrems*. *Revista Direitos Humanos e Democracia*, Ijuí, ano 5, n. 9, jan.-jun. 2017. p. 203-204.

13. A lista dos signatários está disponível em: UNIÃO EUROPEIA. Chart of signatures and ratifications of Treaty 108. *COE*. Disponível em: https://www.coe.int/en/web/conventions/full-list/-/conventions/treaty/108/signatures?p_auth=rRFalUpN. Acesso em: 20 out. 2020.

14. Em 1980, o Comitê de Ministros da Organização para a Cooperação e Desenvolvimento Econômico estabelecera diretrizes sobre a proteção da privacidade no fluxo transnacional de informações pessoais, mas, por se tratar de *soft law*, não houve adoção de leis nacionais para disciplinar a matéria (OCDE. OECD Guidelines Governing the Protection of Privacy and Transborder Flows of Personal Data. *OCDE*. Disponível em: http://www.oecd.org/sti/ieconomy/oecd_privacy_framework.pdf. Acesso em: 04 out. 2020). Posteriormente, a OCDE e o Conselho da Europa revisitaram suas normas de proteção de dados, reforçando a importância de compromissos voluntários para fins de transferência internacional (MENDES, Laura Schertel; BIONI, Bruno R. O Regulamento Europeu de Proteção de Dados Pessoais e a Lei Geral de Proteção de Dados Brasileira: mapeando convergências na direção de um nível de equivalência. *Revista de Direito do Consumidor*, São Paulo, v. 124, p. 157-180, jul.-ago. 2019 [versão eletrônica]).

15. O considerando 56 aponta a importância crescente do fluxo transfronteiriço de dados pessoais para o desenvolvimento do comércio internacional (UNIÃO EUROPEIA. Diretiva 95/46/CE do Parlamento Europeu e do Conselho de 24 de outubro de 1995. *Eur-lex*. Disponível em: https://eur-lex.europa.eu/legal-content/PT/TXT/PDF/?uri=CELEX:31995L0046&from=PT. Acesso em: 04 out. 2020).

16. De referir que o artigo 16 do Tratado sobre o Funcionamento da União Europeia é considerado o preceito base da proteção de dados, pois assegura que "todas as pessoas têm direito à proteção dos dados de caráter pessoal que lhes digam respeito" (UNIÃO EUROPEIA. Tratado sobre o funcionamento da União Europeia.

No Brasil, o artigo (art.) 11 do Marco Civil da Internet estabelece a necessidade de proteção dos dados pessoais em quaisquer operações de coleta, armazenamento, guarda e tratamento de registros de dados pessoais ou de comunicações nas hipóteses em que pelo menos um dos mencionados procedimentos ocorra em território nacional[17]. E a recente LGPD estrutura os regimes de tutela das transferências internacionais de dados[18].

A seguir, será analisado o regime de tutela da transferência internacional de dados no Brasil e na União Europeia, diante da sua relevância e influência sobre os demais ordenamentos jurídicos, dentre eles, o brasileiro[19]. Analisar-se-ão, ademais, as garantias que podem ser oferecidas para comprovar o nível de proteção adequado.

A. A tutela da transferência internacional de dados

O art. 33 da LGPD arrola as nove hipóteses nas quais a transferência internacional de dados é permitida pelo ordenamento jurídico brasileiro, especificando que tal procedimento somente será aceito naqueles casos disciplinados em seus incisos.

A primeira possibilita a transferência ao país ou ao organismo internacional que proporcione grau de proteção de dados pessoais adequado e na mesma linha do previsto na LGPD. Segundo o art. 34, tal avaliação[20] incumbe à Autoridade Nacional de Proteção de Dados[21] (ANPD).[22]

Eur-lex. Disponível em: <https://eur-lex.europa.eu/resource.html?uri= cellar:9e8d52e1-2c70-11e6-b497-01aa75ed71a1.0019.01/DOC_3&format=PDF>. Acesso em: 04 out. 2020).

17. BRASIL. Lei 12.965, de 23 de abril de 2014. *Planalto*. Disponível em: http://www.planalto.gov.br/ccivil_03/_ato2011-2014/2014/lei/l12965.htm. Acesso em: 04 out. 2020.

18. Segundo Carvalho, são três os regimes: (a) quando comprovado grau de proteção de dados pessoais adequado; (b) quando houver garantias de cumprimento dos preceitos da norma brasileira e (c) em situações específicas, com vistas a promover determinado e específico objetivo (CARVALHO, Angelo Gamba Prata de. Transferência internacional de dados na lei geral de proteção de dados – força normativa e efetividade diante do cenário transnacional. In: FRAZÃO, Ana; TEPEDINO, Gustavo; OLIVA, Milena Donato (coord.). *A Lei Geral de Proteção de Dados Pessoais e suas repercussões no direito brasileiro*. São Paulo: Ed. RT, 2019 [versão digital]).

19. "O Brasil segue o movimento europeu de padronização internacional de fluxo de dados, assim como de proteção dessas informações, de maneira a garantir que o desenvolvimento tecnológico e econômico possa continuar seu acelerado e complexo processo, sem que com isso os direitos e garantias fundamentais sejam relativizados ou violados" (PINHEIRO, Patricia Peck. *Proteção de dados pessoais:* comentários à Lei 13.709/2018. São Paulo: Saraiva Educação, 2018, p. 92).

20. A ANPD utiliza os seguintes critérios para tal fim: (a) as normas da legislação vigente no país ou no organismo internacional de destino; (b) a natureza dos dados; (c) a observância dos princípios gerais de proteção de dados pessoais e direitos dos titulares previstos na LGPD; (d) a adoção de medidas de segurança previstas em regulamento; (e) a existência de garantias judiciais e institucionais para o respeito aos direitos de proteção de dados pessoais; e (f) outras circunstâncias específicas da transferência (BRASIL. Lei 13.709, de 14 de agosto de 2018. *Planalto*. Disponível em: http://www. planalto.gov.br/ccivil_03/ _ato2015-2018/2018/lei/ L13709.htm. Acesso em: 04 out. 2020).

21. "Órgão da administração pública responsável por zelar, implementar e fiscalizar o cumprimento desta Lei em todo o território nacional" (art. 5º, XIX, da LGPD), integrante da Presidência da República, mas cuja natureza jurídica é transitória e pode ser transformada em entidade da administração pública federal indireta (art. 55-A, da LGPD) (Ibidem). O Decreto 10.474/2020 disciplina a estrutura regimental e o quadro dos cargos e funções da ANPD, e dá outras providências.

22. Lucca e Lima destacam que a importância de uma autoridade nacional de proteção de dados foi constatada a partir dos anos 60 na União Europeia, pois não apenas cria regulamentos como também tem a competência de conciliar os interesses de mercado e a proteção da pessoa humana (LUCCA, Newton De; LIMA, Cíntia

A segunda permite a transferência transfronteiriça se o controlador[23] oferecer e comprovar garantias de cumprimento aos princípios, aos direitos do titular e ao regime de proteção de dados estabelecidos na LGPD. Tais garantias são as seguintes: (a) cláusulas contratuais específicas que regulem determinada transferência; (b) cláusulas-padrão contratuais; (c) normas corporativas globais; (d) selos, certificados e códigos de conduta regularmente emitidos. Nos termos do art. 35, a definição do conteúdo das cláusulas-padrão e a verificação das demais garantias será realizada pela ANPD[24]. No mais, nos termos do art. 35, §5º da LGPD, as garantias devem ser analisadas de acordo com as medidas técnicas e organizacionais adotadas pelo operador.[25]

As demais hipóteses são específicas para os casos em que (a) a medida for necessária à cooperação jurídica internacional entre órgãos públicos de inteligência, de investigação e de persecução, de acordo com os instrumentos de direito internacional; (b) a finalidade for a proteção da vida ou da incolumidade física do titular ou de terceiros; (c) a ANPD autorizar a transferência; (d) houver assunção de compromisso em acordo de cooperação internacional[26]; (e) a medida for necessária à execução de política pública ou atribuição legal do serviço público; (f) o titular fornecer consentimento específico e em destaque para tal finalidade; ou (g) a medida for imprescindível

---

Rosa Pereira de. Autoridade Nacional de Proteção de Dados Pessoais (ANPD) e o Conselho Nacional de Proteção de Dados Pessoais e da Privacidade. In: LIMA, Cíntia Rosa Pereira de (coord.) *Comentários à Lei Geral de Proteção de Dados*. São Paulo: Almedina, 2020. p. 377).

23. Controlador é o agente que recepciona os dados pessoais dos titulares de dados por meio do consentimento ou através de hipóteses de exceção (PINHEIRO, Patricia Peck. *Proteção de dados pessoais*: comentários à Lei 13.709/2018. São Paulo: Saraiva Educação, 2018. p. 27).

24. A ANPD observará a consonância da garantia com a LGPD, sendo-lhe permitido solicitar informações suplementares ou realizar diligências de verificação quanto às operações de tratamento. Outrossim, pode designar organismos de certificação para tal tarefa, e, posteriormente, rever os seus atos (BRASIL. Lei 13.709, de 14 de agosto de 2018. *Planalto*. Disponível em: http://www. planalto.gov.br/ccivil_03/_ato2015-2018/2018/lei/L13709.htm. Acesso em: 04 out. 2020). Frise-se que os procedimentos que orientarão a atuação da ANPD em relação aos documentos mencionados no art. 35 da LGID ainda não estão regulamentados (BRASIL. Autoridade Nacional de Proteção de Dados. *Presidência da República*. Disponível em: https://www.gov.br/anpd/pt-br/canais_atendimento/agente-de-tratamento/transferencia-internacional-de-dados. Acesso em: 15 ago. 2021). De todo modo, recentemente, a Diretora da ANPD, Miriam Wimmer, referiu que a temática das cláusulas-padrão está sendo analisada pela diretoria, assim como as experiências internacionais estão sendo observadas, mencionando, ainda que, "no Brasil, quando começamos a discutir o assunto da transferência internacional de dados, nos pareceu bom começar pelas cláusulas contratuais padrão. Isso porque elas são os instrumentos de prateleira. E causam menos impactos" (URUPÁ, Marcos. ANPD poderá regular transferência internacional de dados por cláusulas padrões. *Teletime*, São Paulo, 26 jul. 2021. Disponível em: https://teletime.com.br/26/07/2021/anpd-podera-regular-transferencia-internacional-de-dados-por-clausulas-padroes/. Acesso em: 15 ago. 2021).

25. Operador é a "pessoa natural ou jurídica, de direito público ou privado, que realiza o tratamento de dados pessoais em nome do controlador" (BRASIL. Op. cit.).

26. Mencionam-se, exemplificativamente, duas convenções que impõem ao Brasil o dever de transferir dados, caso solicitado, a outros países: a Convenção das Nações Unidas contra o Crime Organizado Transnacional, que regula, no artigo 18, a assistência e a cooperação judiciária recíprocas (BRASIL. Decreto 5.015, de 12 de março de 2004. *Planalto*. Disponível em: http://www.planalto.gov.br/ccivil_ 03/_ato2004-2006/2004/decreto/ d5015.htm. Acesso em: 20 out. 2020); e a Convenção das Nações Unidas Contra a Corrupção, que regulamenta em capítulo específico a cooperação internacional (BRASIL. Decreto 5.687, de 31 de janeiro de 2006. *Planalto*. Disponível em: http://www.planalto. gov.br/ccivil_03/_ato2004-2006/2006/decreto/d5687. htm. Acesso em: 20 out. 2020).

ao cumprimento de obrigação legal ou regulatória pelo controlador, à execução de contrato ou de procedimentos preliminares relacionados a contrato do qual seja parte o titular, a pedido do titular dos dados, ou, ainda, ao exercício regular de direitos em processo judicial, administrativo ou arbitral.[27]

O Regulamento europeu[28] também condiciona a transferência internacional de dados para país terceiro ou organização internacional ao cumprimento das condições estabelecidas no Capítulo V do RGPD, sendo o seu objetivo não comprometer o nível de proteção assegurado em suas disposições em virtude do princípio geral das transferências, seu princípio norteador. Estrutura as hipóteses de transferência de dados em três pilares elementares, mas de forma mais detalhada que a lei brasileira, assegurando critérios mais objetivos a serem observados pela Comissão Europeia (CE) e agentes de tratamento.

Disciplina que a transferência internacional de dados pessoais pode ser realizada (a) com base em uma decisão de adequação tomada pela CE, que decide, de acordo com critérios objetivos definidos pelo regulamento[29], que o país ou a organização internacional assegurem um nível de proteção adequado; (b) se o agente de tratamento apresentar garantias adequadas à proteção dos dados pessoais, caso a CE não tenha tomado qualquer decisão; ou (c) em situações específicas, arroladas no art. 49.

Em relação à decisão de adequação, esta é realizada através de um ato de execução, que prevê um procedimento de avaliação periódica, no mínimo de quatro em quatro anos. E a CE deve controlar continuamente os desenvolvimentos nos países terceiros e nas organizações internacionais que possam afetar o funcionamento das decisões adotadas no ato de execução. Caso verifique que não mais está assegurado um nível de proteção adequado, pode revogar, alterar ou suspender sua

---

27. Para Carvalho, tais disposições constituem situações residuais, nas quais nem a autoridade nacional de proteção de dados certificou a higidez da sistemática protetiva dos ordenamentos de origem nem há mecanismos que assegurem a proteção adequada de direitos fundamentais (CARVALHO, Angelo Gamba Prata de. Transferência internacional de dados na lei geral de proteção de dados - força normativa e efetividade diante do cenário transnacional. In: FRAZÃO, Ana; TEPEDINO, Gustavo; OLIVA, Milena Donato (coord.). *A Lei Geral de Proteção de Dados Pessoais e suas repercussões no direito brasileiro*. São Paulo: Revista dos Tribunais, 2019 [versão digital]).

28. Também no Mercosul, as leis argentina e uruguaia de proteção de dados proíbem a transferências internacionais de dados a países que não proporcionem níveis de proteção adequados (art. 3º da lei uruguaia: URUGUAI. Lei 18.331 de 11 de agosto de 2008. *IMPO*. Disponível em: https://www.impo.com.uy/bases/leyes/18331-2008. Acesso em: 20 out. 2020; e art. 24 da lei argentina: ARGENTINA. Lei 25.326, de 4 de outubro de 2000. *Argentina.gob.ar*. Disponível em: https://www. argentina.gob.ar/normativa/ nacional/ley-25326-64790/actualizacion. Acesso em: 20 out. 2020).

29. São eles: (a) o primado do Estado de direito, o respeito pelos direitos humanos e liberdades fundamentais, a legislação pertinente em vigor e sua aplicação, os direitos dos titulares dos dados e o devido processo legal; (b) existência e efetivo funcionamento de uma ou mais autoridades de controle, responsáveis por assegurar e impor o cumprimento das regras de proteção de dados, e dotadas de poderes coercitivos adequados para tal finalidade; e (c) os compromissos internacionais assumidos ou outras obrigações decorrentes de convenções ou instrumentos juridicamente vinculativos, bem como da sua participação em sistemas multilaterais ou regionais, em especial em relação à proteção de dados pessoais (UNIÃO EUROPEIA. Regulamento (UE) 2016/679 do Parlamento Europeu e do Conselho de 27 de abril de 2016. *Eur-lex*. Disponível em: https://eur-lex.europa.eu/legal-content/PT/TXT/?uri=celex%3A32016 R0679. Acesso em: 04 out. 2020).

AS CLÁUSULAS-PADRÃO CONTRATUAIS NA TRANSFERÊNCIA INTERNACIONAL DE DADOS

decisão, iniciando consultas com vista a corrigir a situação que tiver dado origem à sua decisão. No mais, deve divulgar no Jornal Oficial da União Europeia e no seu sítio eletrônico lista dos países, territórios, setores ou de organizações internacionais relativamente aos quais tenha declarado, mediante decisão, se asseguram ou não um nível de proteção adequado.[30]

Quanto às garantias adequadas, de acordo com o art. 46 (2) e (3) do RGPD, elas podem estar previstas em (a) um instrumento juridicamente vinculativo e com força executiva entre autoridades ou organismos públicos; (b) regras vinculativas aplicáveis às empresas; (c) cláusulas-padrão de proteção de dados adotadas pela CE ou por autoridade de controle e aprovadas pela CE pelo procedimento de exame previsto no art. 5º do Regulamento (UE) 182/2011[31]; (d) um código de conduta aprovado nos termos do art. 40 do RGPD, acompanhado de compromissos vinculativos e com força executiva; (e) um procedimento de certificação aprovado nos termos do art. 42[32], acompanhado de compromissos vinculativos e com força executiva; (f) cláusulas contratuais firmadas entre os controladores ou operadores e os controladores ou operadores destinatários dos dados pessoais no país terceiro ou organização internacional; ou, ainda, (g) em disposições a serem inseridas em acordos administrativos entre as autoridades ou organismos públicos que contemplem os direitos efetivos e oponíveis dos titulares dos dados[33]. Apenas para essas duas últimas hipóteses exige-se autorização da autoridade de controle competente para a concretização da transferência.

---

30. A CE já reconheceu que Andorra, Argentina, Canadá (organizações comerciais), Ilhas Faroé, Guernsey, Israel, Ilha de Man, Japão, Jersey, Nova Zelândia, Suíça e Uruguai asseguram um nível adequado de proteção. Em 16 de junho de 2021, a Comissão lançou o procedimento para a adoção de uma decisão de adequação para a transferência de dados pessoais para a Coreia do Sul e, em 28 do mesmo mês, adotou duas decisões de adequação para a transferência de dados pessoais ao Reino Unido (UNIÃO EUROPEIA. Adequacy decisions. *Ec-europa*. Disponível em: https://ec.europa.eu/info/law/law-topic/data-protection/international-dimension-data-protection/adequacy-decisions_en. Acesso em: 15 ago. 2021).

31. O artigo estabelece o procedimento de exame a ser dado por um comitê composto por representantes dos Estados-Membros e presidido pela Comissão Europeia (vide considerando 6), especificando as consequências de um parecer favorável, um parecer negativo e em caso de falta de parecer (UNIÃO EUROPEIA. Regulamento (UE) 182/2011 do Parlamento Europeu e do Conselho de 16 de fevereiro de 2011. *Eur-lex*. Disponível em: https://eur-lex.europa.eu/legal-content/PT/TXT/PDF/?uri=CELEX: 32011R0182&from=PT. Acesso em: 04 out. 2020).

32. O art. 42 (1) disciplina que os Estados-Membros, as autoridades de controle, o Comitê Europeu e a CE promovem a criação de procedimentos de certificação em matéria de proteção de dados, bem como selos e marcas de proteção de dados, para efeitos de comprovação da conformidade das operações de tratamento de controladores e operadores com o presente regulamento, sendo que devem ser tidas em conta as necessidades específicas das micro, pequenas e médias empresas (UNIÃO EUROPEIA. Regulamento (UE) 2016/679 do Parlamento Europeu e do Conselho de 27 de abril de 2016. *Eur-lex*. Disponível em: https://eur-lex.europa.eu/legal-content/PT/TXT/PDF/?uri=CELEX:32016R0679&from =PT. Acesso em: 04 out. 2020).

33. O art. 46 (5) aponta que as autorizações concedidas com fulcro no artigo 26 (2) da Diretiva 95/46/CE continuam válidas até que a mesma autoridade que as autorizou as altere, substitua ou revogue. Da mesma forma, as decisões adotadas pela CE com base no artigo 26 (4) da Diretiva 95/46/CE (específica das cláusulas-padrão contratuais) permanecem em vigor até que sejam alteradas, substituídas ou revogadas, caso seja necessário, por decisão da CE (UNIÃO EUROPEIA. Diretiva 96/46/CE do Parlamento Europeu e do Conselho. *Eur-lex*. Disponível em: https://eur-lex.europa.eu/legal-content/PT/TXT/PDF/?uri= CELEX:31995L0046&from=PT. Acesso em: 04 out. 2020).

Por fim, quanto às situações específicas, resumidamente, são as seguintes: (a) se o titular de dados explicitamente deu o seu consentimento à transferência; ou se for necessária (b) à execução de um contrato entre o titular dos dados e o responsável pelo tratamento ou de diligências prévias à formação do contrato decididas a pedido do titular dos dados; (c) para a celebração ou execução de um contrato, celebrado no interesse do titular dos dados; (d) por importantes razões de interesse público; (e) à declaração, ao exercício ou à defesa de um direito num processo judicial; (f) para proteger interesses vitais do titular dos dados ou de outras pessoas, se esse titular estiver física ou legalmente incapaz de dar o seu consentimento; ou, ainda, se (g) a transferência for realizada a partir de um registo que se destine a informar o público e se encontre aberto à consulta do público em geral ou de qualquer pessoa que possa provar nela ter um interesse legítimo, mas apenas na medida em que as condições de consulta estabelecidas no direito da União ou de um Estado-Membro se encontrem preenchidas.[34]

Ao comparar os dois sistemas, Carvalho aponta que a LGPD não exige que haja, no ordenamento estrangeiro, um arcabouço normativo específico para a proteção de dados, mas, sim, uma correspondência legislativa com a norma nacional.[35] O RGPD, por seu turno, não se contenta, aparentemente, com mera similitude entre suas normas e a dos países terceiros ou organismos internacionais, pois impõe elementos detalhados que devem ser analisados pela CE para avaliar a adequação do nível de proteção.

Outra diferença é a de que a lei nacional, no art. 33, aparenta não estabelecer uma ordem preferencial entre as hipóteses que arrola, pois refere que a transferência internacional de dados é permitida nas nove possibilidades mencionadas; por seu turno, o RGPD, ao iniciar o art. 46, 1, mencionando que "não tendo sido tomada qualquer decisão nos termos do artigo 45", e, da mesma forma, ao frisar no art. 49 que há possibilidade de derrogações para situações específicas "na falta de uma decisão de adequação nos termos do artigo 45", estabelece uma ordem preferencial a ser seguida.[36]

A seguir, serão analisadas as garantias que podem ser apresentadas para fins de transferência internacional de dados com base na LGPD e no RGPD.

---

34. UNIÃO EUROPEIA. Regulamento (UE) 2016/679 do Parlamento Europeu e do Conselho de 27 de abril de 2016. *Eur-lex*. Disponível em: https://eur-lex.europa.eu/legal-content/PT/TXT/?uri=celex% 3A32016 R0679. Acesso em: 04 out. 2020.

35. CARVALHO, Angelo Gamba Prata de. Transferência internacional de dados na lei geral de proteção de dados - força normativa e efetividade diante do cenário transnacional. In: FRAZÃO, Ana; TEPEDINO, Gustavo; OLIVA, Milena Donato (coord.). *A Lei Geral de Proteção de Dados Pessoais e suas repercussões no direito brasileiro*. São Paulo: Ed. RT, 2019 [versão digital].

36. Acerca das distinções entre a LGPD e o RGPD, ver: FUNDAÇÃO GETÚLIO VARGAS. *Guia de proteção de dados pessoais*: transferência internacional. São Paulo: FGV, 2020. Disponível em: https://portal.fgv.br/sites/ portal.fgv.br/files/transferencia_internacional.pdf. Acesso em: 15 ago. 2021.

B. As garantias necessárias à transferência internacional de dados

Como visto, a LGPD permite a transferência internacional de dados quando o controlador apresentar garantias que assegurem o cumprimento dos preceitos estabelecidos na norma brasileira e os direitos do titular dos dados a serem transferidos. De forma semelhante, o RGPD[37], segundo o considerando 108 e o art. 46 (1), autoriza o procedimento, em não havendo uma decisão sobre o nível de proteção adequado, apenas quando o agente de tratamento que pretende transferir os dados apresentar garantias adequadas ao titular de dados.[38]

Traçando-se um paralelo entre as duas legislações, verifica-se que o rol de garantias do RGPD é mais extenso que o da LGPD, mas ambas permitem que garantias a serem oferecidas estejam previstas em (a) normas corporativas globais (*binding corporate rules*); (b) códigos de conduta; (c) selos eu certificados; (d) cláusulas contratuais específicas (instrumento com força executiva e juridicamente vinculativo) e, por fim, em (e) cláusulas-padrão contratuais.

No que diz respeito às normas corporativas globais, o art. 47 do RGPD refere que, pelo procedimento de controle da coerência previsto nos artigos 63 e seguintes, a autoridade de controle competente aprova tais regras, que devem (a) ser juridicamente vinculativas e aplicáveis a todas as empresas integrantes do grupo empresarial ou grupo de empresas envolvidas em uma atividade econômica conjunta[39]; (b) conferir expressamente aos titulares dos dados direitos oponíveis relativamente ao tratamento dos seus dados pessoais; e (c) especificar todos os tópicos arrolados no mencionado artigo, destacando-se a estrutura e os contatos do grupo de empresas, as transferências de dados, a aplicação dos princípios gerais de proteção de dados, os direitos dos titulares dos dados, as funções do encarregado da proteção de dados e de outras pessoas responsáveis pelo controle do cumprimento às regras vinculativas e os procedimentos de reclamação. Para auxiliar os agentes de tratamento de dados pessoais no desenvolvimento dessas regras, o Comitê Europeu para Proteção de Dados estabelece diretrizes[40] que abordam o conteúdo mínimo esperado para esse tipo de documento.

---

37. O art. 26 (2), da Diretiva 95/46/CE já disciplinava tal possibilidade (UNIÃO EUROPEIA. Diretiva 95/46/CE do Parlamento Europeu e do Conselho de 24 de outubro de 1995. *Eur-lex*. Disponível em: https://eur-lex. europa.eu/legal-content/PT/TXT/PDF/?uri= CELEX:31995L0046&from=PT. Acesso em: 04 out. 2020).

38. UNIÃO EUROPEIA. Regulamento (UE) 2016/679 do Parlamento Europeu e do Conselho de 27 de abril de 2016. *Eur-lex*. Disponível em: https://eur-lex.europa.eu/legal-content/PT/TXT/PDF/?uri=CELEX: 32016R0679&from=PT. Acesso em: 04 out. 2020.

39. Essas regras podem ser utilizadas por grupo de empresas envolvidas em uma atividade econômica conjunta sem a necessidade de elas pertencerem a um mesmo grupo empresarial (UNIÃO EUROPEIA. Comunicação da Comissão ao Parlamento Europeu e ao Conselho: Intercâmbio e proteção de dados pessoais num mundo globalizado. *Câmara dos Deputados*. Disponível em: https://www2.camara. leg.br/atividade-legislativa/comissoes/comissoes-temporarias/especiais/55a-legislatura/pl-4060-12-tratamento-e-protecao-de-dados-pessoais/documentos/outros-documentos/ComissoEuropeia.pdf. Acesso em: 20 out. 2020).

40. UNIÃO EUROPEIA, Binding Corporate Rules (BCR): Corporate rules for data transfers within multinational companies. *Ec-europa*. Disponível em: https://ec.europa.eu/info/law/law-topic/data-protection/international-dimension-data-protection/binding-corporate-rules-bcr_en. Acesso em: 20 out. 2020.

Em relação aos códigos de conduta[41] e aos procedimentos de certificação, o considerando 77 do RGPD assinala que as orientações sobre a execução de medidas adequadas e sobre a comprovação de conformidade pelos agentes de tratamento podem ser obtidas ao se recorrer a um código de conduta ou a certificações aprovadas. Por seu turno, o considerando 81 aponta que o fato de um operador cumprir um código de conduta[42] ou procedimento de certificação aprovados pode ser utilizado como elemento de demonstração do cumprimento das obrigações do controlador.[43] Quanto à previsão de tais garantias pela LGPD, Chaves ressalta que a ideia do legislador brasileiro é a de que exista, no Brasil, mecanismos de selos, certificados e códigos de conduta que, uma vez aprovados pela ANPD e adotados pela instituição estrangeira importadora dos dados sujeitos à LGPD, subsidiem referida transferência internacional de dados.[44]

Acerca dos códigos de conduta, o considerando 98 do RGPD destaca que as associações ou entidades que representem categorias de controladores ou de operadores devem ser incentivadas a elaborar tais códigos com vista a respeitar e a facilitar a aplicação efetiva do RGPD. Sua regulamentação específica encontra-se nos artigos 40 e 41[45], e neles constam o dever dos Estados-Membros, das autoridades de controle, do Comitê Europeu e da Comissão Europeia de promover a elaboração de códigos de conduta destinados a contribuir para a correta aplicação do Regulamento. Tais artigos referem ainda que aqueles que realizam o tratamento de dados e que não

---

41. De acordo com a *Information Commissioner's Office* (ICO), autoridade independente do Reino Unido, os códigos de conduta são ferramentas de responsabilidade voluntária que permitem a identificação e resolução dos principais desafios de proteção de dados com a garantia da ICO de que o código, e seu monitoramento, é apropriado. Eles auxiliam na reflexão acerca das atividades de processamento e garantem que as regras projetadas alcance boas práticas. São redigidos por uma organização ou associação que representam um determinado setor através do aconselhamento e apoio da ICO (REINO UNIDO. Codes of conduct. *ICO*. Disponível em: https://ico.org.uk/for-organisations/guide-to-data-protection/guide-to-the-general-data-protection-regulation-gdpr/accountability-and-governance/codes-of-conduct/. Acesso em: 20 out. 2020). O Comitê Europeu para Proteção de Dados elaborou diretrizes sobre o monitoramento dos códigos de conduta que contêm conceitos e os mecanismos de aprovação e alteração, além de orientações para a elaboração de um código (EUROPEAN DATA PROTECTION BOARD. Guidelines 1/2019 on Codes of Conduct and Monitoring Bodies under Regulation 2016/679. *EDPB*. Disponível em: https://edpb.europa.eu/sites/edpb/files/files/file1/edpb-20190219_guidelines_coc_public_consultation_ version_en.pdf. Acesso em: 20 out. 2020). Em julho de 2021, o Comitê expediu novo documento com diretrizes relativas aos códigos de conduta (Idem. Guidelines 04/2021 on codes of conduct as tools for

    Transfers. *EDPB*. Disponível em: https://edpb.europa.eu/system/files/2021-07/edpb_guidelinescodes conducttransfers_publicconsultation_en.pdf. Acesso em: 15 ago. 2021).

42. A mesma informação consta no art. 24 (3) (UNIÃO EUROPEIA. Regulamento (UE) 2016/679 do Parlamento Europeu e do Conselho de 27 de abril de 2016. *Eur-lex*. Disponível em: https://eur-lex.europa.eu/legal-content/PT/TXT/PDF/?uri=CELEX:32016R0679&from=PT. Acesso em: 04 out. 2020).

43. Esta informação consta também no art. 28 (5) e no art. 32 (3) (*Ibidem*).

44. CHAVES, Luis Fernando Prado. Da transferência internacional de dados. In: MALDONADO, Viviane Nóbrega; BLUM, Renato Opice. *LGPD: Lei Geral de Proteção de Dados comentada*. São Paulo: Thompson Reuters Brasil, 2019 [versão digital].

45. O artigo 41 trata da supervisão dos códigos de conduta aprovados (UNIÃO EUROPEIA. Regulamento (UE) 2016/679 do Parlamento Europeu e do Conselho de 27 de abril de 2016. *Eur-lex*. Disponível em: https://eur-lex.europa.eu/legal-content/PT/TXT/PDF/?uri=CELEX:32016R0679&from=PT. Acesso em: 04 out. 2020).

estejam sujeitos ao RGPD[46] podem cumprir os códigos de conduta aprovados pela autoridade de controle justamente para o fim de fornecer garantias apropriadas em caso de transferência internacional de dados.

E, quanto aos procedimentos de certificação, o considerando 100 aponta que, para reforçar a transparência e o cumprimento do RGPD, deve ser encorajada a criação de procedimentos de certificação, selos e marcas de proteção de dados, os quais permitam aos titulares avaliar rapidamente o nível de proteção de dados proporcionado pelos produtos e serviços em causa. O art. 42, por seu turno, dispõe que os Estados--Membros, as autoridades de controle, o Comitê Europeu e a CE devem promover a criação de tais procedimentos, e que mesmo os controladores ou operadores que não estejam sujeitos ao RGPD, para o fim de fornecer garantias apropriadas em caso de transferência internacional de dados, podem valer-se deles. A certificação, cuja validade é de até três anos e que pode ser renovada nas mesmas condições, é emitida por organismos de certificação[47], pela autoridade de controle competente com base em critérios por ela aprovados[48], ou pelo Comitê Europeu, caso em que pode ter como resultado uma certificação comum, o Selo Europeu de Proteção de Dados.[49]

A certificação por selos, segundo ponderam Szinvelski, Limberger e Saldanha, tende a assumir maior relevância nos processos de refinamento da segurança cibernética, uma vez que a preferência por tal modalidade de certificação, que é um instrumento de autorregulação regulada, está associada à ideia de formular medidas

---

46. O artigo 3° disciplina o âmbito de aplicação territorial do RGPD: "1. O presente regulamento aplica-se ao tratamento de dados pessoais efetuado no contexto das atividades de um estabelecimento de um responsável pelo tratamento ou de um subcontratante situado no território da União, independentemente de o tratamento ocorrer dentro ou fora da União. 2. O presente regulamento aplica-se ao tratamento de dados pessoais de titulares residentes no território da União, efetuado por um responsável pelo tratamento ou subcontratante não estabelecido na União, quando as atividades de tratamento estejam relacionadas com: a) A oferta de bens ou serviços a esses titulares de dados na União, independentemente da exigência de os titulares dos dados procederem a um pagamento; b) O controlo do seu comportamento, desde que esse comportamento tenha lugar na União. 3. O presente regulamento aplica-se ao tratamento de dados pessoais por um responsável pelo tratamento estabelecido não na União, mas num lugar em que se aplique o direito de um Estado-Membro por força do direito internacional público" (UNIÃO EUROPEIA. Regulamento (UE) 2016/679 do Parlamento Europeu e do Conselho de 27 de abril de 2016. *Eur-lex*. Disponível em: https://eur-lex.europa.eu/legal-content/PT/TXT/PDF/?uri=CELEX:32016R0679&from=PT. Acesso em: 04 out. 2020).
47. O art. 43 (1) aponta que "um organismo de certificação que tenha um nível adequado de competência em matéria de proteção de dados emite e renova a certificação, após informar a autoridade de controlo para que esta possa exercer as suas competências nos termos do artigo 58°, 2, alínea h), sempre que necessário [...]" (*Ibidem*).
48. O art. 58 (3) refere que cada autoridade de controle dispõe de poderes para acreditar organismos de certificação, emitir certificações e aprovar os critérios de certificação (*Ibidem*).
49. EUROPEAN DATA PROTECTION BOARD. Documento do CEPD sobre o procedimento de aprovação dos critérios de certificação pelo CEPD que resultam numa certificação comum, o Selo UE de Proteção de Dados. *EDPB*. Disponível em: https://edpb.europa.eu/sites/edpb/files/files/file1/edpbprocedureforeudata protectionseal_pt.pdf. Acesso em: 20 out. 2020. E ENISA. Recommendations on European Data Protection Certification. *ENISA*. Disponível em: www.enisa. europa.eu/fullreport/. Acesso em: 20 out. 2020).

visíveis aos cidadãos de que os dados estão sendo tratados de forma adequada e em respeito a determinado padrão técnico (*standard*).[50]

Em relação às cláusulas contratuais específicas, como visto, o RGPD determina que a autoridade de controle do país de origem deve autorizá-las. Da mesma forma, a LGPD ressalta que a verificação de tais cláusulas compete à ANPD. Acredita-se que a redação dessas cláusulas ficará, no Brasil, a critério da autonomia privada das partes envolvidas na transferência internacional de dados, porém, em virtude da necessidade de verificação pela Autoridade Nacional do seu conteúdo, trata-se de freio à autonomia privada, calcado no dever de proteção a direitos fundamentais dos titulares dos dados.[51] Quanto às cláusulas-padrão, serão analisadas, a seguir, as semelhanças e diferenças acerca da matéria entre a legislação vigente na União Europeia e no Brasil.

3. AS CLÁUSULAS-PADRÃO CONTRATUAIS NA TRANSFERÊNCIA INTERNACIONAL DE DADOS

A experiência internacional vem demonstrando que a inserção de cláusulas contratuais com conteúdo fixo, padronizado e preestabelecido, é um mecanismo que facilita a transferência internacional de dados. Por essa razão, a matéria será analisada com maior profundidade nesta segunda parte do trabalho. Inicialmente, será estudada a regulamentação dessas cláusulas no âmbito europeu, e será exposto o regramento que a temática recebe no Brasil. Posteriormente, serão analisadas as cláusulas de que atualmente podem fazer uso controladores estabelecidos na União Europeia.

A. A regulamentação das cláusulas-padrão contratuais na União Europeia e no Brasil

O uso de cláusulas-padrão contratuais na transferência internacional de dados é prática estabelecida no contexto europeu. Inicialmente previstas no art. 26 (2) e (4) da Diretiva 95/46/CE[52], atualmente seu uso é fundamentado no art. 46 (2) (c) do

---

50. SZINVELSKI, Mártin M.; LIMBERGER, Têmis; SALDANHA, Jânia. Transnacionalização e selos de qualidade em proteção de dados: um novo campo de estudo na era digital. *Revista dos Tribunais*, v. 1020, p. 143-162, out. 2020 [versão eletrônica].

51. Alguns órgãos regulatórios nacionais já vêm exigindo a previsão de dadas cláusulas contratuais em caso de tratamento de dados. Por exemplo, a Resolução 4.658/18 do Banco Central, sobre contratação de serviços de processamento e armazenamento de dados e de computação em nuvem, traz artigos específicos que tratam sobre cláusulas contratuais obrigatórias que devem estar contidas nos contratos de prestação de tais serviços (BANCO CENTRAL DO BRASIL. Resolução 4.658, de 26 de abril de 2018. *BCB*. Disponível em: https://www.bcb.gov.br/pre/normativos/busca/downloadNormativo.asp?arquivo=/Lists/ Normativos/ Attachments/50581/Res_4658_v1_O.pdf. Acesso em: 25 out. 2020).

52. UNIÃO EUROPEIA. Diretiva 95/46/CE do Parlamento Europeu e do Conselho de 24 de outubro de 1995. *Eur-lex*. Disponível em: https://eur-lex.europa.eu/legal-content/PT/TXT/PDF/?uri=CELEX:3199 5L0046&from=PT. Acesso em: 04 out. 2020.

RGPD.[53] Cláusulas contratuais já haviam, mesmo anteriormente à edição da referida diretiva, sido empregadas como meio para regulamentar transferências internacionais de dados.[54] Sob a vigência da Diretiva 95/46/CE, a CE passou a ter o poder de decidir que determinadas cláusulas-padrão contratuais representam garantias adequadas, possibilitando a transferência internacional de dados.[55] A ideia desse sistema é assegurar que exportadores e importadores de dados que adotem tais contratos modelo possam ter a certeza de que suas transferências de dados serão consideradas como tendo um nível adequado de proteção, sem necessidade de ulteriores aprovações.[56]

Assim, a CE proferiu a Decisão 2001/497/CE[57], relativa à adequação do nível de proteção facultado pelas cláusulas contratuais-tipo a ela anexas, sendo estas tidas como adequadas no que concerne à proteção da vida privada e dos direitos e liberdades fundamentais. Conforme destacado no considerando 4 da referida decisão, os itens (2) e (4) do artigo 26 da Diretiva 95/46/EC são essenciais para manter o fluxo necessário de dados pessoais entre a União Europeia e países terceiros sem acarretar um custo excessivo. O uso das cláusulas-padrão é, conforme ressaltado no considerando 5[58] e exposto na primeira parte deste trabalho, apenas um dentre os diversos meios pelos quais é possível transferir dados pessoais legalmente a um país terceiro ou a uma organização internacional, e essas cláusulas se relacionam apenas à proteção de dados, podendo exportador e importador livremente incluir outras cláusulas que considerem pertinentes ao contrato, desde que coerentes com as cláusulas-padrão.

A Decisão 2001/497/CE, como aponta o considerando 8, não cobre a transferência de dados pessoais por controladores estabelecidos na União Europeia para entidades localizadas em países terceiros que atuam como meros operadores, mas somente para aquelas que atuam como controladores, uma vez que aquele que apenas processa dados age exclusivamente por conta do controlador, devendo esse tipo de transferência ser tratado em decisão apartada. Desse modo, foi prolatada pela CE a Decisão 2002/16/CE[59], que se aplica a transferências em que o destinatário atua como operador.

---

53. UNIÃO EUROPEIA. Regulamento (UE) 2016/679 do Parlamento Europeu e do Conselho de 27 de abril de 2016. *Eur-lex*. Disponível em: https://eur-lex.europa.eu/legal-content/PT/TXT/PDF/?uri=CELEX: 32016R0679&from=PT. Acesso em: 04 out. 2020.
54. ZINSER, Alexander. The European Commission Decision on Standard Contractual Clauses for the Transfer of Personal Data to Third Countries: na Effective Solution. *Chicago-Kent Journal of Intellectual Property*, v. 3, n. 1, p. xxxiii-lii, 2003. p. 3.
55. Ibidem, p. 4.
56. Ibidem, p. 1-2.
57. O considerando 6 ressalva que a decisão não obsta a que os Estados-membros concedam autorizações em conformidade com disposições nacionais nos termos do art. 26 (2) da Diretiva 95/46/CE. Por seu turno, o considerando 7 assinala que o alcance da decisão é o de estatuir que as cláusulas que arrola podem ser utilizadas, representando garantias suficientes nos termos do referido artigo (UNIÃO EUROPEIA. Decisão 2001/497/CE. *Eur-lex*. Disponível em: https://eur-lex.europa.eu/legal-content/PT/TXT/PDF/?uri=CELEX: 32001D0497& from=PT. Acesso em: 10 out. 2020).
58. Ibidem.
59. Segundo o considerando 11, as cláusulas contratuais-tipo devem definir as medidas de segurança técnica e organizativas que um operador localizado em país terceiro que não assegure proteção adequada deve

Posteriormente, sobreveio a Decisão 2004/915/CE[60], que alterou a Decisão 2001/497/CE. Mencionando que foi adquirida muita experiência desde a decisão anterior e que um grupo de associações empresariais[61] apresentou conjunto de regras contratuais alternativas àquelas já fixadas, a CE aditou a redação de artigos da decisão antecessora e estabeleceu que os controladores podem optar entre os conjuntos I (de cláusulas-padrão estabelecidas na Decisão 2001/497/CE) e II (de cláusulas-padrão estabelecidas na Decisão 2004/915/CE), vedada a combinação separada de cláusulas ou conjuntos, bem como a alteração das referidas cláusulas, uma vez que cada conjunto forma, na sua totalidade, um modelo.

Em 5 de fevereiro de 2010, a CE proferiu a Decisão 2010/87/UE[62], que estabelece cláusulas-padrão para a transferência de dados de controlador estabelecido na União Europeia para operadores estabelecido em país terceiro, e revoga a Decisão 2002/16/CE. Nela, a CE menciona que, desde a decisão anterior, adquiriu-se experiência considerável sobre o tema e que foi constatado maior interesse na promoção do emprego das cláusulas-padrão em transferências de dados a países que não asseguram adequada proteção.

Tendo em vista a superveniência do RGPD e a evolução tecnológica ocorrida desde a elaboração das cláusulas-padrão então existentes, a CE proferiu, em 4 de junho de 2021, a Decisão de Execução 2021/914/EU[63]; esta, além de substituir a Decisão 2001/497/CE e a Decisão 2010/87/EU, consolidando em um único documento todas as opções de cláusulas-padrão disponíveis para o controlador estabelecido na União Europeia, traz cláusulas-padrão aplicáveis para transferências de operadores estabelecidos na União Europeia para agentes de tratamento estabelecidos em país terceiro.[64] As cláusulas-padrão constantes das decisões anteriores podem ser usadas

---

aplicar para garantir nível de segurança adequado em relação aos riscos que o tratamento de dados apresenta e à natureza dos dados pessoais a serem protegidos (UNIÃO EUROPEIA. Decisão 2002/16/CE. *Eur-lex*. Disponível em: https://eur-lex.europa.eu/legal-content/PT/TXT/PDF/?uri=CELEX:32002D0016&from= PT. Acesso em: 11 out. 2020).

60. UNIÃO EUROPEIA. Decisão 2004/915/CE. *Eur-lex*. Disponível em: https://eur-lex.europa.eu/legal-content/ PT/TXT/PDF/?uri=CELEX:32004D0915&from= PT. Acesso em: 10 out. 2020.

61. São elas: *International Chamber of Commerce* (ICC), *Japan Business Council in Europe* (JBCE), *European Information and Communications Technology Association* (EICTA), *EU Committee of the American Chamber of Commerce In Belgium* (Amcham), *Confederation of British Industry* (CBI), *International Communication Round Table* (ICRT) e *Federation of European Direct Marketing Associations* (FEDMA). O objetivo das cláusulas submetidas pelas associações empresariais é, conforme destacado no considerando 4, aumentar o uso das cláusulas contratuais entre os controladores (UNIÃO EUROPEIA. Decisão 2004/915/CE. *Eur-lex*. Disponível em: https://eur-lex.europa.eu/legal-content/PT/TXT/PDF/?uri=CELEX:32004D0915&from= PT. Acesso em: 10 out. 2020).

62. UNIÃO EUROPEIA. Decisão 2010/87/UE. *Eur-lex*. Disponível em: https://eur-lex.europa.eu/legal-content/ PT/TXT/PDF/?uri=CELEX:32010D0087&from=PT. Acesso em: 10 out. 2020.

63. UNIÃO EUROPEIA. Decisão de Execução 2021/914/UE. *Eur-lex*. Disponível em: https://eur-lex.europa. eu/legal-content/PT/TXT/PDF/?uri=CELEX:32021D0914&from=EN. Acesso em: 12 ago. 2021.

64. O considerando 10 da Decisão de Execução 2021/914/UE refere expressamente que as cláusulas-padrão estabelecidas no anexo combinam cláusulas gerais com uma abordagem modular, visando atender aos vários cenários de transferência e à complexidade das cadeias modernas de tratamento de dados (UNIÃO EUROPEIA. Decisão de Execução 2021/914/UE. *Eur-lex*. Disponível em: https://eur-lex.europa.eu/legal-content/PT/TXT/PDF/?uri=CELEX:32021D0914&from=EN. Acesso em: 12 ago. 2021).

em novos contratos de transferência internacional de dados até 27 de setembro de 2021; todos os contratos devem ser adequados às novas cláusulas até 27 de dezembro de 2022.

Por fim, cumpre relatar o julgamento proferido pelo Tribunal de Justiça da União Europeia (TJUE) em 16 de julho de 2020 relativamente ao caso Schrems II, no qual o TJUE decidiu que válida a Decisão 2010/87/UE[65], que será analisada com mais detalhes no próximo item deste trabalho. Trata-se de reclamação ajuizada pelo ativista austríaco Maximillian Schrems perante a autoridade de proteção de dados irlandesa, requerendo a proibição da transferência de seus dados pessoais do *Facebook Ireland* (com o qual é o contrato de usuários do *Facebook* residentes na União Europeia) para o *Facebook Inc*, localizado nos Estados Unidos da América (EUA), sob o argumento de que as leis e práticas norte-americanas não oferecem nível de proteção adequado contra o acesso a dados pessoais por autoridades públicas.[66]

Quanto à Decisão 2010/87/UE, o TJUE assevera que o simples fato de as cláusulas-padrão não vincularem as autoridades do país terceiro não afeta a validade da decisão – a sua validade depende, porém, de a decisão propiciar mecanismos eficazes que tornem possível, na prática, garantir o nível de proteção exigido pelo direito europeu e que transferências realizadas sob as cláusulas-padrão serão suspensas ou proibidas caso as cláusulas sejam infringidas, ou cumpri-las se torne impossível. A decisão faz isso, no entender do tribunal, ao impor a obrigação de importador e exportador aferirem, antes da transferência, se o nível de proteção exigido é respeitado no país terceiro, e ao requerer que o importador informe o exportador acerca de eventual impossibilidade de cumprimento das cláusulas, devendo o exportador então suspender ou encerrar a transferência.[67]

---

65. A transferência de dados era feita com uso das cláusulas-padrão da Decisão 2010/87/UE, de modo que o resultado do caso dependeria da validade dessa decisão; por esse motivo, o litígio foi encaminhado pela *High Court* da Irlanda para o TJUE, para que este decidisse essa questão (UNIÃO EUROPEIA. Tribunal de Justiça da União Europeia. Press Release 91/20. Disponível em: https://curia.europa.eu/jcms/ upload/docs/ application/pdf/2020-07/cp200091en.pdf. Acesso em: 28 out. 2020). No julgamento foi, ademais, invalidada a Decisão 2016/1250; os argumentos concernentes a isso não serão abordados, uma vez que não se relacionam com o objeto principal do presente trabalho (UNIÃO EUROPEIA. Tribunal de Justiça da União Europeia. Acórdão no processo C-311/18. Disponível em: http://curia.europa.eu/juris/ document/document. jsf;jsessionid=CF8C3306269B9356ADF861B57785FDEE?text=&docid=228677&pageIndex=0&doclang=EN&mode=req&dir=&occ=first&part=1&cid=9812784. Acesso em: 28 out. 2020).

66. Isso porque a legislação estadunidense exige que o Facebook Inc disponibilize dados a ele transferidos para certas autoridades nacionais; sendo os dados usados de maneira incompatível com o RGPD, não poderia a Decisão 2010/87/UE justificar a transferência de dados para os EUA. O TJUE decidiu que, sob o direito europeu (aplicável à transferência de dados pessoais com fins comerciais para entidades estabelecidas em países terceiros), a possibilidade de transferência não é impedida pela chance de as autoridades do país em que estabelecido o importador virem a tratar os dados transferidos com o propósito de promover a segurança pública, a defesa e a segurança estatal (Ibidem).

67. A análise da adequação das garantias deve levar em consideração não apenas o contrato celebrado entre exportador e importador, mas também os aspectos relevantes do sistema jurídico do país no qual estabelecido o importador – se a autoridade entender que as cláusulas-padrão não podem ser cumpridas no país onde estabelecido o importador, a autoridade deverá suspender ou proibir a transferência (UNIÃO EUROPEIA. Tribunal de Justiça da União Europeia. Acórdão no processo C-311/18. Disponível em: http://curia.europa. eu/juris/document/document.jsf;jsessionid=CF8C3306269B9356ADF861B57785FDE E?text=&doci-

Como dito, o Brasil também adotou o sistema das cláusulas-padrão contratuais; a prática ainda não é, porém, estabelecida no país, pois legalmente prevista com o advento, em 2018, da LGPD, sendo que a vigência desta iniciou apenas em setembro de 2020, e a autoridade nacional ainda não está apta a exercer suas competências[68], dentre as quais, reitere-se, o estabelecimento de cláusulas-padrão. Ter leis de proteção de dados em todos os países é um objetivo louvável, mas está longe de ser realidade, e é por essa razão que a solução contratual é medida que pode ser apta a sanar o problema da falta de proteção de dados equivalente no país onde situado o importador de dados.[69] Desse modo, é positiva a adoção do sistema das cláusulas-padrão pelo Brasil.

Não se quer dizer, com o presente trabalho, que o estabelecimento de cláusulas-padrão seja o método ideal de proteção de dados no âmbito das transferências internacionais. Conforme ressaltado, o uso dessas cláusulas é apenas um dos métodos abertos aos exportadores e importadores para que possam realizar transferências internacionais de dados, sendo uma concessão à realidade de que muito avanço ainda é necessário para que todos os países estabeleçam níveis adequados de proteção de dados, e, enquanto isso não acontece, é preciso outros mecanismos legais para possibilitar o necessário trânsito internacional de dados.

Há críticas ao mecanismo das cláusulas-padrão. Poder-se-ia argumentar que elas limitam a liberdade de negociação das partes, mas esse argumento é não se confirma, tanto porque as podem desenvolver livremente contrato de transferência internacional de dados distinto dos modelos disponíveis – o qual precisará, então, da aprovação da autoridade de proteção de dados competente –, quanto pelo motivo de que a existência de um contrato modelo já aprovado pela CE como provendo proteção adequada pode vir a fortalecer a posição negocial da parte que proponha a sua adoção. Uma crítica mais pertinente é a de que é extremamente difícil para as autoridades de proteção de dados controlar se o contrato está ou não sendo cumprido, se as cláusulas-padrão adotadas pelas partes estão sendo de fato respeitadas a todo tempo.[70]

Ressalte-se que, conforme o art. 4º da Decisão 2001/497/CE e o art. 4º da Decisão 2010/87/CE, emendados pela Decisão de Execução 2016/2297[71] (a qual removeu restrições antes impostas ao poder da autoridade), o uso das cláusulas-padrão não

---

d=228677&pageIndex=0&doclang=EN&mode=req&dir=&occ=first&part=1&cid=9812784. Acesso em: 28 out. 2020).

68. VALENTE, Jonas. Entenda o que muda com a Lei Geral de Proteção de Dados. *Agência Brasil*, Brasília, 18 set. 2020. Disponível em: https://agenciabrasil.ebc.com.br/geral/noticia/2020-09/entenda-o-que-muda--com-a-lei-geral-de-protecao-de-dados. Acesso em: 22 nov. 2020.

69. ZINSER, Alexander. The European Commission Decision on Standard Contractual Clauses for the Transfer of Personal Data to Third Countries: An Effective Solution. *Chicago-Kent Journal of Intellectual Property*, v. 3, n. 1, p. xxxiii-lii, 2003. p. 14.

70. ZINSER, Alexander. The European Commission Decision on Standard Contractual Clauses for the Transfer of Personal Data to Third Countries: An Effective Solution. *Chicago-Kent Journal of Intellectual Property*, v. 3, n. 1, p. xxxiii-lii, 2003. p. 14.

71. UNIÃO EUROPEIA. Decisão de execução 2016/2297/UE. *Eur-lex*. Disponível em: https://eur-lex.europa.eu/legal-content/PT/TXT/PDF/?uri=CELEX:32016D2297&from=PT. Acesso em: 16 out. 2020.

implica na impossibilidade de controle da transação pela autoridade de proteção de dados. Esta poderá exercer os poderes que lhe confere o art. 58 (2) (f) e (j) do RGPD, de modo a suspender ou proibir a transferência para proteger indivíduos no que tange ao tratamento de dados a eles concernentes.[72] Também no Brasil, as competências legalmente atribuídas à ANPD não hão de ser limitadas pelo emprego das cláusulas-padrão.

Feitas as considerações acima acerca das cláusulas-padrão enquanto modo de garantir adequada proteção em transferências internacionais de dados, cumpre uma análise pormenorizada das cláusulas já aprovadas no âmbito europeu, as quais podem vir a servir de referência para a elaboração de cláusulas-padrão pela autoridade brasileira.

B. As cláusulas-padrão contratuais adotadas pela Comissão Europeia

Quanto às cláusulas-padrão aprovadas pela CE que se referem à transferência de dados de controlador estabelecido na União Europeia para controlador localizado em país terceiro há, na vigência da decisão 2001/497/CE, dois modelos (conjuntos I e II), dentre os quais podem as partes optar. As cláusulas são, sob qualquer dos modelos, reguladas pela legislação do país em que estabelecido o exportador.[73] Quanto às obrigações do exportador, algumas estão presentes em ambos os modelos: deve garantir que os dados foram coletados, tratados e transferidos em conformidade com a legislação a ele aplicável, bem como disponibilizar aos titulares que o requererem

---

72. UNIÃO EUROPEIA. Regulamento (UE) 2016/679 do Parlamento Europeu e do Conselho de 27 de abril de 2016. *Eur-lex*. Disponível em: https://eur-lex.europa.eu/legal-content/PT/TXT/PDF/?uri=CELEX:32 016R0679&from=PT. Acesso em: 04 out. 2020. A Decisão de Execução 2021/914/EU foi elaborada levando em consideração o caso Schrems II, de modo que as novas cláusulas-padrão, além de regrarem com mais profundidade a situação em que normas ou práticas locais possam afetar o cumprimento das cláusulas, tratam especificamente do acesso por parte de autoridades públicas aos dados transferidos, bem como preveem expressamente a submissão do importador (salvo no caso de transferência de operador para controlador) à jurisdição da autoridade de proteção de dados a que submetido o exportador (UNIÃO EUROPEIA. Decisão de Execução 2021/914/UE. *Eur-lex*. Disponível em: https://eur-lex.europa.eu/legal-content/PT/TXT/PDF/?uri=CELEX:32021D0914&from=EN. Acesso em: 12 ago. 2021).

73. No que tange aos conceitos, ambos os modelos conceituam o exportador de dados como o controlador que transfere os dados pessoais, e o importador de dados como o controlador que não está sujeito a um sistema de um país terceiro que garanta proteção adequada e que concorda em receber, do exportador de dados, dados pessoais, para ulterior tratamento destes de acordo com os termos das cláusulas contidas no modelo. Ambos adotam as definições da Diretiva 95/46/CE de "personal data" (dado pessoal), "special categories of data" (dados pessoais sensíveis), "process/processing" (tratamento), "controller" (controlador), "processor" (operador), "data subject" (titular) e "supervisory authority/authority" (autoridade); na Decisão 2004/915/ CE, é especificado que "the authority" se refere à autoridade competente de proteção de dados no território no qual o exportador é estabelecido. Ambos os modelos contêm, além do que será exposto a seguir, cláusulas atinentes à resolução de eventuais litígios relacionados às cláusulas, bem como à resolução do contrato, cuja análise não é, sob um ponto de vista relativo à proteção de dados, pertinente para o presente trabalho (UNIÃO EUROPEIA. Decisão 2001/497/CE – versão consolidada. *Eur-lex*. Disponível em: https://eur-lex. europa.eu/legal-content/PT/TXT/PDF/?uri=CELEX:02001D0497-20161217&from=PT. Acesso em: 03 dez. 2020).

uma cópia das cláusulas-padrão.[74] No conjunto II, é obrigação do exportador fornecer, caso assim lhe seja exigido, uma cópia das cláusulas à autoridade; sob o modelo mais antigo, de modo semelhante, as partes acordam em depositar cópia do contrato junto à autoridade, caso esta o solicite ou a lei nacional assim o exija.[75]

No que concerne às obrigações que o exportador tem sob o conjunto I, mas não sob o II, tem-se que ele deve garantir, caso a transferência envolva dados pessoais sensíveis, que o titular foi informado, ou o será, antes da transferência, de que esses dados poderiam ser transmitidos para país terceiro que não garante proteção adequada. Ademais, deve responder, na medida do possível e em tempo razoável, a consultas pela autoridade sobre o tratamento dos dados pessoais relevantes pelo importador, bem como a consultas de titulares concernentes ao tratamento desses dados pelo importador.[76] Constam apenas no conjunto II a obrigação de o exportador garantir que depreendeu esforços razoáveis para assegurar que o importador está apto a cumprir as obrigações a ele atribuídas pelas cláusulas e a de, a pedido deste, promover o seu acesso à legislação pertinente em matéria de proteção de dados do país onde estabelecido o exportador.[77]

Quanto às obrigações do importador, em ambos os modelos ele garante que, no momento em que adotadas as cláusulas, não tem motivos para crer que haja qualquer legislação[78] local que teria um efeito adverso substancial sobre as garantias previstas nas cláusulas, e se compromete a informar o exportador caso tome conhecimento de tal fato.[79] Em ambos os modelos, as partes devem optar por um dentre três parâmetros de acordo com os quais o importador pode se comprometer a tratar os dados.[80]

---

74. Adotado o conjunto II, porém, permite-se que informações confidenciais sejam omitidas, sendo que nessa situação o texto completo deverá ser mostrado caso a autoridade assim decida e os titulares se comprometam a respeitar a confidencialidade da informação (ibidem).

75. Ibidem.

76. As cláusulas do conjunto II, diferentemente, permitem que as partes atribuam ao importador essa obrigação, hipótese em que o exportador ainda deverá responder a consultas na medida do possível e com a informação razoavelmente à sua disposição, caso o importador não queira ou não possa responder (UNIÃO EUROPEIA. Decisão 2001/497/CE – versão consolidada. *Eur-lex*. Disponível em: https://eur-lex.europa.eu/legal-content/PT/TXT/PDF/?uri=CELEX:02001D0497-20161217&from=PT. Acesso em: 03 dez. 2020).

77. UNIÃO EUROPEIA. Decisão 2001/497/CE – versão consolidada. *Eur-lex*. Disponível em: https://eur-lex.europa.eu/legal-content/PT/TXT/PDF/?uri=CELEX:02001D0497-20161217&from=PT. Acesso em: 03 dez. 2020.

78. Ressalte-se que, nesse contexto, o termo "legislação" abrange não apenas a lei, mas também eventuais regulamentações e jurisprudência que possam impactar o cumprimento das obrigações do importador (ZINSER, Alexander. The European Commission Decision on Standard Contractual Clauses for the Transfer of Personal Data to Third Countries: An Effective Solution. *Chicago-Kent Journal of Intellectual Property*, v. 3, n. 1, p. xxxiii-lii, 2003. p. 9).

79. Sob o conjunto I, o importador deverá comunicar isso também à autoridade de proteção de dados do país onde estabelecido o exportador; sob o II, por sua vez, o exportador é quem deverá, quando assim exigido, repassar essa informação para a autoridade (UNIÃO EUROPEIA. Op. cit.).

80. São eles: (a) as leis de proteção de dados do país em que estabelecido o exportador, (b) as disposições pertinentes de qualquer decisão proferida pela CE referente ao art. 25 (6) da Diretiva 95/46/CE que declare que determinado país terceiro garante nível de proteção adequado apenas em certos setores de atividade, desde que o importador tenha sede nesse país e não esteja abrangido pelas disposições, ou (c) os princípios

AS CLÁUSULAS-PADRÃO CONTRATUAIS NA TRANSFERÊNCIA INTERNACIONAL DE DADOS

Ambas as opções de cláusulas contêm a previsão de que, a pedido do exportador, o importador deverá submeter suas instalações de tratamento de dados a auditoria.[81] Os modelos contêm, ademais, previsões ligeiramente diferentes referentes à obrigação de o importador responder a consultas relativas ao tratamento de dados feitas pelo exportador ou pelos titulares de dados. Consta apenas no conjunto I a previsão de que o importador disponibilizará ao titular quando assim requerido uma cópia das cláusulas, e indicará o serviço responsável por atender eventuais reclamações. Há uma série de obrigações do importador que constam apenas no conjunto II.[82]

Os titulares de dados têm o direito de invocar, na qualidade de terceiros beneficiários, certas previsões contidas nas cláusulas. Há, nesse ponto, uma diferença significativa entre os dois modelos. Caso adotado o conjunto I, o importador e o exportador respondem solidariamente frente ao titular, salvo se provarem que nenhum deles é responsável pela violação das cláusulas; entre as partes, haverá direito de regresso.[83] Na prática, parece que o modo preferível para que o indivíduo obtenha indenização seria entrar com uma ação contra o exportador de dados perante um tribunal europeu; há hipóteses, porém, nas quais pode fazer sentido mover ação contra o importador – pense-se, por exemplo, na situação em que o exportador desapareceu ou entrou em procedimento falimentar.[84] Conforme destacado no considerando 18, a ideia da adoção desse sistema de responsabilidade foi reduzir as dificuldades práticas que titulares poderiam enfrentar para invocar seus direitos sob as cláusulas-padrão.[85]

Adotando-se o conjunto II, por sua vez, cada parte é responsável perante os titulares apenas relativamente aos danos por ela causados. Ademais, em casos de alegada infração por parte do importador, o titular deve, primeiramente, solicitar que o exportador tome as medidas adequadas para assegurar os direitos em questão; apenas se o exportador não o fizer em prazo razoável poderá o titular proceder diretamente contra o importador. Caso o exportador não tenha despendido esforços

---

de proteção de dados constantes do Apêndice 2 (caso adotado o conjunto I) ou do Anexo A (caso adotadas as cláusulas do II) (Ibidem).

81. Caso adotado o conjunto II, adiciona-se que esse pedido deve ser razoável, e a obrigação abarca, além das instalações, quaisquer arquivos ou documentos necessários para tratamento; esse modelo adiciona, ainda, que tal auditoria será mediante notificação razoável e ocorrerá durante as horas de trabalho habituais e que, caso dependa de aprovação da autoridade do país em que estabelecido o importador, este tentará obter tempestivamente tal autorização (ibidem).

82. Quais sejam: empregar medidas técnicas e organizacionais adequadas para proteger os dados, fornecer ao exportador, a pedido deste, provas de que dispõe de recursos financeiros suficientes para cumprir com as responsabilidades a ele atribuídas pela cláusula referente à responsabilidade e aos direitos de terceiros, e, ainda, não transferir dados a controladores estabelecidos fora do Espaço Econômico Europeu, exceto se preenchidas certas condições especificadas nas cláusulas (UNIÃO EUROPEIA. Decisão 2001/497/CE – versão consolidada. *Eur-lex*. Disponível em: https://eur-lex.europa.eu/legal-content/PT/TXT/PDF/?uri=CELEX:02001D0497-20161217&from=PT. Acesso em: 03 dez. 2020).

83. Ressalte-se que, conforme o considerando 20, essa previsão não é requisito para a adequada garantia da proteção de dados, podendo ser excluída pelas partes (*Ibidem*).

84. ZINSER, Alexander. The European Commission Decision on Standard Contractual Clauses for the Transfer of Personal Data to Third Countries: An Effective Solution. *Chicago-Kent Journal of Intellectual Property*, v. 3, n. 1, p. xxxiii-lii, 2003. p. 10.

85. UNIÃO EUROPEIA. Op. cit.

razoáveis para verificar que o importador está apto a cumprir as obrigações atribuídas a ele pelas cláusulas, o titular poderá mover ação diretamente contra ele. Assim, esse modelo contém, como alternativa ao sistema de responsabilidade solidária disponível com base na Decisão 2001/497/EC, um regime de responsabilidade baseado em obrigações de diligência devida.[86]

A Decisão 2010/87/UE traz, por sua vez, as cláusulas-padrão aplicáveis à transferência de um controlador estabelecido na União Europeia para um operador estabelecido em país terceiro.[87] No que tange às obrigações do exportador, este deve, de modo semelhante ao modelo de 2001, garantir que os dados foram coletados, tratados e transferidos em conformidade com a legislação a ele aplicável; disponibilizar aos titulares que assim o requererem uma cópia das cláusulas-padrão e de eventuais contratos envolvendo sub-operadores[88]; e garantir, na hipótese de a transferência envolver dados pessoais sensíveis, que o titular tenha sido informado de que esses dados poderiam ser transmitidos para um país terceiro que não garante proteção adequada.[89]

Quanto ao importador, este deve tratar os dados sempre por conta do exportador e de acordo com as suas instruções (e informar o exportador caso isso não seja possível), disponibilizar ao titular, a pedido, uma cópia das cláusulas ou de eventual contrato com suboperador, e responder tempestivamente a consultas do exportador relativas ao tratamento dos dados transferidos. Ademais, o importador garante, dentre

---

86. UNIÃO EUROPEIA. Decisão 2004/915/CE. Eur-lex. Disponível em: https://eur-lex.europa.eu/legal-content/PT/TXT/PDF/?uri=CELEX:32004D0915&from= PT. Acesso em: 10 out. 2020.

87. Quanto aos conceitos, a Decisão 2010/87/UE adota as mesmas definições que as outras decisões, adicionando "applicable data protection law" (legislação de proteção de dados aplicável, qual seja, a do país em que estabelecido o exportador), "technical and organisational security measures" (medidas de segurança técnicas e organizacionais, noção já presente na Decisão 2004/915/CE no que diz respeito às obrigações do importador) e "sub-processor" (sub-operador), sendo este qualquer operador que receba dados do importador ou de outro sub-operador dele para o fim exclusivo de atividades de tratamento realizadas por conta do exportador e de acordo com as suas instruções, com as cláusulas-padrão, e com os termos do contrato do qual é parte o sub-operador. Este só poderá ser contratado via contrato escrito que imponha a ele as mesmas obrigações a que o importador se submete sob as cláusulas, e apenas com consentimento do exportador (UNIÃO EUROPEIA. Decisão 2010/87/UE. Eur-lex. Disponível em: https://eur-lex.europa.eu/legal-content/PT/TXT/PDF/?uri=CELEX:32010D0087&qid=1607020955760& from=PT. Acesso em: 10 out. 2020); sob as novas cláusulas, as partes podem optar entre esse consentimento (do exportador, no caso de transferências de controlador para operador; do controlador, no caso de transferências de operador para operador) ser manifestado através de autorização prévia específica ou de autorização escrita geral (UNIÃO EUROPEIA. Decisão de Execução 2021/914/UE. Disponível em: Eur-lex. https://eur-lex.europa.eu/legal-content/PT/TXT/PDF/?uri=CELEX:32021D0914&from=EN. Acesso em: 12 ago. 2021).

88. Para seu conceito, vide nota supra.

89. O exportador tem, ademais, diversas obrigações distintas das do modelo de 2001, dentre as quais: instruir o importador a tratar os dados transferidos apenas por conta do exportador e de modo conforme à legislação de proteção de dados aplicável e às cláusulas, garantir que o importador proverá garantias suficientes quanto às medidas de segurança técnicas e organizacionais, garantir que essas medidas são adequadas para proteger os dados e serão efetivamente observadas, e garantir que eventual sub-operador provê no mínimo o mesmo nível de proteção de dados que o importador. Ele deve, ainda, depositar uma cópia do contrato de transferência com a autoridade caso esta o requeira ou isso seja exigido pela legislação aplicável ((UNIÃO EUROPEIA. Decisão de Execução 2021/914/UE. Disponível em: Eur-lex. https://eur-lex.europa.eu/legal-content/PT/TXT/PDF/?uri=CELEX:32021D0914&from=EN. Acesso em: 12 ago. 2021).

outros aspectos, que não tem motivos para crer que qualquer legislação aplicável o impede de seguir as instruções do exportador ou de cumprir suas obrigações sob as cláusulas, e que implementou as devidas medidas de segurança antes de tratar os dados transferidos.[90]

Assim como os outros modelos supra analisados, várias das cláusulas contidas no modelo de 2010 podem ser invocadas pelos titulares de dados para resguardar seus direitos. A princípio, o exportador é quem será responsável perante o titular. Caso ele tenha desaparecido, sido extinto ou se tornado insolvente, o titular poderá mover ação contra a entidade sucessora que tenha assumido as suas obrigações por força de lei ou contrato; não havendo entidade sucessora, o importador será responsável perante o titular por violações cometidas por ele ou por seus suboperadores. O suboperador, por fim, responderá apenas pelas suas atividades de tratamento e somente na situação em que impossível cobrar tanto do exportador quanto do importador. Importador e eventual suboperador estão sujeitos a serem auditados pela autoridade e pelo exportador. Terminada a prestação de serviços de tratamento de dados, os dados transferidos deverão, de regra, ser devolvidos ao exportador ou excluídos. Assim como nos outros modelos, as partes não podem modificar as cláusulas, mas podem adicionar outras que não as contrariem.[91]

As cláusulas padrão trazidas pela Decisão de Execução 2021/914/EU[92] combinam cláusulas gerais, aplicáveis a todos os tipos de transferência internacional, com uma abordagem modular, pela qual há módulos específicos a serem adotados conforme o tipo de transferência. Em todos os casos, o exportador garante que depreendeu esforços razoáveis para aferir que o importador é capaz de cumprir as obrigações que as cláusulas-padrão lhe atribuem. O importador (e, durante a transmissão, o exportador) deve implementar medidas técnicas e organizacionais adequadas para assegurar a segurança dos dados pessoais, garantindo inclusive a proteção contra violações de dados pessoais; as cláusulas regram, ainda, a atitude a ser tomada pelo importador caso ocorra uma violação, conforme a gravidade desta. Ademais, salvo

---

90. *Ibidem.*
91. Há, ainda, cláusulas referentes à jurisdição e à mediação, cuja análise não é, novamente, pertinente para o presente trabalho (UNIÃO EUROPEIA. Decisão 2010/87/UE. *Eur-lex.* Disponível em: https://eur-lex.europa.eu/legal-content/PT/TXT/PDF/?uri=CELEX:32010D0087&qid=1607020955760&from=PT. Acesso em: 10 out. 2020).
92. Quanto aos conceitos, a referida decisão define "as partes" como o "importador de dados" ("entidade(s) de um país terceiro que recebe(m) os dados pessoais do exportador de dados, direta ou indiretamente através de outra entidade também Parte nas presentes cláusulas, tal como enumeradas no anexo I.A.") e o "exportador de dados" (entidade(s) "que transfere(m) os dados pessoais, tal como enumerados no anexo I.A."); na cláusula referente à interpretação, é determinado que devem ser adotadas as definições do RGPD. As partes podem escolher o direito aplicável, mas este deve permitir o exercício dos direitos dos terceiros beneficiários e deve ser, salvo em se tratando de transferência de operador para controlador, o de um dos Estados-Membros da União Europeia. No anexo I, devem ser preenchidas informações referentes às partes e à descrição da transferência, e deve ser indicada a autoridade de proteção de dados competente. No anexo II, devem ser descritas as medidas técnicas e organizativas implementadas para proteção dos dados transferidos (UNIÃO EUROPEIA. Decisão de Execução 2021/914/UE. *Eur-lex.* Disponível em: https://eur-lex.europa.eu/legal-content/PT/TXT/PDF/?uri=CELEX:32021D0914&from=EN. Acesso em: 12 ago. 2021.).

determinadas exceções, o importador só poderá transferir os dados recebidos a terceiro estabelecido em país terceiro se o terceiro se submeter às cláusulas-padrão.

Ambas as partes garantem que não têm motivos para acreditar que quaisquer normas ou práticas vigentes no país a que transferidos os dados impeçam o importador de cumprir suas obrigações sob as cláusulas, e o importador se obriga a informar o exportador caso essa situação se altere. Dentre outras obrigações de transparência, as partes deverão, a pedido do titular, disponibilizar a ele uma cópia das cláusulas-padrão. Se mais de uma parte causar quaisquer danos ao titular através da violação das cláusulas que ele pode, enquanto terceiro beneficiário, invocar, elas serão solidariamente responsáveis perante o titular; entre elas, haverá direito de regresso, conforme a responsabilidade de cada uma pelo dano[93] – as novas cláusulas, nesse ponto, assemelham-se ao antigo conjunto I, restando extinto o regime de responsabilidade baseado em obrigações de diligência devida do conjunto II.

Em se tratando de transferência de controlador estabelecido na União Europeia para controlador estabelecido em país terceiro, o importador, salvo determinadas exceções, pode tratar os dados para as finalidades específicas da transferência, e mantê-los apenas durante o tempo necessário para a concretização delas. O exportador não responde por danos causados exclusivamente pelo importador, ressalvada sua eventual responsabilidade nos termos do RGPD. Quanto às novas cláusulas-padrão aplicáveis a transferências de controlador estabelecido na União Europeia para operador estabelecido em país terceiro[94], tem-se que o importador pode tratar os dados transferidos somente mediante instruções documentadas do exportador, e conservá-los apenas pelo tempo contratualmente determinado. O exportador é solidariamente responsável pelos danos causados exclusivamente pelo próprio importador e/ou por seus suboperadores, tendo direito de regresso contra o importador.

Percebe-se, com base no acima exposto, que o mecanismo das cláusulas-padrão se encontra já estabelecido no contexto europeu, e que o delineamento dos modelos contratuais pela CE foi feito com vistas à sua aplicabilidade prática e sem desatentar para com críticas feitas a decisões anteriores. Espera-se que as decisões da CE, bem como outros modelos contratuais de proteção de dados atualmente em uso no âmbito internacional, possam auxiliar a ANPD de modo que o processo de construção das cláusulas-padrão venha a ser mais célere no Brasil do que foi no âmbito europeu.

---

93. UNIÃO EUROPEIA. Decisão de Execução 2021/914/UE. *Eur-lex*. Disponível em: https://eur-lex.europa.eu/legal-content/PT/TXT/PDF/?uri=CELEX:32021D0914&from=EN. Acesso em: 12 ago. 2021. As cláusulas trazem, ainda, obrigações específicas de documentação, e regram o uso de decisões automatizadas, bem como a devolução ou exclusão dos dados quando do término do contrato (*ibidem*).

94. Não há diferenças substanciais entre as cláusulas-padrão aplicáveis a transferências de operador estabelecido na União Europeia para operador estabelecido em país terceiro e aquelas aplicáveis a transferências de controladores para operadores; as primeiras levam em consideração que exportador e controlador não são a mesma entidade, especificando, quando necessário, as obrigações das partes para com o controlador (ibidem).

4. CONSIDERAÇÕES FINAIS

A transferência internacional de dados é uma realidade, é parte inevitável do modo como opera o mundo contemporâneo, marcado pela crescente globalização, e resta ainda distante o ideal de ter proteção de dados adequada em todos os países. Assim, fazem-se necessários mecanismos para garantir a proteção adequada dos dados em uma transferência para um país onde ela não é assegurada pela legislação. A LGPD, na esteira das normas de proteção de dados da União Europeia, prevê garantias que podem ser oferecidas em caso de transferência internacional de dados que podem ser utilizadas justamente na ausência de uma lei específica que assegure a proteção adequada aos interesses dos titulares dos dados objeto de transferência.

As cláusulas-padrão contratuais são, dessa forma, um dentre esses vários mecanismos que podem hoje ser adotados para possibilitar a transferência internacional de dados pessoais para entidade estabelecida em país que não garanta proteção adequada ou para organismos internacionais. E seu emprego, no âmbito europeu, é cada vez mais amplo, conforme evidenciado inclusive pela recente elaboração de novas cláusulas-padrão, o que demonstra a confiabilidade dessa modalidade de garantia e que, a toda evidência, é mecanismo hábil a assegurar efetiva e adequada proteção dos dados pessoais.

De todo modo, ainda que o emprego das cláusulas-padrão evite a necessidade de autorização prévia da transferência, ele não garante que ela será considerada lícita, mas apenas que a sua análise dependerá de provocação da autoridade de proteção de dados. Em sendo a questão levada à autoridade de proteção de dados do país em que estabelecido o exportador, ela pode entender que o uso das cláusulas não é, no caso, suficiente para garantir a proteção adequada. Assim, a análise será feita após a transferência, e apenas caso algum interessado a provoque, de modo que o mecanismo das cláusulas-padrão permite um certo nível de flexibilidade à transferência internacional de dados, sem sacrificar a proteção do titular dos dados.[95]

Outrossim, a depender da legislação e das práticas do país terceiro ou do organismo internacional, a adoção de medidas adicionais em relação ao uso das cláusulas-padrão pode se fazer necessária para atingir o nível de proteção adequado, uma vez que as cláusulas-padrão contratuais, por natureza, não são capazes de prover mais do que uma obrigação contratual que impõe às partes o dever de assegurar a proteção adequada dos dados em transferência. Em não sendo possível garanti-la (como, por exemplo, na situação em que a legislação do país terceiro impõe ao importador deveres que contrariam as cláusulas), o exportador deverá suspender ou

---

95. Nesse sentido: "a possibilidade de transferência de dados pessoais com base em cláusulas contratuais padrão (art. 34, § 1º, PL 5.276/2016) e em normas corporativas globais (art. 34, § 2º, PL 5.276/2016) dão a necessária flexibilidade ao sistema de transferência internacional de dados pessoais, preservando ao mesmo tempo, a proteção à personalidade e à privacidade do indivíduo" (MENDES, Laura Schertel; DONEDA, Danilo. Marco jurídico para a cidadania digital: uma análise do Projeto de Lei 5.276/2016. *Revista de Direito Civil Contemporâneo*, v. 9, p. 35-48, 2016. p. 7).

encerrar a transferência; caso não o faça, a autoridade deverá fazê-lo. Assim restou estabelecido no âmbito europeu com o julgamento do caso Schrems II, e entende-se que o mesmo há de ser considerado verdadeiro no contexto brasileiro.

Apesar de eventuais desafios que a sua utilização possa vir a trazer, partir da análise da experiência europeia, resta claro que é viável a implementação, no Brasil, do sistema das cláusulas-padrão contratuais, cujo mérito encontra-se em permitir a transferência internacional de dados sem acarretar um custo excessivo, sem, no entanto, sacrificar a proteção dos titulares.

5. REFERÊNCIAS

ARAÚJO, Alexandra Maria Rodrigues. As transferências transatlânticas de dados pessoais: o nível de proteção adequado depois de *schrems*. *Revista Direitos Humanos e Democracia,* Ijuí, ano 5, n. 9, p. 201-236, jan.-jun. 2017.

ARGENTINA. Lei 25.326, de 4 de outubro de 2000. *Argentina.gob.ar.* Disponível em: https://www. argentina.gob.ar/normativa/nacional/ley-25326-64790/actualizacion. Acesso em: 20 out. 2020.

CARVALHO, Angelo Gamba Prata de. Transferência internacional de dados na lei geral de proteção de dados: força normativa e efetividade diante do cenário transnacional. In: FRAZÃO, Ana; TEPE-DINO, Gustavo; OLIVA, Milena Donato (Coord.). *A Lei Geral de Proteção de Dados Pessoais e suas repercussões no direito brasileiro.* São Paulo: Ed. RT, 2019 [versão digital].

BANCO CENTRAL DO BRASIL. Resolução 4.658, de 26 de abril de 2018. *BCB.* Disponível em: https:// www.bcb.gov.br/pre/normativos/busca/downloadNormativo.asp? arquivo=/Lists/Normativos/ Attachments/50581/Res_4658_v1_O.pdf. Acesso em: 25 out. 2020.

BRASIL. Autoridade Nacional de Proteção de Dados. *Presidência da República.* Disponível em: https:// www.gov.br/anpd/pt-br/canais_atendimento/agente-de-tratamento/transferencia-internacional--de-dados. Acesso em: 15 ago. 2021.

BRASIL. Decreto 5.015, de 12 de março de 2004. *Planalto.* Disponível em: http://www.planalto.gov.br/ ccivil_03/_ato2004-2006/2004/decreto/d5015.htm. Acesso em: 20 out. 2020.

BRASIL. Decreto 5.687, de 31 de janeiro de 2006. *Planalto.* Disponível em: http:// www.planalto.gov.br/ ccivil_03/_ato2004-2006/2006/decreto/d5687.htm. Acesso em: 20 out. 2020.

BRASIL. Lei 12.965, de 23 de abril de 2014. *Planalto.* Disponível em: http://www. planalto.gov.br/cci-vil_03/_ato2011-2014/2014/lei/l12965.htm. Acesso em: 4 out. 2020.

BRASIL. Lei 13.709, de 14 de agosto de 2018. *Planalto.* Disponível em: http://www.planalto. gov.br/ ccivil_03/_ato2015-2018/2018/lei/L13709.htm. Acesso em: 04 out. 2020.

CHAVES, Luis Fernando Prado. Da transferência internacional de dados. In: MALDONADO, Viviane Nóbrega; BLUM, Renato Opice. *LGPD: Lei Geral de Proteção de Dados comentada.* São Paulo: Thomp-son Reuters Brasil, 2019 [versão digital].

DONEDA, Danilo. *Da privacidade à proteção de dados pessoais.* Rio de Janeiro: Renovar, 2006.

ENISA. Recommendations on European Data Protection Certification. *ENISA.* Disponível em: www. enisa.europa.eu/fullreport/. Acesso em: 20 out. 2020.

EUROPEAN DATA PROTECTION BOARD. Documento do CEPD sobre o procedimento de aprovação dos critérios de certificação pelo CEPD que resultam numa certificação comum, o Selo UE de Proteção de Dados. *EDPB.* Disponível em: https://edpb.europa.eu/sites/edpb/files/files/file1/edpbprocedure-foreudataprotectionseal_pt.pdf. Acesso em: 20 out. 2020.

EUROPEAN DATA PROTECTION BOARD. Guidelines 1/2019 on Codes of Conduct and Monitoring Bodies under Regulation 2016/679. *EDPB*. Disponível em: https://edpb.europa.eu/sites/edpb/files/files/file1/edpb-20190219_guidelines_coc_public _consultation_version_en.pdf. Acesso em: 20 out. 2020.

BRASIL. Guidelines 04/2021 on codes of conduct as tools for Transfers. *EDPB*. Disponível em: https://edpb.europa.eu/system/files/2021-07/edpb_guidelinescodes conducttransfers_publicconsultation_en.pdf. Acesso em: 15 ago. 2021.

FUNDAÇÃO GETÚLIO VARGAS. *Guia de proteção de dados pessoais:* transferência internacional. São Paulo: FGV, 2020. Disponível em: https://portal.fgv.br/sites/portal.fgv.br/files/transferencia_internacional.pdf. Acesso em: 15 ago. 2021.

LIMA, Cíntia Rosa Pereira de; PEROLI, Kelvin. A aplicação da Lei Geral de Proteção de Dados do Brasil no tempo e no espaço. In: LIMA, Cíntia Rosa de. (Coord). *Comentários à Lei Geral de Proteção de Dados*. São Paulo: Almedina, 2020, p. 69-99.

LUCCA, Newton De; LIMA, Cíntia Rosa Pereira de. Autoridade Nacional de Proteção de Dados Pessoais (ANPD) e o Conselho Nacional de Proteção de Dados Pessoais e da Privacidade. In: LIMA, Cíntia Rosa Pereira de (coord.) *Comentários à Lei Geral de Proteção de Dados*. São Paulo: Almedina, 2020. p. 373-398.

MENDES, Laura Schertel; BIONI, Bruno R. O Regulamento Europeu de Proteção de Dados Pessoais e a Lei Geral de Proteção de Dados Brasileira: mapeando convergências na direção de um nível de equivalência. *Revista de Direito do Consumidor,* São Paulo, v. 124, p. 157-180, jul.-ago. 2019 [versão eletrônica]).

MENDES, Laura Schertel; DONEDA, Danilo. Marco jurídico para a cidadania digital: uma análise do Projeto de Lei 5.276/2016. *Revista de Direito Civil Contemporâneo*, v. 9, p. 35-48, 2016.

OCDE. OECD Guidelines Governing the Protection of Privacy and Transborder Flows of Personal Data. *OCDE*. Disponível em: http://www.oecd.org/sti/ieconomy/oecd_ privacy_framework.pdf. Acesso em: 40 out. 2020.

OLIVEIRA, Júlia Pauro. Empresas e órgãos públicos podem contratar data centers no exterior. *Conjur.* Disponível em: https://www.conjur.com.br/2017-mar-17/empresas-orgaos-publicos-podem-contratar-data-centers-exterior. Acesso em: 04 out. 2020.

PINHEIRO, Patricia Peck. *Proteção de dados pessoais:* comentários à Lei 13.709/2018. São Paulo: Saraiva Educação, 2018.

REINO UNIDO. Codes of conduct. *ICO*. Disponível em: https://ico.org.uk/for-organisations/guide-to--data-protection/guide-to-the-general-data-protection-regulation-gdpr/accountability-and-governance/codes-of-conduct/. Acesso em: 20 out. 2020.

SZINVELSKI, Mártin M.; LIMBERGER, Têmis; SALDANHA, Jânia. Transnacionalização e selos de qualidade em proteção de dados: um novo campo de estudo na era digital. *Revista dos Tribunais*, v. 1020, p. 143-162, out. 2020 [versão eletrônica].

TEPEDINO, Gustavo; TEFFÉ, Chuara Spadaccini de. Consentimento e proteção de dados pessoais na LGPD. In: FRAZÃO, Ana; TEPEDINO, Gustavo; OLIVA, Milena Donato (coord.) *A Lei Geral de Proteção de Dados Pessoais e suas repercussões no direito brasileiro*. São Paulo: Ed. RT, 2019 [versão digital].

UEHARA, Luiz Fernando; TAVARES FILHO, Paulo César. Transferência internacional de dados pessoais: uma análise crítica entre o Regulamento Geral de Proteção de Dados Pessoais da união europeia (RGPD) e a Lei Brasileira de Proteção de Dados Pessoais (LGPD). *Revista de Direito e as Novas Tecnologias*, São Paulo, v. 2, jan.-mar. 2019 [versão eletrônica].

UNIÃO EUROPEIA. Adequacy decisions. *Ec-europa*. Disponível em: https:// ec.europa.eu/info/law/law-topic/data-protection/international-dimension-data-protec tion/adequacy-decisions_en. Acesso em: 07 dez. 2020.

UNIÃO EUROPEIA. Binding Corporate Rules (BCR): Corporate rules for data transfers within multinational companies. *Ec-europa*. Disponível em: https://ec.europa.eu/ info/law/law-topic/data-protection/international-dimension-data-protection/binding-corporate-rules-bcr_en. Acesso em: 20 out. 2020.

UNIÃO EUROPEIA. Chart of signatures and ratifications of Treaty 108. *COE*. Disponível em: https://www.coe.int/en/web/conventions/full-list/-/conventions/treaty/ 108/signatures?p_auth=rRFalUpN. Acesso em: 20 out. 2020.

UNIÃO EUROPEIA. Comunicação da Comissão ao Parlamento Europeu e ao Conselho: Intercâmbio e proteção de dados pessoais num mundo globalizado. *Câmara dos Deputados*. Disponível em: https://www2.camara.leg.br/atividade-legislativa/comissoes/ comissoes-temporarias/especiais/55a-legislatura/pl-4060-12-tratamento-e-protecao-de-dados-pessoais/documentos/outros-documen tos/ComissoEuropeia.pdf. Acesso em: 20 out. 2020.

UNIÃO EUROPEIA. *Data protection*: standard contractual clauses for transferring personal data to non--EU countries (implementing act). Disponível em: https://ec.europa.eu/info/law/ better-regulation/have-your-say/initiatives/12741-Commission-Implementing-Decision-on-standard-contractual--clauses-for-the-transfer-of-personal-data-to-third-countries. Acesso em: 05 dez. 2020.

UNIÃO EUROPEIA. Decisão 2001/497/CE. *Eur-lex*. Disponível em: https://eur-lex.europa.eu/ legal-content/PT/TXT/PDF/?uri=CELEX:32001D0497&from=PT. Acesso em: 10 out. 2020.

UNIÃO EUROPEIA. Decisão 2001/497/CE – versão consolidada. *Eur-lex*. Disponível em: https:// eur-lex.europa.eu/legal-content/PT/TXT/PDF/?uri=CELEX:02001D0497-20161217&from=PT. Acesso em: 03 dez. 2020.

UNIÃO EUROPEIA. Decisão 2002/16/CE. *Eur-lex*. Disponível em: https://eur-lex.europa.eu/legal-content/PT/TXT/PDF/?uri=CELEX:32002D0016&from=PT. Acesso em: 11 out. 2020.

UNIÃO EUROPEIA. Decisão 2004/915/CE. *Eur-lex*. Disponível em: https://eur-lex.europa.eu/ legal-content/PT/TXT/PDF/?uri=CELEX:32004D0915&from=PT. Acesso em: 10 out. 2020.

UNIÃO EUROPEIA. Decisão 2010/87/UE. *Eur-lex*. Disponível em: https://eur-lex.europa.eu/legal-content/PT/TXT/PDF/?uri=CELEX:32010D0087&qid=1607020955760&from=PT. Acesso em: 10 out. 2020.

UNIÃO EUROPEIA. Decisão de execução 2016/2297/UE. *Eur-lex*. Disponível em: https://eur-lex.europa.eu/legal-content/PT/TXT/PDF/?uri=CELEX:32016D2297&from =PT. Acesso em: 16 out. 2020.

UNIÃO EUROPEIA. Decisão de Execução 2021/914/UE. *Eur-lex*. Disponível em: https://eur-lex.europa.eu/legal-content/PT/TXT/PDF/?uri=CELEX:32021D0914&from=EN. Acesso em: 12 ago. 2021.

UNIÃO EUROPEIA. Diretiva 95/46/CE do Parlamento Europeu e do Conselho de 24 de outubro de 1995. *Eur-lex*. Disponível em: https://eur-lex.europa.eu/legal-content/PT/TXT/PDF/?uri =CELEX:31995L0046&from=PT. Acesso em: 04 out. 2020.

UNIÃO EUROPEIA. Regulamento (UE) 182/2011 do Parlamento Europeu e do Conselho de 16 de fevereiro de 2011. *Eur-lex*. Disponível em: <https://eur-lex.europa.eu/legal-content/PT/TXT/PDF/?uri=CELEX:32011R0182&from=PT>. Acesso em: 4 out. 2020).

UNIÃO EUROPEIA. Regulamento (UE) 2016/679 do Parlamento Europeu e do Conselho de 27 de abril de 2016. *Eur-lex*. Disponível em: https://eur-lex.europa.eu/legal-content/ PT/TXT/?uri=celex%3A32016R0679. Acesso em: 04 out. 2020.

UNIÃO EUROPEIA. Transfers of personal data to third countries: Applying Articles 25 and 26 of the EU data protection directive Adopted by the Working Party on 24 July 1998. *Ec-europa*. Disponível em: https://ec.europa.eu/justice/article-29/documentation/opinion-recommendation/ files/1998/wp12_en.pdf. Acesso em: 25 out. 2020.

UNIÃO EUROPEIA. Tratado sobre o funcionamento da União Europeia. *Eur-lex*. Disponível em: <https://eur-lex.europa.eu/resource.html?uri=cellar:9e8d52e1-2c70-11e6-b497-01aa75e d71a1. 0019.01/DOC_3&format=PDF>. Acesso em: 04 out. 2020.

UNIÃO EUROPEIA. Tribunal de Justiça da União Europeia. Acórdão no processo C-311/18. Disponível em: http://curia.europa.eu/juris/document/document.jsf;jsessionid=CF8C330 6269B9356AD-F861B57785FDEE?text=&docid=228677&pageIndex=0&doclang=EN&mode=req&dir=&oc-c=first&part=1&cid=9812784. Acesso em: 28 out. 2020.

UNIÃO EUROPEIA. Tribunal de Justiça da União Europeia. Press Release 91/20. Disponível em: https://curia.europa.eu/jcms/upload/docs/application/pdf/2020-07/cp200091en.pdf. Acesso em: 28 out. 2020.

URUGUAI. Lei 18.331 de 11 de agosto de 2008. *IMPO*. Disponível em: https://www. impo.com.uy/bases/leyes/18331-2008. Acesso em: 20 out. 2020.

URUPÁ, Marcos. ANPD poderá regular transferência internacional de dados por cláusulas padrões. *Teletime,* São Paulo, 26 jul. 2021. Disponível em: https://teletime.com.br/26/07/2021/anpd-pode-ra-regular-transferencia-internacional-de-dados-por-clausulas-padroes/. Acesso em: 15 ago. 2021.

VALENTE, Jonas. Entenda o que muda com a Lei Geral de Proteção de Dados. *Agência Brasil*, Brasília, 18 set. 2020. Disponível em: https://agenciabrasil.ebc.com.br/geral/ noticia/2020-09/entenda-o--que-muda-com-a-lei-geral-de-protecao-de-dados. Acesso em: 22 nov. 2020.

ZINSER, Alexander. The European Commission Decision on Standard Contractual Clauses for the Transfer of Personal Data to Third Countries: An Effective Solution. *Chicago-Kent Journal of Intellectual Property*, v. 3, n. 1, p. xxxiii-lii, 2003.

PROTEÇÃO DE DADOS E DECISÕES AUTOMATIZADAS

Anita Spies da Cunha

Mestranda em Direito, vinculada ao Centro de Estudos Europeus e Alemães, na Universidade Federal do Rio Grande do Sul, orientada pela Profa. Dra. Ms. Lisiane Feiten Wingert Ody. Graduada em Direito pela Universidade do Vale do Rio dos Sinos (2017). Advogada.

Contato: anitadacunha@hotmail.com.

Carolina da Rosa Roncatto

Mestranda em Direito Civil e Empresarial pela Universidade Federal do Rio Grande do Sul – UFRGS. Bacharela em Direito pela UFRGS. Advogada.

Contato: crroncatto@gmail.com.

Gustavo da Silva Melo

Mestrando em Direito Civil e Empresarial pela Universidade Federal do Rio Grande do Sul – UFRGS. Especialista em responsabilidade civil, contratos e direito imobiliário pela Pontifícia Universidade Católica do Rio Grande do Sul – PUCRS. Graduado em direito pela UFRGS. Advogado. gustavosmelo10@gmail.com.

Sumário: 1. Introdução – 2. Decisões automatizadas e riscos; 2.1 Decisões automatizadas e o *profiling*; 2.2 Discriminação algorítmica – 3. Soluções para evitar discriminações nas tomadas de decisões automatizadas; 3.1 Direito à revisão e à explicação; 3.2 Governança algorítmica – 4. Considerações finais – 5. Referências.

1. INTRODUÇÃO

A quarta revolução industrial transforma a atualidade e é marcada pela informação: os dados, hoje, são o maior ativo econômico do mundo. Essa nova era, chamada "era Big Data", é caracterizada pelo volume, variedade e velocidade que os dados conseguem ser coletados e analisados.[1] E essa capacidade dos novos sistemas informáticos representa inúmeras possibilidades, tanto no setor privado como no setor público, especialmente no que tange à tomada de decisões. Isso porque, a partir da análise de uma quantidade imensurável de dados, variáveis e não necessariamente relacionados entre si, é possível obter informações e "perfis" e, até mesmo, tomar decisões sem a interferência humana.

---

1. Sobre Big Data, ver: TSAI, Chun-Wei et al. Big data analytics: a survey. *Journal of Big Data*, v. 2, n. 21, 2015. DOI 10.1186/s40537-015-0030-3.

As decisões automatizadas já são parte da vida de quase todos os brasileiros, seja no setor público, com a concessão de benefícios como o auxílio emergencial ou no julgamento de processos judiciais, seja no setor privado, com o score de crédito, por exemplo. Ocorre que o processamento de dados, e especialmente as decisões automatizadas, pode afetar profundamente direitos individuais e coletivos, pelo seu potencial discriminatório. Apesar disso, apenas recentemente, com a entrada em vigor da Lei Geral de Proteção de Dados (LGPD), é que as decisões automatizadas passaram a ser reguladas de forma geral pelo direito brasileiro.[2]

É nesse contexto que o presente trabalho se insere, marcado não só pela rápida evolução da temática, eis que o desenvolvimento tecnológico avança a passos largos, como também pela consequente incipiência do direito brasileiro sobre a matéria. Diante disso, o presente trabalho buscou identificar os principais riscos relacionados às decisões automatizadas e, após, apresentar as possíveis soluções jurídicas e de governança para os problemas encontrados. Trata-se de pesquisa bibliográfica e documental, com apoio na literatura brasileira e estrangeira.

A primeira parte do texto apresenta as decisões automatizadas, seus conceitos e aplicações, para, em seguida, problematizar seus usos diante da possibilidade de discriminação, trazendo exemplos concretos para dimensionar o problema. A partir disso, a segunda parte do texto busca apresentar possíveis soluções para evitar discriminações, tanto no âmbito individual, com os direitos de revisão e explicação, como no âmbito da governança, apresentando os caminhos possíveis para uma utilização consciente e responsável das decisões automatizadas.

2. DECISÕES AUTOMATIZADAS E RISCOS

Na primeira parte do presente artigo, serão abordados conceitos importantes a fim de se ter uma melhor compreensão sobre o tema objeto de estudo. Assim, em um primeiro momento, serão vistos aspectos gerais a respeito da decisão automatizada, com enfoque em sua definição, aplicabilidade (tanto no setor público, quanto no privado) e sua relação com a técnica do *profiling*.

Posteriormente, será abordada a questão da discriminação algorítmica na tomada de decisões automatizadas, com destaque para uma conceituação dos termos "algoritmo" e "discriminação algorítmica" e uma explicação do princípio da não discriminação. Ademais, com o intuito de melhor dimensionar a relevância e atualidade do tema, serão analisados casos concretos em que houve vieses algorítmicos na tomada de decisões automatizadas, tanto no Brasil, quanto no exterior.

---

2. Destaca-se que, mesmo antes da LGPD, as decisões automatizadas já eram objeto da Lei do Cadastro Positivo e sofriam incidência de princípios e garantias previstos em outras legislações, como no Código de Defesa do Consumidor e no Marco Civil da Internet.

PROTEÇÃO DE DADOS E DECISÕES AUTOMATIZADAS · 143

2.1 Decisões automatizadas e o *profiling*

Não há um conceito expresso na Lei Geral de Proteção de Dados sobre o que seria uma decisão automatizada – aliás, tamanha é a preocupação com essa falta de definição, que há inclusive um projeto de lei que objetiva conceituá-la.[3]

Todavia, ainda que não haja uma definição expressa, pode-se compreender as decisões automatizadas como aquelas alcançadas através de processamento automático sem a necessidade de intervenção humana.[4] Embora o humano alimente o sistema com dados e interprete o resultado apresentado pelo software, o procedimento decisório, ainda assim, é automatizado.[5]

O Grupo de Trabalho do Artigo 29 para a Proteção de Dados afirma que as decisões automatizadas podem basear-se em qualquer tipo de dados, como, por exemplo: aqueles fornecidos diretamente pelas pessoas em questão (como respostas a um questionário); aqueles observados acerca das pessoas (como dados de localização recolhidos por meio de um aplicativo); e aqueles obtidos como um perfil da pessoa que já tenha sido criado (como uma pontuação de crédito).[6]

As decisões automatizadas foram potencializadas em virtude do desenvolvimento da tecnologia da Inteligência Artificial, notadamente da técnica de *maching learning*. Caitlin Mulholland explica que, através dessa característica de *machine learning*, as máquinas desenvolvem a capacidade de tomadas de decisão absolutamente autônomas em relação à interferência humana.[7] Por meio do tratamento em massa de dados, as máquinas adquirem autoaprendizagem, podendo alcançar determinados resultados independentemente de qualquer supervisão humana.[8]

---

3. Nesse sentido, o projeto de lei 4496/2019, de relatoria do Senador Styvenson Valentim, objetiva criar um inciso XX no artigo 5º da LGPD justamente para conceituar as decisão automatizadas, nos seguintes termos: "XX – decisão automatizada: processo de escolha, de classificação, de aprovação ou rejeição, de atribuição de nota, medida, pontuação ou escore, de cálculo de risco ou de probabilidade, ou outro semelhante, realizado pelo tratamento de dados pessoais utilizando regras, cálculos, instruções, algoritmos, análises estatísticas, inteligência artificial, aprendizado de máquina, ou outra técnica computacional." BRASIL. Congresso Nacional. Senado Federal. *Projeto de Lei do Senado 4496, de 2019*. Altera a Lei 13.709, de 14 de agosto de 2018 (Lei Geral de Proteção de Dados Pessoais – LGPD), para definir a expressão "decisão automatizada". Autoria: Senador Styvenson Valentim. Brasília, DF: Senado Federal, 2019. Disponível em: https://www25. senado.leg.br/web/atividade/materias/-/materia/138136. Acesso em: 30 dez. 2020.
4. FERRARI, Isabela; BECKER, Daniel. O direito à explicação sobre decisões automatizadas: uma análise comparativa entre a União Europeia e o Brasil. *Revista de Direito e as Novas Tecnologias*, v. 1, p. 1, out.-dez. 2018.
5. FERRARI, Isabela; BECKER, Daniel. O direito à explicação sobre decisões automatizadas: uma análise comparativa entre a União Europeia e o Brasil. *Revista de Direito e as Novas Tecnologias*, v. 1, p. 2, out.-dez. 2018.
6. GRUPO DE TRABALHO DO ARTIGO 29º PARA A PROTEÇÃO DE DADOS. *Orientações sobre as decisões individuais automatizadas e a definição de perfis para efeitos do Regulamento (UE) 2016/679*. Bruxelas, fev. 2018. Disponível em: https://www.cnpd.pt/home/rgpd/docs/wp251rev01_pt.pdf. Acesso em: 04 out. 2020.
7. MULHOLLAND, Caitlin. Responsabilidade civil e processos decisórios autônomos em sistemas de Inteligência Artificial (IA): autonomia, imputabilidade e responsabilidade. In: FRAZÃO, Ana; MULHOLLAND, Caitlin (Org.). *Inteligência artificial e Direito*: ética, regulação e responsabilidade. São Paulo: Thomson Reuters Brasil, 2020. *E-book*.
8. MULHOLLAND, Caitlin; FRAJHOF, Isabella Z. Inteligência Artificial e a Lei Geral de Proteção de Dados Pessoais: breves anotações sobre o direito à explicação perante a tomada de decisões por meio de machine

Quanto à sua aplicabilidade, verifica-se a ocorrência de decisões automatizadas tanto no âmbito público, quanto no privado. No setor público, destaca-se o uso de decisões automatizadas no Poder Judiciário.

A título exemplificativo, a ferramenta Radar, no Tribunal de Justiça de Minas Gerais, é capaz de ler processos e identificar se o pedido se repete na Justiça e, ainda, o entendimento a ser aplicado ao caso. Em sessão virtual realizada em novembro de 2018, houve, através dessa ferramenta, o julgamento de 280 demandas repetitivas em apenas um segundo.[9]

No Supremo Tribunal Federal, há a ferramenta de Inteligência Artificial chamada Victor, capaz de ler os recursos extraordinários e identificar quais estão vinculados a determinados temas de repercussão geral. Estima-se que essa ferramenta executará, em menos de cincos segundos, tarefas que os servidores levam, em média, 44 minutos.[10]

Há tanta preocupação com as decisões automatizadas no Poder Judiciário que o Conselho Nacional de Justiça elaborou a Resolução 332/2020, que busca regular essa questão. Destaca-se, nesse sentido, o artigo 7º dessa Resolução, que veda as decisões discriminatórias, prevendo: a homologação do modelo de Inteligência Artificial antes de sua colocação no mercado; a adoção de medidas corretivas em caso de vieses; a descontinuidade da utilização do sistema em caso de impossibilidade de eliminação do viés discriminatório.[11]

Além disso, faz-se uso das decisões automatizadas no sistema de *credit scoring*, que consiste, como ensina Ricardo Lupion, em um instrumento para auxiliar

---

learning. In: FRAZÃO, Ana; MULHOLLAND, Caitlin (Org.). *Inteligência artificial e Direito: ética, regulação e responsabilidade*. São Paulo: Thomson Reuters Brasil, 2020. *E-book*.

9. TJMG utiliza inteligência artificial em julgamento virtual. In: *Tribunal de Justiça do Estado de Minas Gerais*. Belo Horizonte, 07 nov. 2018. Disponível em: https://www.tjmg.jus.br/portal-tjmg/noticias/tjmg-utiliza-inteligencia-artificial-em-julgamento-virtual.htm#.X3of42hKhEY. Acesso em: 04 out. 2020.

10. PRESIDENTE do Supremo apresenta ferramentas de inteligência artificial em Londres. In: *Supremo Tribunal Federal*. Brasília, DF: 05 set. 2019. Disponível em: http://www.stf.jus.br/portal/cms/verNoticiaDetalhe. asp?idConteudo=422699. Acesso em: 06 out. 2020.

11. Art. 7º As decisões judiciais apoiadas em ferramentas de Inteligência Artificial devem preservar a igualdade, a não discriminação, a pluralidade e a solidariedade, auxiliando no julgamento justo, com criação de condições que visem eliminar ou minimizar a opressão, a marginalização do ser humano e os erros de julgamento decorrentes de preconceitos.

§ 1º Antes de ser colocado em produção, o modelo de Inteligência Artificial deverá ser homologado de forma a identificar se preconceitos ou generalizações influenciaram seu desenvolvimento, acarretando tendências discriminatórias no seu funcionamento.

§ 2º Verificado viés discriminatório de qualquer natureza ou incompatibilidade do modelo de Inteligência Artificial com os princípios previstos nesta Resolução, deverão ser adotadas medidas corretivas.

§ 3º A impossibilidade de eliminação do viés discriminatório do modelo de Inteligência Artificial implicará na descontinuidade de sua utilização, com o consequente registro de seu projeto e as razões que levaram a tal decisão.

CONSELHO NACIONAL DE JUSTIÇA. *Resolução 332, de 21 de agosto de 2020*. Dispõe sobre a ética, a transparência e a governança na produção e no uso de Inteligência Artificial no Poder Judiciário e dá outras providências. Brasília, DF: Conselho Nacinal de Justiça, 2020. Disponível em: https://atos.cnj.jus.br/files/original191707202008255f4563b35f8e8.pdf. Acesso em: 26 dez. 2020.

PROTEÇÃO DE DADOS E DECISÕES AUTOMATIZADAS **145**

na concessão de crédito, na qual o menor índice representa maior risco, e o maior índice, menor chance de inadimplência, ajudando a prever o provável e futuro comportamento dos consumidores.[12] Cabe explicar que, em julgamento realizado em novembro de 2014, o Superior Tribunal de Justiça entendeu pela licitude do *credit scoring*, com a ressalva de que não haja recusa indevida de crédito pelo uso de dados incorretos ou desatualizados.[13]

Ainda a esse respeito, Rafael Zanatta observa que a Lei do Cadastro Positivo (Lei 12.414/2011), no seu artigo 5º, inciso VI,[14] foi pioneira na afirmação de um direito de revisão de decisões exclusivamente automatizadas,[15] que será objeto de melhor estudo na segunda parte deste trabalho.

Outras aplicações de decisões automatizadas, conforme exemplificado pelo Grupo de Trabalho do Artigo 29 para a Proteção de Dados, são na área de seguros, em que uma seguradora pode definir, por exemplo, os prêmios de seguro de automóvel com base no monitoramento do comportamento dos clientes ao volante,[16] bem como no âmbito empresarial.

Nesse sentido, tratando de empresas, utiliza-se a tomada de decisões automatizadas, por exemplo, no *marketing*, havendo a análise de padrões de comportamentos para a realização de campanhas publicitárias; na opção de decidir qual a melhor parceira para fazer negócios ou quais negócios valem o risco; e no recrutamento de novos empregados, tudo no intuito de elevar a eficiência produtiva.[17]

Relacionada às decisões automatizadas e ao tratamento de dados está a técnica do *profiling* (ou perfilização) do usuário. Não por acaso, o Grupo de Trabalho do Artigo 29 para a Proteção de Dados, ao abordar as decisões automatizadas, trata em conjunto com a questão da definição de perfis.[18]

---

12. LUPION, Ricardo. O caso do Sistema "Credit Scoring" do Cadastro Positivo. *Revista da AJURIS*, Porto Alegre, v. 42. n. 137, p. 433, mar. 2015.

13. BRASIL. Superior Tribunal de Justiça. *Recurso Especial 1.419.697/RS*. Recurso especial representativo de controvérsia (art. 543-c do CPC). Tema 710/STJ. Direito do consumidor. Arquivos de crédito. Sistema "credit scoring". Compatibilidade com o direito brasileiro. Limites. Dano moral. [...] Recorrente: Boa Vista Serviços S/A. Recorrido: Anderson Guilherme Prado Soares. Relator: Min. Paulo de Tarso Sanseverino, 12 de nov. de 2014.

14. Art. 5º São direitos do cadastrado: [...]
    VI – solicitar ao consulente a revisão de decisão realizada exclusivamente por meios automatizados;

15. ZANATTA, Rafael A. F. Perfilização, discriminação e direitos: do Código de Defesa do Consumidor à Lei Geral de Proteção de Dados Pessoais. In: *Researchgate*, fev. 2019. Disponível em: https://www.researchgate.net/publication/331287708_Perfilizacao_Discriminacao_e_Direitos_do_Codigo_de_Defesa_do_Consumidor_a_Lei_Geral_de_Protecao_de_Dados_Pessoais. Acesso em: 04 out. 2020.

16. GRUPO DE TRABALHO DO ARTIGO 29º PARA A PROTEÇÃO DE DADOS. *Orientações sobre as decisões individuais automatizadas e a definição de perfis para efeitos do Regulamento (UE) 2016/679*. Bruxelas, fev. 2018. Disponível em: https://www.cnpd.pt/home/rgpd/docs/wp251rev01_pt.pdf. Acesso em: 04 de out. de 2020.

17. MEDON, Filipe; TEFFÉ, Chiara Spadaccini de. A utilização de inteligência artificial em decisões empresariais: notas introdutórias acerca da responsabilidade civil dos administradores. *In*: FRAZÃO, Ana; MULHOLLAND, Caitlin (Org.). *Inteligência artificial e Direito*: ética, regulação e responsabilidade. São Paulo: Thomson Reuters Brasil, 2019. *E-book*.

18. Nesse aspecto, importante salientar que nem toda decisão automatizada é tomada com base em perfis. O próprio grupo de trabalho do art. 29 dá como exemplo a aplicação de multa por excesso de velocidade com

Embora não haja uma definição sobre o que seria o *profiling* na Lei Geral de Proteção de Dados (e nem uma regra geral de proibição[19]), o Regulamento Geral sobre a Proteção de Dados (RGPD) o conceitua. Nos termos do item 4 do artigo 4º deste Regulamento, o *profiling* é definido como:

> [...] qualquer forma de tratamento automatizado de dados pessoais que consista em utilizar esses dados pessoais para avaliar certos aspectos pessoais de uma pessoa singular, nomeadamente para analisar ou prever aspectos relacionados com o seu desempenho profissional, a sua situação económica, saúde, preferências pessoais, interesses, fiabilidade, comportamento, localização ou deslocações.[20]

Bruno Bioni conceitua o *profiling* como a técnica em que os dados pessoais de um indivíduo formam um perfil a seu respeito para a tomada de inúmeras decisões, sendo tudo calibrado com base nesses estereótipos – inclusive, o próprio conteúdo acessado na Internet.[21]

Danilo Doneda explica que, através dessa técnica, objetiva-se recolher uma "metainformação", que consistiria numa síntese dos hábitos, preferências pessoais e outros registros da vida desta pessoa, com esse resultado podendo ser utilizado para traçar um quadro das tendências de futuras decisões, comportamentos e destino de uma pessoa.[22]

Nesse aspecto, Laura Schertel Mendes ensina que os riscos da técnica de construção de perfis não residem somente na sua grande capacidade de junção de dados, mas também na sua enorme capacidade de combinar diversos dados de forma inteligente, formando novos elementos informativos.[23]

Rafael Zanatta mostra que o processo do *profiling* envolve, ao menos, seis etapas: registro de dados; agregação e monitoramento de dados; identificação de padrões nos

---

base exclusivamente em provas obtidas através de radares de velocidade. Todavia, grande parte das decisões automatizadas atualmente é tomada com base no perfil, razão pela qual faz-se necessária uma abordagem da técnica de *profiling*.

GRUPO DE TRABALHO DO ARTIGO 29º PARA A PROTEÇÃO DE DADOS. *Orientações sobre as decisões individuais automatizadas e a definição de perfis para efeitos do Regulamento (UE) 2016/679*. Bruxelas, fev. 2018. Disponível em: https://www.cnpd.pt/home/rgpd/docs/wp251rev01_pt.pdf. Acesso em: 04 de out. de 2020.

19. ZANATTA, Rafael A. F. Perfilização, discriminação e direitos: do Código de Defesa do Consumidor à Lei Geral de Proteção de Dados Pessoais. In: *Researchgate*, fev. 2019. Disponível em: https://www.researchgate.net/publication/331287708_Perfilizacao_Discriminacao_e_Direitos_do_Codigo_de_Defesa_do_Consumidor_a_Lei_Geral_de_Protecao_de_Dados_Pessoais. Acesso em: 04 out. 2020.

20. UNIÃO EUROPEIA. Parlamento e Conselho. *Regulamento (EU) 2016/679, de 27 de abril de 2016*. Relativo à proteção das pessoas singulares no que diz respeito ao tratamento de dados pessoais e à livre circulação desses dados e que revoga a Diretiva 95/46/CE (Regulamento Geral sobre a Proteção de Dados). [*S. l.*]: EUR-Lex, 2016. Disponível em http://data.europa.eu/eli/reg/2016/679/2016-05-04. Acesso em: 19 dez. 2020.

21. BIONI, Bruno Ricardo. *Proteção de dados pessoais*: a função e os limites do consentimento. Rio de Janeiro: Forense, 2019. *E-book*.

22. DONEDA, Danilo. **Da privacidade à proteção de dados pessoais**: elementos da formação da Lei geral de proteção de dados. 1. ed. São Paulo: Thomson Reuters Brasil, 2019. *E-book*.

23. MENDES, Laura Schertel. **Privacidade, proteção de dados e defesa do consumidor**: linhas gerais de um novo direito fundamental. São Paulo: Saraiva, 2014. p. 111.

PROTEÇÃO DE DADOS E DECISÕES AUTOMATIZADAS **147**

dados; interpretação de resultados; monitoramento dos dados para checar resultados; e, por fim, a aplicação de perfis.[24]

Essa ideia de perfilização está ligada à ideia desenvolvida por Stefano Rodotà de que a pessoa teria um corpo eletrônico, que seria formado por um conjunto de informações que afetam um sujeito, e que auxiliaria na construção e divulgação de perfis individuais e sociais.[25] Assim, a integralidade da pessoa humana diz respeito tanto ao seu corpo físico quanto ao seu corpo eletrônico, composto pelo conjunto de seus dados pessoais sistematizados.[26]

Embora, conforme visto, não haja um conceito expresso na LGPD, o *profiling* está brevemente mencionado no artigo 12, § 2º, da LGPD, que afirma que poderão ser igualmente considerados como dados pessoais aqueles utilizados para formação do perfil comportamental de determinada pessoa natural, se identificada.[27]

Dessa forma, analisada a decisão automatizada e a sua relação com o *profiling*, e, tendo em vista que não há uma regulação específica da perfilização na LGPD, o que pode acarretar vieses, mostra-se necessário abordar a discriminação algorítmica na tomada de decisões automatizadas, razão pela qual se passa ao próximo ponto.

2.2   Discriminação algorítmica

Antes de adentrar na questão da discriminação algorítmica, mostra-se importante conceituar o algoritmo. Como ensinam Laura Schertel Mendes e Marcela Mattiuzo, um algoritmo é comumente descrito como um conjunto de instruções, organizadas de forma sequencial, que determina como algo deve ser feito.[28] Compreende uma fórmula na qual tarefas são colocadas em uma ordem específica a fim de atingir determinado objetivo.[29]

Pedro Domingos explica que todo algoritmo tem uma entrada (*input*), e uma saída (*output*): os dados entram no computador, o algoritmo faz o que precisa com

---

24. ZANATTA, Rafael A. F. Perfilização, discriminação e direitos: do Código de Defesa do Consumidor à Lei Geral de Proteção de Dados Pessoais. *In*: **Researchgate**, fev. 2019. Disponível em: https://www. researchgate.net/publication/331287708_Perfilizacao_Discriminacao_e_Direitos_do_Codigo_de_Defesa_ do_Consumidor_a_Lei_Geral_de_Protecao_de_Dados_Pessoais. Acesso em: 04 out. 2020.
25. RODOTÀ, Stefano. **El derecho a tener derechos**. Madrid: Editorial Trotta, 2014. p. 34.
26. FALEIROS JÚNIOR, José Luiz de Moura; BASAN, Arthur Pinheiro. A tutela do corpo eletrônico como direito básico do consumidor. **Revista dos Tribunais**, v. 1021, p. 138, nov. 2020.
27. Art. 12. Os dados anonimizados não serão considerados dados pessoais para os fins desta Lei, salvo quando o processo de anonimização ao qual foram submetidos for revertido, utilizando exclusivamente meios próprios, ou quando, com esforços razoáveis, puder ser revertido. [...]
    § 2º Poderão ser igualmente considerados como dados pessoais, para os fins desta Lei, aqueles utilizados para formação do perfil comportamental de determinada pessoa natural, se identificada.
28. MENDES, Laura Schertel; MATTIUZZO, Marcela. Discriminação Algorítmica: Conceito, Fundamento Legal e Tipologia. **Direito Público**, v. 16, n. 90, 2019, p. 41, nov.-dez. 2019.
29. MENDES, Laura Schertel; MATTIUZZO, Marcela. Discriminação Algorítmica: Conceito, Fundamento Legal e Tipologia. **Direito Público**, v. 16, n. 90, 2019, p. 41-42, nov.-dez. 2019.

eles, e um resultado é produzido.[30] Na técnica de *machine learning*, os dados entram no computador, e o algoritmo cria outros algoritmos; assim, os computadores escrevem seu próprio programa.[31]

O algoritmo objetiva, como destacam Laura Shertel Mendes e Marcela Mattiuzo, principalmente, auxiliar na tomada de decisões, mitigando os riscos, através da análise de dados e utilizando-se de previsões probabilísticas.[32]

Franke Pasquale explica, todavia, que os algoritmos não estão imunes ao problema da discriminação, já que são programados por seres humanos, cujos valores estão embutidos no *software*.[33] São os vieses algorítmicos. Nesse sentido, o autor utiliza o termo *black box*, ou, em uma tradução literal, "caixa preta": consegue-se observar os *inputs* e os *outputs* – ou seja, os dados que entram e os resultados que saem –, mas não é possível explicar como um se transformou no outro.[34]

Quanto a essa questão do viés algorítmico, Laura Schertel Mendes e Marcela Mattiuzzo exemplificam que, se alguém acredita que as mulheres são inapropriadas para a engenharia mecânica, e essa pessoa programa um algoritmo que internaliza tal lógica, o *output* de tal algoritmo poderá apresentar essas mesmas inclinações.[35]

Nesse contexto, Ana Frazão destaca que, mesmo que os dados e o processamento sejam de qualidade, várias correlações podem não corresponder a relações de causalidade.[36] Em outras palavras, essas correlações de dados, apesar de caminharem na mesma taxa estatística, não apresentam as mesmas causas.[37] São as chamadas correlações espúrias.

No exemplo anterior envolvendo mulher e engenharia, mesmo que o designer do algoritmo não acredite que os homens seriam engenheiros melhores, existindo no conjunto de dados elementos a indicar que o gênero pode ser uma variável relevante – por conta do maior número de homens no ramo da engenharia, por exemplo

---

30. DOMINGOS, Pedro. **O algoritmo mestre**: como a busca pelo algoritmo de machine learning definitivo recriará nosso mundo. São Paulo: Novatec, 2017. *E-book*.
31. DOMINGOS, Pedro. **O algoritmo mestre**: como a busca pelo algoritmo de machine learning definitivo recriará nosso mundo. São Paulo: Novatec, 2017. *E-book*.
32. MENDES, Laura Schertel; MATTIUZZO, Marcela. Discriminação Algorítmica: Conceito, Fundamento Legal e Tipologia. **Direito Público**, v. 16, n. 90, 2019, p. 42, nov.-dez. 2019.
33. PASQUALE, Frank. **The black box society**: the secret algorithms that control money and information. Harvard University Press, 2015. p. 38.
34. PASQUALE, Frank. **The black box society**: the secret algorithms that control money and information. Harvard University Press, 2015. p. 3.
35. MENDES, Laura Schertel; MATTIUZZO, Marcela. Discriminação Algorítmica: Conceito, Fundamento Legal e Tipologia. **Direito Público**, v. 16, n. 90, 2019, p. 40, nov.-dez. 2019.
36. FRAZÃO, Ana. Responsabilidade civil de administradores de sociedades empresárias por decisões tomadas com base em sistemas de inteligência artificial. *In*: FRAZÃO, Ana; MULHOLLAND, Caitlin (Org.). **Inteligência artificial e Direito**: ética, regulação e responsabilidade. São Paulo: Thomson Reuters Brasil, 2019. *E-book*.
37. MEDON, Filipe. **Inteligência artificial e responsabilidade civil**: autonomia, riscos e solidariedade. Salvador: Editora JusPodivm 2020. p. 287.

–, o *output* poderia reproduzir as condições discriminatórias ao invés de auxiliar a superá-las.[38]

A fim de demonstrar a ocorrência desses vieses algorítmicos, serão vistos três exemplos reais sobre decisões tomadas com base em discriminação algorítmica. O primeiro exemplo se refere ao acrônimo COMPAS (Correctional Offender Management Profiling for Alternative Sanctions), que se trata de um software de auxílio a juízes dos Estados Unidos na avaliação da probabilidade de reincidência para fins de dosimetria da pena.[39]

Esse software foi duramente criticado, pois ele tendia a apontar erroneamente réus negros como futuros criminosos, colocando-os na categoria de possíveis reincidentes quase duas vezes mais do que os réus brancos, enquanto os réus brancos foram classificados mais frequentemente como menos perigosos do que os réus negros, numa nítida discriminação racial.[40]

O segundo exemplo, mais recente, aconteceu no Reino Unido, em agosto de 2020. Em função da pandemia, o exame nacional para admissão em universidades do Reino Unido foi cancelado. Assim, foi criado um algoritmo com o intuito de decidir as notas dos estudantes a fim de que estes pudessem ingressar nas universidades.[41]

Todavia, surgiu a acusação de que estudantes mais pobres teriam sido prejudicados, uma vez que o algoritmo teria levado em conta para decidir as notas dos estudantes a performance passada das escolas. Como as escolas particulares tendem a ter melhor desempenho por causa da sua melhor estrutura, os alunos dessas escolas obtiveram vantagem quanto aos alunos da rede pública. Nesse caso, o algoritmo não analisou a individualidade de cada aluno.[42]

O último caso envolvendo discriminação algorítmica está relacionado às práticas de *geopricing* e o *geoblocking* e aconteceu no Brasil. Guilherme Magalhães Martins explica que o *geopricing* se refere à precificação diferenciada da oferta com base na origem geográfica do consumidor, enquanto o *geoblocking* pode ser definido como o conjunto de práticas comerciais que impedem determinados consumidores de

---

38. MENDES, Laura Schertel; MATTIUZZO, Marcela. Discriminação Algorítmica: Conceito, Fundamento Legal e Tipologia. **Direito Público**, v. 16, n. 90, 2019, p. 41, nov.-dez. 2019.
39. CALABRICH, Bruno Freire de Carvalho. Discriminação algorítmica e transparência na Lei Geral de Proteção de Dados Pessoais. **Revista de Direito e as Novas Tecnologias**, v. 8, jul.-set. 2020.
40. CALABRICH, Bruno Freire de Carvalho. Discriminação algorítmica e transparência na Lei Geral de Proteção de Dados Pessoais. **Revista de Direito e as Novas Tecnologias**, v. 8, jul.-set. 2020.
41. 'ALGORITMO roubou meu futuro': solução para 'Enem britânico' na pandemia provoca escândalo. *In*: BBC, [s. l.], 20 ago. 2020. Disponível em: https://www.bbc.com/portuguese/internacional-53853627. Acesso em: 05 out. 2020.
42. 'ALGORITMO roubou meu futuro': solução para 'Enem britânico' na pandemia provoca escândalo. *In*: BBC, [s. l.], 20 ago. 2020. Disponível em: https://www.bbc.com/portuguese/internacional-53853627. Acesso em: 05 out. 2020.

acessar ou comprar determinados bens ou serviços com fundamento na localização *online* do cliente.[43]

Em 2018, a agência de viagens Decolar.com foi multada em 7,5 milhões de reais pelo Departamento de Proteção e Defesa do Consumidor (DPDC), órgão da Secretaria Nacional do Consumidor do Ministério da Justiça, por diferenciar preços ao consumidor.[44]

De acordo com as investigações feitas pelo Ministério Público – que inclusive ingressou com uma ação civil pública –, foi constatado que a Decolar.com oferecia quartos em hotéis no Rio de Janeiro com preços diferentes caso a compra fosse realizada a partir de um computador no Brasil ou de outro na Argentina – em uma prática de *geopricing*. Em alguns casos, a oferta não estava disponível aos brasileiros, mas era possível fazer a reserva a partir de um computador em território argentino – em uma prática de *geoblocking*.[45]

Eduardo Magrani afirma que, com todos os métodos atuais de coleta e cruzamento de dados, formas obscuras de discriminação por raça, idade, gênero ou condição social podem surgir, de modo que se mostra necessário a previsão legal do princípio da não discriminação.[46] Nesse ponto, importante destacar que este princípio está consagrado no artigo 6º, inciso IX, da LGPD.[47]

Para melhor compreender esse princípio, faz-se necessário explicar o termo "discriminação". Como explica Jorge Cesa Ferreira da Silva, o significado original do termo "discriminação" diz respeito a um sentido neutro, vinculado a uma ideia de diferenciação ou individualização procedida entre dois grupos de pessoas ou coisas.[48]

Nesse sentido, Marcela Mattiuzzo leciona que, ao contrário do que se pensa, não é um termo propriamente pejorativo, estando mais ligado a uma ideia de generalização, em que se utilizam informações que se conhece para inferir outras

---

43. MARTINS, Guilherme Magalhães. O geopricing e geoblocking e seus efeitos nas relações de consumo. *In*: FRAZÃO, Ana; MULHOLLAND, Caitlin (Org.). **Inteligência artificial e Direito**: ética, regulação e responsabilidade. São Paulo: Thomson Reuters Brasil, 2019. *E-book*.

44. DECOLAR.COM é multada em R$ 7,5 milhões por diferenciação de preço. *In:* O GLOBO. Rio de Janeiro, 18 jun. 2018. Disponível em: https://oglobo.globo.com/economia/defesa-do-consumidor/decolarcom-multada-em-75-milhoes-por-diferenciacao-de-preco-22794582. Acesso em: 05 out. 2020.

45. DECOLAR.COM é multada em R$ 7,5 milhões por diferenciação de preço. *In:* O GLOBO. Rio de Janeiro, 18 jun. 2018. Disponível em: https://oglobo.globo.com/economia/defesa-do-consumidor/decolarcom-multada-em-75-milhoes-por-diferenciacao-de-preco-22794582. Acesso em: 05 out. 2020.

46. MAGRANI, Eduardo. *Entre dados e robôs*: ética e privacidade na era da hiperconectividade. 2. ed. Porto Alegre: Arquipélago Editorial, 2019. p. 112.

47. Art. 6º As atividades de tratamento de dados pessoais deverão observar a boa-fé e os seguintes princípios:
[...]
IX – não discriminação: impossibilidade de realização do tratamento para fins discriminatórios ilícitos ou abusivos;

48. SILVA, Jorge Cesa Ferreira da. *Antidiscriminação e contrato*: a integração entre proteção e autonomia. 1. ed. São Paulo: Thomson Reuters Brasil, 2020. *E-book*.

informações.[49] Dessa forma, nem toda generalização seria ruim, dando o exemplo de que apenas pessoas acima de 18 anos podem dirigir.[50] Assim, por mais que haja uma discriminação nesse exemplo – aqui, associada a uma ideia de distinção – não há, todavia, um sentido negativo.

Acrescenta-se que, na iniciativa privada, todos os mecanismos de formação de oferta de serviços ou produtos partem de alguma discriminação, porque partem de alguma classificação necessária à composição da oferta.[51]

Nesse contexto, Bruno Miragem explica que o princípio da não discriminação está relacionado àquela discriminação ilícita, ou seja, contrária à lei, dando como exemplo a violação ao artigo 3º, inciso IV, da Constituição Federal, que veda preconceitos de origem de raça, sexo e cor, e à discriminação abusiva, isto é, que não esteja de acordo com a finalidade para a qual se realiza determinada diferenciação.[52] O autor dá como exemplo de discriminação abusiva a recusa de fornecimento ou serviço a quaisquer pessoas em razão de sua orientação sexual.[53]

Em síntese, observa-se que as decisões automatizadas têm potencial de gerar discriminação algorítmica – inclusive, conforme visto, já há casos em que houve decisões com vieses algorítmicos. Assim, mostra-se importante analisar as soluções para que se evite a incidência desses vieses – como a possibilidade de revisão das decisões automatizadas, nos termos do artigo 20, da LGPD[54] e a instituição de uma governança algorítmica –, o que será visto na próxima parte deste trabalho.

3. SOLUÇÕES PARA EVITAR DISCRIMINAÇÕES NAS TOMADAS DE DECISÕES AUTOMATIZADAS

Na primeira parte deste trabalho, foram abordados os diferentes riscos intrínsecos às decisões automatizadas, especialmente pelo seu potencial discriminatório.

---

49. MATTIUZZO, Marcela. Discriminação algorítmica: reflexões no contexto da Lei Geral de Proteção de Dados Pessoais. *In*: CUEVA, Ricardo Villas Bôas; DONEDA, Danilo; MENDES, Laura Schertel. *Lei Geral de Proteção de Dados (Lei 13.709/2018), a caminho da efetividade*: contribuições para a implementação da LGPD. São Paulo: Thomson Reuters Brasil, 2020. *E-book*.

50. MATTIUZZO, Marcela. Discriminação algorítmica: reflexões no contexto da Lei Geral de Proteção de Dados Pessoais. *In*: CUEVA, Ricardo Villas Bôas; DONEDA, Danilo; MENDES, Laura Schertel. *Lei Geral de Proteção de Dados (Lei 13.709/2018), a caminho da efetividade*: contribuições para a implementação da LGPD. São Paulo: Thomson Reuters Brasil, 2020. *E-book*.

51. FERNANDES, Micaela Barros Barcelos; OLIVEIRA, Camila Helena Melchior Baptista de. O artigo 20 da LGPD e os desafios interpretativos ao direito à revisão das decisões dos agentes de tratamento pelos titulares de dados. *Revista de Direito e as Novas Tecnologias*, v. 8, jul.-set. 2020.

52. MIRAGEM, Bruno. A Lei Geral de Proteção de Dados (Lei 13.709/2018) e o direito do consumidor. *In*: MARTINS, Guilherme Magalhães; ROSENVALD, Nelson (Coords.) *Responsabilidade civil e novas tecnologias*. Indaiatuba, SP. Editora Foco, 2020. *E-book*.

53. MIRAGEM, Bruno. A Lei Geral de Proteção de Dados (Lei 13.709/2018) e o direito do consumidor. In: MARTINS, Guilherme Magalhães; ROSENVALD, Nelson (Coords.) *Responsabilidade civil e novas tecnologias*. Indaiatuba, SP. Editora Foco, 2020. *E-book*.

54. Art. 20. O titular dos dados tem direito a solicitar a revisão de decisões tomadas unicamente com base em tratamento automatizado de dados pessoais que afetem seus interesses, incluídas as decisões destinadas a definir o seu perfil pessoal, profissional, de consumo e de crédito ou os aspectos de sua personalidade.

Diante desse contexto é que a segunda parte deste trabalho abordará as soluções possíveis para evitar ou diminuir os efeitos negativos das decisões automatizadas. Isso será feito em duas perspectivas: a primeira, focada no indivíduo afetado, abordando o direito à revisão e à explicação; e a segunda, focada na governança algorítmica, que tratará da importância da responsabilidade e da transparência.

A abordagem do tema em duas perspectivas (individual e de governança) é necessária porque, por um lado, reconhece a importância dos instrumentos individuais de defesa dos direitos afetados pelas decisões automatizadas, mas, por outro lado, também reconhece que esses instrumentos são insuficientes. Conforme Edwards e Veale, o controle das decisões automatizadas não pode ser um fardo imposto apenas aos indivíduos, porque "Individuals are mostly too time-poor, resource-poor, and lacking in the necessary expertise to meaningfully make use of these individual rights."[55] Dessa forma, além do direito à revisão e à explicação, previstos em lei como direitos individuais, este trabalho também apresenta soluções de governança para uma utilização consciente e responsável dos algoritmos.

3.1   Direito à revisão e à explicação

A LGPD, no capítulo sobre os direitos do titular, prevê o direito à revisão de decisões tomadas unicamente com base em tratamento automatizado, bem como, para o controlador, o dever de fornecer informações claras e adequadas sobre a decisão automatizada. Essas previsões estão no art. 20, que será objeto de análise neste item:

> Art. 20. O titular dos dados tem direito a solicitar a **revisão** de decisões tomadas unicamente com base em tratamento automatizado de dados pessoais que afetem seus interesses, incluídas as decisões destinadas a definir o seu perfil pessoal, profissional, de consumo e de crédito ou os aspectos de sua personalidade.
>
> § 1º O controlador deverá fornecer, sempre que solicitadas, **informações** claras e adequadas a respeito dos critérios e dos procedimentos utilizados para a decisão automatizada, observados os segredos comercial e industrial.
>
> § 2º Em caso de não oferecimento de informações de que trata o § 1º deste artigo baseado na observância de segredo comercial e industrial, a autoridade nacional poderá realizar auditoria para verificação de aspectos discriminatórios em tratamento automatizado de dados pessoais. (grifo nosso).[56]

A estrutura do artigo permite uma primeira conclusão: o *caput* do artigo traz o direito à revisão, enquanto o dever de o controlador fornecer informações, chamado de direito à explicação, aparece no parágrafo primeiro. Disso se conclui que o direito à explicação é, na verdade, um instrumento para que o titular dos dados possa, se

---

55. EDWARDS, Lilian; VEALE, Michael. Slave to the algorithm: why a right to an explanation is probably not the remedy you are looking for. *Duke Law & Technology Review*, v. 16, p. 67, 2017-2018.

56. BRASIL. *Lei 13.709, de 14 de agosto de 2018.* Lei Geral de Proteção de Dados Pessoais (LGPD). Brasília, DF: Presidência da República, 2018. Disponível em: http://www.planalto.gov.br/ccivil_03/_ato2015-2018/2018/lei/L13709.htm. Acesso em: 30 dez. 2020.

necessário, exercer seu direito à revisão. Assim, para Fernandes e Oliveira,[57] o direito à revisão, previsto no artigo 20 da LGPD, é lato sensu, englobando tanto o direito à explicação sobre o uso dos dados como à revisão (em sentido estrito) posterior à tomada da decisão. Portanto, não é possível estudá-los separadamente.

Outra questão que decorre diretamente da leitura do artigo é que ele se aplica para decisões "tomadas *unicamente* com base em tratamento automatizado". Isso significa que, havendo participação humana no processo decisório (*human in the loop*), o artigo não é aplicável, e o titular de dados não teria direito à revisão e à explicação. Questiona-se, nesse ponto, se toda e qualquer participação humana poderia afastar a aplicabilidade do artigo, ou se apenas uma participação efetiva poderia. O Grupo de Trabalho do Artigo 29[58] defende que a participação deve ser efetiva, ou seja, que o humano deve ter autoridade e competência para mudar a decisão. Por outro lado, não haverá participação efetiva quando o humano apenas aplicar rotineiramente o perfil, sem poder influenciar no resultado. Edwards e Veale[59] alertam que a participação humana é ainda mais complexa, porque mesmo nos casos de participação efetiva de um humano, ele pode ser influenciado pelo sistema. Isso geraria uma expectativa de direito de revisão e explicação do sistema que influenciou a decisão mesmo havendo em decisões não puramente automatizadas.

O estudo desses direitos, ainda incipiente no Brasil, com poucas publicações sobre o tema, é bastante avançado na Europa. Apesar de existirem diferenças pontuais, a similaridade entre as normas (LGPD e GDPR) permite o apoio doutrinário e bibliográfico em textos estrangeiros para o avanço no tema também no Brasil. Nesse contexto, é importante uma breve abordagem comparativa com o GDPR, que, no artigo 22, trata das decisões automatizadas.

Pelo regulamento da União Europeia, em regra o titular de dados "tem o direito de não ficar sujeito a nenhuma decisão tomada exclusivamente com base no tratamento automatizado", salvo exceções, como, por exemplo, havendo consentimento expresso. Quando houver decisão automatizada, o titular de dados terá os direitos de: "obter intervenção humana por parte do responsável, manifestar o seu ponto de vista e contestar a decisão".[60] Além disso, havendo decisões automatizadas, o responsável pelo tratamento deverá fornecer ao titular dos dados "informações úteis

---

57. FERNANDES, Micaela Barros Barcelos; OLIVEIRA, Camila Helena Melchior Baptista de. O artigo 20 da LGPD e os desafios interpretativos ao direito à revisão das decisões dos agentes de tratamento pelos titulares de dados. *Revista de Direito e as Novas Tecnologias*, v. 8, jul.-set. 2020.

58. GRUPO DE TRABALHO DO ARTIGO 29° PARA A PROTEÇÃO DE DADOS. *Orientações sobre as decisões individuais automatizadas e a definição de perfis para efeitos do Regulamento (UE) 2016/679*. Bruxelas, fev. 2018. Disponível em: https://www.cnpd.pt/home/rgpd/docs/wp251rev01_pt.pdf. Acesso em: 04 de out. de 2020.

59. EDWARDS, Lilian; VEALE, Michael. Slave to the algorithm: why a right to an explanation is probably not the remedy you are looking for. *Duke Law & Technology Review*, v. 16, p. 45, 2017-2018.

60. UNIÃO EUROPEIA. Parlamento e Conselho. *Regulamento (EU) 2016/679, de 27 de abril de 2016*. Relativo à proteção das pessoas singulares no que diz respeito ao tratamento de dados pessoais e à livre circulação desses dados e que revoga a Diretiva 95/46/CE (Regulamento Geral sobre a Proteção de Dados). [*S. l.*]: EUR-Lex, 2016. Disponível em http://data.europa.eu/eli/reg/2016/679/2016-05-04. Acesso em: 19 dez. 2020.

relativas à lógica subjacente" (art. 13, 2.f; art. 14, 2.g; art. 15, 1.h). Ainda assim, é no Considerando 71[61] do GDPR que consta, expressamente, que o titular dos dados tem o direito "de obter uma explicação sobre a decisão".

Em que pese a forma de previsão seja diversa (na LGPD concentrada em um artigo, no GDPR espalhada em mais de um), existem similaridades entre as duas normativas. Em ambas, o direito à revisão está limitado a decisões tomadas unicamente/exclusivamente com base no tratamento automatizado. Por outro lado, existem diferenças que, em primeira análise, parecem singelas, mas podem alterar significativamente o exercício desses direitos. Enquanto o GDPR prevê o direito do titular à revisão diante de decisão "que produza efeitos na sua esfera jurídica ou que o afete significativamente de forma similar" (art. 22), no Brasil, a LGPD exige apenas que as decisões automatizadas "afetem seus interesses" (art. 20). Portanto, para Ferrari e Becker,[62] o direito de revisão brasileiro é mais amplo que o europeu.

Aponta-se também que a normativa brasileira não traz a necessidade de intervenção humana, como fez o GDPR. O silêncio da lei sobre isso é consequência de veto presidencial sobre o tema, que será abordado adiante. Ainda, no que tange às diferenças entre os dois regulamentos, destaca-se a qualificação da informação a ser fornecida: pela LGPD, as informações devem ser claras e adequadas a respeito dos critérios e dos procedimentos utilizados (art. 20, § 1º); já para o GDPR a informação deve ser útil/significativa[63] sobre a lógica subjacente. Nesse ponto, mais acertada a escolha do legislador brasileiro, ante a incerteza gerada pela amplitude dos termos "útil" e "significativa" adotados pela norma europeia.

As demais questões são comuns tanto ao direito brasileiro quanto ao direito europeu. De todo modo, no estudo do direito à revisão e à explicação, é importante que o jurista tenha em mente que esses direitos não são um fim em si, mas são instrumentos para atingir e proteger outros direitos subjetivos do titular, como a privacidade, a autodeterminação e a não discriminação.[64] Por isso, o direito à revisão e à explicação é muito mais do que uma formalidade: seu exercício pelo titular e sua observância pelo controlador dos dados deve visar à efetivação dos direitos fundamentais do titular, pois eles estão intrinsecamente ligados à personalidade.

---

61. Os "considerandos" são parte integrante, mas não vinculativa, do regulamento, e tem importância interpretativa.

62. FERRARI, Isabela; BECKER, Daniel. O direito à explicação sobre decisões automatizadas: uma análise comparativa entre a União Europeia e o Brasil. *Revista de Direito e as Novas Tecnologias*, v. 1, out.-dez. 2018.

63. Há uma pluralidade de termos, a depender do idioma da versão consultada. As versões em português, francês e holandês preveem que as informações devem ser úteis (utiles ou nuttige), já as versões em inglês, italiano, espanhol e alemão trazem que as informações devem ser significativas (significative, meaningful, aussagekräftige).

64. FERNANDES, Micaela Barros Barcelos; OLIVEIRA, Camila Helena Melchior Baptista de. O artigo 20 da LGPD e os desafios interpretativos ao direito à revisão das decisões dos agentes de tratamento pelos titulares de dados. *Revista de Direito e as Novas Tecnologias*, v. 8, jul.-set. 2020.

O direito à explicação é um passo necessário para que o titular possa exercer adequadamente o direito à revisão, pois busca "mitigar os efeitos da assimetria informacional indubitavelmente presente nas relações em que o usuário é perfilado e avaliado por um algoritmo".[65] Ele não nasce com a LGPD, pois já era previsto na Lei do Cadastro Positivo e, de forma ampla, no Código de Defesa do Consumidor. Ocorre que a informação e a explicação, quando relacionadas à proteção de dados, a decisões automatizadas e a algoritmos, tornam-se muito mais complexas e de difícil efetivação.

Para Edwards e Veale, em alguns casos, o direito à explicação "may be overrated or even irrelevant."[66] Isso porque a explicação não pode ser vista como um direito autônomo, já que, na maioria das vezes que uma pessoa requer uma explicação da decisão automatizada, ela quer na verdade contestá-la. O cerne do problema do direito à explicação está, justamente, no conteúdo e na forma que essa informação será prestada.

Essa informação deve ser simultaneamente compreensível, significativa e atuável, ou seja, deve permitir que o titular dos dados entenda a informação prestada, compreenda o processo de tomada de decisão e consiga identificar irregularidades e ilicitudes, de modo que possa requerer a revisão da decisão, se necessário. Isso está diretamente vinculado aos direitos fundamentais que a explicação visa proteger: "If one has a right of correction, one needs to see errors. If one has a right against discrimination, one needs to see what factors are used in a decision.".[67]

Ocorre que a explicação de sistemas algorítmicos pode ser muito complexa. Quanto mais variáveis, melhor será a funcionalidade do sistema, mas também mais difícil será sua explicação. É de ser buscado, portanto, o equilíbrio entre performance e clareza.[68] O Grupo de Trabalho do Artigo 29[69] reconhece que tecnologias como a Machine Learning podem dificultar a compreensão sobre como uma decisão automatizada é tomada ou como é formado um perfil. Entretanto, o Grupo também refere que a complexidade não pode ser uma desculpa para deixar de fornecer a informação solicitada pelo titular. Com base nisso, Ferrari e Becker[70] defendem que um algoritmo inexplicável não pode mais ser utilizado.

---

65. FERRARI, Isabela; BECKER, Daniel. O direito à explicação sobre decisões automatizadas: uma análise comparativa entre a União Europeia e o Brasil. *Revista de Direito e as Novas Tecnologias*, v. 1, out.-dez. 2018.
66. EDWARDS, Lilian; VEALE, Michael. Slave to the algorithm: why a right to an explanation is probably not the remedy you are looking for. *Duke Law & Technology Review*, v. 16, p. 43, 2017-2018.
67. KAMINSKI, Margot E. The right to explanation, explained. *Berkeley Technology Law Journal*, v. 34, n. 1, p. 213, 2019.
68. EDWARDS, Lilian; VEALE, Michael. Slave to the algorithm: why a right to an explanation is probably not the remedy you are looking for. *Duke Law & Technology Review*, v. 16, p. 43, 2017-2018.
69. GRUPO DE TRABALHO DO ARTIGO 29° PARA A PROTEÇÃO DE DADOS. *Orientações sobre as decisões individuais automatizadas e a definição de perfis para efeitos do Regulamento (UE) 2016/679*. Bruxelas, fev. 2018. Disponível em: https://www.cnpd.pt/home/rgpd/docs/wp251rev01_pt.pdf. Acesso em: 04 de out. de 2020.
70. FERRARI, Isabela; BECKER, Daniel. O direito à explicação sobre decisões automatizadas: uma análise comparativa entre a União Europeia e o Brasil. *Revista de Direito e as Novas Tecnologias*, v. 1, out.-dez. 2018.

Existem diferentes formas de fornecer a informação solicitada e explicar uma decisão automatizada.[71] Nesse contexto, Kaminski[72] propõe que a informação seja determinada de acordo com o sujeito e a finalidade da explicação. Isso não significa prejudicar a qualidade da informação: "Companies can be required to communicate in-depth information at the same time that they are required to communicate it clearly". Assim, empresas devem ajustar a informação para que ela seja compreensível (clara) e útil (adequada), nem complexa demais (exigindo conhecimentos técnicos, por exemplo), nem simples demais (apenas uma frase ou um infográfico).

Sendo a informação clara e adequada, como preconiza a LGPD, espera-se que o indivíduo tenha condições de exercer seu direito e requerer a revisão da decisão caso constate erro ou violação de algum direito. Aqui reside, contudo, a última questão sobre o direito à revisão e à explicação objeto deste trabalho: como será essa revisão? Essa questão é especialmente relevante no Brasil, pois, como mencionado no momento da comparação entre o GDPR e a LGPD, aqui não existe a necessidade de intervenção humana no momento da revisão, o que gera o risco de um loop infinito[73] de revisões computadorizadas que não resolvem a solicitação feita pelo titular.

Quanto a isso, importante esclarecer que o texto original da LGPD determinava que a revisão seria realizada por pessoa natural. Entretanto, a MP 869 alterou o texto legal, retirando a expressão "por pessoa natural" do *caput*, mas inserindo o §3º no artigo, que mantinha a previsão de revisão por pessoa natural. Ocorre que, quando da conversão da MP na Lei 13.853/19, o § 3º foi vetado, extinguindo do ordenamento brasileiro a necessidade expressa de revisão humana.

A ausência de intervenção humana no processo de revisão é problemática porque pode acabar anulando na prática os direitos de explicação e revisão, tornando-os apenas procedimentos formais acabarão por legitimar injustiças. Nesse contexto, Mendes e Bioni defendem que, tendo em vista a base principiológica da LGPD, a "intervenção humana continua a ser uma exigência em alguma fase do processo de contestação da decisão automatizada, ainda que não no primeiro

---

71. Edwards e Veale apresentam dois principais grupos: explicações entradas no modelo (model-centric explanations – MCEs) e explicações centradas no sujeito (subject-centric explanations – SCEs). O primeiro grupo (MCEs) fornece uma visão ampla do funcionamento do modelo, sem especificar uma decisão ou algum dado específico. O segundo (SCEs) é uma explicação criada em torno de um dado específico, considerando as especificidades da solicitação do titular dos dados. Os autores informam que estudos demonstraram que interfaces SCEs são mais eficazes em ajudar o titular de dados.
   EDWARDS, Lilian; VEALE, Michael. Slave to the algorithm: why a right to an explanation is probably not the remedy you are looking for. *Duke Law & Technology Review*, v. 16, p. 43, 2017-2018.
72. KAMINSKI, Margot E. The right to explanation, explained. *Berkeley Technology Law Journal*, v. 34, n. 1, p. 211-213, 2019.
73. FERNANDES, Micaela Barros Barcelos; OLIVEIRA, Camila Helena Melchior Baptista de. O artigo 20 da LGPD e os desafios interpretativos ao direito à revisão das decisões dos agentes de tratamento pelos titulares de dados. *Revista de Direito e as Novas Tecnologias*, v. 8, jul.-set. 2020.

pedido de revisão".[74] Medon,[75] por outro lado, alerta que a ausência de revisão humana pode gerar um alto custo para a empresa, tendo em vista a judicialização dessas questões e as indenizações dela decorrente.

Conclui-se que, mesmo considerando as ressalvas apontadas neste texto, o direito à explicação e à revisão de decisões automatizadas figura como instrumento importantíssimo na defesa dos direitos dos titulares de dados. Entretanto, também é verdade que a defesa puramente individual e *a posteriori* pode ser ineficaz e até incompatível com as novas tecnologias de proteção de dados. O titular dos dados não pode ser o único responsável pela tutela de seus direitos: é necessário que os controladores de dados adotem posturas éticas que evitem a ocorrência de danos às pessoas envolvidas. Diante dessa necessidade, o próximo capítulo deste texto aborda a temática da governança algorítmica, apresentando soluções que visam o uso consciente dos algoritmos nos processos de decisão.

3.2 Governança algorítmica

Na exata medida em que avança a tecnologia em direção a um processo decisório cada vez mais automatizado, devem avançar os instrumentos que permitem a governança do homem sobre as máquinas. É que, se os algoritmos podem deixar a humanidade de fora do processo decisório, é indispensável que seja possível compreender se os processos e critérios utilizados para tomar decisões sobre a vida dos indivíduos são, em última análise, justos.[76]

O alto risco da atividade algorítmica já encontra referências doutrinárias no Brasil, que suscitam a maior probabilidade do dano e o seu maior potencial lesivo, "em especial quando o processamento cause discriminação, furto de identidade, fraudes diversas, perdas financeiras, dano reputacional, perda de confidencialidade dos dados pessoais protegidos por sigilo profissional, reversão não autorizada da pseudonimização ou qualquer outra desvantagem econômica ou social significativa".[77]

O alto risco das decisões automatizadas também é reconhecido pelo art. 7º do *Algorithmic Accountability Act of 2019* (Estados Unidos), o qual reconhece como *high-risk automated decision system* qualquer sistema de decisão automatizada que possa resultar ou contribuir para decisões imprecisas, injustas, condicionadas ou

---

74. BIONI, Bruno R.; MENDES, Laura S. Regulamento Europeu de Proteção de Dados Pessoais e a Lei Geral brasileira de Proteção de Dados: mapeando convergências na direção de um nível de equivalência. In: TEPEDINO, Gustavo; FRAZÃO, Ana; OLIVA, Milena Donato (Coord.). *Lei Geral de Proteção de Dados Pessoais e suas repercussões no Direito Brasileiro*. São Paulo: Thomson Reuters Brasil, 2019. p. 809.

75. MEDON, Filipe. *Inteligência artificial e responsabilidade civil*: autonomia, riscos e solidariedade. Salvador: Editora JusPodivm 2020.

76. MENDES, Laura Schertel; MATTIUZZO, Marcela. Discriminação Algorítmica: Conceito, Fundamento Legal e Tipologia. *Direito Público*, v. 16, n. 90, 2019, p. 41, nov.-dez. 2019.

77. ROSENVALD, Nelson. Do risco da atividade ao "alto" risco da atividade algorítmica. In: NELSON ROSENVALD. [S. l.], 2019. Disponível em: https://www.nelsonrosenvald.info/single-post/2019/09/18/do-risco-da-atividade-ao-alto-risco-da-atividade-algor%C3%ADtmica. Acesso em: 30 dez. 2020.

discriminatórias, que toma decisões ou facilita o processo decisório humano através de análises sistemáticas e preditórias sobre aspectos sensíveis da vidas das pessoas ou, ainda, que guarde informações sobre raça, cor, nacionalidade, opiniões políticas religião, dados genéticos e biométricos, referentes à saúde, gênero, sexualidade ou antecedentes criminais.[78] O *General Data Protection Regulation* (União Europeia) também reconhece, através do art. 35, que alguns processos de tratamento de dados que utilizam novas tecnologias, dada a sua natureza, escopo e contexto da sua utilização, implicam em alto risco para os direitos e liberdades das pessoas naturais, exigindo, por exemplo, uma avaliação de impacto do seu emprego.[79]

As formas de governança dos algoritmos vêm sendo intensamente debatidas entre os especialistas da área, visando a maximização dos benefícios da sua inclusão nos processos decisórios em geral e, com a mesma eficiência, minimizar os riscos das decisões automatizadas.[80] O que está claro é que esta será a única forma de incluir os algoritmos nos processos econômicos e sociais, através da paulatina verificação da sua aplicação de forma legal e ética na tomada de decisões.

As soluções encontradas na literatura variam desde um ponto de vista estritamente legal e regulatório até uma visão puramente técnica. A seguir, serão visitados brevemente cinco caminhos para uma utilização consciente e responsável dos algoritmos no processo decisório: a responsabilização, a transparência, a autorregulação e as garantias técnicas.

Em primeiro lugar, a responsabilidade é apontada como o centro de toda a governança do processo decisório automatizado, na medida em que este processo pode afetar indivíduos, sendo necessário oferecer alternativas para a reparação de danos.[81] Segundo a *Fairness, Accountability and Transparency in Machine Learning Organization*, a *accountability* (ou responsabilidade) pode ser definida como a disponibilização de vias de reparação externamente visíveis para efeitos adversos do sistema de decisões e a designação de um responsável pela solução tempestiva destes resultados.[82]

A *Association for Computing Machinery* reconhece a essencialidade da visualização dos efeitos do uso da tecnologia no mundo real para as pessoas que desenham

---

78. UNITED STATES OF AMERICA. Congress. *Senate Bill n. 1108*. Algorithmic Accountability Act of 2019. Autoria: Sen. Ron Wyden. Washington, DC: Congress, 2019. Disponível em: https://www.congress.gov/bill/116th-congress/senate-bill/1108. Acesso em: 03 out. 2020.
79. UNIÃO EUROPEIA. Parlamento e Conselho. *Regulamento (EU) 2016/679, de 27 de abril de 2016*. Relativo à proteção das pessoas singulares no que diz respeito ao tratamento de dados pessoais e à livre circulação desses dados e que revoga a Diretiva 95/46/CE (Regulamento Geral sobre a Proteção de Dados). [*S. l.*]: EUR-Lex, 2016. Disponível em http://data.europa.eu/eli/reg/2016/679/2016-05-04. Acesso em: 19 dez. 2020.
80. DONEDA, Danilo. ALMEIDA, Virgilio A. F. *What is algorithm Governance?* Washington: IEEE Computer Society, 2016. p. 1.
81. MENDES, Laura Schertel; MATTIUZZO, Marcela. Discriminação Algorítmica: Conceito, Fundamento Legal e Tipologia. *Direito Público*, Porto Alegre, v. 16, n. 90, 2019, p. 56, nov.-dez. 2019.
82. DIAKOPOULOS, Nicholas et al. Principles for Accountable Algorithms and a Social Impact Statement for Algorithms. In: FAIRNESS, Accountability, and Transparency in Machine Learning, [s. l.], [2020?]. Disponível em: https://www.fatml.org/resources/principles-for-accountable-algorithms. Acesso em: 12 out. 2020.

estes sistemas de decisões automatizadas, indo além da compreensão dos aspectos técnicos da ferramenta.[83]

A responsabilidade também afetará a preocupação em fornecer melhores explicações acerca dos processos decisórios. Isso porque a responsabilidade pelas decisões tomadas pelos algoritmos prescinde da explicação detalhada de como o resultado lesivo foi produzido, sendo a explicação uma salvaguarda daquele que se utiliza da tecnologia.

A transparência, por sua vez, é uma estratégia de governança menos unânime. Dentre os *Principles for Algorithmic Transparency and Accountability*, elaborados pela *Association for Computing Machinery*, está a abertura da proveniência dos dados e dos vieses potenciais induzidos pelo processo de tratamento utilizado, vez que somente o escrutínio público oferecerá máxima possibilidade de correções e as restrições podem permitir que atores maliciosos controlem o sistema.[84] Contudo, de outro lado, se o público conhece todo o processo decisório e os *inputs* necessários para a produção de determinado *output*, o sistema estará exposto à manipulação pelos próprios titulares dos dados, que poderão ajustar seu comportamento para obtenção de um determinado resultado algorítmico desejado.[85]

Segundo Frank Pasquale, a transparência é um passo essencial para que tanto indivíduos quanto experts da área possam desafiar a arbitrariedade dos algoritmos, através da abertura da base de dados, do funcionamento dos sistemas, código e modelação dos algoritmos ao público.[86] Danilo Doneda et al. asseveram que "[o] problema da falta de transparência é extremamente relevante para a presente discussão, visto que a verificação da ocorrência de eventual discriminação depende de se saber qual é o *input* do algoritmo ou qual é método estatístico utilizado".[87]

A necessidade de transparência decorre da opacidade que algoritmos introduzem no processo informacional, tornando obscuro o caminho trilhado pela máquina para alcançar o resultado final. A opacidade está associada à dificuldade técnica de decodificar o *output* e a à crescente incapacidade da pessoa humana de entender, explicar ou prever o funcionamento dos algoritmos, seus vieses e problemas, além

---

83. ASSOCIATION FOR COMPUTING MACHINERY. *Statement on Algorithmic Transparency and Accountability*. Washington, DC: ACM US Public Policy Council, 12 jan. 2017. Disponível em: https://www.acm.org/binaries/content/assets/public-policy/2017_usacm_statement_algorithms.pdf. Acesso em: 07 dez. 2020.

84. ASSOCIATION FOR COMPUTING MACHINERY. *Statement on Algorithmic Transparency and Accountability*. Washington, DC: ACM US Public Policy Council, 12 jan. 2017. Disponível em: https://www.acm.org/binaries/content/assets/public-policy/2017_usacm_statement_algorithms.pdf. Acesso em: 07 dez. 2020.

85. KROLL, Joshua A. BAROCAS, Solon. *et al*. Accountable Algorithms. *University of Pennsylvania Law Review*, v. 165, n. 3, p. 658, fev. 2017.

86. PASQUALE, Frank. CITRON, Danielle Keats. *The scored society*: due process for automated predictions. *Washington Law Review*, v. 89, n. 1, p. 30-33, 2014. Disponível em: http://ssrn.com/abstract=2376209. Acesso em: 30 dez. 2020.

87. DONEDA, Danilo. Mendes, Laura Schertel. SOUZA, Carlos Affonso Pereira de. ANDRADE, Noberto Nuno Gomes de. *Considerações iniciais sobre inteligência artificial, ética e autonomia pessoal*. Pensar, Fortaleza, v. 23, n. 4, p. 6, out./dez. 2018.

de razões não-técnicas, como desvantagem concorrencial da abertura do código[88] ou proteções decorrentes de sigilo empresarial.[89]

Assim como a explicação, a transparência é um instrumento para a promoção da responsabilidade no âmbito do tratamento de dos automatizado.[90] A diferença entre os conceitos consiste no fato de que a primeira é uma "descrição, compreensível por humanos, do processo por meio do qual aquele que toma a decisão, ao utilizar um certo grupo de inputs, atinge uma dada conclusão"[91] e a segunda implica em conhecer todos os passos tomados para se atingir aquela decisão.

Para além das soluções impositivas aos agentes de tratamento, o desenvolvimento de uma ética dos dados pode desempenhar papel fundamental na avaliação do uso de dados e processos algorítmicos. Este novo ramo da ética[92] pode ser definido como "um instrumento analítico através do qual podemos avaliar e entender melhor os desafios apresentados por essas tecnologias, e também como uma estrutura operacional que nos permite enfrentar esses desafios e chegar a decisões moralmente boas e justificáveis".[93]

Luciano Floridi e Mariarosaria Taddeo lecionam que a *data ethics* tem por objeto estudar e avaliar dilemas morais relacionados aos dados, algoritmos e práticas correspondentes, para formular e embasar soluções moralmente boas e valores a serem promovidos.[94] Este campo de estudo foca nos problemas da coleta e análise de grandes conjuntos de dados e o uso do *big data* para perfilização, publicidade, mineração de dados, violação de privacidade e variadas formas de discriminação.

Nesse sentido, a Autoridade Francesa de Proteção de Dados (CNIL) recomendou o fortalecimento de padrões éticos internamente às companhias, através da criação de comitês de ética, disseminação de boas práticas e revisão de códigos de conduta.[95] Soluções igualmente incentivadas pela Autoridade de Proteção de Dados do Reino

---

88. DONEDA, Danilo. ALMEIDA, Virgilio A. F. *What is algorithm Governance?* Washington: IEEE Computer Society, 2016. p. 61.
89. DONEDA, Danilo. Mendes, Laura Schertel. SOUZA, Carlos Affonso Pereira de. ANDRADE, Noberto Nuno Gomes de. Considerações iniciais sobre inteligência artificial, ética e autonomia pessoal. *Pensar*, Fortaleza, v. 23, n. 4, p. 6, out.-dez. 2018.
90. GILLIS, Talia B.; SIMONS, Josh. Explanation < Justification: GDPR and the perils of privacy. *Journal of Law & Innovation*, v. 2, p. 78, 2019.
91. MENDES, Laura Schertel; MATTIUZZO, Marcela. Discriminação Algorítmica: Conceito, Fundamento Legal e Tipologia. *Direito Público*, v. 16, n. 90, 2019, p. 56, nov-dez 2019.
92. FLORIDI, Luciano. TADDEO, Mariarosaria. What is data ethics? *Phil. Trans. R. Soc.* A, v. 374, n. 2083, p. 3, 2016. Disponível em: http://doi.org/10.1098/rsta.2016.0360. Acesso em: 12 out. 2020.
93. DONEDA, Danilo. Mendes, Laura Schertel. SOUZA, Carlos Affonso Pereira de. ANDRADE, Noberto Nuno Gomes de. Considerações iniciais sobre inteligência artificial, ética e autonomia pessoal. *Pensar*, Fortaleza, v. 23, n. 4, p. 10, out./dez. 2018.
94. FLORIDI, Luciano. TADDEO, Mariarosaria. What is data ethics? *Phil. Trans. R. Soc.* A, v. 374, n. 2083, p. 3, 2016. Disponível em: http://doi.org/10.1098/rsta.2016.0360. Acesso em: 12 out. 2020.
95. COMMISSION NATIONALE DE L'INFORMATIQUE ET DES LIBERTÉS. *How can humans keep the upper hand?* Report on the ethical matters raised by algorithms and artificial intelligence. Paris: CNIL, 2017. Disponível em: https://www.cnil.fr/sites/default/files/atoms/files/cnil_rapport_ai_gb_web.pdf. Acesso em: 30 dez. 2020.

Unido (ICO), na medida em que os comitês consultivos poderão supervisionar projetos e levantar questionamentos acerca dos procedimentos utilizados.[96]

Estas estruturas éticas corporativas serão ferramentas hábeis a auxiliar as companhias a maximizar o benefício do emprego da tecnologia e minimizar o risco da sua utilização ao evitar resultados negativos, orientando a estratégia e moldando as suas práticas nesse domínio.[97] O enraizamento destas práticas e a conscientização sobre o impacto do tratamento de dados automatizado possibilitará, em última análise, a sensibilização dos desenvolvedores os incentivos econômicos adequados para a criação de algoritmos sensíveis a valores e a implementação da ética *by design*.[98]

É necessário pensar algoritmos que satisfaçam padrões de design e performance, não apenas no momento da criação, mas durante toda a sua vida útil e emprego no processo decisório automatizado; para isso, o código deve possibilitar auditoria que garanta a sua segurança e eficiência. A *Association for Computing Machinery* aponta a validação e testagem como um dos *Principles for Algorithmic Transparency and Accountability*, o que consiste no uso de métodos rigorosos de validação de modelos e documentação de métodos e resultados, execução de testes de rotina para avaliar e determinar se o modelo gera riscos de discriminação, inclusive podendo levar a público os resultados obtidos.[99]

Dentre as garantias técnicas que podem ser utilizadas, destaca-se o sandboxing, um processo que permite que novas tecnologias sejam utilizadas e testadas em um ambiente fechado ou restrito para identificar resultados indesejáveis,[100] o que também permite que os entes regulatórios testem novas regras e observem o impacto sobre a tecnologia em um ambiente no qual o perigo ao público seja limitado.[101] A Autoridade de Conduta Financeira do Reino Unido (FCA) já reconheceu os benefícios abordagens do tipo sandbox na promoção da concorrência e outros valores sociais.[102]

Outras abordagens promissoras partem da ideia de verificação de *software* através de técnicas capazes de provar matematicamente que um código contém determinadas

---

96. INFORMATION COMISSIONER'S OFFICE. *Big data, artificial intelligence, machine learning and data protection*. [S.l.]: ICO, 2017. Disponível em: https://ico.org.uk/media/fororganisations/documents/2013559/big-data-ai-ml-and-data-protection.pdf. Acesso em: 20 dez. 2020.

97. DONEDA, Danilo. Mendes, Laura Schertel. SOUZA, Carlos Affonso Pereira de. ANDRADE, Noberto Nuno Gomes de. Considerações iniciais sobre inteligência artificial, ética e autonomia pessoal. *Pensar*, Fortaleza, v. 23, n. 4, p. 13, out.-dez. 2018.

98. MAGRANI, Eduardo. *Entre dados e robôs*: ética e privacidade na era da hiperconectividade. 2. ed. Porto Alegre: Arquipélago Editorial, 2019.

99. ASSOCIATION FOR COMPUTING MACHINERY. *Statement on Algorithmic Transparency and Accountability*. Washington, DC: ACM US Public Policy Council, 12 jan. 2017. Disponível em: https://www.acm.org/binaries/content/assets/public-policy/2017_usacm_statement_algorithms.pdf. Acesso em: 07 dez. 2020.

100. MEDON, Filipe. *Inteligência artificial e responsabilidade civil*: autonomia, riscos e solidariedade. Salvador: Editora JusPodivm 2020. p. 315.

101. TURNER, Jacob. *Robot Rules*: regulating artificial intelligence. Londres: Palgrave Macmillan, 2019. p. 276.

102. FINANCIAL CONDUCT AUTHORITY. *Regulatory Sandbox Lessons Learned Report*. London: FCA, 2017. Disponível em: https://www.fca.org.uk/publication/research-and-data/regulatory-sandbox-lessons-learned-report.pdf. Acesso em: 20 dez. 2020.

propriedades.[103] Já os *cryptographic commitments* e as provas de conhecimento-zero permitem assegurar que a mesma política decisória foi usada para uma e para todas as decisões, sem revelar o código ou afrontar o segredo comercial do algoritmo criado.[104]

Finalmente, é essencial ao processo decisório a manutenção da aleatoriedade das decisões, quando componentes aleatórios fazem parte do resultado final. As etapas aleatórias não são de fácil reprodução e dependem de interações com o ambiente no qual estão inseridas e podem se alterar de formas indeterminadas de acordo com o contexto.[105] A testagem periódica da aleatoriedade pode ser atingida através guarda do componente aleatório do código em separado (*random seed*), para que seu código fonte possa ser sempre verificado, mantendo-se fiel ao original.[106]

Todas as alternativas brevemente analisadas compõem a discussão de medidas afirmativas para uma programação algorítmica menos desigual. O Brasil ainda possui muito a avançar no sentido de criar um debate acerca de medidas afirmativas a serem implementadas na programação algorítmica para torná-la mais segura, encontran-do-se um passo atrás enquanto ainda se indagar acerca da obrigatoriedade da revisão humana das decisões automatizadas ou a necessidade do *human in the loop*.

4. CONSIDERAÇÕES FINAIS

Conforme visto, as decisões automatizadas são aquelas que ocorrem através de processamento automático e sem a supervisão humana, notadamente através da técnica de *machine learning*. A sua aplicabilidade é vista tanto no setor público, como, por exemplo, no Poder Judiciário, quanto no setor privado, como na área de credit scoring e seguros. O *profiling*, técnica de formação de perfis com base nos dados pessoais, também se configura um importante mecanismo para a efetividade das decisões automatizadas.

Observou-se que as decisões automatizadas obtidas através de atividade algorítmica podem gerar resultados discriminatórios – seja porque o programador incutiu seus próprios vieses na criação do software, seja em razão das chamadas correlações espúrias, quando uma decisão é obtida com base em dados aleatórios, com aparente correlação estatística, mas não causal.

Nesse sentido, foram analisados três casos em que foi verificada a ocorrência de discriminação algorítmica na tomada de decisões automatizadas: a utilização da ferramenta COMPAS para auxílio na análise de probabilidade de reincidência; o

---

103. KROLL, Joshua A. BAROCAS, Solon. *et al*. Accountable Algorithms. *University of Pennsylvania Law Review*, v. 165, n. 3, p. 662, fev. 2017.
104. KROLL, Joshua A. BAROCAS, Solon. et al. Accountable Algorithms. *University of Pennsylvania Law Review*, v. 165, n. 3, p. 663, fev. 2017.
105. KROLL, Joshua A. BAROCAS, Solon. et al. Accountable *Algorithms*. *University of Pennsylvania Law Review*, v. 165, n. 3, p. 669, fev. 2017.
106. KROLL, Joshua A. BAROCAS, Solon. et al. Accountable Algorithms. *University of Pennsylvania Law Review*, v. 165, n. 3, p. 672, fev. 2017.

PROTEÇÃO DE DADOS E DECISÕES AUTOMATIZADAS **163**

algoritmo criado no Reino Unido para decidir em quais universidades os estudantes iriam ingressar; e o reconhecimento da prática de *geopricing* e *geoblocking* por parte da Decolar.com.

Com o intuito de tentar evitar esses vieses, a LGPD consagrou o princípio da não discriminação, que se refere à discriminação ilícita, ou seja, contrária à lei e abusiva, em desconformidade com a finalidade para a qual se realiza determinada distinção.

Questionou-se, assim, quais seriam as formas de evitar (ou diminuir a ocorrência) de decisões discriminatórias ou maculadas por vieses: a possibilidade de revisão das decisões automatizadas, nos termos do artigo 20, da LGPD e a instituição de uma governança algorítmica eficaz.

Nesse contexto, o direito à explicação e à revisão exsurge como um mecanismo importante para a garantia de direitos individuais, um instrumento para proteção de direitos fundamentais – como a autodeterminação, a privacidade, a não discriminação e a própria dignidade humana.

Contudo, existem desafios para a efetivação do direito à explicação, como a complexidade dos algoritmos e dos sistemas de *machine learning*. Entretanto, essa complexidade não pode ser óbice para que a informação seja prestada de forma clara e adequada ao titular dos dados. Ela deve ser adequada à pessoa que a solicita, ou seja, deve ser compreensível, e também ser adequada à finalidade, permitindo que o solicitante identifique erros ou injustiças e possa, com base nas informações recebidas, requerer a revisão.

Um dos principais desafios quanto às decisões automatizadas está na presença humana (*human in the loop*) na fase do processamento dos dados e na fase de revisão. Ao analisar como deve ser a presença humana apta a afastar a aplicabilidade do artigo 20 da LGPD, conclui-se que é a presença efetiva, podendo haver expectativa legítima de explicação e revisão até mesmo quando a decisão humana for tomada com o auxílio de algoritmos. Sobre a participação humana na revisão, ainda que não exista exigência legal, ela é altamente recomendada, seja para evitar a judicialização do conflito, seja devido ao risco de um *loop* infinito de revisões automatizadas que irão gerar uma nova decisão automatizada passível de revisão.

Em que pese as ressalvas apontadas, o direito à explicação e à revisão de decisões automatizadas é instrumento essencial à defesa dos direitos dos titulares de dados. Contudo, os parâmetros criados pela LGPD estabelecem um combate puramente individual e *a posteriori* contra as decisões automatizadas, revelando-se muitas vezes ineficaz e até incompatível com as novas tecnologias.

Nesse sentido, não existe uma única solução para todos os tipos de tratamento de dados; contudo, certo é que o titular não deve ser o único responsável pela tutela de seus direitos, principalmente considerando o volume de informações a serem resguardadas na era da sociedade da informação e *big data*.

A regulação direta pode não ser a resposta buscada, principalmente em termos de internet e coleta de dados, mas sim a formação de uma cultura e consolidação de elementos éticos que proporcionem melhores respostas aos problemas causados pelas decisões automatizadas. Por certo, o elemento humano deve ser central em todo o processo de desenho dos algoritmos até a ponta final dos processos decisórios automatizados.

É importante lembrar que o processo decisório sempre possuirá elementos de imprevisibilidade: de um lado, as decisões automatizadas se destacam pela possibilidade de transparência, não obscurecida pela ambiguidade da mente humana; de outro lado, o algoritmo não é capaz de eliminar o preconceito humano que é reproduzido na sua programação. Destaca-se a citação de Chander que descreveu a mente humana como *"the ultimate blackbox"*[107].

5. REFERÊNCIAS

ALGORITMO roubou meu futuro': solução para 'Enem britânico' na pandemia provoca escândalo. In: *BBC*, [s. l.], 20 ago. 2020. Disponível em: https://www.bbc.com/portuguese/internacional-53853627. Acesso em: 05 out. 2020.

ASSOCIATION FOR COMPUTING MACHINERY. *Statement on Algorithmic Transparency and Accountability*. Washington, DC: ACM US Public Policy Council, 12 jan. 2017. Disponível em: https://www.acm.org/binaries/content/assets/public-policy/2017_usacm_statement_algorithms. pdf. Acesso em: 07 dez. 2020.

BIONI, Bruno R.; MENDES, Laura S. Regulamento Europeu de Proteção de Dados Pessoais e a Lei Geral brasileira de Proteção de Dados: mapeando convergências na direção de um nível de equivalência. In: TEPEDINO, Gustavo; FRAZÃO, Ana; OLIVA, Milena Donato (coord.). Lei Geral de Proteção de Dados Pessoais e suas repercussões no direito brasileiro. São Paulo: Thomson Reuters Brasil, 2019.

BIONI, Bruno Ricardo. *Proteção de dados pessoais*: a função e os limites do consentimento. Rio de Janeiro: Forense, 2019. *E-book*.

BRASIL. Congresso Nacional. Senado Federal. *Projeto de Lei do Senado 4496, de 2019*. Altera a Lei 13.709, de 14 de agosto de 2018 (Lei Geral de Proteção de Dados Pessoais – LGPD), para definir a expressão "decisão automatizada". Autoria: Senador Styvenson Valentim. Brasília, DF: Senado Federal, 2019. Disponível em: https://www25.senado.leg.br/web/atividade/materias/-/materia/138136. Acesso em: 30 dez. 2020.

BRASIL. *Lei 13.709, de 14 de agosto de 2018*. Lei Geral de Proteção de Dados Pessoais (LGPD). Brasília, DF: Presidência da República, 2018. Disponível em: http://www.planalto.gov.br/ccivil_03/_ato2015-2018/2018/lei/L13709.htm. Acesso em: 30 dez. 2020.

BRASIL. Superior Tribunal de Justiça. *Recurso Especial 1.419.697/RS*. Recurso especial representativo de controvérsia (art. 543-c do CPC). Tema 710/STJ. Direito do consumidor. Arquivos de crédito. Sistema "credit scoring". Compatibilidade com o direito brasileiro. Limites. Dano moral. [...] Recorrente: Boa Vista Serviços S/A. Recorrido: Anderson Guilherme Prado Soares. Relator: Min. Paulo de Tarso Sanseverino, 12 de nov. de 2014.

CALABRICH, Bruno Freire de Carvalho. Discriminação algorítmica e transparência na Lei Geral de Proteção de Dados Pessoais. *Revista de Direito e as Novas Tecnologias*, v. 8, jul.-set. 2020.

CHANDER, Anupam. *The racist algorithm?* Michigan Law Review, 1023 (2017).

---

107. CHANDER, Anupam. The racist algorithm? *Michigan Law Review*, 1023 (2017).

COMMISSION NATIONALE DE L'INFORMATIQUE ET DES LIBERTÉS. *How can humans keep the upper hand?* Report on the ethical matters raised by algorithms and artificial intelligence. Paris: CNIL, 2017. Disponível em: https://www.cnil.fr/sites/default/files/atoms/files/cnil_rapport_ai_gb_web. pdf. Acesso em: 20 de dez de 2020.

CONSELHO NACIONAL DE JUSTIÇA. *Resolução 332, de 21 de agosto de 2020.* Dispõe sobre a ética, a transparência e a governança na produção e no uso de Inteligência Artificial no Poder Judiciário e dá outras providências. Brasília, DF: Conselho Nacinal de Justiça, 2020. Disponível em: https://atos. cnj.jus.br/files/original191707202008255f4563b35f8e8.pdf. Acesso em: 26 dez. 2020.

DECOLAR.COM é multada em R$ 7,5 milhões por diferenciação de preço. In: O *GLOBO*. Rio de Janeiro, 18 jun. 2018. Disponível em: https://oglobo.globo.com/economia/defesa-do-consumidor/decolarcom-multada-em-75-milhoes-por-diferenciacao-de-preco-22794582. Acesso em: 05 out. 2020.

DIAKOPOULOS, Nicholas et al. Principles for Accountable Algorithms and a Social Impact Statement for Algorithms. In: FAIRNESS, Accountability, and Transparency in Machine Learning, [s. l.], [2020?]. Disponível em: https://www.fatml.org/resources/principles-for-accountable-algorithms. Acesso em: 12 out. de 2020.

DOMINGOS, Pedro. *O algoritmo mestre*: como a busca pelo algoritmo de machine learning definitivo recriará nosso mundo. São Paulo: Novatec, 2017.

DONEDA, Danilo. ALMEIDA, Virgilio A. F. *What is algorithm Governance?* Washington: IEEE Computer Society, 2016.

DONEDA, Danilo. Mendes, Laura Schertel. SOUZA, Carlos Affonso Pereira de. ANDRADE, Noberto Nuno Gomes de. Considerações iniciais sobre inteligência artificial, ética e autonomia pessoal. *Pensar*, Fortaleza, v. 23, n. 4, p. 1-17, out.-dez. 2018.

DONEDA, Danilo. *Da privacidade à proteção de dados pessoais*: elementos da formação da Lei geral de proteção de dados. 1. ed. São Paulo: Thomson Reuters Brasil, 2019. *E-book*.

DONEDA, Danilo. *Da privacidade à proteção de dados pessoais*. 2. ed. São Paulo: Thomson Reuters, 2020. *E-book*.

EDWARDS, Lilian; VEALE, Michael. Slave to the algorithm: why a right to an explanation is probably not the remedy you are looking for. *Duke Law & Technology Review*, v. 16, p. 18-84, 2017-2018.

FALEIROS JÚNIOR, José Luiz de Moura; BASAN, Arthur Pinheiro. A tutela do corpo eletrônico como direito básico do consumidor. *Revista dos Tribunais*, v. 1021, p. 133-168, nov. 2020.

FERNANDES, Micaela Barros Barcelos; OLIVEIRA, Camila Helena Melchior Baptista de. O artigo 20 da LGPD e os desafios interpretativos ao direito à revisão das decisões dos agentes de tratamento pelos titulares de dados. *Revista de Direito e as Novas Tecnologias*, v. 8, jul.-set. 2020.

FERRARI, Isabela; BECKER, Daniel. O direito à explicação sobre decisões automatizadas: uma análise comparativa entre a União Europeia e o Brasil. *Revista de Direito e as Novas Tecnologias*, v. 1, out.-dez. 2018.

FINANCIAL CONDUCT AUTHORITY. *Regulatory Sandbox Lessons Learned Report*. London: FCA, 2017. Disponível em: https://www.fca.org.uk/publication/research-and-data/regulatory-sandbox-lessons-learned-report.pdf. Acesso em: 20 dez. 2020.

FLORIDI, Luciano. TADDEO, Mariarosaria. What is data ethics? *Phil. Trans. R. Soc.* A, v. 374, n. 2083, 2016. Disponível em: http://doi.org/10.1098/rsta.2016.0360. Acesso em: 12 out. 2020.

FRAZÃO, Ana. Responsabilidade civil de administradores de sociedades empresárias por decisões tomadas com base em sistemas de inteligência artificial. *In*: FRAZÃO, Ana; MULHOLLAND, Caitlin (Org.). *Inteligência artificial e Direito*: ética, regulação e responsabilidade. São Paulo: Thomson Reuters Brasil, 2019. *E-book*.

GILLIS, Talia B.; SIMONS, Josh. Explanation < Justification: GDPR and the perils of privacy. *Journal of Law & Innovation*, v. 2, p. 71-99, 2019.

GRUPO DE TRABALHO DO ARTIGO 29º PARA A PROTEÇÃO DE DADOS. *Orientações sobre as decisões individuais automatizadas e a definição de perfis para efeitos do Regulamento (UE) 2016/679*. Bruxelas, fev. 2018. Disponível em: https://www.cnpd.pt/home/rgpd/docs/wp251rev01_pt.pdf. Acesso em: 04 de out. de 2020.

INFORMATION COMISSIONER'S OFFICE. *Big data, artificial intelligence, machine learning and data protection*. [S. l.]: ICO, 2017. Disponível em: https://ico.org.uk/media/fororganisations/documents/2013559/big-data-ai-ml-and-data-protection.pdf. Acesso em: 20 dez. 2020.

KAMINSKI, Margot E. The right to explanation, explained. *Berkeley Technology Law Journal*, v. 34, n. 1, p. 189-218, 2019.

KROLL, Joshua A. BAROCAS, Solon. et al. Accountable Algorithms. *University of Pennsylvania Law Review*, v. 165, n. 3, fev. 2017.

LUPION, Ricardo. O caso do Sistema "Credit Scoring" do Cadastro Positivo. *Revista da AJURIS*, Porto Alegre, v. 42. n. 137, p. 431-449, mar. 2015.

MAGRANI, Eduardo. *Entre dados e robôs*: ética e privacidade na era da hiperconectividade. 2. ed. Porto Alegre: Arquipélago Editorial, 2019.

MARTINS, Guilherme Magalhães. O geopricing e geoblocking e seus efeitos nas relações de consumo. *In*: FRAZÃO, Ana; MULHOLLAND, Caitlin (Org.). *Inteligência artificial e Direito*: ética, regulação e responsabilidade. São Paulo: Thomson Reuters Brasil, 2019. *E-book*.

MATTIUZZO, Marcela. Discriminação algorítmica: reflexões no contexto da Lei Geral de Proteção de Dados Pessoais. In: CUEVA, Ricardo Villas Bôas; DONEDA, Danilo; MENDES, Laura Schertel. *Lei Geral de Proteção de Dados (Lei 13.709/2018), a caminho da efetividade*: contribuições para a implementação da LGPD. São Paulo: Thomson Reuters Brasil, 2020. *E-book*.

MEDON, Filipe. *Inteligência artificial e responsabilidade civil*: autonomia, riscos e solidariedade. Salvador: Editora JusPodivm 2020.

MEDON, Filipe; TEFFÉ, Chiara Spadaccini de. A utilização de inteligência artificial em decisões empresariais: notas introdutórias acerca da responsabilidade civil dos administradores. In: FRAZÃO, Ana; MULHOLLAND, Caitlin (Org.). *Inteligência artificial e Direito*: ética, regulação e responsabilidade. São Paulo: Thomson Reuters Brasil, 2019. *E-book*.

MENDES, Laura Schertel. *Privacidade, proteção de dados e defesa do consumidor*: linhas gerais de um novo direito fundamental. São Paulo: Saraiva, 2014.

MENDES, Laura Schertel; MATIUZZO, Marcela. Discriminação Algorítmica: Conceito, Fundamento Legal e Tipologia. *RDU*, Porto Alegre, v. 16, n. 90, 2019, p. 39-64, nov.-dez. 2019.

MIRAGEM, Bruno. A Lei Geral de Proteção de Dados (Lei 13.709/2018) e o direito do consumidor. *In*: MARTINS, Guilherme Magalhães; ROSENVALD, Nelson (Coords.) *Responsabilidade civil e novas tecnologias*. Indaiatuba, SP. Editora Foco, 2020. *E-book*.

MULHOLLAND, Caitlin. Responsabilidade civil e processos decisórios autônomos em sistemas de Inteligência Artificial (IA): autonomia, imputabilidade e responsabilidade. In: FRAZÃO, Ana; MULHOLLAND, Caitlin (Org.). *Inteligência artificial e Direito*: ética, regulação e responsabilidade. São Paulo: Thomson Reuters Brasil, 2019. *E-book*.

MULHOLLAND, Caitlin; FRAJHOF, Isabella Z. Inteligência Artificial e a Lei Geral de Proteção de Dados Pessoais: breves anotações sobre o direito à explicação perante a tomada de decisões por meio de machine learning. In: FRAZÃO, Ana; MULHOLLAND, Caitlin (Org.). *Inteligência artificial e Direito*: ética, regulação e responsabilidade. São Paulo: Thomson Reuters Brasil, 2020. *E-book*.

PASQUALE, Frank. CITRON, Danielle Keats. The scored society: due process for automated predictions. *Washington Law Review*, v. 89, n. 1, 2014. Disponível em: http://ssrn.com/abstract=2376209. Acesso em: 30 dez. 2020.

PASQUALE, Frank. *The black box society*: the secret algorithms that control money and information. Harvard University Press, 2015.

PRESIDENTE do Supremo apresenta ferramentas de inteligência artificial em Londres. In: SUPREMO TRIBUNAL FEDERAL. Brasília, DF: 05 set. 2019. Disponível em: http://www.stf.jus.br/portal/cms/verNoticiaDetalhe.asp?idConteudo=422699. Acesso em: 06 out. 2020.

RODOTÀ, Stefano. *El derecho a tener derechos*. Madrid: Editorial Trotta, 2014.

ROSENVALD, Nelson. *Do risco da atividade ao "alto" risco da atividade algorítmica*. In: NELSON ROSENVALD. [S. l.], 2019. Disponível em: https://www.nelsonrosenvald.info/single-post/2019/09/18/do-risco-da-atividade-ao-alto-risco-da-atividade-algor%C3%ADtmica. Acesso em: 30 dez. 2020.

SILVA, Jorge Cesa Ferreira da. *Antidiscriminação e contrato*: a integração entre proteção e autonomia. São Paulo: Thomson Reuters Brasil, 2020. *E-book*.

TJMG *utiliza inteligência artificial em julgamento virtual*. In: TRIBUNAL DE JUSTIÇA DO ESTADO DE MINAS GERAIS. Belo Horizonte, 07 nov. 2018. Disponível em: https://www.tjmg.jus.br/portal-tjmg/noticias/tjmg-utiliza-inteligencia-artificial-em-julgamento-virtual.htm#.X3of42hKhEY. Acesso em: 04 out. 2020.

TSAI, Chun-Wei *et al.* Big data analytics: a survey. *Journal of Big Data*, v. 2, n. 21, 2015. DOI 10.1186/s40537-015-0030-3.

TURNER, Jacob. *Robot Rules*: regulating artificial intelligence. Londres: Palgrave Macmillan, 2019.

UNIÃO EUROPEIA. Parlamento e Conselho. *Regulamento (EU) 2016/679, de 27 de abril de 2016*. Relativo à proteção das pessoas singulares no que diz respeito ao tratamento de dados pessoais e à livre circulação desses dados e que revoga a Diretiva 95/46/CE (Regulamento Geral sobre a Proteção de Dados). [S. l.]: EUR-Lex, 2016. Disponível em http://data.europa.eu/eli/reg/2016/679/2016-05-04. Acesso em: 19 dez. 2020.

UNITED STATES OF AMERICA. Congress. *Senate Bill n. 1108*. Algorithmic Accountability Act of 2019. Autoria: Sen. Ron Wyden. Washington, DC: Congress, 2019. Disponível em: https://www.congress.gov/bill/116th-congress/senate-bill/1108. Acesso em: 03 out. 2020.

ZANATTA, Rafael A. F. Perfilização, discriminação e direitos: do Código de Defesa do Consumidor à Lei Geral de Proteção de Dados Pessoais. In: *Researchgate*, fev. 2019. Disponível em: https://www.researchgate.net/publication/331287708_Perfilizacao_Discriminacao_e_Direitos_do_Codigo_de_Defesa_do_Consumidor_a_Lei_Geral_de_Protecao_de_Dados_Pessoais. Acesso em: 04 out. 2020.

O RELATÓRIO DE IMPACTO À PROTEÇÃO DE DADOS PESSOAIS DA LEI GERAL DE PROTEÇÃO DE DADOS BRASILEIRA E OS DESAFIOS NA SUA IMPLEMENTAÇÃO

Clarissa Fernandes de Lima

Mestranda em Direito Privado no Programa de Pós-Graduação em Direito da Universidade Federal do Rio Grande do Sul – UFRGS.

Otávio Bertaco

Mestrando em Direito Privado no Programa de Pós-Graduação em Direito da Universidade Federal do Rio Grande do Sul – UFRGS.

Silvia Levenfus

Mestranda em Direito Privado no Programa de Pós-Graduação em Direito da Universidade Federal do Rio Grande do Sul – UFRGS.

Sumário: 1. Introdução – 2. *Data protection impact assessment* (DPIA) e o relatório de impacto à proteção de dados pessoais (RIPD); 2.1 Panorama europeu: *Data Protection Impact Assessment* (DPIA) no *General Data Protection Regulation* (GDPR); 2.2 Panorama brasileiro: relatório de impacto à Proteção de Dados Pessoais (RIPD) na Lei Geral de Proteção de Dados (LGPD) brasileira – 3. Os desafios na implementação do relatório de impacto à proteção de dados pessoais; 3.1 A necessária regulamentação pela Autoridade Nacional de Proteção de Dados; 3.2 Mudança cultural – 4. Considerações finais – 5. Referências.

1. INTRODUÇÃO

Dados pessoais são coletados e processados das mais diversas formas a todo momento no contexto da Sociedade da Informação.[1] Como elemento inerente a tais operações de tratamento de dados, temos o risco.[2] Os riscos não podem ser excluídos por completo, isto é, zerados[3], mas o mapeamento dos riscos previamente ao tratamento dos dados permite que sejam implementadas medidas aptas a mitigá-los.

---

1. Ver mais sobre este termo em: CASTELLS, Manuel. *A sociedade em rede*. A era da informação: economia, sociedade e cultura. Trad. MAJER, Roneide Venancio. v. 1. 18. ed. São Paulo: Paz e Terra, 2017.
2. "(75) O risco para os direitos e liberdades das pessoas singulares, cuja probabilidade e gravidade podem ser variáveis, poderá resultar de operações de tratamento de dados pessoais suscetíveis de causar danos físicos, materiais ou imateriais [...]". PARLAMENTO EUROPEU. Conselho Da União Europeia. *Regulamento Geral de Proteção de Dados 2016/679*. União Europeia: Jornal Oficial da União Europeia, 2016. Disponível em: https://eur-lex.europa.eu/legal-content/PT/TXT/PDF/?uri=OJ:L:2016:119:FULL&from=PT. Acesso em: 16 dez. 2020.
3. GOMES, Maria Cecília O. Capítulo 9. Entre o método e a complexidade: compreendendo a noção de risco na LGPD. In: PALHARES, Felipe (Coord.). *Temas atuais de proteção de dados*. São Paulo: Thomson Reuters Brasil, 2020. *E-book*.

Assim, um dos instrumentos fundamentais para mapear os possíveis riscos, é justamente a construção de um documento que avalie tal. Neste, devem constar informações como: quais os dados coletados, sob qual base legal se fundamenta o tratamento e quais as medidas adotadas a fim de minimizar riscos aos direitos dos titulares dos dados.

É essencial referir a importância do Regulamento Geral de Proteção de Dados da União Europeia (*General Data Protection Regulation* – GDPR), aprovado em 2016, posto que prevê em seu texto que os agentes de tratamento deverão elaborar o chamado *Data Protection Impact Assessment (DPIA)* em caso de elevado risco aos direitos dos titulares de dados.

Inspirada no GDPR, a Lei Geral de Proteção de Dados Pessoais (LGPD) brasileira, sancionada em agosto de 2018 e em vigor desde setembro de 2020, prevê que a Autoridade Nacional de Proteção de Dados (ANPD) poderá determinar a elaboração, pelo controlador, de Relatório de Impacto à Proteção de Dados Pessoais (RIPDP).

Nessa perspectiva, a finalidade maior do presente artigo é apresentar considerações sobre a matéria do Relatório de Impacto à Proteção de Dados Pessoais na LGPD. Para tanto, o trabalho encontra-se dividido em duas partes.

Na primeira parte, serão expostos dois diferentes panoramas: o europeu e o brasileiro. Num primeiro momento, abordar-se-á como o *Data Protection Impact Assessment* (DPIA) encontra-se regulado no GDPR. Em um segundo momento, serão apresentadas as principais disposições presentes na LGPD sobre o Relatório de Impacto à Proteção de Dados Pessoais.

Na segunda parte do estudo, tratar-se-á de alguns desafios da implementação do RIPD. Dar-se-á destaque a dois: a imperativa regulamentação do relatório pela ANPD, eis que a normativa brasileira não tratou de forma pormenorizada do tema, e a necessária mudança cultural nas organizações que tratam dados pessoais.

Por fim, justifica-se o enfoque dado em âmbito nacional, em virtude da inovação do tema no país.

2. *DATA PROTECTION IMPACT ASSESSMENT* (DPIA) E O RELATÓRIO DE IMPACTO À PROTEÇÃO DE DADOS PESSOAIS (RIPD)

Inicialmente, cumpre ressaltar uma novidade em relação à Diretiva 96/45, revogada pelo Regulamento Geral de Proteção de Dados 2016/679 (GDPR): a obrigatoriedade da realização de avaliação de impacto quando por situação de risco no tratamento dos dados pessoais, em regra.[4]

Outrossim, como já referido, o documento a ser elaborado na legislação europeia não se chama Relatório, mas Avaliação. Assim, o nome é: *Data Protection Impact*

---

4. ALVES, Fabricio da Mota. Avaliação de impacto sobre a proteção de dados. In: MALDONADO, Viviane Nóbrega Maldonado; BLUM, Renato Opice. *Comentários ao GDPR*. 2. ed. São Paulo: Thomson Reuters Brasil, 2020. *E-book*.

Assessment (DPIA), traduzido como Avaliação de impacto sobre a proteção de dados.[5] Impende ressaltar também que a própria normativa europeia que regula o tema, Regulamento Geral de Proteção de Dados 2016/679 (GDPR), refere tanto "avaliação de impacto da proteção de dados"[6], como "avaliação de impacto sobre a proteção de dados"[7], em que pese tenham o mesmo significado. A forma mais mencionada é esta, inclusive estando disposta em artigo próprio na normativa.[8]

Diferentemente, na normativa brasileira – Lei Geral de Proteção de Dados (Lei 13.709/2018) – a nomenclatura utilizada é Relatório. Em que pese esta diferenciação de terminologia, depreende-se se tratar da mesma questão, tendo em vista que o objetivo de sua realização é o mesmo, como se verá ao longo da exposição.

2.1 Panorama europeu: *Data Protection Impact Assessment* (DPIA) no *General Data Protection Regulation* (GDPR)

Na GDPR, há várias menções à avaliação de impacto[9] e, ainda, há um artigo específico que trata somente deste assunto (art. 35), no qual são previstas algumas questões, tais como a obrigatoriedade da avaliação, os seus elementos mínimos obrigatórios e quem deverá elaborar o relatório.

Desde já, é preciso referir que realizar um DPIA não é mandatório para todos os tipos de operações que processam dados. *A priori*, somente o será quando o tipo de operação "is likely to result in a high risk to the rights and freedoms of natural persons".[10] Portanto, em regra, a necessidade de elaborar o DPIA é baseada na existência de risco, sendo que esta avaliação deverá ser realizada antes de se iniciar o tratamento[11], justamente por se tratar de medida preventiva.[12]

---

5. Ao longo do trabalho, quando se referir a apenas avaliação, trata-se da Avaliação de Impacto sobre a proteção de dados (DPIA).
6. Ver Considerando (84) do Regulamento Geral de Proteção de Dados 2016/679 (GDPR).
7. Ver art. 35 do Regulamento Geral de Proteção de Dados 2016/679 (GDPR).
8. ALVES, Fabricio da Mota. Avaliação de impacto sobre a proteção de dados. In: MALDONADO, Viviane Nóbrega Maldonado; BLUM, Renato Opice. *Comentários ao GDPR*. 2. ed. São Paulo: Thomson Reuters Brasil, 2020. *E-book*.
9. (84); (89); (90); (91); (92); (93); (94). PARLAMENTO EUROPEU. Conselho Da União Europeia. Regulamento Geral de Proteção de Dados 2016/679. *União Europeia*: Jornal Oficial da União Europeia, 2016. Disponível em: https://eur-lex.europa.eu/legal-content/PT/TXT/PDF/?uri=OJ:L:2016:119:FULL&from=PT. Acesso em: 16 dez. 2020.
10. Tradução livre do autor: pode resultar em um alto risco para os direitos e liberdades das pessoas singulares.
11. "1. Quando um certo tipo de tratamento, em particular que utilize novas tecnologias e tendo em conta a sua natureza, âmbito, contexto e finalidades, for suscetível de implicar um *elevado risco* para os direitos e liberdades das pessoas singulares, o responsável pelo tratamento procede, *antes de iniciar o tratamento*, a uma avaliação de impacto das operações de tratamento previstas sobre a proteção de dados pessoais. Se um conjunto de operações de tratamento que apresentar riscos elevados semelhantes, pode ser analisado numa única avaliação." (grifo nosso). PARLAMENTO EUROPEU. Conselho Da União Europeia. Regulamento Geral de Proteção de Dados 2016/679. *União Europeia*: Jornal Oficial da União Europeia, 2016.
12. Quando se verificar na avaliação que não será possível mitigar os riscos do processamento de dados de alto risco, deverá ser consultada a autoridade de controle antes do tratamento destes dados: "(84) [...] Sempre que a avaliação de impacto sobre a proteção de dados indicar que o tratamento apresenta um elevado risco que o responsável pelo tratamento não poderá atenuar através de medidas adequadas, atendendo à tecnologia

De forma a garantir que determinadas operações tenham um DPIA, a própria normativa europeia fez questão de destacar situações em que se exige, em particular[13], a necessidade da avaliação, quais sejam: (i) tratamento automatizado; (ii) tratamento em grande escala de categorias especiais de dados[14] ou de dados relacionados a condenações penais; ou (iii) quando houver monitoramento sistemático de ambientes de acesso público em grande escala.[15]

Entretanto, questiona-se o que seria o *alto risco* referido pela normativa, na medida em que esta não o define. Como forma de permitir um norte interpretativo e de possível aplicabilidade, o Conselho Europeu de Proteção de Dados (*European Data Protection Board* – EDPB)[16] elaborou alguns parâmetros a serem levados em consideração, os quais podem, inclusive, auxiliar na elaboração das listas das autoridades de controle.[17]

Assim, de acordo com este documento[18], há 9 (nove) critérios que atuam como indicadores de uma atividade de alto risco, quais sejam: (i) avaliações de pontuações, inclusive criando perfis e formando previsões, tais como sobre a situação econômica, saúde, preferências, comportamento, localização; (ii) decisões automatizadas que produzem efeitos legais ou similares; (iii) monitoramento sistemático, utilizado para observar e monitorar área pública acessível; (iv) dados sensíveis ou de natureza altamente pessoal; (v) dados processados em larga escala, tal como em extensão

---

disponível e aos custos de aplicação, será necessário *consultar a autoridade de controlo antes de se proceder ao tratamento de dados pessoais*" (grifo nosso)". Ibid.

13. A referência ao "em particular" visa indicar um rol exemplificativo. ARTICLE 29 DATA PROTECTION WORKING PARTY. *Guidelines on Data Protection Impact Assessment (DPIA) and determining whether processing is "likely to result in a "high risk" for the purposes of Regulation 2016/679*, p. 1-22, p. 9. Disponível em: https://ec.europa.eu/newsroom/article29/item-detail.cfm?item_id=611236. Acesso em: 02 out. 2020.

14. A normativa europeia denomina "categoria especial de dados", enquanto a LGPD as denomina "dados sensíveis".

15. "3. A data protection impact assessment referred to in paragraph 1 shall in particular be required in the case of: (a) a systematic and extensive evaluation of personal aspects relating to natural persons which is based on automated processing, including profiling, and on which decisions are based that produce legal effects concerning the natural person or similarly significantly affect the natural person; (b) processing on a large scale of special categories of data referred to in Article 9(1), or of personal data relating to criminal convictions and offences referred to in Article 10; (c)a systematic monitoring of a publicly accessible area on a large scale". EUROPEAN..... Ver tradução em:https://eur-lex.europa.eu/legal- content/PT/TXT/PDF/?uri=CELEX:32016R0679&from=PT.

16. Até a entrada em vigor do Regulamento Geral de Proteção de Dados – RGPD (GDPR), 25 de maio de 2018, este se chamava Grupo de Trabalho do Artigo 29 (*Article 29 Working Party*) e abordava assuntos relativos à proteção de dados e privacidade. EUROPEAN DATA PROTECTION BOARD. *Grupo de Trabalho do Artigo 29*. Disponível em: https://edpb.europa.eu/our-work-tools/article-29-working-party_pt. Acesso em: 16 dez. 2020.

17. Incumbe à autoridade de controle, antes do tratamento, a realização de uma avaliação de impacto, bem como elaborar e publicar uma lista dos tipos de operações de tratamento a que se deverá realizar a avaliação, podendo prever também as operações as quais inexiste obrigatoriedade de uma análise de impacto. Para mais detalhes, ver art. 35 (1), art. 35 (4) e art. 35 (5) da GDPR.

18. ARTICLE 29 DATA PROTECTION WORKING PARTY *Guidelines on Data Protection Impact Assessment (DPIA) and determining whether processing is "likely to result in a "high risk" for the purposes of Regulation 2016/679*. Disponível em: https://ec.europa.eu/newsroom/article29/item-detail.cfm?item_id=611236. Acesso em: 16 dez. 2020.

O RELATÓRIO DE IMPACTO À PROTEÇÃO DE DADOS **173**

geográfica, duração, parcela relevante da população; (vi) combinação de conjunto de dados, como juntar de operações de processamento distintas, com diferentes finalidades e/ou por diferentes controladores; (vii) dados relativos a titulares de dados vulneráveis, o que pode incluir crianças, empregados, idosos, pacientes, doentes mentais; (viii) quando o próprio processamento impede que os titulares dos dados exerçam um direito ou usem um serviço ou contrato; e, por fim, (ix) quando inovar no uso ou aplicar novas soluções tecnológicas ou organizacionais, como combinar o uso de impressão digital e reconhecimento facial para melhorar o controle de acesso ao local.[19][20]

Em relação a este último ponto referente às novas tecnologias, impende destacar que a autoridade de proteção de dados britânica, Information Commissioner's Office (ICO)[21] explica por que este tópico implica em alto risco aos direitos e liberdades dos indivíduos: estas tecnologias podem envolver novas formas de coleta, bem como de uso de dados, além das suas consequências ainda serem desconhecidas[22]. Ademais, tal autoridade publicou algumas hipóteses de aplicação para facilitar a compreensão. Exemplificou-se com uso de inteligência artificial, machine learning, deep learning, veículos autônomos, sistemas inteligentes de transporte, *smart tecnologies*, aplicações com internet das coisas.[23] Ainda, a autoridade de controle britânica menciona que não é apenas utilizar estas tecnologias inovadoras, mas a questão abarca igualmente uma tecnologia já utilizada, mas de uma maneira nova.[24]

Resta aclarar também quais são os elementos que necessariamente deverão constar na avaliação, preconizados no Considerando (90)[25] e art. 35(7)[26] da GDPR.

---

19. Ibid., p. 9-11.
20. É importante mencionar que o GDPR, nos considerandos (90) e (91) aborda sobre a avaliação de impacto, alto risco e, inclusive, refere brevemente situações que requeririam a realização da avaliação, estando alguns presentes dentro destes 09 critérios elaborados pela EDPB.
21. Ver sobre a Information Commissioner's Office (ICO) em: https://ico.org.uk/.
22. INFORMATION COMISSIONER'S OFFICE (ICO). When do we need to do a DPIA? Disponível em: https://ico.org.uk/for-organisations/guide-to-data-protection/guide-to-the-general-data-protection-regulation-gdpr/data-protection-impact-assessments-dpias/when-do-we-need-to-do-a-dpia/#when4.Acesso em: 16 dez. 2020.
23. INFORMATION COMISSIONER'S OFFICE (ICO). *When do we need to do a DPIA?* Disponível em: https://ico.org.uk/for-organisations/guide-to-data-protection/guide-to-the-general-data-protection-regulation-gdpr/data-protection-impact-assessments-dpias/when-do-we-need-to-do-a-dpia/#when4. Acesso em: 16 dez. 2020.
24. A ICO além de explicar novas tecnologias, também esclarece outras questões, como o que seria processamento sistemático; indivíduos vulneráveis e larga escala. Ver em: INFORMATION COMISSIONER'S OFFICE (ICO). *When do we need to do a DPIA?* Disponível em: https://ico.org.uk/for-organisations/guide-to- data-protection/guide-to-the-general-data-protection-regulation-gdpr/data-protection-impact-assessments- dpias/when-do-we-need-to-do-a-dpia/#when4. Acesso em: 16 dez. 2020.
25. "[...] Essa avaliação do impacto deverá incluir, nomeadamente, as medidas, garantias e procedimentos previstos para atenuar esse risco, assegurar a proteção dos dados pessoais e comprovar a observância do presente regulamento". PARLAMENTO EUROPEU. Conselho Da União Europeia. Regulamento Geral de Proteção de Dados 2016/679. *União Europeia:* Jornal Oficial da União Europeia, 2016.
26. "7. A avaliação inclui, pelo menos: a) Uma descrição sistemática das operações de tratamento previstas e a finalidade do tratamento, inclusive, se for caso disso, os interesses legítimos do responsável pelo tratamento; b) Uma avaliação da necessidade e proporcionalidade das operações de tratamento em relação

Basicamente, objetiva-se garantir que a avaliação contenha as operações que serão realizadas, a finalidade do tratamento, a necessidade e a proporcionalidade destas operações, bem como os riscos passíveis de serem causados e como mitigá-los.

Por fim, o Conselho Europeu de Proteção de Dados (European Data Protection Board – EDPB) refere que não será necessária a elaboração da avaliação[27] quando, por óbvio, o processamento não é capaz de resultar em alto risco para os direitos e liberdades das pessoas naturais[28]; já há um DPIA similar existente[29]; está autorizada a desnecessidade pela autoridade de controle[30]; quando o processamento foi analisado pela autoridade supervisora antes da entrada em vigor da GPDR e as condições do processamento não se alteraram[31]; ou quando há uma base legal dispondo sobre.[32]

Em caso de dúvida sobre a necessidade de realização da avaliação, recomenda-se a sua elaboração, posto que a ferramenta é ótima para a verificação da conformidade do tratamento com a legislação de proteção de dados.[33]

A seguir, vislumbra-se como a normativa brasileira prevê a matéria.

2.2 Panorama brasileiro: relatório de impacto à Proteção de Dados Pessoais (RIPD) na Lei Geral de Proteção de Dados (LGPD) brasileira

A Lei Geral de Proteção de Dados Pessoais brasileira (Lei 13.709/2018) também prevê a elaboração, pelo controlador, de documento de avaliação de impacto, o chamado "Relatório de Impacto à Proteção de Dados Pessoais". Contudo, diferentemente da legislação europeia, a lei brasileira não destinou um capítulo próprio à matéria.[34]

---

aos objetivos; c) Uma avaliação dos riscos para os direitos e liberdades dos titulares dos direitos a que se refere o n. 1; e d) As medidas previstas para fazer face aos riscos, incluindo as garantias, medidas de segurança e procedimentos destinados a assegurar a proteção dos dados pessoais e a demonstrar a conformidade com o presente regulamento, tendo em conta os direitos e os legítimos interesses dos titulares dos dados e de outras pessoas em causa.". Ibid.

27. ARTICLE 29 DATA PROTECTION WORKING PARTY. *Guidelines on Data Protection Impact Assessment (DPIA) and determining whether processing is "likely to result in a high risk" for the purposes of Regulation 2016/679.* Brussels: {s.l.}, 2017, p. 12-13.

28. Disposição contrária ao preconizado no art. 35(1) da GDPR.

29. "35 (1) [...] Se um conjunto de operações de tratamento que apresentar riscos elevados semelhantes, pode ser analisado numa única avaliação". PARLAMENTO EUROPEU. Conselho Da União Europeia. Regulamento Geral de Proteção de Dados 2016/679. *União Europeia*: Jornal Oficial da União Europeia, 2016.

30. "35 (5) A autoridade de controlo pode também elaborar e tornar pública uma lista dos tipos de operações de tratamento em relação aos quais não é obrigatória uma análise de impacto sobre a proteção de dados. [...]". *Ibid.*

31. ARTICLE 29 DATA PROTECTION WORKING PARTY. *Guidelines on Data Protection Impact Assessment (DPIA) and determining whether processing is "likely to result in a high risk" for the purposes of Regulation 2016/679.* Brussels: {s.l.}, 2017, p. 13.

32. Ibid., p. 13.

33. Ibid., p. 8.

34. BIONI, Bruno R.; LUCIANO, Maria. O princípio da precaução na regulação de inteligência artificial: seriam as leis de proteção de dados o seu portal de entrada? In: FRAZÃO, Ana; MULHOLLAND, Caitlin (Org.). *Inteligência artificial e direito*: ética, regulação e responsabilidade. São Paulo: Thomson Reuters Brasil, 2019. p. 218.

O RELATÓRIO DE IMPACTO À PROTEÇÃO DE DADOS **175**

A definição de "relatório de impacto" encontra-se no artigo 5º, inciso XVII, da LGPD, *in verbis*: "documentação do controlador que contém a descrição dos processos de tratamento de dados pessoais que podem gerar riscos às liberdades civis e aos direitos fundamentais, bem como medidas, salvaguardas e mecanismos de mitigação de risco".[35]

De tal redação, presume-se que o risco apresenta-se como o principal elemento a ser levado em consideração ao se avaliar o impacto de determinado tratamento de dados. Cabe mencionar que, embora ausente uma definição de risco na LGPD[36], tal termo aparece mencionado 11 vezes na normativa brasileira.

Superada a definição de "relatório de impacto à proteção de dados pessoais", importa referir que, consoante o art. 38 da LGPD, a elaboração de tal documentação compete ao controlador, entendido como a pessoa natural ou jurídica, de direito público ou privado, a quem competem as decisões referentes ao tratamento de dados pessoais (art. 5º, VI, LGPD).[37] Nesse sentido, cumpre destacar que o RIPD poderá ser solicitado pela Autoridade Nacional de Proteção de Dados (ANPD) não apenas a agentes privados, mas também a agentes do Poder Público (art. 32).[38]

No tocante às hipóteses de elaboração de tal documento, a lei traz alguns casos. Destaca-se que as disposições da LGPD ora apresentam o termo "deverá", ora apresentam o termo *"poderá"* ao se referir à solicitação do documento pela ANPD. Nesse sentido, o art. 4º – o qual prevê os casos em que a LGPD não se aplica –, em seu § 3º, estabelece que a ANPD *deverá* solicitar aos responsáveis relatórios de impacto à proteção de dados pessoais quando o tratamento de dados for realizado para fins exclusivos de: a) segurança pública; (b) defesa nacional; c) segurança do Estado; ou, d) atividades de investigação e repressão de infrações penais. De outro lado, a LGPD refere que o relatório de impacto *poderá* ser solicitado: (i) a agentes do Poder Público (art. 32); (ii) quando o tratamento tiver como fundamento o interesse legítimo do controlador (art. 10, § 3º); e, (iii) inclusive quando envolver o tratamento de dados sensíveis (art. 38).[39]

Nada obstante, mesmo nos casos em que o relatório de impacto à proteção de dados pessoais não seja considerado mandatório, a elaboração de tal documento é recomendada.[40] Isso porque, o relatório de impacto representa importante ferramenta de demonstração por parte dos agentes de tratamento da conformidade de suas

---

35. BRASIL. *Lei 13.709, de 14 de agosto de 2018*. Disponível em: http://www.planalto.gov.br/ccivil_03/_ato2015-2018/2018/lei/L13709.htm. Acesso em: 26 ago. 2021.
36. GOMES, Maria Cecília O. Capítulo 9. Entre o método e a complexidade: compreendendo a noção de risco na LGPD. In: PALHARES, Felipe (Coord.). *Temas atuais de proteção de dados*. São Paulo: Thomson Reuters Brasil, 2020. *E-book*.
37. BRASIL. *Lei 13.709, de 14 de agosto de 2018*. Disponível em: http://www.planalto.gov.br/ccivil_03/_ato2015-2018/2018/lei/L13709.htm. Acesso em: 26 ago. 2021.
38. BRASIL. *Lei 13.709, de 14 de agosto de 2018*. Disponível em: http://www.planalto.gov.br/ccivil_03/_ato2015-2018/2018/lei/L13709.htm. Acesso em: 26 ago. 2021.
39. BRASIL. *Lei 13.709, de 14 de agosto de 2018*. Disponível em: http://www.planalto.gov.br/ccivil_03/_ato2015-2018/2018/lei/L13709.htm. Acesso em: 26 ago. 2021.
40. BRUNO, Marcos Gomes da Silva. Capítulo VI – Dos agentes de Tratamento de Dados Pessoais. *In*: MALDONADO, Viviane Nóbrega Maldonado; BLUM, Renato Opice. *LGPD*: Lei Geral de Proteção de Dados comentada. 2. ed. São Paulo: Thomson Reuters Brasil, 2019. *E-book*.

atividades à legislação de proteção de dados[41], devendo ser "incorporado dentro dos procedimentos de governança em privacidade corporativa".[42]

Outrossim, como bem refere Rony Vainzof, o relatório de impacto à proteção de dados pessoais serve de base para o cumprimento de diversos princípios indicados na LGPD, "como o princípio da finalidade, mediante a avaliação dos propósitos legítimos do tratamento", o princípio da prevenção, "com a adoção de medidas para prevenir a ocorrência de danos em virtude do tratamento de dados pessoais", o princípio da transparência, o princípio do *privacy by design*, dentre outros.[43]

Em relação ao momento em que o relatório deverá ser elaborado a recomendação é de que ele seja elaborado de forma prévia ao tratamento de dados pessoais, "preferencialmente, na fase inicial do programa, projeto ou serviço que tem o propósito de usar esses dados".[44]

No tocante ao conteúdo dos relatórios de impacto, extrai-se do artigo 38, parágrafo único, da Lei Geral de Proteção de Dados Pessoais brasileira que, no mínimo, o relatório deverá conter "a descrição dos tipos de dados coletados, a metodologia utilizada para a coleta e para a garantia da segurança das informações e a análise do controlador com relação a medidas, salvaguardas e mecanismos de mitigação de risco adotados".[45] Tais elementos, contudo, não implicam em uma obrigatoriedade de forma específica para a sua elaboração.

No que concerne às etapas de elaboração de um relatório de impacto, reproduzir-se-á no presente artigo, a título ilustrativo, as etapas indicadas no Guia de Boas Práticas da LGPD, produzido pelo Governo Federal. De acordo com tal documento, a elaboração de um relatório de impacto à proteção de dados pessoais pressupõe as seguintes etapas: (i) identificação dos agentes de tratamento e do encarregado; (ii) identificação da necessidade de elaboração do relatório; (iii) descrição do tratamento; (iv) identificação das partes interessadas consultadas; (v) descrição da necessidade e proporcionalidade; (vi) identificação e avaliação dos riscos; (vii) identificação de medidas para tratar os riscos; (viii) aprovação do relatório; e, por fim, (ix) revisão.[46]

---

41. GOMES, Maria Cecília O. Relatório de Impacto à Proteção de Dados: uma breve análise da sua definição e papel na LGPD. In: BIONI, Bruno R. (Org.). *Revista do Advogado*, São Paulo, Ano XXIX, n. 144, 2019. p. 178.
42. VAINZOF, Rony. Capítulo I – Disposições Preliminares. *In*: MALDONADO, Viviane Nóbrega Maldonado; BLUM, Renato Opice. *LGPD*: Lei Geral de Proteção de Dados comentada. 2. Ed. São Paulo: Thomson Reuters Brasil, 2019. *E-book*.
43. Ibid.
44. GOVERNO FEDERAL. *Oficina Dirigida*: Relatório de Impacto à Proteção de Dados Pessoais (RIPD). Secretaria de Governo Digital. Dez/2020. Disponível em: https://www.gov.br/governodigital/pt-br/seguranca-e-protecao-de-dados/apresentacoes/apresentacao_ripd.pdf. Acesso em: 26 ago. 2021.
45. BRASIL. *Lei 13.709, de 14 de agosto de 2018*. Disponível em: http://www.planalto.gov.br/ccivil_03/_ato2015-2018/2018/lei/L13709.htm. Acesso em: 26 ago. 2021.
46. GOVERNO FEDERAL. *Guia de boas práticas*: Lei Geral de Proteção de Dados (LGPD). Disponível em: https://www.gov.br/governodigital/pt-br/governanca-de- dados/GuiaLGPD.pdf. Acesso em: 21 dez. 2020.

3. OS DESAFIOS NA IMPLEMENTAÇÃO DO RELATÓRIO DE IMPACTO À PROTEÇÃO DE DADOS PESSOAIS

Delineadas as considerações acerca do DPIA, bem como da sua versão brasileira, cabe referir mais algumas questões sobre do tema. Realizado recorte nacional, como já referido, é necessário apontar que a mera previsão legal do documento não basta.

Para tanto, elenca-se a seguir, dois desafios atinentes à temática, quais sejam, o papel da ANPD e a cultura de proteção de dados. Ambos são essenciais para a instrumentalização do relatório de impacto brasileiro.

Em que pese possam haver inúmeros desafios, a depender do contexto e da peculiaridade da organização, destaca-se dois comuns tanto para o setor privado, quanto para o público.

3.1 A necessária regulamentação pela Autoridade Nacional de Proteção de Dados

A Lei Geral de Proteção de Dados Pessoais, como exposto anteriormente, não tratou de forma pormenorizada do relatório de impacto à proteção de dados. De acordo com a LGPD, a edição de regulamentos e de procedimentos acerca de tal documento competirá à Autoridade Nacional de Proteção de Dados (artigo 55-J, XIII).[47]

Nesse sentido, ao desiderato de promover o processo de regulamentação do relatório de impacto à proteção de dados pessoais, a ANPD realizou, no mês de junho de 2021, reuniões técnicas, nas quais foram discutidas questões como: (i) metodologias e critérios para elaboração e análise do relatório; (ii) situações/circunstâncias que ensejam a necessidade ou dispensa de elaboração do relatório; e, (iii) transparência e publicidade dos relatórios de impacto para o setor público e o setor privado.[48] A previsão é de que sejam organizadas outras reuniões dessa natureza, assim como consultas públicas e audiências públicas sobre o relatório de impacto à proteção de dados pessoais.[49]

Fato é que, sem uma regulamentação por parte da ANPD, a elaboração do relatório pode se constituir um grande desafio aos agentes de tratamento. Isso porque, as disposições presentes na lei deixam margem a inúmeras dúvidas, dentre elas: (i) quais as situações em que o relatório é mandatório; (ii) qual o prazo para entrega de

---

47. BRASIL. *Lei 13.709, de 14 de agosto de 2018.* Disponível em: http://www.planalto.gov.br/ccivil_03/_ato2015-2018/2018/lei/L13709.htm. Acesso em: 26 ago. 2021.
48. GOVERNO FEDERAL. *"ANPD divulga cronograma completo de reuniões técnicas sobre relatório de impacto à proteção dos dados pessoais".* Disponível em: https://www.gov.br/anpd/pt-br/assuntos/noticias/anpd-divulga-cronograma-completo-de-reunioes-tecnicas-sobre-relatorio-de-impacto-a-protecao-dos-dados-pessoais. Acesso em: 26 ago. 2021.
49. GOVERNO FEDERAL. *"ANPD divulga cronograma completo de reuniões técnicas sobre relatório de impacto à proteção dos dados pessoais".* Disponível em: https://www.gov.br/anpd/pt-br/assuntos/noticias/anpd-divulga-cronograma-completo-de-reunioes-tecnicas-sobre-relatorio-de-impacto-a-protecao-dos-dados-pessoais. Acesso em: 26 ago. 2021.

tal documento à ANPD; (iii) quais informações devem estar presentes no documento; (iv) haverá ressalvas a depender do porte do agente de tratamento ou do tipo de dado objeto do tratamento.

Tais questionamentos demandam (rápida) resposta por parte da Autoridade Nacional de Proteção de Dados, a fim de serem estabelecidos os contornos do relatório de impacto à proteção de dados. Cumpre referir que, na Portaria 11, de 27 de janeiro de 2021 (a qual torna pública a Agenda Regulatória Bianual da ANPD), o projeto de regulamentação do relatório de impacto, junto com outros, integra a Fase 1 da Agenda Regulatória, o que indica que a ANPD deverá dar prioridade ao tema.[50]

3.2 Mudança cultural

Para além de uma necessária regulamentação por parte da ANPD, como referido supra, a implementação do relatório de impacto exigirá uma mudança na cultura das organizações. O principal aspecto é justamente fazer com que estas compreendam a importância da LGPD e, por consequência, o seu cumprimento.

Nesse sentido, adquirir um olhar amplo sobre esta normativa, desde os seus fundamentos, princípios, bases legais, conceitos, direitos do titular, é fundamental para que se desenvolva qualquer atividade, política, regulamento ou, no presente caso, um relatório de impacto.

Para tanto, quando a organização não possuir nenhuma iniciativa de cumprimento à LGPD, o desafio imposto será justamente a criação de uma nova concepção acerca da necessidade da proteção de dados. Para que, a partir disso, seja possível a construção de um RIPD, quando de sua necessidade.

Acaso já se vislumbrar iniciativas relacionadas à LGPD pela organização, como política de privacidade, aviso de cookies, nomeação de encarregado, não se descarta a necessidade de mudança cultural e capacitação de profissionais envolvidos no projeto. Sabe-se que a mera elaboração de uma política de privacidade não significa a adequação à legislação.

Ainda, independentemente de qual o nível de adequação esteja se falando, é imprescindível para a elaboração do relatório a presença e o diálogo constante entre profissionais da tecnologia da informação e operadores do Direito. Claramente faz-se necessário a abordagem multidisciplinar para uma implementação mais acertada.

Outro desafio inserido na mudança cultural, é que a elaboração do RIPD não ocorra "apenas" por mera obrigação legal. Em vista disso, a elaboração não pode se dar de modo a cumprir apenas as exigências regulatórias. É importante para a organização e para o ambiente negocial como um todo.

---

50. BRASIL. *Portaria 11, de 27 de janeiro de 2021*. Torna pública a agenda regulatória para o biênio 2021-2022. Presidência da República/Autoridade Nacional de Proteção de Dados. Disponível em: https://www.in.gov. br/en/web/dou/-/portaria-n-11-de-27-de-janeiro-de-2021-301143313. Acesso em: 05 set. 2021.

O RELATÓRIO DE IMPACTO À PROTEÇÃO DE DADOS

Requer-se, além de um documento bem elaborado – e aqui se aguarda as recomendações da ANPD – que este seja funcional, adequado à realidade da empresa e redigido para o fluxo de dados da organização.

Para tanto, se a organização já possui uma concepção voltada à proteção de dados e ou já está no processo de adequação e, portanto, conhecendo o seu fluxo de dados, quando (se) exigido o RIPD, será mais fácil a sua elaboração.

Ainda, a própria elaboração do RIPD requer um profissional ou equipe com conhecimentos de proteção de dados. Dessa forma, o gestor, municiado com as informações provenientes do relatório, toma decisões com maior assertividade.

Como referido, o que se pontua não é somente pelo fato da construção do documento, *per si*, mas todas as questões anteriores envolvidas para que seja possível tal, como planejamento e entendimento dos dados pessoais tratados.

Apenas será possível o enraizamento de uma cultura nacional de elaboração de relatórios, se forem nítidos os critérios para tal, o que se buscou aclarar nos capítulos anteriores. Sabe-se que somente se concretizará este hábito com uma efetiva atuação da ANPD.

4. CONSIDERAÇÕES FINAIS

A presente pesquisa teve por escopo o estudo do relatório de impacto à proteção de dados pessoais, documento previsto na Lei Geral de Proteção de Dados brasileira.

Inicialmente, foram tecidas considerações acerca do *Data Protection Impact Assessment (DPIA)*, documento similar ao relatório de impacto, previsto na normativa europeia sobre proteção de dados (GDPR). Deu-se destaque ao fato de que a legislação europeia tratou do assunto de maneira mais detalhada e completa do que a lei brasileira.

Na sequência, foram expostas as principais disposições atinentes ao relatório de impacto presentes na LGPD. Abordou-se, dentre outros pontos: (i) que a elaboração compete ao controlador; (ii) que pode ser exigido de agentes públicos e de agentes privados; e, (iii) que serve de base para o cumprimento de princípios elencados na LGPD, como o da prevenção e o da transparência.

Na segunda parte, foram indicadas algumas dificuldades na implementação do relatório de impacto à proteção de dados. Pontuou-se como as disposições presentes na LGPD não se mostram suficientemente aptas a orientar a elaboração de tal documento, de forma que a ANPD terá papel fundamental na regulamentação do tema. Outrossim, destacou-se que a elaboração do relatório de impacto demandará uma mudança cultural nas organizações, uma vez que será necessária a compreensão por parte daqueles que tratam dados pessoais de que o relatório não é apenas um instrumento de conformidade, mas também um método que auxilia na mitigação de riscos no tratamento de dados.

Espera-se ter, com o presente estudo, aclarado a matéria acerca do relatório de impacto, bem como exposto alguns desafios que envolvem a temática.

5. REFERÊNCIAS

ALVES, Fabricio da Mota. Avaliação de impacto sobre a proteção de dados. *In*: MALDONADO, Viviane Nóbrega Maldonado; BLUM, Renato Opice. *Comentários ao GDPR*. 2. ed. São Paulo: Thomson Reuters Brasil, 2020. *E-book*.

ARTICLE 29 DATA PROTECTION WORKING PARTY. *Guidelines on Data Protection Impact Assessment (DPIA) and determining whether processing is "likely to result in a "high risk" for the purposes of Regulation 2016/679*, p. 9. Disponível em: https://ec.europa.eu/newsroom/article29/item-detail.cfm?item_id=611236. Acesso em: 02 out. 2020.

BIONI, Bruno R.; LUCIANO, Maria. O princípio da precaução na regulação de inteligência artificial: seriam as leis de proteção de dados o seu portal de entrada? *In*: FRAZÃO, Ana; MULHOLLAND, Caitlin (Org.). *Inteligência artificial e direito*: ética, regulação e responsabilidade. São Paulo: Thomson Reuters Brasil, 2019. p. 218.

BRASIL. *Lei 13.709, de 14 de agosto de 2018*. Disponível em: http://www.planalto.gov.br/ccivil_03/_ato2015-2018/2018/lei/L13709.htm. Acesso em: 26 ago. 2021.

BRASIL. *Portaria 11, de 27 de janeiro de 2021*. Torna pública a agenda regulatória para o biênio 2021-2022. Presidência da República/Autoridade Nacional de Proteção de Dados. Disponível em: https://www.in.gov.br/en/web/dou/-/portaria-n-11-de-27-de-janeiro-de-2021-301143313. Acesso em: 05 set. 2021.

BRUNO, Marcos Gomes da Silva. Capítulo VI – Dos agentes de Tratamento de Dados Pessoais. In: MALDONADO, Viviane Nóbrega Maldonado; BLUM, Renato Opice. *LGPD*: Lei Geral de Proteção de Dados comentada. 2. ed. São Paulo: Thomson Reuters Brasil, 2019. *E-book*.

CASTELLS, Manuel. *A sociedade em rede*. A era da informação: economia, sociedade e cultura. Trad. MAJER, Roneide Venancio. v. 1. 18. ed. São Paulo: Paz e Terra, 2017.

EUROPEAN DATA PROTECTION BOARD. *Grupo de Trabalho do Artigo 29*. Disponível em: https://edpb.europa.eu/our-work-tools/article-29-working-party_pt. Acesso em: 16 dez. 2020.

GOMES, Maria Cecília O. Capítulo 9. Entre o método e a complexidade: compreendendo a noção de risco na LGPD. In: PALHARES, Felipe (Coord.). *Temas atuais de proteção de dados*. São Paulo: Thomson Reuters Brasil, 2020. *E-book*.

GOMES, Maria Cecília O. Relatório de Impacto à Proteção de Dados: uma breve análise da sua definição e papel na LGPD. In: BIONI, Bruno R. (Org.). *Revista do Advogado*, São Paulo, ano XXIX, n. 144, 2019. p. 178.

GOVERNO FEDERAL. *"ANPD divulga cronograma completo de reuniões técnicas sobre relatório de impacto à proteção dos dados pessoais"*. Disponível em: https://www.gov.br/anpd/pt-br/assuntos/noticias/anpd-divulga-cronograma-completo-de-reunioes-tecnicas-sobre-relatorio-de-impacto-a-protecao-dos-dados-pessoais. Acesso em: 26 ago. 2021.

GOVERNO FEDERAL. *Guia de boas práticas*: Lei Geral de Proteção de Dados (LGPD). Disponível em: https://www.gov.br/governodigital/pt-br/governanca-de-dados/GuiaLGPD.pdf. Acesso em: 21 dez. 2020.

INFORMATION COMISSIONER'S OFFICE (ICO). *When do we need to do a DPIA?* Disponível em: https://ico.org.uk/for-organisations/guide-to-data-protection/guide-to-the-general-data-protection-regulation-gdpr/data-protection-impact-assessments-dpias/when-do-we-need-to-do-a-dpia/#when4. Acesso em: 16 dez. 2020.

PARLAMENTO EUROPEU. Conselho Da União Europeia. Regulamento Geral de Proteção de Dados 2016/679. *União Europeia*: Jornal Oficial da União Europeia, 2016. Disponível em: https://eur-lex.europa.eu/legal-content/PT/TXT/PDF/?uri=OJ:L:2016:119:FULL&from=PT. Acesso em: 16 dez. 2020.

VAINZOF, Rony. Capítulo I – Disposições Preliminares. In: MALDONADO, Viviane Nóbrega Maldonado; BLUM, Renato Opice. *LGPD*: Lei Geral de Proteção de Dados comentada. 2. ed. São Paulo: Thomson Reuters Brasil, 2019. *E-book*.

LEI GERAL DE PROTEÇÃO DE DADOS NO DIREITO DO TRABALHO: UMA ANÁLISE SOB O PRISMA DO DIÁLOGO DAS FONTES

Rosana de Souza Kim Jobim

Doutoranda em Direito pela UFRGS com ênfase em LGPD nas relações de trabalho. Mestre em Direito pela UFRGS com foco em compliance trabalhista. Cofundadora do Instituto *Compliance* Trabalhista. Integrante do grupo de pesquisa de Direito e Fraternidade da UFRGS. Integrante do *Compliance Women Committee*. Advogada e professora.

(rosanajobim@yahoo.com.br)

Sumário: 1. Introdução – 2. Chaves-de-leitura básicas de um sistema trabalhista dialógico – 2.1 Direitos inespecíficos dos trabalhadores – 2.2 Estrutura normativa trabalhista de abertura – 3. Direito do trabalho e LGPD: uma relação dialógica – 3.1 O diálogo das fontes e suas espécies – 3.2 Interpretação sistêmico-dialógica entre o direito do trabalho e a LGPD – 4. Considerações finais – 5. Referências bibliográficas.

1. INTRODUÇÃO

O presente artigo tem como objetivo identificar a relação existente entre o direito do trabalho e a Lei Geral de Proteção de Dados (LGPD), ou melhor, de que forma a normativa trabalhista dialoga com a referida lei.

Parte-se da constatação de que, diferentemente de alguns ordenamentos, como a GDPR[1], a LGPD não discorre expressamente sobre o tratamento de dados no contexto laboral, fazendo apenas uma breve menção à relação de trabalho quando caracteriza como dado sensível, no art. 5º, inciso II, a filiação sindical.

---

1. Art. 88 da GDPR Dispõe que: 1. Os Estados-Membros podem estabelecer, no seu ordenamento jurídico ou em convenções coletivas, normas mais específicas para garantir a defesa dos direitos e liberdades no que respeita ao tratamento de dados pessoais dos trabalhadores no contexto laboral, nomeadamente para efeitos de *recrutamento, execução do contrato de trabalho, incluindo o cumprimento das obrigações previstas no ordenamento jurídico ou em convenções coletivas, de gestão, planeamento e organização do trabalho, de igualdade e diversidade no local de trabalho, de saúde e segurança no trabalho, de proteção dos bens do empregador ou do cliente e para efeitos do exercício e gozo, individual ou coletivo, dos direitos e benefícios relacionados com o emprego, bem como para efeitos de cessação da relação de trabalho.*
   2. As normas referidas incluem medidas adequadas e específicas para salvaguardar a dignidade, os interesses legítimos e os direitos fundamentais do titular dos dados, com especial relevo para a transparência do tratamento de dados, a transferência de dados pessoais num grupo empresarial ou num grupo de empresas envolvidas numa atividade económica conjunta e os sistemas de controlo no local de trabalho.
   3. Os Estados-Membros notificam a Comissão das disposições de direito interno que adotarem nos termos do n. 1, até 25 de maio de 2018 e, sem demora, de qualquer alteração subsequente das mesmas.

Esta constatação, em uma análise literal e superficial, poderia levar os operadores do direito do trabalho, inadvertidamente, à compreensão de que esta não teria aplicabilidade nas relações do trabalho.

Por outro lado, deve-se ater ao fato de que a LGPD é tida como uma norma transversal, com cláusulas gerais abertas e lacunas a serem preenchidas, servindo como uma lei de atualização de valores e que, na era da datificação, big data, mineração, deve ser observada por todos os ramos do direito. Quanto a este aspecto, Bruno Bioni[2] afirma que a LGPD atravessará quase que por completo o sistema jurídico brasileiro, e para cada área, cada setor, haverá especificidades a serem detalhadas.

Ainda, Jörg Neuner[3], ao discorrer sobre a natureza lacunosa da codificação do direito privado, refere que o:

> silêncio da lei pode especialmente basear-se no fato de que o legislador não reconhece em absoluto o problema jurídico ou mesmo que não tenha querido avaliá-lo, e não significar de modo algum inevitavelmente uma violação de recusa.

A hipótese a ser sustentada, no presente artigo, é que talvez seja tão evidente aplicar a LGPD às relações de trabalho que o legislador sequer cogitou ser um problema não deter artigos literais e específicos à área laboral, já que é de fácil constatação que a coleta de dados pessoais, na relação de trabalho, está presente em todas as fases, ou seja, na pré-contratual, contratual e pós-contratual. Outrossim, sob o prisma axiológico dispensado à proteção do trabalhador, conclui-se pela aplicabilidade de toda e qualquer norma que proteja vulneráveis.

Não é demais lembrar que o contrato de emprego, dotado de pessoalidade, subordinação e onerosidade, via de regra, é estabelecido por prazo indeterminado, aflorando a seu caráter relacional, de forma que este se mostra em constante mutação, exigindo condutas de boa-fé entre os contratantes, como explica Luciane Cardoso Barzotto:

> O empregado deve estar aberto à proposição de novos postos de trabalho e novas funções e o empregador deve oportunizar o questionamento de seu empregado. Este diálogo é típico de uma gestão comunitária relacional do empreendimento. Não é possível conceber-se que a pessoalidade esteja apenas relacionada à realização de um conteúdo ocupacional convencionado inicialmente, estanque, se o contrato perdura no tempo e o empregado existencialmente necessita explorar novas possibilidades profissionais no ambiente laboral e a empresa, no exercício da livre iniciativa, deve ser reorganizada para atender as demandas de sua função social, na qual deve incluir-se a realização pessoal e profissional do trabalhador.[4]

---

2. BIONI, Bruno Ricardo. *Proteção de dados Pessoais*: a função e os limites do consentimento. 2. ed. Rio de Janeiro: Forense, 2020. p. 259.
3. NEUNER, Jörg. A influência dos direitos fundamentais no direito privado alemão. In: MONTEIRO, António Pinto; NEUNER, Jörg Neuner; SARLET, Ingo Wolfgang. (Org.). *Direitos fundamentais e direito privado*. Coimbra: Almedina, 2007. p. 215.
4. BARZOTTO, Luciane Cardoso. O contrato de trabalho como contrato relacional. *Revista LTr: legislação do trabalho*, v. 79, n. 11, p. 1345-1352, nov. 2015. p. 1348.

Este caráter tem implicações no direito à proteção dos dados do trabalhador, fazendo com que o início e o término do tratamento de dados durante uma relação de emprego sejam contínuos.

Ainda assim, dispensar atenção ao elemento de ligação entre a LGPD e a normativa trabalhista não parece ser um exagero, quando se observa o ordenamento sob a perspectiva da coerência sistêmica, evitando que injustiças possam ser cometidas. A necessidade de acomodação da LGPD no sistema jurídico brasileiro é suscitada pela doutrina, a qual menciona que "será necessário encontrar um método acordado em uma perspectiva de integração e sincronização da nova lei com o restante do ordenamento"[5], exatamente o que se objetiva neste artigo.

2. CHAVES-DE-LEITURA BÁSICAS DE UM SISTEMA TRABALHISTA DIALÓGICO

Interessante recordar um ponto em comum entre os objetivos do direito do trabalho e da LGPD: ambos foram criados para tentar organizar/equilibrar relações de poder. No direito do trabalho, equilibra o capital e a mão de obra; e na proteção de dados, a tecnologia (capital)[6] e a pessoa natural.

O que os diferencia, entretanto, é que o direito do trabalho não se inspira em um propósito de igualdade, como o direito comum, mas no estabelecimento de um amparo jurídico preferencial do trabalhador, como bem delimitou Américo Plá Rodrigues[7], ao falar do princípio da proteção ser tido como nuclear do direito do trabalho.[8] O referido princípio tem uma *vis attractiva*. Entretanto, objetiva-se neste artigo realizar uma leitura normativa mais ampla de diálogo, envolvendo tanto princípios como regras.

2.1 Direitos inespecíficos dos trabalhadores

O papel da Constituição Federal dentro do ordenamento jurídico é inquestionável, desempenha importante e fundamental função de orientar o ordenamento jurídico que deve ter como pressuposto lógico uma compleição unitária[9], de forma que "A Norma Fundamental é o termo unificador das normas que compõem um

---

5. BIONI, Bruno Ricardo. *Proteção de dados pessoais*: a função e os limites do consentimento. 2. ed. Rio de Janeiro: Forense, 2020. p. 259.
6. Quanto ao ponto, defende-se uma ideia de que estamos vivendo um processo de *nova colonização*, em que as empresas detentoras da tecnologia de mineração massiva estão dominando o mercado mundial.
7. PLÁ RODRIGUEZ, Américo. *Princípios de direito do trabalho*. Trad. Wagner D. Giglio. São Paulo: LTr, Ed. da Universidade de São Paulo, 1978. p. 28.
8. Adalcy Coutinho diz que, atualmente, se fosse pensar no princípio central do direito do trabalho, não mais seria o da proteção, mas sim, o da dignidade humana. COUTINHO, Aldacy. Trabalho e Direitos Fundamentais. In: *1º Seminário Internacional*: O Direito Humano e Fundamental ao Trabalho em Tempos de Crise Mundial. Canal YouTube: TRTPR. Publicado em 26 fev. 2016. Disponível em: https://www.youtube.com/watch?v=Bvf5ff1wcQQ. Acesso em 20 set. 2020.
9. Nas palavras de Cláudia Limas Marques, a Constituição passou a ser um "centro irradiador e um marco de reconstrução de um direito privado brasileiro mais social e preocupado com os vulneráveis de nossa

ordenamento jurídico. Sem a Norma Fundamental, as normas de que falamos até agora constituiriam um amontoado, não um ordenamento."[10]

Em seu bojo, a Constituição Federal traz normativas específicas de proteção à dignidade do trabalhador, como a proteção contra a despedida arbitrária; direito de férias; salário mínimo; 13º salário; dentre outros. Este são denominados direitos específicos, direitos particulares da relação de emprego.

Entretanto, outros incidem na relação de trabalho, ainda que não de forma exclusiva, trata-se de direitos que "introduzem e cristalizam na relação laboral a incidência dos direitos humanos tidos como fundamentais, como ocorre na Constituição brasileira de 1988"[11], os quais são classificados de inespecíficos.

A porta de abertura está consagrada no art. 5, § 1º, da CF, que trata da primeira dimensão dos direitos voltados ao valor das liberdades (direitos civis e políticos), despertando a ideia de aplicação também no âmbito das relações de trabalho, não se limitando ao contexto da sociedade política.

Manuel Lopez[12]trabalha com a ideia de "cidadão-trabalhador" ao afirmar que:

> [...] la celebración de un contrato de trabajo 'no implica en modo alguno la privación para una de las partes, el trabajador, de los derechos que la Constitución Le reconoce como ciudadano' [...] Son em definitiva, derechos del ciudadano-trabalhador, que ejerce como trabajador-ciudadano.

Desta forma, havendo ou não previsão na Consolidação das Leis do Trabalho[13] a respeito da aplicabilidade de direitos fundamentais na relação de trabalho, eles podem e devem incidir. Assim, direitos da personalidade, direito à informação, direito à presunção de inocência, direito à ampla defesa, ao lazer, dentre outros, são aplicáveis à esfera laboral.

Necessário, ainda, destacar que esses direitos incidem horizontalmente (ou diagonalmente)[14] na relação laboral. Essa incidência poderá ocorrer de forma direta

---

sociedade. In: MARQUES, Claudia Lima; BENJAMIN, Antonio Hermann; BESSA, Leonardo. *Manual de direito do consumidor*. São Paulo: Ed. RT, 2014. p. 38.

10. BOBBIO, Norberto. *Teoria do Ordenamento Jurídico*. Brasília: Editora UNB, 1999. p. 22; PASOLD, Cesar Luiz. *Ensaio sobre a ética de Norberto Bobbio*. Florianópolis: Conceito, 2008. p. 62.

11. JOBIM, Rosana Kim. *Compliance e Trabalho: entre o poder diretivo do empregador e os direitos inespecíficos do empregado*. Florianópolis: Tirant Lo Banch, 2018. p. 81.

12. LOPEZ, Manuel Carlos Palomeque et al. *Derecho del trabajo*. Madrid: Editorial Centro de Estúdios Ramón Areces S.A., 2009. p. 155 apud SOBRAL, Jeana Silva. Direito à Intimidade e os Métodos de investigação na relação de Trabalho – Análise do teste do Polígrafo. In: ALMEIDA, Renato Rua de (Coord.). *Direitos laborais inespecíficos*: os direitos gerais de cidadania na relação de trabalho. São Paulo: LTr, 2012. p. 40.

13. Diferentemente da legislação portuguesa que prevê a aplicação de direitos fundamentais na relação de trabalho, tanto na Constituição como no Código de trabalho português vigente (Disponível, respectivamente, em: https://www.parlamento.pt/Legislacao/Paginas/ConstituicaoRepublica Portuguesa.aspx e em: http://cite.gov.pt/pt/legis/CodTrab_indice.html), na CLT brasileira não há previsão, destacando-se a necessidade de realçar o conceito de direitos inespecíficos dos trabalhadores.

14. Saulo Soares defende a existência de uma terceira e necessária eficácia aos direitos fundamentais, a teoria da eficácia diagonal, argumentando que esta sim tem aplicabilidade nas relações privadas. SOARES, Saulo Cerqueira de Aguiar. *Direitos fundamentais do trabalho*. São Paulo: LTr, 2017.

LEI GERAL DE PROTEÇÃO DE DADOS NO DIREITO DO TRABALHO **185**

(imediata) e indireta (mediata) e, embora mereçam destaque, para fins de perquirição do objeto do presente artigo, limita-se à observação realizada por Júlio Amaral[15]: "nos dias de hoje, não há que se negar a vinculação dos particulares aos direitos fundamentais [...] e, por conseguinte, os direitos inespecíficos incidem nos contratos de trabalho".

Estas pontuações são importantes na medida em que o direito à proteção de dados não está previsto expressamente na CF/88, ainda que já haja tanto um projeto de emenda constitucional de n. 17/2019[16] para inseri-lo no inciso XII, do art. 5º, quanto um emblemático julgado do STF (ADI 6387 DF), defendendo a existência de um direito fundamental autônomo implicitamente positivado.

2.2 Estrutura normativa trabalhista de abertura

Sob a perspectiva infraconstitucional, necessário apontar os elementos de abertura protetiva aos dados do cidadão-trabalhador.

O primeiro diz respeito ao fato de que a própria normativa trabalhista é organizada e sistematizada por meio de uma consolidação que, apesar de deter uma regulamentação unitária, reúne normas já existentes[17], resultado de um processo de concatenação de normas e princípios pré-existentes. Esse trabalho exigiu dos juristas um grande esforço de interpretação sistêmica e coerente das leis já vigentes.[18]

Este contexto, apesar de insuficiente para se chegar à conclusão de uma interpretação dialógica, é um indicativo de que a normativa trabalhista demanda uma chave de leitura aberta.

Tal insuficiência é suprida pelo disposto no artigo 8º da CLT, *in verbis*:

Art. 8º – As autoridades administrativas e a Justiça do Trabalho, *na falta de disposições legais ou contratuais*, decidirão, conforme o caso, pela jurisprudência, por analogia, por equidade[19] e outros princípios e normas gerais de direito, principalmente do direito do trabalho, e, ainda, de acordo com os usos e costumes, o direito comparado, mas sempre de maneira que nenhum interesse de classe ou particular prevaleça sobre o interesse público.

§ 1º *O direito comum será fonte subsidiária do direito do trabalho.* (grifos nossos)

---

15. AMARAL, Júlio Ricardo de Paula. Eficácia dos direitos fundamentais nas relações trabalhistas. São Paulo: LTr, 2007. p. 62 apud SOBRAL, Jeana Silva. Direito à intimidade e os métodos de investigação na relação do trabalho – Análise do teste do polígrafo. In: ALMEIDA, Renato Rua de (coord.). *Direitos Laborais Inespecíficos*: os direitos gerais de cidadania na relação de trabalho. São Paulo: LTr, 2012. p. 38.

16. Proposta de Emenda à Constituição 17, de 2019. Disponível em: https://www25.senado.leg.br/web/atividade/materias/-/materia/135594. Acesso em: 10 set. 2019.

17. Para conhecer mais o processo de formação indica-se a leitura do artigo de Frederico Gonçalves Cezar: CEZAR, Frederico Gonçalves. O processo de elaboração da CLT: histórico da consolidação das leis trabalhistas brasileiras em 1943. *Revista Processus de Estudos de Gestão, Jurídicos e Financeiros*, ano 3, v. 7, p. 1-8, 2012. Disponível em: http://institutoprocessus.com.br/2012/wp-content/uploads/2012/07/3%C2%BA-artigo-Frederico-Gon%C3%A7alves.pdf. Acesso em: 10 set. 2020.

18. Vide Exposição de Motivos da CLT, foram cotejados e julgados cerca de dois mil reparos, observações ou comentários feitos à Consolidação.

19. O Artigo 852, I, § 1º, da CLT faz menção expressa também a esta fonte do direito; o art. 458, § 1º ao requerer o que o valor seja "justo e razoável", dentre outros.

Além disso, deve-se ater ao fato de que uma norma é criada para ser cumprida, para regular uma situação e que sua função não é excluir outras normas, mas disciplinar questões que, naquele determinado instante e seguimento do direito, são fundamentais. Esta incidência não apenas aplica normas de forma subsidiaria, mas também de forma supletiva.

O artigo 8º autoriza a utilização de outros princípios e normas gerais do direito, usos e costumes, direito comparado e o direito comum como fonte subsidiária, revelando o caráter heterointegrativo[20] das fontes no direito do trabalho, aproximando-o de regras e preceitos do direito comum. Este é o artigo de abertura interpretativa que autoriza a aplicação do diálogo das fontes no direito do trabalho.

3. DIREITO DO TRABALHO E LGPD: UMA RELAÇÃO DIALÓGICA

No que diz respeito à comunicação existente entre o sistema normativo celetista e a Lei Geral de Proteção de Dados, faz-se importante repisar que uma norma é criada para ser cumprida, para regular uma situação jurídica (fato jurídico tecnológico no caso de LGPD), e não para excluir outras normas.

Além disso, entre a normativa trabalhista e a de proteção de dados não se identificam as antinomias clássicas suscitadas por Norberto Bobbio[21], quais sejam: 1) norma que ordena um fazer e outra proíbe – hipótese de contrariedade; 2) norma que ordena um fazer e outra que permite fazer – hipótese de contraditoriedade; e 3) norma que proíbe um fazer e outra que permite fazer – contraditoriedade. Situações que demandaram a utilização de critérios cronológicos, hierárquicos e da especialidade para solucioná-las.

Pelo contrário, entre a LGPD e a normativa trabalhista há normas que se complementam no sentido de proteger o cidadão, esteja ele inserido em uma relação de trabalho ou não, motivo pelo qual se faz necessário analisar como as normativas dialogam entre si.

3.1 O diálogo das fontes e suas espécies

Antes da análise específica da teoria do diálogo das fontes, realiza-se uma pequena digressão sob o ponto de vista de alterações de paradigmas na Ciência do Direito. E três são as figuras que podem ser utilizadas para resumir o pensamento legislativo em nosso ordenamento.[22]

---

20. SILVA, Sayonara Grillo Coutinho Leonardo da. O Direito do Trabalho e sua Relação com o Direito Comum entre Autonomia, Subsidiariedade e Confluência: Interpretando o art. 8º da Consolidação Reformada das Leis do Trabalho à Luz do Particularismo. In: FELICIANO, Guilherme Guimarães; TREVISO, Marco Aurélio Marsiglia; FONTES, Saulo Tarcísio de Carvalho. (Org.). *Reforma trabalhista*: visão, compreensão e crítica. São Paulo: LTr, 2017. p. 25-26.
21. BOBBIO, Norberto. *Teoria do Ordenamento Jurídico*. Brasília: Editora UNB, 1999. p. 22; PASOLD, Cesar Luiz. *Ensaio sobre a ética de Norberto Bobbio*. Florianópolis: Conceito, 2008. p. 85.
22. MARQUES, Claudia Lima. El diálogo de las fuentes en el Derecho del Consumidor. In: *Primer Congreso Sudamericano de Derecho del Consumidor, en homenaje al Dr. Jorge Mosset Iturraspe*. 2015. Disponível em: https://www.youtube.com/watch?v=tvIE5L7xkdw&t=136s. Acesso em: 10 ago. 2020.

O *triângulo*, remetendo à pirâmide de Kelsen, em que o sistema legislativo é organizado de forma hierárquica, imutável, representando um pensamento em que as normas detinham *status* perene, inalterável e sem trocas internas. O *quadrado* (figura com lados perfeitamente iguais), em que o direito moderno visa a perfeição, sem influência de fatores externos como a economia, as individualidades. E, por fim, uma era de *círculos que se tocam* (pluralismo jurídico), representando a era da descodificação, da pós-modernidade, em que emergem outros paradigmas de justiça.

Quanto a esta mudança de paradigma, Tércio Sampaio Ferras Jr.[23]explica que, no séc. XIX, vigorava o paradigma da *Cultura do Código*, com a sua centralidade, (ex. Código de Napoleão, Código Alemão, Código Comercial brasileiro, dentre outros), em que o trabalho do juiz (do "boca da lei") era de simples subsunção, após o simples e mais estanque processo de identificação do direito aplicável com a extração da norma.

O doutrinador complementa que, atualmente, o direito estaria centralizado na jurisprudência, com base na cultura da argumentação, em que os passos antecedentes à subsunção seriam apenas um *topos* comum de partida à argumentação jurídica, e que, com base em múltiplas motivações, aplica a norma ao caso concreto. Ricardo Lorenzetti[24] sintetiza dizendo que o jurista sai do papel mais passivo de mero intérprete e aplicador e se consagra como um "saneador de falhas sistêmicas, decorrentes do processo de descodificação e constitucionalização do direito privado."

Esta mudança de paradigma implica na adoção de uma teoria argumentativa, que usa da própria interpretação como um dos lugares (topos) argumentativos possíveis, concretizada primordialmente pela teoria do diálogo das fontes.

O diálogo das fontes surge como forma de sistematizar o direito, diante de um pluralismo jurídico, em que a hierarquia do século XXI não é representada pela pirâmide de Kelsen, contudo pelo norte da coerência. E isso não significa que a Constituição da República não esteja em posição superior e prevalente, mas que embora esta estrutura seja inicial, o sistema é aberto e plural (unitário).[25]

Pioneiro no desenvolvimento da teoria das fontes dialógicas, Erik Jayme problematizou a pluralidade normativa no âmbito europeu, já em âmbito nacional, a teoria foi internalizada por Claudia Lima Marques.

---

23. Curso de Hermenêutica Jurídica. Conferência 6: Hermenêutica e Argumentação. Plenário do TRF4. Dias 19 e 20 agosto de 2013. Canal do YouTube Emagis TRF. Disponível em: :https://www.youtube.com/watch?v=1ZHjuUV36vg&t=234s. Acesso em 10 ago. 2020.

24. LORENZETTI, Ricardo Luis. A era da desordem e o fenômeno da descodificação. *Revista de Direito do Consumidor*, v. 68, out. 2008. p. 212.

25. TEPEDINO, Gustavo. Diálogos Entre Fontes Normativas na Complexidade do Ordenamento. *Revista Brasileira de Direito Civil*, v. 5, n. 3, p. 6-9, 2015.

Para a doutrinadora, três são as possibilidades de diálogo[26]: o diálogo de coerência-sistêmica, em que uma das leis serve de base conceitual para a outra; o diálogo de complementariedade-subsidiariedade, em que a lei nova apresenta elementos complementares e devem se somar a elementos anteriores para resolver antinomias aparentes ou reais; e, por fim, o diálogo de coordenação-adaptação sistema, que permite uma redefinição do escopo de aplicação e de parâmetros com base na outra.

A solução, portanto, das controvérsias do caso concreto dependerá da observância do ordenamento jurídico como um todo, com todos os seus princípios e valores. E com esse olhar deveremos tutelar a pessoa do trabalhador. Portanto, o presente texto tem como condão a análise de alguns aspectos dialógicos do direito do trabalho e a Lei Geral de Proteção de Dados.

3.2   Interpretação sistêmico-dialógica entre o direito do trabalho e a LGPD

Vários são os indicativos do caráter dialógico da LGPD. O primeiro ponto é que se trata de uma norma dotada de cláusulas gerais abertas, sendo necessário o seu preenchimento por meio de outras para aplicação no caso concreto. O segundo diz respeito a sua característica transversal, na medida em que se vive em uma sociedade em que o tratamento de dados encontra-se intensificado em todas as áreas do direito (ex. consumerista, trabalhista etc.). Por fim, lembra-se que o artigo 64 da LGPD é claro ao afirmar que os direitos e princípios da lei não excluem outros previstos no ordenamento jurídico pátrio.

Dito isso, ressalta-se que diversas são as situações que implicam o tratamento de dados na relação de trabalho, em todas as suas fases, e.g., por meio do controle de jornada, por meio da ferramenta de *background check*, durante o processo seletivo, para a realização do registro de funcionários etc. Ao mesmo tempo, não se verifica nenhuma norma trabalhista que discipline o tratamento de dados nesta relação, motivo pelo qual se deve observar o disciplinado na LGPD.

As hipóteses de tratamento de dados estão disciplinadas tanto no artigo 7º quanto no art. 11, a depender da presença de um dado sensível ou não, mas ocorrerá: mediante o fornecimento de consentimento do titular; para o cumprimento de obrigação legal ou regulatória pelo controlador; quando necessário para a execução do contrato ou execução de procedimentos preliminares relacionados ao contrato do qual seja parte o titular, a pedido do titular dos dados; dentre outros.

Inexistindo dúvidas quanto à necessidade de uma relação dialógica entre as áreas do direito, elegeu-se a hipótese de tratamento de dados por meio do consentimento do trabalhador para uma análise mais aprofundada.

---

26.   MARQUES, Claudia Lima; BENJAMIN, Antônio Herman V.; MIRAGEM, Bruno. *Comentários ao Código de defesa do consumidor.* 34. ed. rev. atual. e ampl. São Paulo: Ed. RT, 2010. p. 113-114.

Alguns são os requisitos trazidos pela LGPD para validar o tratamento de dados na hipótese em comento, quais sejam: deve ser destacado, dotado de finalidades determinadas/específicas. Entretanto, ao passo que a lei apresenta, ela não detalha como preencher esses requisitos.

A doutrina vem trabalhando nisso. Bruno Bioni[27], em obra específica sobre o consentimento como hipótese de autorização do tratamento de dados, refere que este deve ser: *informado* para que seja possível uma verdadeira tomada de decisão por parte do titular de dados, e que a informação deve ser imprevisível e original para equilibrar o déficit informacional; *livre*, ou seja, deve ser possível negociar, barganhar, escolher, e, para a análise deste predicado, se deve analisar a assimetria de poder em jogo; *inequívoco* e com *finalidades determinadas*, de forma que o consentimento deve ter um propósito específico e explícito; e, também, *específico* e *expresso*, com carga participativa máxima do titular.

O primeiro raciocínio realizado, ao trazer a determinada hipótese para o direito laboral, é se questionar sobre a possibilidade de um consentimento existente, válido e eficaz dentro de uma relação cuja uma das bases é a subordinação.

Defende-se que sim, embora deva ser considerada uma hipótese residual e excepcional, ou seja, apenas quando não houver outra base legal. Esta não é apenas uma conclusão lógica, já que dotada de conteúdo subjetiva, enquanto as demais são objetivas; mas também principiológica, já que o princípio da proteção e da dignidade humana do trabalhador são centrais na relação laboral.

Nesse sentido, o Dictamen 2/2017 del GT 29 que refere que:

> o tratamiento de datos personales en el ámbito laboral, considera que, dada la relación de dependência del trabajador respecto del empresario, el recurso al consentimiento en el contexto de la relación laboral *debería ser excepcional*, señalando expresamente que el consentimiento no será válido, por no existir una verdadera liberdad de escoger, cuando la negativa a prestar el consentimiento pueda suponer un perjuicio real o pontencial para el trabajador.

O entendimento pode ser confirmado em interessante julgado da Agência Nacional de Proteção de Dados espanhola, que, embora julgado com base em normativa estrangeira, contribui para a elucidação da questão. Trata-se do Rec. 137/2017, sentenciado em 15 de junho de 2017[28], em que houve a declaração de nulidade da prática empresarial por incorporar obrigação de ceder a imagem do rosto dos trabalhadores em todos os contratos de trabalho da empresa.

Primeiro, chama-se atenção ao fato de que, apesar da existência da cláusula genérica, havia finalidade (desempenho das atividades de telemarketing quando

---

27. BIONI, Bruno Ricardo. *Proteção de dados pessoais:* a função e os limites do consentimento. 2. ed. Rio de Janeiro: Forense, 2020. p. 180-188.

28. Na data dos fatos, a legislação espanhola que estava em vigor era a Ley Orgánica 15/1999, de 13 de diciembre, de Protección de Datos de Carácter Personal. Disponível em: https://www.boe.es/eli/es/lo/1999/12/13/15/con. Acesso em: 20 set. Atualmente.

utilização de webcam ou outro meio). Também, observa-se que o tratamento da imagem, para o desenvolvimento de atividade de telemarketing por chamada de vídeo, poderia se enquadrar na hipótese "quando necessário a execução do contrato". E, por fim, destaca-se que a empresa solicitava o consentimento em apartado sempre que havia necessidade de tratamento pontual dos dados, de forma a não ter ocorrido uma lesão concreta.

Entretanto, a decisão restou assim resumida:

> *Se declara nula la práctica empresarial de incorporar la obligación de ceder el rostro del trabajador en contratos tipo.* Pretendida la nulidad de pleno derecho de la práctica empresarial consistente en incorporar a los contratos de trabajo la cláusula que establece que 'El trabajador consiente expresamente, conforme a la Ley Organica 1/1982, de 5 de mayo, RD 1720/2007 de Protección de Datos de carácter personal y Ley Orgánica 3/1985 de 29 de mayo, a la cesión de su imagen, tomada mediante cámara web o cualquier otro medio, siempre con el fin de desarrollar una actividad propia de telemarketing y cumplir, por tanto, con el objeto del presente contrato y los requerimientos del contrato mercantil del cliente', se estima dicha pretensión, aunque la Sala admite que la empresa está legitimada para destinar a sus trabajadores a servicios de videollamada, en los que es inevitable la cesión de la imagen del trabajador, porque dicha circunstancia no exime del consentimiento expreso del trabajador, que no se colma mediante un consentimiento genérico al iniciarse la relación laboral, puesto que los servicios de videollamada son uno entre los múltiples objetos del contrato, habiéndo se demostrado que en la empresa es absolutamente marginal, sino que deberá obtenerse al destinarse a ese tipo de servicios, que es el momento adecuado para la emisión del mismo.[29]

Vários foram os fundamentos do julgado, dos quais se destaca que apenas 15 de 6000 trabalhadores desempenhavam suas funções por meio do recurso chamada de vídeo, que se entendeu inadmissível a utilização de cláusulas-tipo de conteúdo genérico para obtenção de consentimento, e que esta prática viola os requisitos legais, já que não se pode imaginar que, no momento da contratação, o empregado se sinta confortável para não consentir com a referida cláusula.

As conclusões, embora proferidas em ordenamento diverso, parecem estar em consonância com o nosso, mas, considerando que o objeto de investigação deste artigo é a relação dialógica e não a de mérito em si, apresenta-se um caminho a ser perquirido.

Primeiro, partindo-se do prisma constitucional, verificar-se-ia que, apesar de o direito à imagem não ser um direito específico, deve ser protegido nas relações de trabalho.

---

29. ESPANHA. Tribunal Nacional. *Recurso 137/17* Necesidad del consentimiento expreso del trabajador para que la empresa pueda disponer de su imagen. Sentencia Social 87/2017, Audiencia Nacional, Sala de lo Social, Sección 1, Rec 137/2017 de 15 de Junio de 2017. Recorrente: Ricardo Bodas Martin. 15 jun. 2017. Disponível em: https://www.iberley.es/jurisprudencia/necesidad-consentimiento-trabajador-empresa-disponer-imagen-sentencia-social-n-87-2017-audiencia-nacional-sala-social-seccion-1-rec-137-2017-15-junio-2017-47716245?term=Audiencia+Nacional+137%2F2017+15+de+junio&query=Audiencia+Nacional+137%2F2017+15+de+junio&noIndex. Acesso em: 16 set. 2020.

Segundo, dever-se-ia investigar se a possibilidade deste direito ser protegido pela LGPD, já que a normativa laboral é rasa quanto ao ponto. E a resposta seria positiva, já que diz respeito à pessoa natural identificada ou identificável, nos termos do artigo 5, I, da LGPD.

Consistindo em um dado pessoal e sem previsão quanto à forma de tratamento na legislação trabalhista, utiliza-se das hipóteses de tratamento elencadas pela LGPD, sendo o consentimento uma delas.

Por fim, retornar-se-ia às normas (regras e princípios) específicas da relação de trabalho para interpretar com detalhes os requisitos de validade do consentimento. Um desses requisitos, p.ex., diz respeito à adjetivação do consentimento de forma *destacada*, já que a LGPD não é cristalina. A forma destacada permite um duplo preenchimento, o primeiro, que seria separar; e o segundo, consistindo em sobressair, distinguir.

Ora, considerando o princípio da proteção, nos termos defendido por Plá Rodrigues[30], temos que interpretar o termo "destacado" no seu sentido mais protetivo, haja vista que a relação de emprego tem como lastro a subordinação jurídica, mas não só isso, é estabelecido em uma situação de dependência econômica.

Quanto a esta questão, manifesta-se Alicia Sánchez[31]:

las peculiaridades de una relación asimétrica como es la relación laboral, donde el trabajador ocupa una posición desventajosa con respecto al empresario. Ello es así en términos informativos, toda vez que el trabajador está en peor posición para acceder a cualquier dato relevante relativo a la situación de la empresa, como desde um punto de vista económico. El elevado nível del desempleo, mal endémico en el mercado laboral español, resta al trabajador poder de negociación, de manera tal que se ve compelido a aceptar condiciones contractuales leoninas, incluso ilícitas.

Diante disso, parte da doutrina[32] sustenta ser mais prudente pactuar a cláusula de consentimento em documento em apartado. Entretanto, no presente artigo, defende-se a imprescindibilidade do documento em apartado, o que, por si só, também englobaria o segundo significado da palavra destaque.

Nesse sentido, traz-se o julgado pela STS de 21 de setembro de 2015, Rec. 259/2014.[33] A demanda teve como objeto a seguinte cláusula:

---

30. Vide observação feita na introdução do ponto 1.
31. SÁNCHEZ, Alicia Villalba. El derecho fundamental a la protección de datos del trabajador frente a los poderes del empresario, com especial referencial al consentimento del trabajador. In: MARQUES, Eduardo Castro (Coord.). *Digital Work and Personal Data Protection: Key Issues for the Labour of the 21st Century*. Cambridge: Cambridge Scholars Publishing, 2018. p. 487.
32. Cita-se Iuri Pinheiro e Vólia Bomfim que expressam este posicionamento no artigo A Lei Geral de Proteção de Dados e seus impactos nas relações de trabalho. PINHEIRO, Iuri; BOMFIM, Vólia. A Lei Geral de Proteção de Dados e seus impactos nas relações de trabalho. *Instituto Trabalho em debate*. 1° out. 2020. Disponível em: [http://trabalhoemdebate.com.br/artigo/detalhe/a-lei-geral-de-protecao-de-dados-e-seus-impactos-nas-relacoes-de-trabalho]. Acesso em: 27 dez. 2020.
33. ESPANHA. Tribunal Supremo. *Recurso 259/14*. Los trabajadores no están obligados a dar móvil o correo personal a la empresa. Recorrente: Luiz Fernando de Castro Fernandez. 21 de Septiembre de 2015. Disponível em: https://www.iberley.es/jurisprudencia/trabajadores-no-obligados-movil-correo-personal-empresa-

Ambas partes convienen expresamente que cualquier tipo de comunicación relativa a este contrato, a la relación laboral o al puesto de trabajo, podrá ser enviada al trabajador vía SMS o vía correo electrónico, mediante mensaje de texto o documento adjunto al mismo, según los datos facilitados por el trabajador a efectos de contacto. Cualquier cambio o incidencia con respecto a los mismos, deberá ser comunicada a la empresa de forma fehaciente e inmediata'.

E restou, assim, ementada:

Conflicto colectivo. Obligacion de los trabajadores de dar su móvil o correo personal a la empresa para la que trabajan. Es clausula abusiva em el contrato/tipo indicar que el trabajador proporciona voluntariamente a la empresa el número de telefono móvil o su cuenta de correo electrónico, así como su compromiso para comunicar la inmediata variación de tales datos, al objeto de que se pueda comunicar por tales vías toda incidencia relativa al contrato, relación laboral o puesto de trabajo. la cláusula es contraria a la LOPD.

Como se denota para fins de preenchimento da norma e genuína interpretação à esfera trabalhista, disciplina autônoma, dotada de princípios e regras próprias, faz-se necessária uma intensa interpretação dialógica, sob pena de se gerar prejuízos ao indivíduo para o qual o direito do trabalho surgiu, o trabalhador.

4. CONSIDERAÇÕES FINAIS

O sistema jurídico atual, plural e aberto deve ser interpretado de forma sistêmica, de forma que a teoria do diálogo das fontes deve ser observada. Essa constatação não poderia ser diferente entre o direito do trabalho e a lei geral de proteção de dados.

Para fins de demonstração concreta deste diálogo, estabeleceu-se premissas importantes e estruturais do ordenamento, primeiro sob o prisma das chaves de abertura do direito do trabalho para o restante do ordenamento e, depois, sob a perspectiva da teoria do diálogo das fontes.

Certamente, observar e interpretar o ordenamento desta forma permite que haja uma ampliação de direitos, um maior equilíbrio e respeito à autonomia de cada ramo.

Ressalta-se, por fim, que o objetivo deste artigo mais do que respostas claras, é apresentar a necessidade e possibilidade do diálogo, o que se espera ter alcançado.

5. REFERÊNCIAS BIBLIOGRÁFICAS

ALMEIDA, Renato Rua de (Coord.). *Direitos laborais inespecíficos*: os direitos gerais de cidadania na relação de trabalho. São Paulo: LTr, 2012.

BARZOTTO, Luciane Cardoso. O contrato de trabalho como contrato relacional. *Revista LTr: legislação do trabalho*, v. 79, n. 11, p. 1345-1352, nov. 2015.

BIONI, Bruno Ricardo. *Proteção de dados pessoais*: a função e os limites do consentimento. 2. ed. Rio de Janeiro: Forense, 2020.

---

sentencia-social-tribunal-supremo-sala-social-seccion-1-rec-259-2014-21-septiembre-2015-47459541?te rm=STS+Rec.+259%2F2014+de+21+septiembre+2015&query=STS+Rec.+259%2F2014+de+21+septiemb re+2015&noIndex. Acesso em: 18 set. 2020.

BOBBIO, Norberto. *Teoria do ordenamento jurídico*. Brasília: Editora UNB, 1999.

CEZAR, Frederico Gonçalves. O processo de elaboração da CLT: histórico da consolidação das leis trabalhistas brasileiras em 1943. *Revista Processus de Estudos de Gestão, Jurídicos e Financeiros*, ano 3, v. 7, p. 1-8, 2012.

COUTINHO, Aldacy. Trabalho e Direitos Fundamentais. In: 1º Seminário Internacional: O Direito humano e fundamental ao trabalho em tempos de crise mundial. *Canal YouTube*: TRTPR. Publicado em 26 fev. 2016. Disponível em: https://www.youtube.com/watch?v=Bvf5ff1wcQQ. Acesso em: 20 set. 2020.

ESPANHA. Tribunal Supremo. *Recurso 259/14*. Los trabajadores no están obligados a dar móvil o correo personal a la empresa. Recorrente: Luiz Fernando de Castro Fernandez. 21 de Septiembre de 2015. Disponível em: https://www.iberley.es/jurisprudencia/trabajadores-no-obligados-movil-correo-personal-empresa-sentencia-social-tribunal-supremo-sala-social-seccion-1-rec-259-2014-21-septiembre-2015-47459541?term=STS+Rec.+259%2F2014+de+21+septiembre+2015&query=STS+Rec.+259%2F2014+de+21+septiembre+2015&noIndex. Acesso em: 18 set. 2020.

ESPANHA. Tribunal Nacional. *Recurso 137/17* Necesidad del consentimiento expreso del trabajador para que la empresa pueda disponer de su imagen. Sentencia Social 87/2017, Audiencia Nacional, Sala de lo Social, Sección 1, Rec 137/2017 de 15 de Junio de 2017. Recorrente: Ricardo Bodas Martin. 15 jun. 2017. Disponível em: https://www.iberley.es/jurisprudencia/necesidad-consentimiento-trabajador-empresa-disponer-imagen-sentencia-social-n-87-2017-audiencia-nacional-sala-social-seccion-1-rec-137-2017-15-junio-2017-47716245?term=Audiencia+Nacional+137%2F2017+15+de+junio&query=Audiencia+Nacional+137%2F2017+15+de+junio&noIndex. Acesso em: 16 set. 2020.

JOBIM, Rosana Kim. *Compliance e trabalho*: entre o poder diretivo do empregador e os direitos inespecíficos do empregado. Florianópolis: Tirant Lo Banch, 2018. p. 81.

MARQUES, Claudia Lima. El diálogo de las fuentes en el Derecho del Consumidor. In: *Primer Congreso Sudamericano de Derecho del Consumidor, en homenaje al Dr. Jorge Mosset Iturraspe*. 2015. Disponível em: https://www.youtube.com/watch?v=tvIE5L7xkdw&t=136s. Acesso em: 10 ago. 2020.

LORENZETTI, Ricardo Luis. A era da desordem e o fenômeno da descodificação. *Revista de Direito do Consumidor*, v. 68, out. 2008.

MARQUES, Claudia Lima; BENJAMIN, Antônio Herman V.; MIRAGEM, Bruno. *Comentários ao Código de defesa do consumidor*. 34. ed. rev. atual. e ampl. São Paulo: Ed. RT, 2010. p. 113-114.

MARQUES, Claudia Lima; BENJAMIN, Antonio Hermann; BESSA, Leonardo. *Manual de direito do consumidor*. São Paulo: Ed. RT, 2014.

NEUNER, Jörg. A influência dos direitos fundamentais no direito privado alemão. In: MONTEIRO, António Pinto; NEUNER, Jörg Neuner; SARLET, Ingo Wolfgang. (Org) *Direitos fundamentais e direito privado*. Coimbra: Almedina, 2007.

PASOLD, Cesar Luiz. *Ensaio sobre a ética de Norberto Bobbio*. Florianópolis: Conceito, 2008.

PINHEIRO, Iuri; BOMFIM, Vólia. A Lei Geral de Proteção de Dados e seus impactos nas relações de trabalho. *Instituto Trabalho em debate*. 1º out. 2020. Disponível em: http://trabalhoemdebate.com.br/artigo/detalhe/a-lei-geral-de-protecao-de-dados-e-seus-impactos-nas-relacoes-de-trabalho. Acesso em: 27 dez. 2020.

PLÁ RODRIGUEZ, Américo. *Princípios de direito do trabalho*. Trad. Wagner D. Giglio. São Paulo: LTr, Ed. da Universidade de São Paulo, 1978. p. 28.

SÁNCHEZ, Alicia Villalba. El derecho fundamental a la protección de datos del trabajador frente a los poderes del empresario, con especial referencial al consentimiento del trabajador. In: MARQUES, Eduardo Castro (Coord.). *Digital Work and Personal Data Protection*: Key Issues for the Labour of the 21st Century. Cambridge: Cambridge Scholars Publishing, 2018.

SILVA, Sayonara Grillo Coutinho Leonardo da. O Direito do Trabalho e sua Relação com o Direito Comum entre Autonomia, Subsidiariedade e Confluência: Interpretando o art. 8º da Consolidação Reformada das Leis do Trabalho à Luz do Particularismo. In: FELICIANO, Guilherme Guimarães; TREVISO, Marco Aurélio Marsiglia; FONTES, Saulo Tarcísio de Carvalho. (Org.). *Reforma trabalhista*: visão, compreensão e crítica. São Paulo: LTr, 2017. p. 25-26.

SOARES, Saulo Cerqueira de Aguiar. *Direitos fundamentais do trabalho*. São Paulo: LTr, 2017.

TEPEDINO, Gustavo. Diálogos Entre Fontes Normativas na Complexidade do Ordenamento. *Revista Brasileira de Direito Civil*, v. 5, n. 3, p. 6-9, 2015.

O TRATAMENTO DE DADOS BIOMÉTRICOS SENSÍVEIS E O CONTROLE DA JORNADA DE TRABALHO

Roberta Philippsen Janz

Mestranda em Direito do Trabalho na Universidade Federal do Rio Grande do Sul (UFRGS). Especialista em Direito do Estado, com ênfase em Direito Constitucional pela Universidade Estadual de Londrina (UEL). Graduada em direito pela Universidade Estadual do Norte do Paraná (UENP). Analista Judiciária do TRT da 4ª Região.

Sumário: 1. Introdução – 2. A proteção de dados sensíveis nas relações de trabalho; 2.1 A utilização de dados pessoais biométricos no contexto trabalhista; 2.2 Bases legais para coleta e tratamento de dados pessoais sensíveis – 3. O tratamento de dados sensíveis nas relações de trabalho: um estudo à luz dos princípios da LGPD; 3.1 A utilização de biometria para controle da jornada de trabalho e os princípios da finalidade, da não discriminação, da adequação e da necessidade; 3.2 A validade da utilização de dados biométricos para registro da jornada de trabalho: bases legais e a Portaria 1.015/2009 do MTE – 4. Considerações finais – 5. Referências.

1. INTRODUÇÃO

O art. 1º da Lei Geral de Proteção de Dados Pessoais – LGPD[1] aponta como finalidade da lei a proteção dos "direitos fundamentais de liberdade e de privacidade e o livre desenvolvimento da personalidade da pessoa natural", sem que haja qualquer distinção em relação ao tipo de relação jurídica em que deve incidir a proteção do tratamento dos dados pessoais.[2] Trata-se, assim, de lei geral que se aplica a qualquer situação em que haja coleta e tratamento de dados pessoais.

Em que pese a LGPD não contemple especificamente as relações de trabalho em seus dispositivos, ao contrário da GDPR[3], que o faz de forma expressa, tal fato não significa que a legislação brasileira seja inaplicável aos vínculos de natureza laboral, posto que referidas relações também se desenvolvem através da coleta e tratamento de dados pessoais. Ademais, o elevado fluxo de dados coletados e produzidos nas relações de trabalho faz com que seja necessária especial atenção sobre a questão, visto que o empregador tem acesso e é responsável pelo tratamento de dados pessoais

---

1. Lei 13.709, de 14 de agosto de 2018. Lei Geral de Proteção de Dados Pessoais.
2. PINHEIRO, Iuri. CASSAR, Vólia Bomfim. A lei geral de proteção de dados e seus impactos nas relações de trabalho. *Instituto Trabalho em Debate*, 1º out. 2020. Disponível em: http://trabalhoemdebate.com.br/artigo/detalhe/a-lei-geral-de-protecao-de-dados-e-seus-impactos-nas-relacoes-de-trabalho. Acesso em: 26 dez. 2020.
3. Regulamento Geral sobre a Proteção de Dados 2016/679. Trata-se de regulamento do direito europeu que trata sobre privacidade e proteção de dados pessoais, sendo aplicável a todos os indivíduos na União Europeia e Espaço Econômico Europeu.

dos empregados desde a fase pré-contratual, através de processos seletivos e de admissão, passando pela fase contratual e até a fase pós-contratual, ante a necessidade de guarda dos documentos relativos ao vínculo de trabalho.[4]

Destarte, é essencial investigar as causas legitimadoras do tratamento de dados nas relações de trabalho, sendo certo que, a título de exemplo, pode-se citar a existência de coleta e processamento de dados pessoais na própria documentação pessoal e de identificação dos trabalhadores, monitoramento de correspondências eletrônicas e mensagens trocadas através de redes sociais e aplicativos de comunicação, captura de imagens e voz no ambiente de trabalho, registros de chamadas telefônicas e, por fim, no registro biométrico da jornada de trabalho, que será objeto de análise específica no presente estudo.

Neste cenário, e tendo-se em mente a possibilidade de utilização discriminatória dos dados pessoais, tanto por parte do mercado, quanto por parte do próprio Estado, é certo que os dados pessoais sensíveis – dentre os quais se incluem os dados biométricos – se associam a conjunturas em que podem estar presentes potenciais violações de direitos fundamentais, justamente em razão de sua natureza.[5]

Assim, em vista dos avanços tecnológicos e da necessidade de proteção da pessoa humana, em especial no que tange aos dados pessoais sensíveis, a presente pesquisa tem por objetivo analisar o regime jurídico da proteção de dados sensíveis na LGPD, bem como sua aplicabilidade ao direito do trabalho, notadamente quanto à possibilidade e limites da coleta de dados biométricos para controle da jornada de trabalho, ante sua potencialidade lesiva aos direitos fundamentais.

Por meio de uma pesquisa essencialmente bibliográfica e residualmente documental, a abordagem estrutura-se na contextualização do tema através de uma análise da LGPD no tocante ao conceito de dados sensíveis, com o objetivo de verificar se referida legislação é adequada à tutela pretendida, em especial no que diz respeito ao tratamento de dados biométricos sensíveis nas relações de trabalho. Igualmente, o estudo passará por diversos aspectos do regime de tratamento de dados sensíveis na LGPD, confrontando-os com a obrigatoriedade de controle formal da jornada de trabalho e investigando-se a respeito da viabilidade e adequação da coleta de dados biométricos dos trabalhadores para fins de controle de jornada.

---

4. PINHEIRO, Iuri. CASSAR, Vólia Bomfim. A lei geral de proteção de dados e seus impactos nas relações de trabalho. *Instituto Trabalho em Debate*, 1º out. 2020. Disponível em: http://trabalhoemdebate.com.br/artigo/detalhe/a-lei-geral-de-protecao-de-dados-e-seus-impactos-nas-relacoes-de-trabalho. Acesso em: 26 dez. 2020.

5. MULHOLLAND, Caitlin. Dados pessoais sensíveis e a tutela de direitos fundamentais: uma análise à luz da lei geral de proteção de dados (Lei 13.709/18). In: *Revista de Direitos e Garantias Fundamentais*, v. 19, 2018. p. 159-180.

2. A PROTEÇÃO DE DADOS SENSÍVEIS NAS RELAÇÕES DE TRABALHO

Com o constante avanço das novas tecnologias disruptivas que permeiam a quarta revolução industrial, ganha relevo o aumento significativo da produção e tratamento de dados coletados com base na constituição biológica da pessoa, inclusive no âmbito das relações de trabalho.[6] De fato, é cada vez mais comum a utilização de características biológicas dos indivíduos, tais como impressões digitais e oculares, dados genéticos e relativos à constituição corporal, como postura e modo de caminhar, expressões faciais, entre outros, para as mais diversas finalidades, as quais vão desde o controle da jornada de trabalho, e até a concessão de acesso a determinados ambientes e sistemas.

Em decorrência da rápida difusão dessas novas tecnologias, e com a vigência da LGPD, surgem incontáveis questionamentos ligados à proteção dos direitos fundamentais dos trabalhadores, uma vez que os dados pessoais sensíveis são aqueles que estão associados às características basilares e às opções das pessoas, sendo, dessa forma, aptos a gerarem discriminações e desigualdades.[7] Assim, para além dos dados relacionados à constituição biológica do indivíduo, como por exemplo, impressões digitais, também são considerados dados pessoais sensíveis aqueles que se configuram a partir de uma associação intrínseca à autodeterminação individual, como é o caso de concepções políticas, religiosas ou filosóficas, orientação sexual, filiação sindical, dentre outros.[8]

A compreensão dessa natureza complexa dos indivíduos, em especial em relação ao corpo humano, ganha relevo nas palavras de Rodotà, no sentido de que as "inovações tecnológicas permitem uma renovada decomposição do corpo mediante a coleta de informações que reduzem a identidade do sujeito a um só detalhe – a um traço do rosto, ao reconhecimento da íris, impressões digitais"[9], entre outros.

Dessa forma, tem-se que, na sociedade digital, para além de sua concepção física, o corpo humano passa a ter uma concepção eletrônica, na medida em que há coleta de informações relativas à constituição da pessoa e tratamento desses dados através de sistemas informatizados. Conforme os ensinamentos de Stefano Rodotà:

---

6. WERVLOET, Sabrina; ROCHA, Cláudio Jannotti da; MOUSSALLEM, Tarék Moysés. A incidência da lei geral de proteção de dados e o compliance nas relações de trabalho como instrumentos para a proteção de dados do trabalhador na 4ª revolução industrial. In: *Revista dos Tribunais*, v. 1022/2020, dez. 2020. p. 255-270.

7. MORAES, Maria Celina Bodin de (Org.). Apresentação do autor e da obra. In: RODOTÀ, Stefano. *A vida na sociedade de vigilância*: A privacidade hoje. Rio de Janeiro: Renovar, 2008. p. 1-12.

8. NEGRINI, Sergio Marcos Carvalho de Ávila; KORKMAZ, Maria Regina Detoni Cavalcanti Rigolon. A normatividade dos dados pessoais sensíveis na lei geral de proteção de dados: ampliação conceitual e proteção da pessoa humana. In: *Revista de Direito, Governança e Novas Tecnologias*. Goiânia, v. 5, n. 1, jan.-jun. 2019. p. 65.

9. RODOTÀ, Stefano. Transformações do corpo. In: *Revista Trimestral de Direito Civil*, v. 19, jul.-set. 2004. p. 94.

Volta-se assim a dar relevância, em modo renovado, ao corpo, que vira fonte de novas informações, objeto de um contínuo *data mining*, verdadeira mina a céu aberto da qual se extraem dados continuamente. O corpo em si está se tornando uma senha: o físico toma lugar das abstratas palavras-chave. Impressões digitais, geometria das mãos ou dos dedos, da orelha, da íris, retina, traços faciais, odores, voz, assinatura, uso de teclado, o andar, DNA. Recorre-se a esses dados biométricos cada vez mais frequentemente, não somente para finalidades de identificação, ou como chaves de acesso a serviços diversos, mas também como elementos de classificação permanente, para controles ulteriores em relação ao momento da identificação ou da autenticação, isto é, da conformação de uma identidade.[10]

Neste cenário, a disseminação da utilização de sistemas informatizados que coletam e tratam dados pessoais sensíveis traz à tona questionamentos relacionados a pertinência, finalidade e limites quanto a utilização desses dados. Notadamente, o uso tecnológico do corpo humano para fins de identificação, verificação, vigilância e segurança traz inúmeros benefícios e incontáveis facilidades[11], em especial quando se trata de temáticas vinculadas à proteção da saúde e da segurança no trabalho, como, por exemplo, sua adoção para controle da jornada de trabalho. Entretanto, é preciso atentar-se para a necessidade de existência de justificativa razoável, apta a embasar a utilização de dados biológicos para as finalidades a que se propõem[12], tendo-se em vista tratar-se de dados sensíveis, cujo uso indiscriminado é passível de violação aos direitos fundamentais dos trabalhadores, pois podem vulnerar a privacidade do seu titular de forma mais intensa.

De fato, a ciência, por se basear nos alicerces existentes entre possível e impossível, é incapaz de limitar a si mesma.[13] Cabe, portanto, ao direito responder aos reflexos da dinâmica tecnológica com a reafirmação de seu valor fundamental, que é centrado na dignidade da pessoa humana e nos valores constitucionais, devendo fornecer previsibilidade e segurança às relações jurídicas, conforme a axiologia constitucional.[14]

2.1 A utilização de dados pessoais biométricos no contexto trabalhista

No que tange ao tratamento pelo empregador de dados genéticos, que são essencialmente sensíveis, observa-se que o avanço contínuo da ciência, alinhado ao surgimento de novas tecnologias e ao crescente espectro de possibilidades de utilização desses dados, faz com que se multipliquem as hipóteses de tratamento dessas

---

10. RODOTÀ, Stefano. Transformações do corpo. In: *Revista Trimestral de Direito Civil*, v. 19, jul.-set. 2004. p. 93.
11. RODOTÀ, Stefano. Transformações do corpo. In: *Revista Trimestral de Direito Civil*, v. 19, jul.-set. 2004. p. 97.
12. RODOTÀ, Stefano. Transformações do corpo. In: *Revista Trimestral de Direito Civil*, v. 19, jul.-set. 2004. p. 98.
13. MORAES, Maria Celina Bodin de (Org.). Apresentação do autor e da obra. In: RODOTÀ, Stefano. *A vida na sociedade de vigilância*: A privacidade hoje. Rio de Janeiro: Renovar, 2008. p. 1-12.
14. DONEDA, Danilo. *Da privacidade à proteção de dados pessoais*. Rio de Janeiro: Renovar, 2006. p. 91.

informações para as mais diversas finalidades[15], dentre as quais a mais comum no âmbito trabalhista é a coleta de dados biométricos para fins de controle da jornada de trabalho.

Assim, em decorrência do constante surgimento de novas tecnologias, assim como ante a necessidade de controle preciso da jornada de trabalho, verifica-se a difusão maciça da utilização de sistemas eletrônicos para anotação da jornada de labor através de registros biométricos pelos trabalhadores. Referidos sistemas encontram-se amplamente difundidos no meio laboral, notadamente ante a segurança e exatidão das informações coletadas, sendo certo que a adoção de controle de jornada por meio de biometria é amplamente incentivada, justamente por se tratar de registro que evita a ocorrência de fraudes, tendo sido regulamentada por meio da Portaria n. 1.510/2009 do antigo Ministério do Trabalho e Emprego, atual Secretaria do Trabalho do Ministério da Economia.

Quanto à necessidade de controle das horas de trabalho, observa-se que, conforme art. 74, §2º da CLT, há obrigatoriedade do controle de jornada em empresas com mais de dez empregados, o que deve ser feito através da adoção de registros formais, os quais podem ser manuais, mecânicos ou eletrônicos.[16] Neste aspecto, em que pesem as facilidades do uso de sistemas eletrônicos que envolvem a coleta de dados biométricos para controle da jornada de trabalho, é certo que a lei não obriga especificamente sua utilização pelos empregadores, podendo ser adotados outros sistemas que não tratam dados sensíveis dos empregados, tais como os registros manuais e mecânicos.

Isto posto, e considerando-se a entrada em vigor da LGPD, que expressamente catalogou o dado biométrico como dado pessoal sensível, conforme previsto em seu art. 5º, inciso II, torna-se necessário refletir se a utilização desses dados biométricos no âmbito das relações de trabalho, ainda que em decorrência de cumprimento de dever legal, é compatível com os princípios e critérios da lei de proteção de dados.

2.2 Bases legais para coleta e tratamento de dados pessoais sensíveis

A Lei Geral de Proteção de Dados Pessoais – LGPD, que entrou em vigor recentemente, dispõe sobre o tratamento de dados pessoais de pessoas naturais, abrangendo tanto aqueles que são tratados por meio físico, quanto aqueles que o são por meio digitais. Por meio de seus princípios e disposições, a lei reconhece a finalidade da tutela desses dados para a proteção de direitos, como a liberdade de expressão e comunicação, privacidade, honra, imagem, autodeterminação informativa e livre desenvolvimento da personalidade. Ademais, a lei também reconhece a efetivação

---

15. RODOTÀ, Stefano. Transformações do corpo. In: *Revista Trimestral de Direito Civil*, v. 19, jul.-set. 2004. p. 92.

16. DELGADO, Mauricio Godinho. *Curso de Direito do Trabalho*. 18. ed. São Paulo: LTr, 2019. p. 1064.

e promoção de direitos humanos fundamentais como justificativa para a tutela dos dados pessoais, como se pode extrair de seu artigo 2º.

De acordo com o artigo 5º da LGPD, considera-se dado pessoal toda informação relacionada a pessoa natural identificada ou identificável, sendo que os dados pessoais sensíveis são aqueles que se referem sobre origem racial ou étnica, convicção religiosa, opinião política, filiação a sindicato ou a organização de caráter religioso, filosófico ou político, ou ainda os dados referentes à saúde ou à vida sexual, dados genético ou biométrico, desde que vinculados a uma pessoa natural.

Por certo, verifica-se que, ante a criticidade que é inerente aos dados pessoais considerados sensíveis, a legislação nacional seguiu a tendência do regulamento europeu quanto ao estabelecimento de um regime bastante estrito, proibindo, via de regra, o processamento desse tipo de dado pessoal, salvo hipóteses expressamente ressalvadas.[17] Nestes termos, a LGPD adota tratamento diferenciado em relação aos dados pessoais sensíveis, uma vez que estes merecem proteção específica em decorrência de sua natureza crítica sob o ponto de vista dos direitos e liberdades fundamentais, que podem sofrer severas violações a depender do contexto de tratamento desses dados.

Em sendo assim, tem-se que as hipóteses legais para tratamento de dados sensíveis encontram-se previstas no artigo 11 da LGPD, que autoriza o processamento desses dados quando houver consentimento específico e destacado por parte de seu titular, ou de seu representante legal, sendo certo que o consentimento só pode ser dado para finalidades específicas. Ademais, a legislação nacional de proteção de dados prevê hipóteses de tratamento de dados sensíveis sem o consentimento do titular, quando for indispensável para cumprimento de obrigação legal ou regulatória pelo controlador; tratamento compartilhado de dados necessários à execução, pela administração pública, de políticas públicas previstas em leis ou regulamentos; realização de estudos por órgão de pesquisa, garantida, sempre que possível, a anonimização dos dados pessoais sensíveis; exercício regular de direitos, inclusive em contrato e em processo judicial, administrativo e arbitral, este último nos termos da Lei nº 9.307, de 23 de setembro de 1996 (Lei de Arbitragem); proteção da vida ou da incolumidade física do titular ou de terceiro; tutela da saúde, exclusivamente, em procedimento realizado por profissionais de saúde, serviços de saúde ou autoridade sanitária; ou para garantia da prevenção à fraude e à segurança do titular, nos processos de identificação e autenticação de cadastro em sistemas eletrônicos, resguardados os direitos mencionados no art. 9º desta Lei e exceto no caso de prevalecerem direitos e liberdades fundamentais do titular que exijam a proteção dos dados pessoais.

No contexto das relações de trabalho, as hipóteses legais que fundamentam o tratamento de dados sensíveis dos trabalhadores são aquelas referentes ao cumprimento de obrigação legal ou regulatória (artigo 11, alínea 'a' da LGPD), uma vez

---

17. MULHOLLAND, Caitlin. Dados pessoais sensíveis e a tutela de direitos fundamentais: uma análise à luz da Lei Geral de Proteção de Dados (Lei 13.709/18). In: *Revista de Direitos e Garantias Fundamentais*, v. 19, 2018. p. 167.

que é dever do empregador documentar o contrato de trabalho (artigo 2º da CLT), e também aquela relacionada ao exercício regular de direito (artigo 11, alínea 'd' da LGPD), em decorrência da necessidade de armazenamento das informações dos antigos empregados para fins trabalhistas, previdenciários e para disponibilização aos órgãos públicos de fiscalização.[18]

Nestes casos, há autorização legislativa para que seja realizado o tratamento de dados sensíveis independentemente do consentimento de seu titular, havendo espécie de ponderação de interesses. Destarte, verifica-se que o consentimento do titular dos dados sensíveis fica dispensado em razão da ponderação de interesses realizada pela LGPD de forma apriorística, que considera mais relevantes e preponderantes os interesses de natureza eminentemente pública frente aos interesses do titular, ainda que estes tenham qualidade de direito fundamental.[19]

Quanto à hipótese de tratamento de dados sensíveis com base no consentimento do titular ou de seu representante legal, tem-se que esta não é adequada ao tratamento de dados nas relações de trabalho, embora possa ser utilizada em situações específicas. De fato, o consentimento está diretamente vinculado ao princípio da autodeterminação informativa, sendo certo que o processamento de informações do empregado pelo empregador é produto da subordinação intrínseca à relação de emprego[20], pelo que surgem questionamentos relacionados à inexistência de efetiva liberdade do trabalhador quando da concessão do consentimento necessário ao tratamento de seus dados pessoais. Ademais, por ser livre, o consentimento pode ser retirado a qualquer momento, o que acabaria por inviabilizar a própria continuidade do vínculo empregatício.

Por certo, o consentimento deve ser adotado como base legal somente quando a hipótese não comportar outro fundamento de legitimidade que independa da autorização do titular. Ainda, é necessário verificar se estão presentes as circunstâncias que permitem sua adoção como base para o tratamento de dados pessoais, ou seja, é preciso que a manifestação de vontade seja livre, específica, informada e inequívoca, devendo também ser explícita nos casos de tratamento de dados pessoais sensíveis.[21]

---

18. CORREIA, Henrique; BOLDRIN, Paulo Henrique Martinucci. *Lei Geral de Proteção de Dados (LGPD) e o direito do trabalho*. Disponível em: https://meusitejuridico.editorajuspodivm.com.br/2020/09/25/lei-geral-de-protecao-de-dados-lgpd-e-o-direito-trabalho/. Acesso em: 26 dez. 2020.

19. MULHOLLAND, Caitlin. Dados pessoais sensíveis e a tutela de direitos fundamentais: uma análise à luz da Lei Geral de Proteção de Dados (Lei 13.709/18). In: *Revista de Direitos e Garantias Fundamentais*, v. 19, 2018. p. 168.

20. SANDEN, Ana Francisca Moreira de Souza. *A proteção de dados pessoais do empregado no direito brasileiro*: um estudo sobre os limites na obtenção e no uso pelo empregador da informação relativa ao empregado. 2012. Tese (Doutorado em Direito do Trabalho) – Faculdade de Direito, Universidade de São Paulo, São Paulo, 2012. p. 74. Disponível em: https://www.teses.usp.br/teses/disponiveis/2/2138/tde-05082013-165006/publico/TESE_AnaFranciscaMoreiradeSouzaSANDEN.pdf. Acesso em: 26 dez. 2020.

21. SANDEN, Ana Francisca Moreira de Souza. *A proteção de dados pessoais do empregado no direito brasileiro*: um estudo sobre os limites na obtenção e no uso pelo empregador da informação relativa ao empregado. 2012. Tese (Doutorado em Direito do Trabalho) – Faculdade de Direito, Universidade de São Paulo, São Paulo,

ROBERTA PHILIPPSEN JANZ

Isto posto, na relação de emprego, há fundados receios quanto à validade da adoção do consentimento como hipótese legitimadora do tratamento de dados pessoais sensíveis.[22] Em princípio, e conforme já ressaltado acima, prevalecem sobre o consentimento as bases legais referentes ao cumprimento de obrigação legal ou regulatória (artigo 11, alínea 'a' da LGPD) e ao exercício regular de direito (artigo 11, alínea 'd' da LGPD). Lado outro, no que tange às situações remanescentes que não se enquadram nessas hipóteses de tratamento de dados, é preciso observar-se que o empregado ou o candidato ao emprego não se encontra em posição jurídica de igualdade com o empregador, de sorte que não lhe é possível dar seu consentimento de forma livre, ante a subordinação que caracteriza as relações empregatícias.

3. O TRATAMENTO DE DADOS SENSÍVEIS NAS RELAÇÕES DE TRABALHO: UM ESTUDO À LUZ DOS PRINCÍPIOS DA LGPD

Quando se trata da análise dos princípios que norteiam o tratamento de dados sensíveis, não se pode perder de vista que o ordenamento jurídico contempla a proteção da pessoa humana como seu valor máximo e a privacidade como um direito fundamental.[23] Sob este enfoque, e considerando-se que a rápida evolução tecnológica que caracteriza a quarta revolução industrial condiciona diretamente a sociedade, assim como sua filosofia de trabalho, instrumentos de produção, distribuição do tempo e do espaço, o que pode causar a violação do direito à privacidade, tem-se que o fenômeno tecnológico e sua relação com a proteção de dados pessoais deve ser objeto de atenção pelo direito.[24]

Ainda que a Constituição Federal não reconheça a proteção de dados pessoais como um direito fundamental[25], tal direito pode ser extraído tanto das garantias de proteção à intimidade (artigo 5º, X), quanto do direito à informação (artigo 5º, XIV), ou do direito ao sigilo de comunicações e dados (artigo 5º, XII), assim como da garantia individual ao conhecimento e correção de informações sobre si pelo *habeas data* (artigo 5º, LXXII).[26]

Conforme ensinamentos de Stefano Rodotà:

2012. p. 74. Disponível em: https://www.teses.usp.br/teses/disponiveis/2/2138/tde-05082013-165006/publico/TESE_AnaFranciscaMoreiradeSouzaSANDEN.pdf. Acesso em: 26 dez. 2020.

22. SANDEN, Ana Francisca Moreira de Souza. *A proteção de dados pessoais do empregado no direito brasileiro*: um estudo sobre os limites na obtenção e no uso pelo empregador da informação relativa ao empregado. 2012. Tese (Doutorado em Direito do Trabalho) – Faculdade de Direito, Universidade de São Paulo, São Paulo, 2012. p. 74. Disponível em: https://www.teses.usp.br/teses/disponiveis/2/2138/tde-05082013-165006/publico/TESE_AnaFranciscaMoreiradeSouzaSANDEN.pdf. Acesso em: 26 dez. 2020.

23. DONEDA, Danilo. *Da privacidade à proteção de dados pessoais*. Rio de Janeiro: Renovar, 2006. p. 95.

24. DONEDA, Danilo. *Da privacidade à proteção de dados pessoais*. Rio de Janeiro: Renovar, 2006. p. 104.

25. Está em trâmite a PEC 17/2019, que "Altera a Constituição Federal para incluir a proteção de dados pessoais entre os direitos e garantias fundamentais e para fixar a competência privativa da União para legislar sobre proteção e tratamento de dados pessoais".

26. MULHOLLAND, Caitlin. Dados pessoais sensíveis e a tutela de direitos fundamentais: uma análise à luz da lei geral de proteção de dados (Lei 13.709/18). In: *Revista de Direitos e Garantias Fundamentais*, v. 19, 2018. p. 171.

O TRATAMENTO DE DADOS BIOMÉTRICOS SENSÍVEIS E O CONTROLE DA JORNADA DE TRABALHO | 203

[...] estamos diante da verdadeira reinvenção da proteção de dados – não somente porque ela é expressamente considerada como um direito fundamental autônomo[27], mas também porque se tornou uma ferramenta essencial para o livre desenvolvimento da personalidade. A proteção de dados pode ser vista como a soma de um conjunto de direitos que configuram a cidadania do novo milênio.[28]

Neste cenário, para que haja legitimidade do tratamento de dados pessoais sensíveis, não basta que a situação se enquadre objetivamente em uma das hipóteses autorizativas previstas no artigo 11 da LGPD, devendo ser observado, antes de tudo, se a produção e processamento dos dados pessoais sensíveis está de acordo com os princípios trazidos na LGPD[29], ante sua potencialidade lesiva dos direitos fundamentais de seus titulares.

3.1 A utilização de biometria para controle da jornada de trabalho e os princípios da finalidade, da não discriminação, da adequação e da necessidade

De acordo com o artigo 6º da LGPD, o tratamento de dados pessoais deve observar a boa-fé e os princípios da finalidade, adequação, necessidade, livre acesso, qualidade dos dados, transparência, segurança, prevenção, não discriminação, responsabilização e prestação de contas. No que diz respeito especificamente ao tratamento de dados sensíveis, os princípios da finalidade, da não discriminação e da adequação e necessidade ganham especial relevo.

O princípio da finalidade (artigo 6º, I da LGPD) estabelece que os dados pessoais somente devem ser tratados para propósitos determinados, os quais devem ser informados ao titular previamente, de maneira explícita e sem que seja possível a sua utilização posterior para outra aplicação.[30] Conforme explica Maria Celina Bodin de Moraes, o tratamento de dados, e especialmente a sua coleta, "não pode ser tomada como uma "rede jogada ao mar para pescar qualquer peixe". Ao contrário, as razões de coleta, principalmente quando se tratar de "dados sensíveis", devem ser objetivas e limitadas".[31] Assim, a medida da objetividade e limitação do tratamento de dados é determinada justamente por sua finalidade legítima, que fica condicionada "à comunicação preventiva ao interessado sobre como serão usadas as informações coletadas; e para algumas categorias de dados especialmente sensíveis estabelece que a única finalidade admissível é o interesse da pessoa considerada".[32]

---

27. O autor se refere ao direito comunitário europeu.
28. RODOTÀ, Stefano. *A vida na sociedade de vigilância*: privacidade hoje, Rio de Janeiro: Renovar, 2008. p. 14.
29. MENDES, Laura Schertel. O direito fundamental à proteção de dados pessoais. In: *Revista de Direito do Consumidor*, v. 79/2011, jul.-set. de 2011. p. 45-81.
30. MULHOLLAND, Caitlin. Dados pessoais sensíveis e a tutela de direitos fundamentais: uma análise à luz da lei geral de proteção de dados (Lei 13.709/18). In: *Revista de Direitos e Garantias Fundamentais*, v. 19, 2018. p. 164.
31. MORAES, Maria Celina Bodin de (Org.). Apresentação do autor e da obra. In: RODOTÀ, Stefano. *A vida na sociedade de vigilância*: A privacidade hoje. Rio de Janeiro: Renovar, 2008. p. 14.
32. RODOTÀ, Stefano. *A vida na sociedade de vigilância*: privacidade hoje, Rio de Janeiro: Renovar, 2008. p. 87.

Para Danilo Doneda:

> [...] este princípio possui grande relevância prática: com base nele fundamenta-se a restrição da transferência de dados pessoais a terceiros, além do que é possível a estipulação de um critério para valorar a razoabilidade da utilização de determinados dados para uma certa finalidade (fora da qual haveria abusividade).

A seu turno, o princípio da não discriminação (artigo 6º, IX da LGPD) fixa a impossibilidade de realização do tratamento de dados para fins discriminatórios ilícitos ou abusivos. É preciso atentar-se, contudo, que o legislador, ao relacionar o uso discriminatório dos dados pessoais às hipóteses em que há ilicitude ou abusividade, parece reconhecer a validade de tratamento distintivo, desde que lícito e não abusivo. Nestes termos, em princípio, parece ser legítimo ao operador de dados realizar tratamentos segregatícios e de diferenciação, desde que sua conduta não leve a consequências excludentes que possam ser consideradas ilícitas.[33]

Certamente, ante a natureza dos dados pessoais sensíveis, os quais se referem às características biológicas basilares e às opções das pessoas, verifica-se que a coleta e uso dessas informações podem ensejar tratamentos discriminatórios ilícitos, vulnerando de forma expressiva os direitos da personalidade de seus titulares. Destarte, tem-se que o princípio da não discriminação é dos mais relevantes no que tange ao tratamento de dados sensíveis em razão de sua potencialidade lesiva aos direitos fundamentais de seus titulares.

Outros dois princípios que merecem destaque quando se fala no tratamento de dados pessoais sensíveis são o da adequação e da necessidade. Conforme princípio da adequação (artigo 6º, II, da LGPD), deve haver compatibilidade do tratamento dos dados com as finalidades informadas ao titular, de acordo com o contexto desse tratamento. Dessa maneira, é preciso indagar se o tratamento que está sendo realizado é compatível com as finalidades para as quais a coleta e processamento das informações se propõe, pelo que deve haver nexo de pertinência lógica de conformidade que se estabelece entre o tratamento e a finalidade objetivada, tal como previamente informada ao titular.[34]

Ainda, de acordo com o princípio da necessidade (artigo 6º, III da LGPD), deve haver limitação do tratamento ao mínimo necessário para a realização de suas finalidades, com abrangência dos dados pertinentes, proporcionais e não excessivos em relação às finalidades do tratamento de dados. Nestes termos, pode-se dizer que a regra geral estabelecida na LGPD é a de não ser permitido o tratamento de dados pessoais, a não ser que tal seja necessário para o atingimento de determinada finali-

---

33. MULHOLLAND, Caitlin. Dados pessoais sensíveis e a tutela de direitos fundamentais: uma análise à luz da lei geral de proteção de dados (Lei 13.709/18). In: *Revista de Direitos e Garantias Fundamentais*, v. 19, 2018. p. 164.

34. PESTANA, Marcio. *Os princípios no tratamento de dados na LGPD* (Lei Geral da Proteção de Dados Pessoais). Disponível em: https://www.conjur.com.br/dl/artigo-marcio-pestana-lgpd.pdf. Acesso em: 27 dez. 2020. p. 3.

dade relevante. Assim, somente deverão ser tratados os dados pertinentes, ou seja, aqueles que se mostrem imprescindíveis para que o objetivo previamente delimitado seja atingido.[35]

Destarte, é certo que referidos princípios fornecem orientações práticas para o tratamento de dados pessoais sensíveis, conferindo-lhe legitimidade e licitude. Ademais, indicam que o tratamento de dados deve ser efetuado considerando-se o direito à autodeterminação individual, não se descuidando do fato de que a proteção dos dados pessoais deve ser realizada e norteada em razão de tratar-se de direito fundamental.[36]

3.2 A validade da utilização de dados biométricos para registro da jornada de trabalho: bases legais e a Portaria 1.015/2009 do MTE

Conforme já referido acima, os dados biométricos foram expressamente catalogados na LGPD como dados pessoais sensíveis, tendo-se em vista tratar-se de dados que dizem respeito à constituição biológica do indivíduo e que são, portanto, passíveis de vulnerarem os direitos fundamentais de forma bastante intensa. Ainda, é preciso se atentar ao fato de que dados biométricos não dizem respeito apenas à impressão digital, podendo ser extraídos a partir da íris, face, voz ou até mesmo deambulação.[37]

Nas relações de trabalho, o tratamento mais comum de dados biométricos dos empregados se dá para fins de controle de jornada de trabalho, mediante a adoção de sistemas eletrônicos. De fato, o artigo 74, §2º da CLT estabelece a necessidade de o empregador controlar a jornada de trabalho dos trabalhadores, de maneira formal, o que pode ser feito através da adoção de registros manuais, mecânicos ou eletrônicos.[38]

A Portaria 1.510/2009 do antigo Ministério do Trabalho e Emprego (MTE) disciplina a utilização de registro eletrônico de ponto, fixando critérios que conferem validade às anotações, de forma a prevenir a ocorrência de fraudes. Todavia, referida portaria nada dispõe a respeito da proteção do tratamento de dados pessoais dos trabalhadores, pelo que, com a vigência da LGPD, emergem questionamentos quanto à legitimidade e adequação da coleta de dados biométricos dos empregados para fins de controle de jornada.

---

35. PESTANA, Marcio. *Os princípios no tratamento de dados na LGPD* (Lei Geral da Proteção de Dados Pessoais). Disponível em: https://www.conjur.com.br/dl/artigo-marcio-pestana-lgpd.pdf. Acesso em: 27 dez. 2020. p. 5.

36. BAIÃO, Kelly Sampaio; GONÇALVES, Kalline Carvalho. A garantia da privacidade na sociedade tecnológica: um imperativo à concretização do princípio da dignidade da pessoa humana. *Revista Eletrônica de Direito Civil*, a. 3, n. 2, 2014. p. 27. Disponível em: http://civilistica.com/a-garantia-da-privacidade-na-sociedade-tecnologica-um-imperativo-a-concretizacao-do-principio-da-dignidade-da-pessoa-humana/. Acesso em: 27 dez. 2020.

37. PINHEIRO, Iuri. CASSAR, Vólia Bomfim. A lei geral de proteção de dados e seus impactos nas relações de trabalho. *Instituto Trabalho em Debate*, 1º out. 2020. Disponível em: http://trabalhoemdebate.com.br/artigo/detalhe/a-lei-geral-de-protecao-de-dados-e-seus-impactos-nas-relacoes-de-trabalho. Acesso em: 26 dez. 2020.

38. DELGADO, Mauricio Godinho. *Curso de Direito do Trabalho*. 18. ed. São Paulo: LTr, 2019. p. 1064.

De fato, há quem defenda que a coleta de dados biométricos para controle de jornada não está de acordo com o princípio da necessidade, uma vez que a legislação não obriga os empregadores a realizarem mencionado controle através da adoção de meios eletrônicos que operam através de biometria, havendo a possibilidade de adoção de registros manuais ou mecânicos, que se trata de meios menos invasivos.[39]

Todavia, inobstante seja possível a adoção de outros meios para controle da jornada de trabalho, que não a biometria, é certo que não há meio tão eficaz quanto este para assegurar a integridade dos horários lançados nos respectivos registros e a autoria daquele que efetua as anotações.[40] Neste ponto, cumpre ressaltar que a fidedignidade desses registros é essencial e imprescindível para ambas as partes da relação de emprego, tendo-se em conta que a limitação da jornada de trabalho trata--se de garantia constitucional, além de ser matéria referente à saúde e segurança no trabalho, e que, portanto, merece especial tratamento.

Em acréscimo, é preciso atentar-se ao fato de que nem sempre é possível a adoção de registros manuais ou mecânicos, já que, muitas vezes, estes são incompatíveis com a realidade laboral das empresas. Assim, por exemplo, não é factível a simples disponibilização de um livro para anotação manual dos horários de trabalho pelos empregados de uma grande empresa, o que demanda conferência posterior e também manual pelo empregador. Da mesma sorte, a adoção de registros mecânicos foi supe-rada pelos mesmos avanços tecnológicos que foram responsáveis pela disseminação do uso de registros eletrônicos para controle da jornada de trabalho através da coleta de dados biométricos, justamente por tratar-se de sistema seguro, menos suscetível a fraudes, e que melhor possibilita a conferência dos horários trabalhados, tanto pelo empregador, quanto pelo próprio empregado e pelos órgãos de fiscalização.

Destarte, além de o tratamento de dados biométricos para fins de controle de jornada estar assegurado pela base referente ao cumprimento de obrigação legal pelo controlador, conforme artigo 11, inciso II, alínea 'a', da LGPD, tem-se que este é compatível com os princípios previstos no artigo 6º da lei de proteção de dados. Isto porque a adoção de dados biométricos para controle da jornada de trabalho atende à finalidade legal prevista no artigo 74, §2º da CLT, tratando-se se sistema seguro e fidedigno, atendendo, também, aos princípios da necessidade e da proporcionalidade, ante a relevância do tema.

Por fim, cumpre destacar que mesmo nessa hipótese, é importante que não existam abusos, tampouco desvio de finalidade, sendo certo que os dados deverão

---

39. PINHEIRO, Iuri. CASSAR, Vólia Bomfim. A lei geral de proteção de dados e seus impactos nas relações de trabalho. *Instituto Trabalho em Debate*, 1º out. 2020. Disponível em: http://trabalhoemdebate.com.br/artigo/detalhe/a-lei-geral-de-protecao-de-dados-e-seus-impactos-nas-relacoes-de-trabalho. Acesso em: 26 dez. 2020.

40. PINHEIRO, Iuri. CASSAR, Vólia Bomfim. A lei geral de proteção de dados e seus impactos nas relações de trabalho. *Instituto Trabalho em Debate*, 1º out. 2020. Disponível em: http://trabalhoemdebate.com.br/artigo/detalhe/a-lei-geral-de-protecao-de-dados-e-seus-impactos-nas-relacoes-de-trabalho. Acesso em: 26 dez. 2020.

O TRATAMENTO DE DADOS BIOMÉTRICOS SENSÍVEIS E O CONTROLE DA JORNADA DE TRABALHO

ser utilizados de acordo com a finalidade estrita para a qual foram colhidos. Ainda, devem ser criados de mecanismos para o adequado tratamento e proteção dos dados pessoais sensíveis dos trabalhadores, sob pena de violação aos ditames da Lei Geral de Proteção de Dados Pessoais.[41]

4. CONSIDERAÇÕES FINAIS

Em que pese a Lei Geral de Proteção de Dados Pessoais (LGPD) não aborde especificamente as relações de trabalho em seus dispositivos, tem-se que, seu artigo 1º aponta como finalidade da lei a proteção dos "direitos fundamentais de liberdade e de privacidade e o livre desenvolvimento da personalidade da pessoa natural", não fazendo distinção quanto ao tipo de relação jurídica em que se dá o tratamento de dados pessoais. Dessa forma, entende-se que a legislação de proteção de dados é plenamente aplicável às relações de emprego, de sorte que é preciso investigar as causas legitimadoras do tratamento de dados nessas hipóteses.

De fato, o elevado fluxo de dados tratados nas relações de trabalho faz com que seja necessária ampla atenção sobre a questão, notadamente porquanto o empregador tem acesso a uma grande quantidade de dados pessoais de seus empregados, desde as fases pré-contratuais, em decorrência de processos seletivos e de admissão, e até a fase pós-contratual, ante o dever de guarda dos documentos do vínculo de emprego.

Especificamente no que concerne à utilização de sistemas eletrônicos que coletam dados biométricos para fins de controle da jornada de trabalho, verifica-se que o art. 5º, inciso II da LGPD catalogou os dados biométricos como dados pessoais sensíveis. Assim, em que pese o comando legal trazido no artigo 74, § 2º da CLT, que obriga o empregador a controlar formalmente a jornada de trabalho de seus empregados, através da adoção de registros manuais, mecânicos ou eletrônicos, há quem defenda que o tratamento de dados biométricos para esta finalidade não atende ao princípio da necessidade, uma vez que a legislação trabalhista prevê outros métodos menos invasivos para controle da jornada de trabalho, que não através do uso de biometria.

Todavia, não se pode descuidar do fato de que a adoção de sistemas eletrônicos para controle da jornada de trabalho trata-se de método seguro e preciso, que evita a ocorrência de fraudes nos registros, os quais devem ser fidedignos para que atinjam sua finalidade. A relevância da integridade do controle da jornada de trabalho diz respeito ao fato de a matéria ser atinente a questões de saúde e segurança no trabalho, interessando tanto ao empregador, quanto ao empregado e aos órgãos de fiscalização do trabalho.

---

41. PINHEIRO, Iuri. CASSAR, Vólia Bomfim. A lei geral de proteção de dados e seus impactos nas relações de trabalho. *Instituto Trabalho em Debate*, 1º out. 2020. Disponível em: http://trabalhoemdebate.com.br/artigo/detalhe/a-lei-geral-de-protecao-de-dados-e-seus-impactos-nas-relacoes-de-trabalho. Acesso em: 26 dez. 2020.

Nestes termos, em que pese a legislação trabalhista autorize a adoção de registros manuais ou mecânicos para controle da jornada de trabalho, observa-se que estes sistemas podem ser facilmente fraudados, não havendo exatidão quanto aos horários anotados, tampouco certeza quanto à identidade de quem efetuou o registro, o que dificulta o controle por parte do empregador e também do empregado. Ademais, a depender da realidade laboral das empresas, a adoção de registros manuais ou mecânicos é inviável, já que estes sistemas oferecem grandes dificuldades para controle e apuração das horas trabalhadas nas hipóteses em que o empregador possui muitos empregados, por exemplo.

Destarte, em decorrência da obrigação legal do empregador quanto ao controle da jornada de trabalho de seus empregados, assim como da necessidade de que referidos controles sejam hígidos e fidedignos, tem-se que é possível a adoção de sistemas eletrônicos que operem mediante a coleta de dados biométricos, o que se coaduna com as disposições e princípios da LGPD. Todavia, é preciso que seja efetuado o tratamento adequado aos dados coletados, especialmente em se considerando que os dados biométricos são considerados dados pessoais sensíveis e que merecem, portanto, especial cuidado por parte do operador.

5. REFERÊNCIAS

BAIÃO, Kelly Sampaio; GONÇALVES, Kalline Carvalho. A garantia da privacidade na sociedade tecnológica: um imperativo à concretização do princípio da dignidade da pessoa humana. *Revista Eletrônica de Direito Civil*, a. 3, n. 2, 2014. Disponível em: http://civilistica.com/a-garantia-da-privacidade-na--sociedade-tecnologica-um-imperativo-a-concretizacao-do-principio-da-dignidade-da-pessoa-humana/. Acesso em: 27 dez. 2020.

CORREIA, Henrique; BOLDRIN, Paulo Henrique Martinucci. *Lei Geral de Proteção de Dados (LGPD) e o direito do trabalho*. Disponível em: https://meusitejuridico.editorajuspodivm.com.br/2020/09/25/lei-geral-de-protecao-de-dados-lgpd-e-o-direito-trabalho/. Acesso em: 26 dez. 2020.

DELGADO, Mauricio Godinho. *Curso de Direito do Trabalho*. 18. ed. São Paulo: LTr, 2019.

DONEDA, Danilo. *Da privacidade à proteção de dados pessoais*. Rio de Janeiro: Renovar, 2006.

MENDES, Laura Schertel. O direito fundamental à proteção de dados pessoais. In: *Revista de Direito do Consumidor*, v. 79/2011, p. 45-81, jul.-set. 2011.

MORAES, Maria Celina Bodin de (Org.). Apresentação do autor e da obra. *In*: RODOTÀ, Stefano. *A vida na sociedade de vigilância*: A privacidade hoje. Rio de Janeiro: Renovar, 2008. p. 1-12.

MULHOLLAND, Caitlin. Dados pessoais sensíveis e a tutela de direitos fundamentais: uma análise à luz da lei geral de proteção de dados (Lei 13.709/18). In: *Revista de Direitos e Garantias Fundamentais*, v. 19, p. 159-180, 2018.

NEGRINI, Sergio Marcos Carvalho de Ávila; KORKMAZ, Maria Regina Detoni Cavalcanti Rigolon. A normatividade dos dados pessoais sensíveis na lei geral de proteção de dados: ampliação conceitual e proteção da pessoa humana. In: *Revista de Direito, Governança e Novas Tecnologias*, Goiânia, v. 5, n. 1, p. 63-85, jan.-jun. 2019.

PESTANA, Marcio. *Os Princípios no Tratamento de Dados na LGPD* (Lei Geral da Proteção de Dados Pessoais). Disponível em: https://www.conjur.com.br/dl/artigo-marcio-pestana-lgpd.pdf. Acesso em: 27 dez. 2020.

PINHEIRO, Iuri. CASSAR, Vólia Bomfim. A lei geral de proteção de dados e seus impactos nas relações de trabalho. *Instituto Trabalho em Debate*, 1º out. 2020. Disponível em: http://trabalhoemdebate. com.br/artigo/detalhe/a-lei-geral-de-protecao-de-dados-e-seus-impactos-nas-relacoes-de-trabalho. Acesso em: 26 dez. 2020.

RODOTÀ, Stefano. Transformações do corpo. In: *Revista Trimestral de Direito Civil*, v. 19, jul.-set. 2004.

RODOTÀ, Stefano. *A vida na sociedade de vigilância*: privacidade hoje, Rio de Janeiro: Renovar, 2008.

SANDEN, Ana Francisca Moreira de Souza. *A proteção de dados pessoais do empregado no direito brasileiro*: um estudo sobre os limites na obtenção e no uso pelo empregador da informação relativa ao empregado. 2012. Tese (Doutorado em Direito do Trabalho) – Faculdade de Direito, Universidade de São Paulo, São Paulo, 2012. Disponível em: https://www.teses.usp.br/teses/disponiveis/2/2138/tde-05082013-165006/publico/TESE_AnaFranciscaMoreiradeSouzaSANDEN.pdf. Acesso em: 26 dez. 2020.

WERVLOET, Sabrina; ROCHA, Cláudio Jannotti da; MOUSSALLEM, Tarék Moysés. A incidência da lei geral de proteção de dados e o compliance nas relações de trabalho como instrumentos para a proteção de dados do trabalhador na 4ª revolução industrial. In: *Revista dos Tribunais*, v. 1022/2020, p. 255-270, dez. 2020.

REFLEXÕES SOBRE O ACESSO INFORMACIONAL À FUNÇÃO REGULATÓRIA DA AUTORIDADE NACIONAL DE PROTEÇÃO DE DADOS (ANPD)

Tatiana Meinhart Hahn

Procuradora Federal. Mestranda em Direito Administrativo pela UFSC. Especialista em Direito Público (IMED) e Master *Business Administration* em Comércio e Relações Internacionais (UCS). Estudou na *Universitá degli Studi di* Roma, Itália e na *Universidad* Argentina de *La Empresa*. Membro do Grupo de Estudos em Direito Público (GEDIP/UFSC) e do Grupo de Pesquisa de Gestão Estratégica e Inovação na Advocacia Pública da Escola da Advocacia-Geral da União (EAGU).

E-mail: hahn.tatiana@gmail.com

https://orcid.org/0000-0001-6097-2491.

Sumário: 1. Introdução – 2. Direito de acesso à informação e o dever de transparência na função regulatória – 3. Desafios regulatórios decorrentes da assimetria informacional na proteção de dados pessoais – 4. O direito de acesso à informação nas atividades sancionatórias da ANPD – 5. Ouvidoria da ANPD: efetivação do direito de acesso à informação e o avanço instrumental pela Lei do Governo Digital (LGD) – 6. Considerações finais – 7. Referências bibliográficas.

1. INTRODUÇÃO

A disponibilidade informacional no século XXI, ao mesmo tempo em que parece estar em aclive quanto à sua efetividade no amplo e rápido acesso promovido pela conectividade à internet, se mostra opaca quando se trata da concretização do direito de acesso à informação sobre ações privadas e públicas que interferem na fruição de direitos e garantias fundamentais.

No caso da proteção de dados pessoais, o direito de acesso à informação pela ANPD pode ser analisado sob uma perspectiva bidimensional. Uma do ponto de vista do direito de acesso à informação oponível pelos titulares aos agentes de tratamento. Outra, quanto à aplicação desse direito nas diferentes funções regulatórias, seja em atendimento aos titulares e agentes de tratamento enquanto usuários de um serviço público, seja enquanto controladora e fiscalizadora do ambiente regulado.

Nesse compasso, o presente estudo, dividido em quatro partes, objetiva trazer algumas reflexões quanto ao acesso informacional nas atividades reguladoras da ANPD sob o questionamento de como (e se) esse direito se difere do dever de transparência do ente regulador, quais as consequências da sua ausência e por quais instrumentos e órgãos o direito em questão se torna exequível pelos usuários.

Para essa abordagem, adota-se o método dedutivo-hipotético com a técnica de pesquisa bibliográfica, tendo por escopos normativos a interrelação entre a Lei 13.709, de 14 de agosto de 2018, a Lei Geral de Proteção de Dados Pessoais (LGPD) e seus normativos subsequentes, a Lei 12.527, de 18 de novembro de 2011, a Lei de Acesso à Informação (LAI), a Lei 13.460, de 26 de junho de 2017, o Código dos Usuários de serviços público, a Lei 14.129, de 29 de março de 2021, a Lei do Governo Digital (LGD) e a Lei 13.655, de 25 de abril de 2018.[1]

2. DIREITO DE ACESSO À INFORMAÇÃO E O DEVER DE TRANSPARÊNCIA NA FUNÇÃO REGULATÓRIA

Sarlet e Molinaro, ao analisarem o direito da informação, gênero do qual, o direito de acesso à informação é uma das suas capilaridades, defende a concepção de que o fenômeno "informação" é tripartido nas ações de informar, informar-se e de ser informado, as quais podem assumir tanto uma dimensão individual, enquanto "condição de direito subjetivo de acessar informação perante qualquer sujeito de direito",[2] e de buscar, acessar, receber e questionar informações em poder do Estado, como uma dimensão coletiva (múltiplos individuais) e que demanda proteção dos direitos de personalidade enquanto um muro limitador de acesso e difusão desses dados.

A função reguladora, por seu turno, capilarizou-se no direito administrativo contemporâneo e agregou ao clássico Estado-regulador[3] uma mudança conceitual à atividade administrativa (decorrente do princípio da subsidiariedade).[4] Incorporaram-se noções de governança regulatória e de novos instrumentos de *enforcement*, seja como uma medida de porosidade nos ambientais atuais de constante transformação, seja pela insuficiência de modelos regulatórios fundados na lógica de ação-repressão.

No caso da atividade regulatória no tratamento de dados pessoais, essa clareza se faz ainda mais relevante, na medida em que a decisão estatal implica definir o objeto do controle estatal: regula-se o ativo "dados" por ser recurso preditivo de formulação de políticas públicas,[5] regula-se a matriz econômica do ponto de vista

---

1. Inclui no Decreto-Lei 4.657, de 4 de setembro de 1.942, a Lei de Introdução às Normas do Direito Brasileiro (LINDB), disposições sobre segurança jurídica e eficiência na criação e na aplicação do direito público.
2. MOLINARO, Carlos Alberto; SARLET, Ingo Wolfgang. Direito à informação e direito de acesso à informação como direitos fundamentais na constituição brasileira. *Revista da AGU*, Brasília-DF, ano XIII, n. 42, p. 09-38, out.-dez. 2014. p. 27.
3. SOUTO, Marcos Jurema Villela. *Direito administrativo regulatório*. Rio de Janeiro: Lumen Juris, 2005. p. 34.
4. Para uma análise crítica acerca noção de subsidiariedade, ver: GABARDO, Emerson. *Interesse público e subsidiariedade*: o Estado e a sociedade civil para além do bem e do mal. Belo Horizonte: Fórum, 2009.
5. BENNETT, Colin J.; RAAB, Charles D. *The governance of privacy*: policy instruments in global perspective. New York: Routledge, 2017. Edição do Kindle.

privado;[6] regula-se a proteção de um direito fundamental[7] ou regulam-se todos esses contornos relacionais anteriores? Tal definição dependerá de uma escolha política regulatória transparente e da cognoscibilidade da informação normativa que possibilite o controle democrático[8] dessa regulação.

Tal escolha já tem base inicial sedimentada na LGPD e essa concentração normativa geral sobre o tratamento e uso de dados transmite ao titular a segurança de que o Estado assumiu-se gestor e organizador da função regulatória, bem como se tornou responsável por difundir o conhecimento das normas, das políticas públicas, das medidas de segurança sobre a proteção de dados pessoais e da privacidade à população. Ou seja, as informações são elementos estruturantes que (re)organizam a sociedade, o que justifica as previsões dos artigos 55-J, inciso VI e o artigo 58-B.

Juarez Freitas sustenta que nada mais justo do que atribuir à regulação a tarefa categórica de proteção do genuinamente humano, de incentivar a empatia, a cooperação digital, o que se traduziria em uma matriz do Estado e na missão de *well-being creation*, de modo que a função regulatória se destine ao agente de crescimento econômico com um fim em si.[9]

Nesse contexto, o dever de informar aplicado às atribuições regulatórias na proteção de dados objetiva conferir domínio ao destinatário e ao titular da norma. Contudo, isso não se encerra na publicização de portarias, decretos e normativas internas, mas antes na exposição das balizas do agente regulador no exercício de suas competências. Ou seja, considerando a complexidade e as peculiaridades que a implementação das normas de proteção de dados exige, tanto os titulares quanto os destinatários da norma reguladora devem se sentir resguardados pelo direito de acesso à informação como uma salvaguarda contra incertezas de aplicação e de lacunas interpretativas.

A transparência na fixação e construção de uma política regulatória de proteção de dados e da privacidade em determinada direção confere respostas do mesmo modo que o direito de estar informado engloba, entre outros pontos, ter acesso à extensão,

---

6. A depender de qual for o objeto da proteção de dados pessoais haverá implicações no modelo regulatório. Assim, por exemplo, como explica Thiago Sombra, a se considerar que esse deva ser pautado na economia da informação em rede, há a descentralização das ações individuais, e cada ator exerce um papel relevante e é capaz, não apenas de consumir, mas também ser um centro de produção. In: SOMBRA, Thiago Luís Santos. *Fundamentos da regulação da privacidade e proteção de dados pessoais*. São Paulo: Thomson Reuters, 2019. p. 60.

7. Havia na doutrina discussão quanto à natureza jurídica do direito de proteção de dados pessoais. Contudo, o Projeto de Emenda Constitucional (PEC) 17, de 2019, foi parcialmente aprovado em 31 de agosto de 2021 e incluiu a proteção de dados pessoais, físicos e digitais, entre os direitos e garantias fundamentais do cidadão no art. 5º. Sobre o tema recomenda-se: SARLET, Ingo Wolfgang. O direito fundamental à proteção de dados. In: DONEDA, Danilo et al. (Coord.). *Tratado de Proteção de Dados Pessoais*. Rio de Janeiro: Forense, 2020. p. 21-60.

8. CARLONI, Enrico. Nuove prospettive della trasparenza amministrativa: dall'accesso ai documenti alla disponibilità delle informazioni. *Diritto pubblico*, v. 11, n. 2, p. 573-600, 2005.

9. FREITAS, Juarez; FREITAS, Thomas Bellini. *Direito e inteligência artificial*: em defesa do humano. Belo Horizonte: Fórum, 2020. p. 57-58.

aos objetivos e aos fundamentos de uma atividade fiscalizatória, como será discutido mais adiante. Essa justa informação foi trazida, por exemplo, pela doutrina do "fair information principles" (FIPs) que buscou traçar uma política de proteção da privacidade para um determinado rumo, bem como estabelecer normas consensuais ao processamento responsável (coleta, retenção, uso, divulgação e destruição) de informações pessoais.[10]

Se considerarmos que um dos objetivos de uma política de proteção de dados pessoais é conferir aos indivíduos um maior controle da informação sobre eles coletadas, armazenadas, processadas e divulgadas por organizações públicas e privadas e que esse paradigma tem tido uma série de implicações políticas mundiais desde a década de 1970,[11] o fortalecimento do direito de acesso à informação e do dever de transparência no Brasil serão os conceitos mais relevantes ao agente regulador, pois disponibilizam não apenas mecanismos de acompanhamento, de reclamação e recursais, mas de participação social concomitante à regulação, tal como já se observa nas consultas públicas prévias aos normativos, nas audiências públicas, nos canais de atendimento e na própria função consultiva do Conselho Nacional de Proteção de Dados (CNPD).

Por seu turno, a LGPD trata a liberdade de informação e de comunicação como fundamentos da disciplina da proteção de dados pessoais (art. 2º, inciso III) e como tais se mostram balizas à aplicação do direito de acesso à informação preconizado pelo inciso XIV do art. 5º da Constituição Federal (CF) para as operações de tratamento realizadas por pessoa natural ou por pessoa jurídica de direito público ou privado.

Do ponto de vista constitucional, o direito de acesso à informação integra o patrimônio jurídico de todo cidadão, constituindo dever do Estado assegurar os meios para o seu exercício,[12] inclusive a orientação sobre os procedimentos para acesso,[13] de modo que não há dúvida quanto à sua autonomia principiológica e interpretativa, fundada na busca pelo conhecimento da verdade sobre fatos que integrem a personalidade e existência histórica do titular, ressalvados eventuais dados que estejam sob defesa da intimidade de outrem ou aqueles cujo sigilo se imponha para proteção da sociedade e do Estado. Vale dizer: o titular tem a seu dispor um direito e uma garantia de seu exercício dentro dos parâmetros legais fixados em lei, a qual seja a LAI.

---

10. RAAB, Charles D. The future of privacy protection. *Trust and Crime in Information Societies*, 2005. p. 283.
11. RAAB, Charles D. The future of privacy protection. *Trust and Crime in Information Societies*, 2005. p. 282.
12. BRASIL. Supremo Tribunal Federal. Reclamação 11.949. Relatora: Ministra Carmen Lúcia, julgado em 16 mar. 2017, DJE 16 ago. 2017.
13. Segundo o art. 9º do Decreto 7.724, de 16 de maio de 2.012, o serviço de informação ao cidadão deve atender e orientar o público quanto ao acesso à informação, o que demonstra que o direito de acesso à informação de não concretiza pela mera possibilidade de acesso, mas também na explicação em como obtê-lo. Nesse mesmo sentido, dispõe o art. 4º, da Resolução do Tribunal de Contas da União 249, de 2 de maio de 2012, o direito à informação assegura a qualquer interessado obter junto ao TCU não apenas informações produzidas ou contidas em registros, documentos, sobre atividades, dentre outros listados nos incisos, mas antes de receber a orientação sobre os procedimentos para acesso, bem como sobre o local onde poderá ser encontrada ou obtida a informação almejada.

O dever de transparência, todavia, surge na CF pela Emenda Constitucional (EC) 71, de 2012, com a inclusão do inciso IX no art. 216-A, tendo como objetivo apoiar ações culturais brasileiras ao instituir o Sistema Nacional de Cultura regido, dentre outros princípios, pelo princípio da transparência e compartilhamento das informações, unindo pela primeira os eixos do direito a ser informado e o dever de informar.

Embora do ponto de vista prático o direito de estar/ser informado e o dever de transparência pública tenham como produto a prestação de uma informação, a transparência até hoje não titulariza a mesma autonomia constitucional,[14] antes segue ofuscada pelo princípio da publicidade enraizado pelo art. 37, *caput*.[15] Contudo, não há como questionar que a transparência pública é elemento chave à integridade administrativa e a todos direitos e garantias fundamentais, porquanto destinado ao fortalecimento democrático e à construção coletiva de credibilidade estatal, e não apenas à consecução do direito à informação.

No âmbito infraconstitucional, esses mesmos eixos informacionais públicos (direito a ser informado e dever de informar) uniram-se por duas vezes. A primeira, quando da publicação da chamada Lei da Transparência, a Lei Complementar (LC) 131, de 27 de maio de 2009,[16] para determinar a disponibilização, em tempo real, de informações pormenorizadas sobre a execução orçamentária e financeira dos entes federados e despesas de toda entidade pública (com o prazo máximo de 24h) pela internet. E a segunda, quando da edição da Lei 12.527, a LAI, igualmente chamada por alguns doutrinadores como Lei da Transparência,[17] ao fixar como diretriz o fomento ao desenvolvimento da cultura de transparência na administração pública (art. 3°, inciso IV) e impor ao Estado o dever de garantir o acesso à informação e de fazê-lo por meio de procedimentos públicos transparentes (art. 5°).

---

14. A Proposta de Emenda Constitucional (PEC) 32, de 2.020, incluiu a transparência entre os princípios constitucionais da administração direta e indireta. A redação sugerida pela PEC ao *caput* do art. 37 é a seguinte: "Art. 37. A administração pública direta e indireta de quaisquer dos Poderes da União, dos Estados, do Distrito Federal e dos Municípios obedecerá aos princípios de legalidade, impessoalidade, imparcialidade, moralidade, publicidade, transparência, inovação, responsabilidade, unidade, coordenação, boa governança pública, eficiência e subsidiariedade e, também, ao seguinte: (..)" Também o princípio tem proposta para a redação do inciso IX do § 8°. Disponível em: camara.leg.br/proposicoesWeb/fichadetramitacao?idProposicao=2262083. Acesso em: 18 ago. 2.021.

15. Na defesa da autonomia do princípio da transparência e sobre a aplicação do dever de transparência na LGPD sugere-se: CRISTÓVAM, José Sérgio da Silva; HAHN, Tatiana Meinhart. A transparência no tratamento de dados pessoais pela administração pública: o lapidário e o diamante bruto. In: CRISTÓVAM, José Sérgio da Silva et al. (Coord.). *Direito Administrativo Contemporâneo*. Florianópolis: Habitus, 2020. p. 14-35.

16. A LC 131 acrescentou dispositivos à LC 101, de 4 de maio de 2000, a qual disciplina a responsabilidade na gestão fiscal nas finanças públicas.

17. MARTINS, Humberto. *Lei da transparência e sua aplicação na administração pública*: valores, direito e tecnologia em evolução. Disponível em: https://www.stj.jus.br/internet_docs/ministros/Discursos/0001182/LEI%20DA%20TRANSPAR%C3%8ANCIA%20E%20SUA%20APLICA%C3%87%C3%83O%20NA%20ADMINISTRA%C3%87%C3%83O%20P%C3%9ABLICA%20VALORES,%20DIREITO%20E%20TECNOLOGIA%20EM%20EVOLU%C3%87%C3%83O.pdf. Acesso em: 19 ago. 2.021.

Verifica-se, assim, que desde a edição da LAI o dever de transparência assume uma faceta procedimental e instrumental ao direito de acesso à informação, enquanto um atributo intrínseco da atividade administrativa voltada ao titular e ao coletor de dados. Isso se alinha à explícita distinção da LAI no art. 8º no sentido de ser a transparência ativa a divulgação de informações por iniciativa do próprio órgão público, priorizada pela administração pública enquanto norte da política de dados abertos,[18] independentemente de solicitação prévia do cidadão. Já a transparência passiva traria o direito de acesso à informação em sentido estrito, concretizada por meio do requerimento do interessado à entidade pública, seguindo os procedimentos previstos na LAI e em seu regulamento, o Decreto 7.724, de 16 de maio de 2012.

Outrossim, se a Constituição Federal reforçou o sistema de proteção das liberdades de comunicação, com ênfase no acesso à informação, se a LGPD tem como um de seus fundamentos (objetivos) uma cidadania exercida por sua autodeterminação informacional, o acesso informacional e a transparência pública igualmente englobam o dever de combate à desinformação sobre as funções regulatórias no âmbito da proteção de dados pessoais. Vale dizer: o agente regulador deve estar atento aos efeitos negativos produzidos pela desinformação em matéria de proteção de dados pessoais e pelo uso distorcido da internet e dos recursos proporcionados pelas tecnologias da informação e das comunicações (TICs) que acabam por enfraquecer, ao invés de legitimar, instituições públicas de proteção coletiva.[19]

Nesse contexto, cabe observar que a transparência igualmente tem aplicação na ausência de opacidade dos modelos e parâmetros de inteligência artificial (IA) aplicáveis tanto na fiscalização quanto pelos agentes de tratamento, seja por mecanismos de rastreabilidade ou pela aplicação do dever de explicabilidade[20] dos sistemas de IA[21] e suas decisões,[22] de modo o direito de acesso à informação assegura que haja uma ciência dos envolvidos quanto ao que e como estão interagindo em termos de

---

18. CRISTÓVAM, José Sérgio da Silva; HAHN, Tatiana Meinhart. Administração pública orientada por dados: governo aberto e Infraestrutura Nacional de dados abertos. *Revista de Direito Administrativo e Gestão Pública*, v. 6, n. 1, p. 1-24, 2020.

19. Em que pese o Brasil tenha muito a evoluir no combate à desinformação no setor público, pode-se exemplificar duas iniciativas nesse sentido. A primeira é recente resolução do Supremo Tribunal Federal (STF) com a edição da Resolução 742, de 27 de agosto de 2.021, que institui o Programa de Combate à Desinformação no âmbito do Supremo. Disponível em: http://www.stf.jus.br/arquivo/cms/noticiaNoticiaStf/anexo/DJE172. pdf. Acesso em: 31 ago. 2021. E a segunda, é a tramitação do Projeto de Lei (PL) 2630, de 2020, com objetivo de criar a Lei Brasileira de Liberdade, Responsabilidade e Transparência na Internet, que estabelece normas, diretrizes e mecanismos de transparência para provedores de redes sociais e de serviços de mensageria privada a fim de garantir segurança e ampla liberdade de expressão, comunicação e manifestação do pensamento e que tem previsão de adoção dos princípios e garantias da LGPD entre outras leis. Disponível em https://www.camara.leg.br/proposicoesWeb/fichadetramitacao?idProposicao=2256735 Acesso em: 31 ago. 2021.

20. Sobre o tema, recomenda-se: BELLOTTI, Victoria; EDWARDS, Keith. Intelligibility and accountability: human considerations in context-aware systems. *Human – Computer Interaction*, v. 16, n. 2-4, p. 193-212, 2001.

21. A União Europeia editou diretrizes éticas ao emprego de uma inteligência artificial de confiança, o *Ethics Guidelines For Trustworthy AI*. Disponível em: https://ec.europa.eu/digital-single-market/en/news/ethics-guidelines-trustworthy-ai. Acesso em: 21 ago. 2021.

22. GUNNING, David et al. XAI – Explainable artificial intelligence. *Science Robotics*, v. 4, n. 37, 2019.

inteligência, inclusive para que se assegure o dever de ser informados sobre as capacidades e limitações do sistema.

Sob o prisma de aplicação do acesso informacional enquanto prerrogativa da função regulatória e da ação preventiva no tratamento de dados no setor público, o Decreto 10.474 conferiu à ANPD a possibilidade de solicitar, a qualquer momento, aos órgãos e às entidades do Poder Público que realizam operações de tratamento de dados pessoais, informes específicos sobre o tratamento realizado em dados pessoais (art. 2º, inciso XI), cabendo ao Conselho Diretor, além dessa solicitação (art. 4º, inciso I, letra b), atuar de forma repressiva por meio de encaminhamentos de medidas cabíveis ao fim de eventuais violações à LGPD (art. 4º, inciso VI, letra b).

A Portaria 16, de 8 de julho de 2.021, responsável por aprovar o processo de regulamentação no âmbito da ANPD,[23] indicou a transparência da atuação e o fortalecimento da participação social como diretrizes desse processo (art. 3º, incisos V e VIII), a previu na forma ativa pela disponibilização na internet de informações relativas às participações em consulta e em audiência públicas (art. 24). Também destacou o direito de acesso à informação: internamente, entre as unidades envolvidas na regulamentação (art. 11, §2º e art. 14, II) e, externamente, pelo conceito de análise de impacto regulatório com informações e dados sobre os seus prováveis efeitos que subsidiam a tomada de decisão (art. 3º, inciso III).

Sendo assim, a transparência é um dever público reagente de informar e reflete uma atuação estatal auditável, acessível a quem lhe observe, de modo a trazer pelo comando da proatividade pública um caminho de difusão informacional e de controle das ações estatais, com objetivo de aproximar o cidadão e torná-lo parte da relação Estado-sociedade de forma mais sólida, principalmente no caso de uma função estatal tão multifacetada como é a regulação.

3. DESAFIOS REGULATÓRIOS DECORRENTES DA ASSIMETRIA INFORMACIONAL NA PROTEÇÃO DE DADOS PESSOAIS

Sandra Braman defende que a informação não está apenas embutida na estrutura social, antes cria a própria estrutura (*constitutive force in society*), enquanto uma força de concepção e constituição da sociedade, recomendando seu uso (claro e inteligível) no início de cada processo de tomada de decisão e no estabelecimento de padrões para julgamento de políticas públicas.[24] Não por menos que a regulação investiga com afinco a distribuição desigual da informação entre os agentes econômicos.[25]

---

23. Disponível em: https://www.in.gov.br/en/web/dou/-/portaria-n-16-de-8-de-julho-de-2021-330970241. Acesso em: 21 ago. 2021.
24. BRAMAN, Sandra. Defining information: an approach for policymakers. *Telecommunications policy*, v. 13, n. 3, p. 233-242, 1989.
25. MARQUES, Rodrigo Moreno; PINHEIRO, Marta Macedo Kerr. Política de informação nacional e assimetria de informação no setor de telecomunicações brasileiro. *Perspectivas em Ciência da Informação*, v. 16, 2011. p. 73.

A função regulatória na proteção de dados pessoais no Brasil está em construção em meio a um cenário regulatório de consideráveis processos de mudanças na matéria e em suas formulações práticas e teóricas. Sua tarefa, entretanto, segue tendo como um dos seus fundamentos a correção de falhas de mercado e nas relações decorrentes, tal como é a assimetria de informação.

O amadurecimento regulatório e uma visão constitucional das funções estatais de controle, seja nas suas próprias competências, seja nas atividades privadas, apresentaram o desafio de atuar nessas relações de forma preventiva ao resguardo de dados pessoais. Isso porque a função regulatória no pós dano, em eventos como o de vazamento de dados em meio digitais, já se mostra enfraquecida e exposta à insuficiência do controle estatal, gerando insegurança coletiva pelo sentimento de descrédito nas normas regulatórias, além do evidente aumento da assimetria de informações dos titulares quanto ao conteúdo exposto.

Nota-se que os resguardos normativos de acesso à informação demandam dos setores envolvidos no uso de dados e da função regulatória um comportamento estratégico quanto ao tempo de reconhecimento de falhas nesse fluxo informacional e quanto ao acesso às informações desse tratamento, a enfatizar a importância dos relatórios de impacto à proteção de dados pessoais.[26] Justamente por isso, a LGPD prevê que a ANPD poderá solicitar ao controlador relatório de impacto à proteção de dados pessoais, quando o tratamento tiver como fundamento seu interesse legítimo, observados os segredos comercial e industrial, na forma dos artigos 10, § 3º e 38, regra que se aplica também a agentes do Poder Público (art. 32).

Aspecto igualmente causador de assimetria informacional em matéria regulatória de proteção de dados, já enfrentado nos setores de transportes e combustíveis,[27] diz respeito ao risco de captura do agente regulador pelo regulado. Isso ocorre diante do substancial investimento econômico e técnico da iniciativa privada em obter novas tecnologias aplicáveis aos seus ramos de atuação, com a consequente obtenção de *know-how* pelos agentes de tratamento de dados, o que não ocorre na mesma proporção e rapidez dentro do setor público. Esse possível descompasso cronológico de capacitação e de domínio técnico e teórico, distancia o ente regulado do ente regulador em termos de conhecimento tecnológico e de fluxos de dados dentro de

---

26. A LGPD conceitua relatório de impacto à proteção de dados pessoais como a documentação do controlador que contém a descrição dos processos de tratamento de dados pessoais aptos a gerar riscos às liberdades civis e aos direitos fundamentais, incluídas também as medidas, salvaguardas e mecanismos de mitigação de risco, na forma do art. 5º, inciso XVII, competindo à ANPD editar regulamentos e procedimentos sobre esses relatórios, nos termos do art. 55-J, inciso XIII.

27. PINTO JR, Helder Q; PIRES, Melissa Cristina Pinto. *Assimetria de informações e problemas regulatórios*. Rio de Janeiro: Agência Nacional do Petróleo, Nota Técnica, n. 10, p. 217-260, 2000.

determinado ramo, o que possibilita que o ente regulador seja capturado pelo ente regulado,[28] inclusive com perdas investigativas em seu favor.[29]

Mesmo considerando que a ANPD dispõe de instrumentos de requisição de informações na forma do art. 7º, inciso III, do seu Regimento Interno, a análise pela integralidade das informações prestadas depende de avaliações precisas e criteriosas pelo setor de fiscalização, inclusive para apuração de eventual omissão documental dos regulados, pois estes são os detentores das informações consideradas relevantes. Entretanto, da mesma forma pode-se incorrer na captura do regulador. Além desse aspecto, tem-se que a busca de informação é um processo oneroso para o órgão regulador e, na maior parte dos casos, não é do interesse dos regulados.[30]

Além da assimetria de informações entre a Autoridade e os agentes de tratamento (regulados), outro desafio significativo enfrentado pelo regulador é assimetria entre os dois primeiros e o titular de dados pessoais. Quanto à primeira relação, como referido, para que a ANPD obtenha dos agentes de tratamento as informações necessárias ao controle regulatório eficiente e contemporâneo, são necessários dados tanto sobre a natureza da atividade realizada, as finalidades, métodos e formas de uso dos dados, quais os benefícios obtidos pelo tratamento das informações, as medidas internas preventivas relacionadas a LGPD, além da capacidade econômico-financeiras e operacionais desses agentes, enquanto critério sancionatório, consoante o art. 52 da LGPD. Já na segunda, o acesso informacional se dá por instrumentos de transparência ativa e passiva, sem prejuízo das garantias previstas na LGPD quanto às requisições disponíveis aos titulares na forma do Capítulo III da lei.

Ou seja, tanto na relação informacional existente entre o ente regulador e regulados, quanto entre o regulado e os titulares de dados pessoais, o processo regulatório se caracteriza pela estruturação de atividades que precedem a intervenção da ANPD

---

28. SILVA, Luiz Alberto da. *A teoria da captura*: o dilema entre o interesse público e o interesse privado. Dissertação (Mestrado em Direito) – Universidade Federal do Paraná, Curitiba, p. 80, 2017. p. 52.

29. Cabe referir que a minuta para consulta pública de fiscalização da ANPD estabelece no art. 5º, inciso III, que os administrados submetidos à fiscalização pela ANPD deverão possibilitar que a ANPD tenha conhecimento dos sistemas de informação utilizados para tratamento de dados e informações, bem como de sua rastreabilidade, atualização e substituição, disponibilizando os dados e as informações oriundos destes instrumentos, sem prejuízo, dos deveres de fornecimento de cópias e documentos (inciso I), acesso às instalações, equipamentos, sistemas (inciso II), um representante, se requisitado, apto a oferecer suporte à ANPD, além do dever de manutenção dos documentos e informações no período de apuração. A minuta de resolução encontra-se em fase de ajustes e está disponível em: https://www.gov.br/anpd/pt-br/assuntos/noticias/anpd-abre-consulta-publica-sobre-norma-de-fiscalizacao/2021.05.29___Minuta_de_Resolucao_de_fiscalizacao_para_consultapblica.pdf. Acesso em: 03 set. 2021.

30. Nos termos dos §§ 2º e 3º do art. 5º, da Minuta de fiscalização indicada na nota 30, o agente regulado apenas poderá solicitar à ANPD o sigilo de informações relativas à sua atividade empresarial, como dados e informações técnicas, econômico-financeiras, contábeis, operacionais, cuja divulgação possa representar vantagem competitiva a seus concorrentes ou violação a segredo comercial ou industrial, com a respectiva justificação, o que se limitará às informações que fazem jus a essa solicitação, cabendo aqui igualmente a aplicação da LAI quanto às hipóteses legais de sigilo relativas aos dados e às informações a que a ANPD tiver acesso. Ademais, tais previsões estão de acordo com o que determina o art. 55-J, inciso II, da LGPD, cujos limites se aplicam independente de solicitação do agente investigado.

no espaço regulado, pois visa identificar descumprimentos e falhas e não apenas danos. Daí porque, dentro de uma perspectiva de governança e ciclos regulatórias, a Análise de Impacto Regulatório (AIR),[31] criação de uma Agenda Regulatória[32] e a gestão de estoque regulatório[33] são boas opções estratégicas para mitigar esse processo de assimetria na função regulatória.

Por óbvio, na prática, a concentração informacional nos agentes regulados e a inviabilidade fática de acúmulo desses dados sobre todos os agentes de tratamento torna a busca de informação um processo oneroso ao órgão regulador e, na maior parte dos casos, não é vantajoso ao regulado[34] simplificar tal acesso.

Fator a ser considerado na análise da assimetria informacional dentro da atividade regulatória, diz respeito às consequências jurídicas quando o titular de dados não recebe resposta ou informação quanto ao andamento ou ao resultado da reclamação que tenha apresentado à ANPD. Ou seja, momento em que a autoridade de controle sobre o uso e o tratamento de dados pessoais não fornece resposta ao titular que busca no ente regulador uma solução ou sanção administrativa aos agentes de tratamento.

Nota-se que no caso de o titular apresentar reclamação contra um agente de tratamento privado, embora a LGPD preveja que há o direito de acesso, de resposta quanto às suas reclamações e delegue às normativas o detalhamento desse procedimento, ainda não há um prazo fixado especificamente vinculado à ANPD e nem um procedimento administrativo detalhado de como deve o titular (e em qual prazo) agir para compelir a autoridade à prestar as informações ou a negativa fundamentada sobre seu requerimento.[35]

---

31. O Decreto 10.411, de 30 de junho de 2020, regulamenta a Análise de Impacto Regulatório, de que tratam o art. 5º da Lei 13.874, de 20 de setembro de 2019, e o art. 6º da Lei 13.848, 25 de junho de 2019, que dispõe sobre a gestão, a organização, o processo decisório e o controle social das agências reguladoras.

32. A Portaria 11, de 27 de janeiro de 2021, tornou pública a agenda regulatória da ANPD para o biênio 2021-202. Disponível em: https://www.in.gov.br/en/web/dou/-/portaria-n-11-de-27-de-janeiro-de-2021-301143313. Acesso em: 25 ago. 2021.

33. Desde a edição da Lei 13.848 e do Decreto 10.139, de 28 de novembro de 2.019, que dispõe sobre a revisão e a consolidação dos atos normativos inferiores a decreto, o tema da gestão do estoque regulatório tem ganhado maior pauta. Como exemplo, embora não seja de agência reguladora vinculada à proteção de dados, cabe a referência por seus conceitos importantes nesse tema a Instrução Normativa 154, de 20 de março de 2020, da Agência Nacional de Aviação Civil, que conceitua no art. 2º, inciso VII, a gestão do estoque regulatório como "um processo contínuo, dinâmico e sistemático de organização, acompanhamento e revisão dos atos normativos, visando averiguar a conveniência e a oportunidade de sua manutenção ou a necessidade de sua revisão ou revogação, tendo em vista sua efetividade, eficiência, atualidade, aplicabilidade e consistência com o arcabouço normativo".

34. PINTO JR, Helder Q; PIRES, Melissa Cristina Pinto. *Assimetria de informações e problemas regulatórios*. Rio de Janeiro: Agência Nacional do Petróleo, Nota Técnica, n. 10, p. 217-260, 2000.

35. Observa-se que a situação ventilada nesse parágrafo (por objetivar a análise da assimetria informacional na atividade regulatória e os respectivos envolvidos) não se trata da hipótese do art. 19, da LGPD que confere ao titular de dados, mediante requisição, a confirmação de existência ou de acesso a dados pessoais, no prazo de 15 dias, dirigida aos agentes de tratamento. Aliás, quanto à aplicação dessa obrigação frente ao titular do art. 19, a ANPD, com base no que prevê o art. 55-J, inciso XVII, lançou minuta de resolução de aplicação da LGPD para agentes de tratamento de pequeno porte, na qual dispensa, no art. 7º, a aplicação do art. 19 a estes agentes, regra que merece atenção pelo potencial prejuízo ao direito de acesso à informação. Minuta disponível em: https://www.gov.br/anpd/pt-br/assuntos/noticias/inclusao-de-arquivos-para-link-nas-

Por outro lado, a LGPD quando aborda o tratamento de dados pessoais pelo Poder Público determina (art. 23, § 3º) que os prazos e procedimentos para exercício dos direitos do titular perante o Poder Público observarão o disposto em legislação específica, em especial as disposições constantes da Lei 9.507, de 12 de novembro de 1997 (Lei do *Habeas Data*), da Lei 9.784, de 29 de janeiro de 1999 (Lei Geral do Processo Administrativo), e da Lei 12.527, de 18 de novembro de 2011 (Lei de Acesso à Informação). Isso significa dizer que o titular de dados poderá adotar as regras e prazos previstos no Decreto 7.724, de 2021, (regulamentador da LAI)[36] entre os artigos 15 a 24 com detalhamento específico na esfera administrativa. Ou seja, em uma interpretação extensiva, o titular de dados pode valer-se do art. 23, § 3º, da LGPD e dos prazos previstos no Decreto para exigir uma resposta da ANPD de sua solicitação ou reclamação contra um agente de tratamento privado realizada com fulcro no art. 17, inciso XXVI, do Regimento Interno da ANPD.

Tal reflexão quanto ao direito de acesso à informação sobre a atividade regulatória traz consigo um contraponto ao art. 78 do Regulamento Europeu de Proteção de Dados ao prever o "right to an effective judicial remedy against a supervisory authority", segundo qual sem prejuízo de qualquer outra via de recurso administrativo ou extrajudicial, todas as pessoas singulares ou coletivas têm direito à ação judicial contra as decisões juridicamente vinculativas das autoridades de controle caso, no prazo de três meses, inclusive quando esta não tratar a reclamação ou não informar o titular dos dados, não for conferida informação sobre o andamento ou o resultado da reclamação que tenha apresentado na forma do regulamento.

Por fim, cabe referir, na relação do titular com os agentes regulados, visando eliminar os riscos de informação assimétrica e uma posição desprivilegiada por parte do titular dos dados em relação ao que é objeto de tratamento pelos agentes privados e públicos, a LGPD assegurou no art. 18 a obtenção de informações do controlador quanto às principais circunstâncias de uso de dados, o que confere ao titular, além do direito à informação, o direito de oposição e de subsidiar petição direta à ANPD ou à organismos de defesa do consumidor (art. 18, § 8º).

---

noticias/minuta_de_resolucao___aplicacao_da_lgpd_para_agentes_de_tratamento_de_pequeno_porte. pdf Acesso em: 29 ago. 2021.

36. Art. 15. Recebido o pedido e estando a informação disponível, o acesso será imediato. § 1º Caso não seja possível o acesso imediato, o órgão ou entidade deverá, no prazo de até vinte dias (...).

Art. 21. No caso de negativa de acesso à informação ou de não fornecimento das razões da negativa do acesso, poderá o requerente apresentar recurso no prazo de dez dias, contado da ciência da decisão, à autoridade hierarquicamente superior à que adotou a decisão, que deverá apreciá-lo no prazo de cinco dias, contado da sua apresentação. Parágrafo único. Desprovido o recurso de que trata o caput, poderá o requerente apresentar recurso no prazo de dez dias, contado da ciência da decisão, à autoridade máxima do órgão ou entidade, que deverá se manifestar em cinco dias contados do recebimento do recurso.

Art. 24. No caso de negativa de acesso à informação, ou às razões da negativa do acesso de que trata o caput do art. 21, desprovido o recurso pela Controladoria-Geral da União, o requerente poderá apresentar, no prazo de dez dias, contado da ciência da decisão, recurso à Comissão Mista de Reavaliação de Informações, observados os procedimentos previstos no Capítulo VI.

4. O DIREITO DE ACESSO À INFORMAÇÃO NAS ATIVIDADES SANCIONATÓRIAS DA ANPD

Feitas algumas ponderações quanto à essencialidade do direito de acesso à informação e do dever proativo de informar o titular, a coletividade e os agentes regulados quanto aos aspectos e ações da função reguladora de proteção de dados pessoais, cumpre identificar como esses direitos estão abrangidos nas competências sancionatórias vigentes no Brasil. Essa reflexão se faz de suma importância no contexto regulatório atual em que a vigência quanto aos artigos 52 a 54 da LGPD teve início, nos termos do art. 65, inciso I-A, em primeiro de agosto de 2.021, após alteração pela Lei 14.010, de 10 de junho de 2.020, sendo esses três últimos dispositivos aguardados para vigência completa do diploma nacional.[37]

A LGPD estabelece que Autoridade Nacional irá fiscalizar os agentes de tratamento de dados com a análise e apuração das infrações cometidas com a respectiva aplicação de sanções administrativas, as quais sejam: advertência, multa simples, multa diária, publicização da infração após devidamente apurada e confirmada a sua ocorrência, bloqueio dos dados pessoais a que se refere a infração até a sua regularização, a eliminação dos dados pessoais a que se referir a infração, a suspensão parcial do funcionamento do banco de dados, suspensão do exercício da atividade de tratamento dos dados pessoais e a proibição parcial ou total do exercício de atividades relacionadas a tratamento de dados, conforme os termos definidos no art. 52.

Outrossim, a ANPD ao desempenhar a competência prevista no art. 55-J, inciso IV, de fiscalizar e aplicar sanções em caso de tratamento de dados realizado em descumprimento à legislação, deverá adotar processo administrativo que assegure o contraditório, a ampla defesa e o direito de recurso, bem como realizar auditorias.[38] Além disso, conta com um fórum permanente de comunicação com órgãos e entidades da administração pública responsáveis pela regulação de setores específicos da atividade econômica e governamental[39] com intuito de facilitar o desempenho dessas competências sob um viés de uma atuação responsiva.[40][41]

---

37. Embora o art. 52 já tenha vigência, e que o Regime Interno da ANPD já tenha na Coordenação-Geral de Fiscalização (art. 17, do Regimento), o art. 53 estabelece que a ANPD deve definir em regulamento próprio, após realizada a consulta pública, acerca do procedimento de aplicação das sanções administrativas a infrações, as metodologias de cálculo do valor-base das sanções de multa quanto ao regulamento. A minuta de resolução encontra-se em fase de ajustes e está disponível em: https://www.gov.br/anpd/pt-br/assuntos/ noticias/anpd-abre-consulta-publica-sobre-norma-de-fiscalizacao/2021.05.29___Minuta_de_Resolucao_ de_fiscalizacao_para_consultapblica.pdf. Acesso em: 03 set. 2021. Cabe, ainda, referir que, além do regulamento de fiscalização e aplicação de sanções administrativas, a ANPD deverá submeter à consulta pública norma específica para tratar das sanções e das respectivas dosimetrias.

38. Art. 2º, inciso XVI, do Decreto 10.474, de 2020.

39. Art. 2º, § 4º, do Decreto 10.474, de 2020.

40. Vide nota n. 34 para acesso ao link.

41. Embora o objeto desse estudo não seja analisar os conceitos e nuances da regulação responsiva, adota-se como um conceito base, não exaustivo, o seguinte trecho: "Responsive regulation is not a clearly defined program or a set of prescriptions concerning the best way to regulate. On the contrary, the best strategy is shown to depend on context, regulatory culture, and history. Responsiveness is rather an attitude that enables

Segundo o art. 14, da Minuta da Resolução de Fiscalização da ANPD, disponibilizada para consulta pública, as atividades de fiscalização estão divididas em quatro objetos sucessivos de atuação responsiva, os quais sejam: atividade de monitoramento, atividade de orientação,[42] atividade preventiva e atividade repressiva. Sob a ótica informacional, em cada uma dessas quatro ações da fiscalização será possível ao regulado acompanhar os elementos formadores do procedimento repressivo, inclusive quanto às razões de cada decisão administrativa, mantendo-se protegidas, por restrição de acesso, as informações pessoais dos titulares inclusive em caso das denúncias anônimas recebidas pela fiscalização.[43]

Desta forma, no curso das atividades de monitoramento, destinada ao levantamento de informações relevantes quanto ao ambiente regulado verifica-se a oportunidade de eliminar os aspectos trazidos no tópico anterior quanto à assimetria informacional entre regulado e regulador, além de ser oportunidade em que se mostra viável a demonstração, por meio dos relatórios,[44] informativa à ANPD quanto as medidas adotadas e a correção proativa antes de eventual advertência pelo regulador ou de que haja a admissibilidade de registro de uma reclamação recebida pelo Sistema Eletrônico de Informação (SEI) ao longo do ciclo de monitoramento.[45]

Nota-se, dessas primeiras linhas, que a função sancionatória em matéria de proteção de dados pessoais deve partir de um modelo que atenda à complexidade e à dinamicidade prática do uso e do tratamento de dados e que não comporta regulamentações estanques. Isso viabilizou modelos regulatórios abertos à participação colaborativa e responsiva[46] dos *stakeholders* e, consequentemente, dinamizou a aplicação do direito acesso à informação e a sua extensão interpretativa a todo processo fiscalizatório e decisório, conferindo mais segurança jurídica em caso de uma resposta impositiva (sanção) pela Autoridade.

A sanção aplicada pelo regulador repercute de forma triangular, isto é, por um lado, atende o necessário cumprimento do dever de proteção suficiente do titular dos dados,[47] por outro, o poder coercitivo induz de forma prévia a observância da norma e

---

the blossoming of a wide variety of regulatory approaches, only some of which are canvased here. Although our ideas for responsive regulation bear many of the marks of Nonet and Selznick's (1978) 'responsive law' concept – flexibility, a purposive focus on competence, participatory citizenship, negotiation – we are skeptical about repressive, autonomous, and responsive law being evolutionary stages in legal development". In: AYRES, Ian; BRAITHWAITE, John. *Responsive regulation*: transcending the deregulation debate. Oxford University Press, USA, 1992. p. 5.

42. Segundo o art. 32 da Minuta, as medidas aplicadas no curso do processo de orientação não constituem sanção ao regulador.

43. Art. 27, § 4°, da Minuta.

44. As atividades de monitoramento estão descritas, além do conceito no art. 14, nos artigos 17 a 30, da Minuta da Resolução da Fiscalização.

45. Artigos 23 a 28, da Minuta.

46. O estudo de modelos de regulação de proteção de dados pessoais não é objeto desse estudo. Para o tema, sugere-se: AYRES, Ian; BRAITHWAITE, John. *Responsive regulation*: transcending the deregulation debate. Oxford University Press, USA, 1992.

47. SARLET, Ingo Wolfgang. Constituição e proporcionalidade: o direito penal e os direitos fundamentais entre proibição de excesso e de insuficiência. *Revista de Estudos Criminais*, Sapucaia do Sul, n. 12, ano 3, 2003.

atrai a atenção aos procedimentos de segurança envolvidos no tratamento dos dados pessoais. E na terceira face, informa a coletividade sobre a resposta sancionatória às condutas contrárias ao resguardo legal, além de agregar ao mercado um critério de seletividade de serviços.

Daí porque o direito de acesso à informação na função sancionatória do ente regulador ganha substancial importância e, juntamente com o dever de transparência,[48] de motivação e de explanação das consequências práticas, jurídicas e administrativas de suas decisões, permite o direito ao contraditório e de oposição (acesso para conhecer, reconhecer para (re)agir),[49] não apenas ao conteúdo decisório propriamente dito, mas sim às razões ali aplicadas no caso concreto.

Nessa senda, aplica-se à ANPD as alterações promovidas pela Lei 13.655, de 25 de abril de 2018,[50] na Lei de Introdução às Normas do Direito Brasileiro (LINDB), com especial destaque aos artigos 20 e 21, segundo os quais caso a Autoridade, por meio de decisão administrativa, decretar a invalidação de ato ou norma administrativa deverá atentar ao consequencialismo decisório (prático, jurídico e administrativo),[51] além de indicar as condições, se assim for o caso, para que haja a regularização proporcional e equânime, sem prejuízo aos interesses gerais e sem impor aos sujeitos atingidos ônus ou perdas anormais ou excessivos.

Constata-se, assim, ser medida salutar que o todo o processo regulatório (principalmente o sancionatório) esteja exposto ao ordenamento jurídico e à coletividade, reduzindo a opacidade inclusive para indivíduos que não tenham interesse no tema, ao menos para conhecer a existência de ente regulador responsável por zelar a proteção dos dados pessoais. Além disso, a presença de uma Autoridade Nacional mais aberta a instrumentos colaborativos dos envolvidos democratiza o processo sancionatório e aproxima o titular dos dados das escolhas regulatórias que estão em curso no país, bem como dos limites ao uso e compartilhamento de seus dados.

Não se pode olvidar que o art. 9º, da LAI, prevê que o acesso a informações públicas será assegurado tanto pela criação de serviço de informações ao cidadão, nos órgãos e entidades do poder público (executado pela ouvidoria, objeto do próximo ponto), quanto pela realização de audiências ou consultas públicas, as quais guardam, no momento regulatório presente, um dos maiores incentivos à participação popular, ao acesso informacional prévio das funções regulatórias e de sugestão de modificações pela comunidade interessada das regras de atividades fiscalizatórias (sancionatórias)

---

    p. 88.

48. JUSTEN FILHO, Marçal. Art. 20 da LINDB-dever de transparência, concretude e proporcionalidade nas decisões públicas. *Revista de Direito Administrativo*, p. 13-41, 2018.

49. ÁVILA, Humberto. *Teoria da segurança jurídica*. 6. ed. Salvador: JusPodivm; São Paulo: Malheiros, 2021. p. 318.

50. Inclui no Decreto-Lei 4.657, de 4 de setembro de 1942, a LINDB, disposições sobre segurança jurídica e eficiência na criação e na aplicação do direito público.

51. GABARDO, Emerson; DE SOUZA, Pablo Ademir. O consequencialismo e a LINDB: a cientificidade das previsões quanto às consequências práticas das decisões. *A&C-Revista de Direito Administrativo & Constitucional*, v. 20, n. 81, p. 97-124, 2020.

e nas ações de normatização.[52] Aliás, o processo de regulamentação da ANPD[53] conta com substancial participação nesse sentido por meio dos instrumentos chamados de "consulta à sociedade", subdivididos entre a tomada de subsídios, a audiência pública e a consulta pública.[54] Vale dizer: a aplicação de sanções está permeada desde sua criação até sua aplicação final pelo acesso informacional aos regulados e titulares, o que representa um avanço a esta garantia constitucional.

Não menos importante é destacar que o direito de acesso à informação na função sancionatória goza dos mesmos limites trazidos pela LAI, como já mencionado no caso das informações pessoais dos titulares que apresentam requerimentos, reclamações, denúncias, como também está adstrito aos segredos comercial e industrial, na forma do art. 55-J, inciso II, da LGPD. Dessa forma, a ANPD deverá definir como procederá com as informações que não estarão sob sigilo, classificando se essas informações serão públicas, por exemplo, somente após o devido processo administrativo e contraditório, na forma do art. 30, da LAI.

5. OUVIDORIA DA ANPD: EFETIVAÇÃO DO DIREITO DE ACESSO À INFORMAÇÃO E O AVANÇO INSTRUMENTAL PELA LEI DO GOVERNO DIGITAL (LGD)

Avaliou-se até aqui que a quebra no direito de acesso à informação ou a prestação insuficiente do dever de transparência, além do risco de introduzir informações assimétricas no ambiente regulatório e na coletividade, favorece comportamentos oportunistas e ameaçadores à tutela da proteção de dados e da privacidade. Isso pode representar um aumento na demanda a oferta de serviços públicos presenciais e digitais disponíveis, a exigir uma reformulação dos canais de participação social e de incentivo à transformação digital no país.

A Lei 12.527, no seu artigo 7º, estabelece que o direito de acesso à informação compreende, sem prejuízo de outros direitos ao seu titular, obter orientação sobre os procedimentos para a consecução de acesso, informações contidas em registros ou documentos (primária, íntegra, autêntica e atualizada), produzidas ou custodiadas por pessoa física ou entidade privada decorrente de qualquer vínculo com seus órgãos ou entidades, sobre atividades exercidas pelos órgãos e entidades, inclusive as relativas à sua política, organização e serviços, bem como pertinente à administração

---

52. O art. 3º, inciso I, da Portaria ANPD 16, de 8 de julho de 2.021, que aprovou o processo de regulamentação no âmbito da ANPD, define a ação de normatização como "qualquer forma de intervenção da ANPD sobre o ambiente e os agentes de tratamento de dados voltada para atividades de regulamentação, tal como a edição de ato normativo, realização de tomada de subsídios, consultas públicas e audiências públicas".

53. A Portaria 1, da ANPD, de 8 de março de 2.021, que estabelece o Regimento Interno da ANPD, no seu artigo 51 enumera seis instrumentos de manifestação da Autoridade (resolução, enunciado, despacho provisório, ata de deliberação, portaria e consulta pública), dentre os quais está a consulta pública como a sendo "expressa decisão que submete proposta de ato normativo, documento ou assunto a críticas e sugestões do público em geral".

54. Conforme dispõem os artigos 17 a 24, da Portaria 16, da ANPD, de 8 de julho de 2021.

do patrimônio público, utilização de recursos públicos, implementação, acompanhamento e resultados dos programas, projetos, ações e resultados em sentido amplo.

Essas possibilidades exemplificativas trazidas pela LAI foram, além de corroboradas pelo art. 23 da LGPD, ampliadas com um refino às hipóteses de acesso à informação do direito do titular de dados frente ao controlador, seja ele público ou privado, conferindo ao indivíduo uma garantia sobre esses direitos, além do respectivo direito de petição contra o controlador perante a ANPD por descumprimento do direito de acesso (art. 7º, § 1º),[55] cuja análise será recebida e apreciada pela Coordenação-Geral de Fiscalização na forma do art. 17, inciso XXVI, do Regimento Interno da Autoridade.

No que se concerne ao direito de acesso à informação e a análise de denúncias, reclamações,[56] elogios e sugestões referentes a procedimentos e ações de agentes e órgãos da Autoridade, a Ouvidoria é o órgão responsável pelo respectivo processamento, a qual tem recebido especial destaque desde a edição da Lei 13.460, de 26 de junho de 2017, regulamentada pelo Decreto 9.492,[57] de 05 de setembro de 2.018, com normas que tratam sobre a participação, proteção e defesa dos direitos do usuário de serviços públicos na administração pública.

Por seu turno, a LGPD prevê no art. 55-C a Ouvidoria como integrante da ANPD, tendo o Decreto 10.474, de 26 de agosto de 2.020, a identificado como um órgão seccional da Autoridade (art. 3º, inciso IV, letra "b") e como uma unidade setorial do Sistema de Ouvidoria do Poder Executivo Federal (art. 22), conhecido pela sigla Sis-Ouv.[58] Assim, a ouvidoria da ANPD tem como uma de suas atribuições coordenar, orientar, executar e controlar as atividades do Serviço de Informação ao Cidadão em matéria de proteção de dados pessoais e privacidade.

Com a edição do Regimento interno da ANPD (Portaria 1, de 8 de março de 2.021), as competências desse órgão seccional foram detalhadas com regras de acesso à informação e à transparência na prestação do serviço regulatório de proteção de dados, o que torna possível verificar como serão conduzidos e cumpridos os compromissos e os padrões de qualidade de atendimento da Carta de Serviços ao Usuário de que tratam o art. 7º e o art. 13, inciso I da Lei 13.460. Consequentemente, como

---

55. O art. 7º, da LGPD prevê que o direito de acesso às informações descritas em seus incisos pode ser direcionado ao controlador (§ 3º) e a organismos de defesa do consumidor (§ 8º).

56. Cabe observar que a minuta de resolução de fiscalização da ANPD apresenta diferenciação aos termos "denúncia", "reclamação" e "representação" no art. 4º, a qual se aguarda a versão final. Disponível em: https://www.gov.br/anpd/pt-br/assuntos/noticias/anpd-abre-consulta-publica-sobre-norma-de-fiscalizacao. Acesso em: 30 ago. 2021.

57. Recomenda-se a consulta conjunta com a Portaria 581, de 9 de março de 2.021, que estabelece orientações para o exercício das competências das unidades do Sis-Ouv, bem como estabelece o procedimento para o recebimento do relato de irregularidades previsto no art. 4º-A, da Lei 13.608, de 10 de janeiro de 2018.

58. Observa-se que a sigla e-Ouv foi substituída pelo "Fala.BR". O e-Ouv tratava-se de solução tecnológica desenvolvida pela Ouvidoria-Geral da União (OGU/CGU) com o objetivo de simplificar o contato entre o cidadão, entidades, organizações, sociedades empresariais e a administração pública federal, tendo como atribuição receber, dar andamento e responder os pedidos enviados pelos cidadãos.

produto das atribuições da Ouvidoria será possível analisar se as suas respectivas funções promovem (e até que ponto) a participação efetiva do titular de dados na administração regulatória ou se foca suas atividades apenas na repercussão bilateral entre o requerente (ouvido) e o ouvidor.

Ora, a apreciação e apuração métrica quanto à influência ou não das demandas recebidas pela Ouvidoria na administração regulatória se destinam justamente a extrair do canal informativo dados empíricos do serviço público prestado e as repercussões quanto ao envolvimento e (re)conhecimento social (popularidade) com a matéria de proteção de dados pessoais no país, não encerrar suas atribuições na fase de envio de resposta (negativa ou positiva) ao requerente ou reclamante que se dirige à Ouvidoria e nos relatórios anuais, sem a respectiva combinação com outras estatísticas da ANPD coletadas por seus órgãos internos.

Nesse contexto, ao concentrar na Ouvidoria as competência de recebimento de denúncias, reclamações, elogios, sugestões, solicitações de providências recebidas pelos canais de comunicação da ANPD e de início ao procedimento administrativo, cria-se um ambiente propício não apenas ao cumprimento direito de acesso à informação e ao dever de transparência,[59] mas principalmente de verificação de como a sociedade responde aos movimentos de promoção de cultura de dados, às espécies de questionamentos e direcionamento de campanhas informativas, quais as infrações mais frequentes e ameaças identificadas pelos titulares, bem como os pontos da legislação que causam maiores dificuldades de implantação.

Será por meio dessa análise qualitativa e quantitativa que partirão os subsídios às recomendações e propostas de medidas de aprimoramento da prestação de serviços públicos prestados pela Autoridade com objetivo de corrigir falhas, de auxiliar na prevenção e modificação dos atos e procedimentos incompatíveis identificados pela Ouvidoria, sem prejuízo de propostas de aperfeiçoamentos na prestação dos serviços, na forma do art. 14, incisos VII, VIII, combinados com art. 13, da Lei 13.460, de 2016.

Considera-se, ainda, que além de comunicações de interesse do próprio titular, denúncias podem ser oferecidas tanto sobre agentes de tratamento quanto reclamações dos serviços da própria ANPD, situação em que a Ouvidoria assegurará a proteção da identidade e dos elementos que permitam a identificação do usuário de serviços públicos ou do autor da manifestação, nos termos do disposto no art. 31 da LAI e do parágrafo único do art. 14, do Regimento Interno.

Ademais, a Ouvidoria é responsável pela promoção de atos de transparência ativa sobre suas ações, sendo seu dever organizar e divulgar informações sobre suas atividades e procedimentos operacionais, bem como informar ao órgão central do Sis-Ouv sobre o acompanhamento e a avaliação dos seus programas e projetos no

---

59. Quanto ao dever de transparência ativa, compete também à Ouvidoria da ANPD coordenar, orientar, executar e controlar as atividades de Política de Dados Abertos.

âmbito da ANPD, e elaborar, anualmente, o relatório de gestão de que trata o art. 14, inciso II, da Lei 13.460, de 2.017 (art. 14, incisos V, VI e X, do Regimento Interno).

Ponto interessante dentre as atribuições da Ouvidoria da ANPD e que se faz essencial à prevenção de litígios judiciais e à rápida atenção aos titulares dos dados, é quanto à competência para adoção de medidas de mediação e conciliação entre os titulares de dados e agentes de tratamento e a ANPD com aplicação do art. 13, inciso VII, da Lei 13.460 e o art. 14, inciso IX do Regimento. Trata-se de função dialógica por soluções alternativas de resolução de conflitos respaldada por lei ordinária e que compensa a ausência de previsão legal na LGPD, além de corroborar a previsão de que a tentativa de conciliar as partes não exclui outras formas de solução pelas mesmas vias não adversariais. Aliás, analogicamente, a LGPD mesmo que não faça expressa referência à permissão de métodos alternativos de solução de conflitos em matéria de proteção de dados pessoais de forma geral, prevê no seu texto a autocomposição direta (conciliação) no caso de eventual vazamento individual ou de acesso não autorizado entre controlador e titular e, somente em caso de impossibilidade de acordo entre as partes, é que o controlador estará sujeito à aplicação das penalidades pela ANPD, na forma do art. 52, § 7º. Ou seja, mesmo após tentativa de conciliação direta frustrada entre as partes, administrativamente, quando o titular oferecer uma denúncia/reclamação pelo mesmo vazamento será possível nova tentativa de mediar as partes.

Frente a essa visão acerca das atribuições da Ouvidoria na ANPD, mostra-se urgente o aprimoramento dos canais de participação social e dos programas e ações de incentivo à transformação digital no país, o que ganhou reforço pelo suporte instrumental, centrado na eficiência pública, da Lei 14.159, de 29 de março de 2021, a Lei do Governo Digital (LGD), a tornar obrigatória a conjugação entre a LGPD e a LGD, além das leis já referenciadas nesse estudo.

Isso porque, além das constantes referências à LGPD,[60] a LGD visa fixar e promover o uso de plataformas governamentais para solicitação e execução serviços públicos à população, interoperar dados no setor público, fomentar políticas de dados abertos, formar redes de conhecimento e implementar (continuamente) mecanismos e práticas de governança, objetivos esses que são práticos à implementação das atribuições das Ouvidorias. Aliás, a própria ideia de governo como plataforma pela abertura dos dados não pessoais enfatiza a fundamentalidade da transparência na sua forma ativa[61] e do respectivo balanceamento entre as aplicações de dados abertos e dados pessoais no país.

---

60. A LGD determina a aplicação da LGPD nos artigos 1º, parágrafo único, 3º, incisos IX, XVII e XXIII, 4º, parágrafo único, 21, inciso X, 25, 27, 29, 38 e 39, parágrafo único.
61. A Lei 14.129 observou no art. 29, § 1º, inciso II, que garantia de acesso irrestrito aos dados devem ser legíveis por máquina e estarem disponíveis em formato aberto, respeitadas as previsões da LAI e da LGPD. Da mesma forma, restam preservados métodos de transparência passiva pela LAI, cabendo a cada ente federado monitorar a aplicação, o cumprimento dos prazos e os procedimentos para abertura dos dados sob seu controle (art. 31), aplicando, subsidiariamente, ao processo administrativo da solicitação a Lei 9.784, de 29 de janeiro de 1999.

6. CONSIDERAÇÕES FINAIS

A regulação em proteção de dados pessoais tem trazidos reflexões atuais sobre até que ponto a função estatal se faz necessária, o quanto será exitosa em seus objetivos e qual (e se) será o custo à coletividade. Contudo, verifica-se que a disponibilidade das informações assegurada pelo devido acesso informacional somado ao dever público de transparência do regulador conferem estratégias ao desempenho de uma governança regulatória de dados pessoais que justificam e reclamam a intervenção estatal.

Partindo dessa premissa, o estudo sobre o acesso informacional na função reguladora da ANPD se depara com o desafio de estabelecer um ambiente regulatório simétrico nas informações entre o regulador e o regulado, bem como entre o titular dos dados e os dois primeiros, para que haja um equilíbrio e a repartição de ganhos de eficiência no tratamento lícito e seguro de dados pessoais.

Ademais, o fato de o regulado ter meios e instrumentos legais que lhe exijam o conhecimento profundo de suas atividades, etapas de tratamento, riscos de segurança (como é o caso dos relatórios de impacto) confere subsídios às decisões tomadas pelo regulador em ameaça ou ocorrência de eventos danosos, o que pode mitigar e demonstrar o intuito positivo dos agentes de tratamento. Aliás, sob outra perspectiva, observou-se que a quebra no direito de acesso à informação ou a prestação insuficiente do dever de transparência tem como consequência a introdução de informações assimétricas na coletividade o que favorece a presença de comportamentos oportunistas entre os agentes de tratamento, como ocorre nos casos de vazamentos de dados.

Justificou-se a importância de reformular os canais de acesso social ao ente regulador, trazendo, por meio da visão geral das competências da Ouvidoria, as opções informativas aos usuários perante a ANPD e de como o direito de acesso à informação assume contornos que vão além do simples atendimento materializado pelo direito de resposta.

Por fim, identificou-se que o acesso informacional no ambiente regulatório de proteção de dados pessoais não se resume à aplicação da LGDP e da LAI, mas exige dos operadores jurídicos e administrativos a conjugação da LGD, da Lei 13.460 e da LINDB para estabilizar as relações jurídicas na matéria em prol de uma real proteção de dados e da privacidade, de uma gestão pública participativa e da justa expectativa por um eficaz serviço público regulatório aos titulares e aos regulados.

7. REFERÊNCIAS BIBLIOGRÁFICAS

AYRES, Ian; BRAITHWAITE, John. *Responsive regulation*: transcending the deregulation debate. Oxford University Press, USA, 1992.

ÁVILA, Humberto. *Teoria da segurança jurídica*. 6. ed. Salvador: JusPodivm; São Paulo: Malheiros, 2021.

BELLOTTI, Victoria; EDWARDS, Keith. Intelligibility and accountability: human considerations in context-aware systems. *Human – Computer Interaction*, v. 16, n. 2-4, p. 193-212, 2001.

BENNETT, Colin J.; RAAB, Charles D. *The governance of privacy*: policy instruments in global perspective. New York: Routledge, 2017. Edição do Kindle.

BRAMAN, Sandra. Defining information: an approach for policymakers. *Telecommunications policy*, v. 13, n. 3, p. 233-242, 1989.

CARLONI, Enrico. Nuove prospettive della trasparenza amministrativa: dall'accesso ai documenti alla disponibilità delle informazioni. *Diritto pubblico*, v. 11, n. 2, p. 573-600, 2005.

CRISTÓVAM, José Sérgio da Silva; HAHN, Tatiana Meinhart. Administração Pública orientada por dados: governo aberto e Infraestrutura Nacional de dados abertos. *Revista de Direito Administrativo e Gestão Pública*, v. 6, n. 1, p. 1-24, 2020.

CRISTÓVAM, José Sérgio da Silva. A transparência no tratamento de dados pessoais pela administração pública: o lapidário e o diamante bruto. In: CRISTÓVAM, José Sérgio da Silva et al. (Coord.). *Direito Administrativo Contemporâneo*. Florianópolis: Habitus, 2020. p. 14-35.

FREITAS, Juarez; FREITAS, Thomas Bellini. *Direito e inteligência artificial*: em defesa do humano. Belo Horizonte: Fórum, 2020.

GABARDO, Emerson. *Interesse público e subsidiariedade*: o Estado e a sociedade civil para além do bem e do mal. Belo Horizonte: Fórum, 2009.

GABARDO, Emerson; DE SOUZA, Pablo Ademir. O consequencialismo e a LINDB: a cientificidade das previsões quanto às consequências práticas das decisões. *A&C-Revista de Direito Administrativo & Constitucional*, v. 20, n. 81, p. 97-124, 2020.

GUNNING, David et al. XAI – Explainable artificial intelligence. *Science Robotics*, v. 4, n. 37, 2019. Disponível em: https://www.in.gov.br/en/web/dou/-/portaria-n-16-de-8-de-julho-de-2021-330970241. Acesso em: 21 ago. 2021.

JUSTEN FILHO, Marçal. Art. 20 da LINDB-Dever de transparência, concretude e proporcionalidade nas decisões públicas. *Revista de Direito Administrativo*, p. 13-41, 2018.

MARQUES, Rodrigo Moreno; PINHEIRO, Marta Macedo Kerr. Política de informação nacional e assimetria de informação no setor de telecomunicações brasileiro. *Perspectivas em Ciência da Informação*, v. 16, p. 65-91, 2011.

MARTINS, Humberto. *Lei da transparência e sua aplicação na administração pública: valores, direito e tecnologia em evolução*. STJ, v. 87, p. C3, 2019. Disponível em: https://www.stj.jus.br/internet_docs/ministros/Discursos/0001182/LEI%20DA%20TRANSPAR%C3%8ANCIA%20E%20SUA%20APLI-CA%C3%87%C3%83O%20NA%20ADMINISTRA%C3%87%C3%83O%20P%C3%9ABLICA%20VALORES,%20DIREITO%20E%20TECNOLOGIA%20EM%20EVOLU%C3%87%C3%83O.pdf. Acesso em: 19 ago. 2021.

DE MENDONÇA, José Vicente Santos. Art. 21 da LINDB – Indicando consequências e regularizando atos e negócios. *Revista de Direito Administrativo*, p. 43-61, 2018.

MOLINARO, Carlos Alberto; SARLET, Ingo Wolfgang. Direito à informação e direito de acesso à informação como direitos fundamentais na constituição brasileira. *Revista da AGU*, Brasília-DF, ano XIII, n. 42, p. 09-38, out.-dez. 2014.

PINTO JR, Helder Q; PIRES, Melissa Cristina Pinto. *Assimetria de informações e problemas regulatórios*. Rio de Janeiro: Agência Nacional do Petróleo, Nota Técnica, n. 10, p. 217-260, 2000.

RAAB, Charles D. The future of privacy protection. *Trust and Crime in Information Societies*, p. 282-318, 2005.

SARLET, Ingo Wolfgang. Constituição e proporcionalidade: o direito penal e os direitos fundamentais entre proibição de excesso e de insuficiência. *Revista de Estudos Criminais*, Sapucaia do Sul, n. 12, ano 3, 2003. p. 88.

SARLET, Ingo Wolfgang. O direito fundamental à proteção de dados. In: DONEDA, Danilo et al. (Coord.). *Tratado de proteção de dados pessoais*. Rio de Janeiro: Forense, 2020. p. 21-60.

SILVA, Luiz Alberto da. *A teoria da captura*: o dilema entre o interesse público e o interesse privado. Dissertação (Mestrado em Direito). Universidade Federal do Paraná, Curitiba, p. 80, 2017.

SOMBRA, Thiago Luís Santos. *Fundamentos da regulação da privacidade e proteção de dados pessoais*. São Paulo: Thomson Reuters, 2019.

SOUTO, Marcos Jurema Villela. *Direito administrativo regulatório*. Rio de Janeiro: Lumen Juris, 2005.